钟荫滕 主编

龙华

**LONGHUA
GEMING
SHIHUA**

革命史话

中国文史出版社

编审委员会

主　　编：钟荫腾

副 主 编：陈贤彪

成　　员：杨东辉　仙新民　王志毅

　　　　　马晓歌　罗汉青　陈　彤

　　　　　梁兴华

执行主编：曾思觉　孙　夜

采编人员：李智杰　李　艳　袁春燕

　　　　　谢海英　欧凤香　周东美

　　　　　许秋萍

摄　　影：李智杰

序

钟荫腾

公元 2021 年，是中国共产党成立 100 周年，在全国人民庆祝我们党百年华诞的重大时刻，在"两个一百年"奋斗目标历史交汇的关键节点，我们回顾梳理在龙华这片土地上中国共产党带领军民革命的历程，编写《龙华革命史话》，既是对建党百年的庄重献礼，也是建设与传承龙华红色文化的重要举措。

龙华，有着优秀的革命传统。20 世纪 20 年代中期，红色革命火种传入龙华，在中国共产党的带领下，龙华人民积极参加农民运动，开展反苛捐杂税和减租减息斗争；抗日战争时期，阳台山抗日根据地的创建、中国文化名人大营救、望天湖反扫荡等一系列历史事件影响深远；解放战争时期，龙华地区组建了武工队，通过发动群众反"三征"和积极支前等革命事件，促进龙华地区解放。

历史翻过沉重的一页，战争的硝烟已经远去。但龙华儿女不应忘却，在这片红色热土上，曾有如此波澜壮阔的革命历史，有许许多多革命志士的传奇事迹。这些故事有待一一挖掘、还原，让其声声回响，代代延续和传承。

赓续精神血脉，凝聚奋进力量。为传播红色文化，讲活红色故事，龙华区政协自成立以来，牢牢把握人民政协的使命职责，高度关注本区的精神文化传承，先后多次举办书画摄影展；编辑出版龙华文史第一辑——《听龙华人讲改革开放的故事》；建党百年之际，区政协结合深入推进党史学习教育，切实做到学史明理、学史增信、学史崇德、学史力行，根据龙华独有的红色史料资源，整理编辑了龙华文史第二辑——《龙华革命史话》。

《龙华革命史话》分为龙华革命史和龙华革命人物故事两大部分，以重要革命节点作为时间线，带领大家走进龙华红色历史中的"隐秘"角落。从建党初期，龙华儿女就拉开了革命先烈奋斗历程的序幕，星星之火变成燎原之势，在我党的团结和带领下，无数革命先辈用鲜血和生命为中国革命道路扫清障碍，铺就社会主义道路。《龙华革命史话》的编纂出版，有助于我们重温龙华共产党人走过的铿锵足迹，知其所来、识其所在、明其将往，找准初心使命，坚定信念目标，进一步锤炼党性，攻坚克难，砥砺前行，奋力走好新时代的长征路。

在《龙华革命史话》的历史时空隧道中，一个个革命者的形象也逐渐鲜明起来。"宁愿站着死，不愿跪着生"，革命志士、东江纵队民兵队队长陈德霖宁死不屈，牺牲前发出铿锵之声；从革命红村弓村走出的周吉开创以龙华阳台山为中心的抗日根据地，成为当时龙华最早参加抗日武装骨干以及龙华最早的中共党员之一；陈碧仁17岁加入粤赣边纵队，入党前，"共产党员"这个词已然在心中播了种生了根……《龙华革命史话》以采访革命老前辈及其后代的形式，深挖龙华革命者的红色基因，真实还原革命者们用信仰及生命谱写出的伟大革命史诗。

一代人有一代人的使命，一代人有一代人的担当。迈进新时代，开启新征程，中国共产党团结带领中国人民踏上实现第二个百年奋斗目标新的赶考之路。当前，龙华区委、区政府已经擘画出新的发展蓝图，举全区之力奋力谱写全面建设"数字龙华、都市核心"的精彩篇章。龙华区政协将紧扣新时代人民政协的新方位、新使命，充分发挥专门协商机构的优势作用，努力在建言资政和凝聚共识上双向发力，推动全区政协工作不断迈上新台阶，为推动龙华改革发展贡献政协智慧和力量。

征途漫漫，唯有奋斗！溯古追今，如今的龙华儿女仍然保持着奋斗精神和创业激情，坚持同时间赛跑，同历史并进，继续以新担当承载新时代，以新作为闪耀新征程，必定会在新的赶考路上创造新成就，续写新辉煌。

目 录

CONTENTS

·龙华革命人物故事·

· 龙华革命事件 ·

龙华革命史

第一章　龙华的历史沿革

　　龙华区位于深圳地理中心和城市发展中轴，北邻东莞和光明新区，东连龙岗区，南接福田区、罗湖区、南山区，西靠宝安区，三面环山，依山傍水。

　　龙华历史悠久。据在清湖村考古发现的石箭镞和石斧证明，早在新石器时代，就有先民在这块土地上繁衍生息。

　　远古至清朝时期，龙华属宝安县地。

　　宝安在夏、商、周三代为百越地；秦代属南海郡番禺县地（治所在今广州）；汉代属南海郡博罗县地（治所在今惠州）。

　　东晋咸和六年（331年），析南海郡，置东官郡，下辖6个县，首为宝安，是为宝安建县之始。东官郡治及宝安县治设在深圳南头旧城东门外城子冈（今深圳市南山区中山公园）一带。

　　唐至德二年（757年），宝安县改称东莞县，县治迁至涌（今东

如今，深圳北站坐落在龙华区。

莞市区）；北宋开宝五年（972年），东莞县并入增城县；次年复置东莞县。

据清湖《廖氏族谱》记载，廖氏六世公廖明德于宋朝末年（1277年）从广东龙门功武乡迁居龙华清湖村，至今已有744年。

明朝初年，曾有苗族人迁居此地，后迁走。明万历元年（1573年），析东莞县，置新安县，县治迁回南头。据康熙年间《新安县志》记载：明末新安县下辖3乡7都57图509村，龙华地属归城乡世界6都。《彭氏源流联宗谱》记载，明末清初（1643年），有客家人彭子魁从广东丰顺迁入龙胜堂谋生，距今已有378年的历史。

清康熙元年至三年（1662—1664年），新安县因清廷为防止民众接济郑成功，两次下达"迁海令"，自海岸内迁八十里，属地、人丁大减，康熙五年（1666年）并入东莞县；康熙八年（1669年）复界，重置新安县。康熙年间新安县下有30个墟市，其中6都下有清湖墟，人口达一千之众。

清朝同治年间（1862—1874年），有客家人自广东梅县、东莞等地迁居龙胜堂，并发起建立龙华墟。因墟场坐落在龙胜堂，且墟内有龙岗顶小山，再取繁华之意，龙华由此得名。

广州府新安县衙旧址

在龙华的户籍人口中，客家人占90%，客家话是龙华的通用语言，另有清湖廖氏宗祠等村人通用地方白话。

据嘉庆二十四年（1819年）《新安县志》记载，时新安县下属各村划为典史、县丞、官富司、福永司管辖，其中官富司管辖的龙华地方村庄有大浪村、白石龙、清湖村、上芬新村、缘芬村。另有客籍村庄赤岭头、早禾坑、牛地埔、赖屋山。属于福永司管辖的村庄有姜头、石凹、横朗。

光绪三十四年（1908年），《城乡镇地方自治章程》公布，新安县行政区划为县下设乡（镇），乡辖村。

中华民国初年，沿袭清末乡镇自治。中华民国3年（1914年），新安县因与河南省新安县同名，复称宝安县。民国20年（1931年）7月，宝安县

实行区、乡编制，实行地方自治法。全县为 7 个区、99 个乡、3 个镇，其中第六区辖龙华、乌石岩、观澜、平湖 4 个乡。

中华民国 22 年（1933 年）因缩编，龙华等 4 个乡改由第四区管辖。民国 30 年（1941 年），宝安县三、四区合并为第二区，此后直到民国 38 年（1949 年），龙华乡由宝安县第二区管辖。

1949 年 10 月，宝安县解放。县人民政府接管各区乡政权，在龙华地区设有龙华、民治两个乡，后归并为龙治乡。

1950 年 4 月，宝安县设区，龙治乡归属宝安县第三区管辖。

1951 年，撤大乡划小乡，宝安县分 4 个区、69 个乡、1 个镇。其中第三区辖龙华、大浪、青松、民治等乡。

1955 年 8 月第三区改称观澜区。1956 年 10 月，观澜区改辖龙华和油松等乡。

1958 年 3 月，观澜区一分为二，分置龙华乡、观澜乡。同年 10 月，龙华乡与观澜乡合并成立"红色人民公社"，后改名观澜人民公社。

1961 年 7 月，龙华从观澜人民公社分出，成立龙华人民公社，公社下设大浪、龙华、龙胜、民治、三联、油松等 6 个大队。

1963 年 1 月，龙华人民公社并入观澜人民公社；1975 年 8 月，再次从观澜人民公社分出，成立龙华人民公社，下辖大浪等 6 个大队。

1983 年 7 月，龙华人民公社改为龙华区，下辖大浪、龙华、民治、三联、清松、龙胜等 6 个乡 45 个自然村。

1986 年 10 月，龙华区改为龙华镇，属宝安县，下属各乡改为行政村。设有 7 个行政村（大浪、龙华、民治、三联、清湖、油松、龙胜）和 1 个居民委员会（墟镇）。

1993 年 1 月，宝安县撤销，分设宝安区、龙岗区，龙华镇属宝安区。下辖大浪、龙华、民治、三联、清湖、油松、龙胜、上塘 8 个行政村 52 个自然村和景龙、龙园两个居民委员会。

2004 年 1 月，龙华作为深圳城市化试点单位，"镇改街"设立龙华街道办事处，"村改居"设立社区，下辖上塘、牛栏前、民治、新龙、三联、景龙、龙园、清湖、油松、大浪、同胜、龙华、龙胜 13 个社区居委会。

2006 年 4 月，龙华作为深圳区划调整与行政管理体制创新试点单位一分

为三，分设民治、龙华和大浪三个街道办事处。

2011 年 10 月 27 日，经国务院批准，深圳市委、市政府宣布，在宝安新增一个功能新区——龙华新区，新设的龙华新区包括观澜、大浪、龙华、民治 4 个街道。

2011 年 12 月 30 日，龙华新区正式成立，成为深圳市 4 个新区之一，是《深圳市城市总体规划（2010—2020）》中的一项举措。

2015 年 4 月 28 日，原龙华新区观澜街道拆分为观澜、观湖、福城三街道。

2016 年 9 月 14 日，国务院批复广东省人民政府，同意设立深圳市龙华区，将深圳市宝安区的龙华街道、大浪街道、民治街道、观湖街道、福城街道、观澜街道划归龙华区管辖，龙华区人民政府驻观澜街道广场沿河路 1 号。

2017 年 1 月 7 日，深圳龙华区举行揭牌仪式，正式成为行政区。

第二章　龙华近代革命概述
　　　　与东纵战斗序列、主要领导人

　　龙华，是革命的老区，龙华人民具有光荣的革命传统。在中国革命各个历史时期，龙华人民前仆后继，英勇奋斗，为民族独立、人民解放和国家富强立下了不朽功勋，做出了不可磨灭的重大贡献。

　　清光绪二十四年（1898年），龙华人钟水养率领60多人举行起义，提出了"反清灭洋"的口号，遭到清军的残酷镇压，不幸失败。

　　清宣统三年（1911年）10月，龙华人卓凤康、何玉山、吴兆祥等人率民众响应武昌起义，组织农民武装攻占设在南头的新安县衙。新安县宣布光复，结束了清朝统治，何玉山代任县长之职。

　　进入新民主主义革命时期，1924年，中共党员黄学增、龙乃武发动龙华农民成立农民协会，组织农民自卫军，农民运动蓬勃兴起。

　　抗日战争时期，龙华人民在中国共产党的领导下，投身于轰轰烈烈的反抗外来侵略的革命战争。

　　1937年12月，中共广州市工委派出以共产党员刘向东、黄木芬为正副团长的"抗战教育实践社流动工作团"10多人到东莞、宝安一带开展抗日救亡运动，黄木芬带人到龙华弓村、赤岭头村活动，征集枪支，组织抗日自卫队。1938年10月，日军在广东惠阳大亚湾登陆，同月占领广州，抗日烽火在华南燃烧。同年12月，东（莞）宝（安）惠（阳）边人民抗日游击队成立，黄木芬任第一大队大队长，一大批龙华青年参军。

1939 年 1 月，一大队与王作尧领导的东莞模范壮丁队合编为东宝惠边人民抗日游击大队，王作尧任大队长（习称"王作尧部队"），在龙华、乌石岩、布吉一带开展抗战，逐步建立了阳台山革命根据地。这支部队与曾生领导的惠宝人民抗日游击总队（习称"曾生部队"）在党的领导下，共同举起抗日的大旗，也是后来东江纵队的前身。

1940 年 9 月，在布吉上下坪会议上，曾、王部队合编为广东人民抗日游击队（后改称总队）第三大队、第五大队，三大队大队长曾生，五大队大队长王作尧。三大队进入东莞大岭山区、五大队进入宝安阳台山区开创抗日根据地，龙华白石龙村成为五大队以及后来的总队驻地。

1941 年 3 月，中共龙（华）布（吉）区委成立，龙华、民治、布吉、石岩等乡成立民主政府，设立联乡办事处；6 月，随着革命形势的发展，龙布区委分设龙华、布吉两个区委。12 月，太平洋战争爆发，日军占领香港，在周恩来、廖承志的直接指挥下，邹韬奋、茅盾等一大批爱国民主人士和文化名人被我党从香港营救出来，在龙华白石龙村先后居住达三月之久，安全撤退到大后方，是为著名的"香港大营救"。

1943 年 12 月，东江纵队成立。在战斗的岁月里，东江纵队以阳台山为主要根据地之一，与日本侵略军和国民党顽固派进行了殊死的斗争。

1946 年 6 月，东江纵队遵照党中央的指示，从宝安县葵冲北撤至山东烟台，忍痛让出了苦战八年、艰苦缔造的东江解放区。但在龙华，革命红旗始终未倒。

1947 年 3 月，"惠东宝人民护乡团"成立，其中第三大队队部就设在龙华。

1948 年 2 月，护乡团改为"广东人民解放军江南支队"，第三大队改为第三团。党领导下的人民武装在龙华人民的支持下一直坚持斗争，直至迎来1949 年 10 月深圳解放，从而为中华民族的解放事业做出了不可磨灭的贡献。

东江纵队主要领导人简介及战斗序列

曾生（1910 — 1995 年），原名曾振声，广东省深圳市坪山人。东江人民抗日武装创始人之一，东江纵队司令员、两广纵队司令员。1934 年参加中国青年同盟。1935 年北平一二九爱国学生运动爆发后，积极组织中山大学和广州市学生进行抗日示威大游行，被推举为中山大学员生工友抗日救国会主席团主席、广州市学生抗敌联合会主席。1936 年 10 月，加入中国共产党。1938

年1月，任中共香港海员工委书记。10月，受八路军驻香港办事处委派，从香港回到坪山，成立中共惠宝工作委员会，任书记。12月，组建惠宝人民抗日游击总队，任总队长，后改称新编大队，任大队长。1940年1月，率部收复深圳墟。3月，率部突破国民党顽军包围，东移海陆丰。9月，曾生、王作尧两部遵照中共中央"五八"指示返回东宝惠抗日前线，整编为广东人民抗日游击队第三、第五大队，曾生任第三大队大队长，创建东莞大岭山抗日根据地。

曾　生

1943年12月，广东人民抗日游击队东江纵队正式成立，曾生任司令员。1945年8月，曾生被朱德总司令指定为华南抗日纵队在广东接受日军投降的代表。

1946年6月，根据国共两党协议和中共中央指示，曾生率领东江纵队主力北撤山东。1947年3月，任两广纵队司令员、渤海区党委副书记兼军区副司令员。8月，中国人民解放军两广纵队正式成立，曾生任司令员。他率部先后参加过豫东战役、济南战役和淮海战役。1949年下半年，率部南下参加广东战役。

东江纵队战斗序列简介
（1945年9月——1946年6月）

政委：林平　司令员：曾生　副司令员兼参谋长：王作尧

粤北指挥部：负责人：林锵云
　　　　　　（珠江纵队司令员兼）
　　　　　　王作尧（兼）
　　　　　　杨康华（兼）

政治部主任：杨康华

江南指挥部——指挥员：卢传良
　　　　　　　　　　　卢伟如（后）
　　　　　　　——政　委：黄宇

江北指挥部——指挥员：周伯明
　　　　　　　——政　委：陈达明

东进（海陆惠紫五）指挥部——指挥员：卢伟良
　　　　　　　　　　　　　——政　委：张持平

新中国成立后，曾生历任广东军区副司令员、华南军区第一副参谋长、中国人民解放军海军党委委员、南海舰队第一副司令员、广东省副省长兼广州市市长、中共广东省委常委兼广州市委第三书记、广东军分区及广州警备区第一政委等职。

1955年，曾生被授予少将军衔。1975年10月，任交通部副部长。1978年9月，曾生兼任香港招商局董事长。1979年，任交通部部长。1982年，当选为中共中央顾问委员会委员。曾任第一、第二、第三、第四、第五届全国人大代表，第四、第五届全国人大常委会委员。

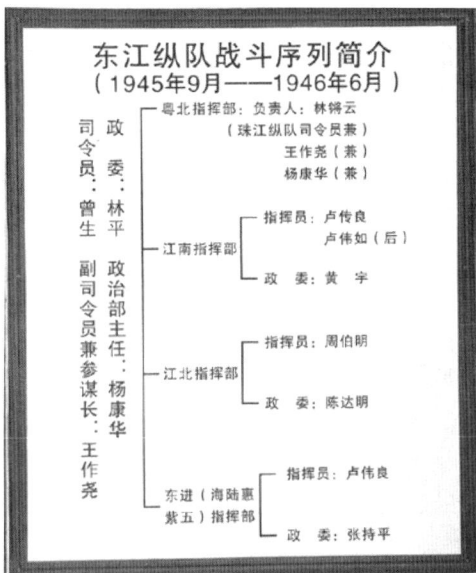

尹林平（1908－1984年），原名尹先嵩，又名尹利东、林平，江西省

尹林平

兴国人。东江人民抗日武装创始人之一，东江纵队政治委员，粤赣湘边纵队司令员兼政治委员。1931年9月，加入中国共产党。1932年9月，任中国工农红军闽南独立第三团团长。

1937年7月，尹林平任中共南方临时工作委员会军事部部长。1938年4月，任中共广东省委常委兼军委书记，主持广东省抗日武装斗争的准备工作。1939年2月，任中共东江特委书记。5月，任东江军事委员会委员。1940年8月，任中共东江前线特委书记。9月，任广东人民抗日游击队第三、第五大队政治委员。1942年1月，任东江军政委员会主任、广东人民抗日游击总队政治委员。1943年1月，任中共广东省临时委员会书记。12月，广东人民抗日游击队东江纵队正式成立，任政治委员。1945年7月，任中共广东区委员会书记。

1946年6月，东江纵队北撤山东后，尹林平奉命留在广东坚持领导武装斗争。1947年5月，任中共中央香港分局副书记。

1948年5月，尹林平由香港回到宝安。7月，率领人民武装在沙鱼涌、山子下、红花岭重创敌人，粉碎了国民党广东当局对惠东宝地区的第二期"清剿"。12月，任中共粤赣湘边区临时区党委书记。1949年1月，任中国人民解放军粤赣湘边纵队司令员兼政治委员。5月，任中共中央华南分局副书记。

新中国成立后，尹林平历任中南军政委员会委员、广东军区副政委、广东省支前司令部司令员、华南地区党委常委、中共中央华南分局常委、广东省副省长、广东省委书记处书记等职。

1977年12月，尹林平任广东省政协副主席。1979年12月，任中共广东省委书记、省政协主席兼党组书记。1982年，当选为中共中央顾问委员会委员。曾任中共八大和十二大代表，第一、第五届全国人大代表，第五届全国政协常委、中共广东省委党史研究委员会副主任、广东中共党史学会名誉会长等职。

王作尧

王作尧（1913－1990年），原名王伯尧，广东省东莞人。东江人民抗日武装创始人之一，东江纵队副司令员、两广纵队副司令员。1936年9月，加入中国共产党。

1938年10月，任东莞抗日模范壮丁队队长，率部在东江南岸榴花塔一带与进犯日军展开激战。1939年1月，任东宝惠边人民抗日游击大队大队长（后改称第二大队），率部于12月收复宝安县城南头（现为深圳市南山区管辖）。

1940年3月，王作尧率部突破国民党顽军包围，东移海陆丰。9月，王作尧和曾生两部遵照中共中央"五八"指示返回惠东宝抗日前线，整编为广东人民抗日游击队第三、第五大队，王作尧任第五大队大队长，创建宝安阳台山抗日根据地。

1943年12月，王作尧任广东人民抗日游击队东江纵队副司令员兼参谋长。1944年7月，王作尧兼任东江抗日军政干部学校校长。1945年1月，率部东进，创建罗浮山抗日根据地。8月，率部挺进粤北，创建粤赣湘边根据地。

1946年6月，王作尧根据国共两党协议和中共中央指示，与曾生一起率领东江纵队主力乘船北撤到山东。

1947年5月，王作尧任华东野战军第十纵队副参谋长，他在实践中发明了"洞穴工事"，为胜利实施野战阵地防御创造有利条件。1949年5月，任两广纵队副司令员，同年下半年，率部南下参加广东战役。

新中国成立后，历任广东军区江防司令部副司令员、珠江三角洲作战指挥部副司令员兼前线委员会委员、第十五兵团兼广东军区司令部副参谋长、广州市防空司令部司令员、广东省防空司令部第一副司令员、沈阳军区防空军副司令员、武汉军区空军副司令员等职。

1955年，被授予大校军衔，1961年，晋升为少将军衔。1979年12月，当选为广东省人大常委会副主任。

杨康华（1915－1991年），原名虞焕章，浙江省会稽人。东江纵队政治部主任、两广纵队政治部主任。

杨康华出生于一个知识分子家庭。1932年，就读于广州中山大学法学院政治系，阅读进步书籍，探寻救国救民的革命道路。1935年12月9日，北平一二九运动爆发，他积极发动同学响应，并带头参加广州声援一二九运动的大游行。1936年3月，加入中国共产党。1936年，大学毕业后，在中山大学附中教忠中学任教，秘密从事工人、学生运动和统战工作。1937年秋，参加广东文化界救亡工作协进会，当选为常委。1938年4月至10月，任中共广

杨康平

州市委常委兼宣传部长。同年 10 月，在广州沦陷后撤退到香港，任中共东南特委宣传部长。1940 年 10 月，任中共香港市委书记，兼管澳门地下党组织工作。

1941 年 12 月，香港沦陷后，杨康华到东江抗日游击区投身抗日武装斗争。参加抢救被困在香港的文化人和民主人士的"秘密大营救"行动。1942 年 2 月，任广东人民抗日游击总队副政治委员兼政治部主任、东江军政委员会委员，改名为杨康华。

1943 年秋，参与组织指挥粉碎日军对大岭山抗日根据地的万人扫荡。同年 12 月，任广东人民抗日游击队东江纵队政治部主任。1945 年 7 月，在中共广东省临委干部扩大会议（罗浮山会议）上被选为中共广东区委委员。同年 8 月，与王作尧、林锵云（珠江纵队司令员）组成粤北指挥部，任中共广东区委粤北党政军委员会书记，率领东江纵队和珠江纵队部分主力挺进粤北，开拓五岭根据地。1946 年 6 月底，与曾生等率东江纵队主力北撤山东，后任华东军政大学第五大队政治委员、校务委员会委员。1947 年 2 月，调任中央城市工作部第二室主任。1948 年 1 月，任中国人民解放军两广纵队政治部主任，转战冀鲁豫地区。

1949 年，杨康华率部参加解放广东战役。中华人民共和国成立后，历任广东军区政治部副主任、珠江军分区副政治委员、中共珠江地委副书记兼组织部长。1952 年后，历任广东省教育厅副厅长、中共华南分局宣传部副部长、中共广东省委文教部部长、中共广东省委委员、广东省人民政府副省长、中共广东省委统战部部长、广东省政协第一副主席。

1964 年，杨康华任暨南大学校长兼党委第一书记，是第三届全国人大代表。1971 年，任广东省革命委员会政工组副组长。1973 年，任广东省科教办公室主任、党委书记。1978 年，任广东省革委会副主任兼广东省体委主任、常委书记，后兼任广东省科委主任、党组书记，暨南大学校长、党委书记，主持暨南大学复办工作。1979 年，复任广东省副省长，并任中共广东省委党史研究委员会副主任。1982 年，任中共广东省顾问委员会副主任。1991 年 10 月，在广州逝世。

因杨康华和王作尧生前是莫逆之交，曾多次对家人提出"死后葬龙华，面向阳台山"的意愿，这两位在枪林弹雨中并肩战斗的"文官武将"的墓便安葬在龙华公园高耸的革命烈士纪念碑旁。那两座紧邻的墓冢正对着阳台山，那是他们生前战斗过的地方。

他们的革命情谊感天动地，也融入在龙华这片红色的土地里，激励着年轻一代铭记历史，继承革命传统，建设更加美好的家园。

东 江 纵 队 之 歌

1 = ♭E 2/4

自豪地、行进速度

林　鄂　词

史　野　曲

```
‖: 05  13 | 5    5 | i.5 43 | 6.6  5 | 0432 | 6.6  6 |
    我 们是 广    东   人 民的  游击   队，  我们是  八路 军，

  7.6  54 | 3    2 | 0    3 | 3.3   6 | 6. 6.7 i7 |
   新四  军的 兄   弟，      我   们的 队   伍 驰 骋于

  6    3 | 3.4  3 | 01  71 | 33   05 | 45   66 |
   东    江  战场  上， 艰 苦   奋斗， 英   勇   杀敌

  05  45 | 7.5 55 | 2. 1 | i -   | i    0 | 11 01 |
   取 得了 辉 煌的  胜利，         我们  有

  6.7  12 | 3    3 | 4.3 21 | 7. 1 | 2    2 | 0234 |
   伟大  中   国  共产党的 光   荣领  导， 用我们

  5    5 | 6  5.4 | 3    3 | 05  67 | i  77 | 6654 |
   英    勇 顽 强的  战   斗， 一定把 敌 伪和 顽固军队

  3.3   2 | 5   - | 5    0 | 3.3  30 | 6.6  6 | i  1.2 |
   彻底  消  灭！      同志 们， 前进 吧！光 明已

  i    60 | 5  5.1 | 6  5.3 | 66 566 | i    i | 2.2  2 |
   来   临， 今天  我 们是 民族解放的 战   士，明天 啊，

  2.  i | 3.2 17 | 2.  3 | i -   | i    0 :‖
   是  新中国的 主       人！
```

第三章 国内革命时期，龙华点燃革命火种

第一节 龙华创建共产党组织

1921年7月，中国共产党成立。同年8月，中国共产党广东支部建立。1922年，中共广东区委员会成立，1924年7月，创立广州农民运动讲习所。广东地区的广大工人和农民在中国共产党的领导下，掀起了革命斗争的高潮。

1924年下半年，中共广东区委派遣共产党员黄学增、龙乃武、何友逖等到宝安地区创建共产党组织，开展农民运动。当时，宝安县划分为7个行政区：第一区东起白石洲、杨树角，西沿海洲、下隔岸，南至蛇口、赤湾等地，北沿大沙河一带；第二区东起凤凰、铁岗，西至固戍沿海，南沿灶下一带围基，北面是黄田各农村；第三区以深圳为中心，东自沙头角、大小梅沙，西至车公庙、沙头，南濒深圳河一带，北达李朗、布吉；第四区茅洲河一带农村；第五区茅洲河之北一带乡村，与东莞接壤；第六区乌石岩、龙华、平湖一片狭长山地区；第七区东北接壤惠阳，由大鹏城起，西至沙鱼涌，南沿海滨山地。龙华地区属第六区。

由于人地生疏，根基未稳，公开建立共产党组织容易遭到豪绅地主的对抗破坏，因此，在国共合作的条件下，黄学增、龙乃武等以建立国民党基层组织为号召，进行活动。起初，与各村士绅处好关系，在农村开展工作，并介绍其中的优秀分子加入国民党，成立国民党乡区分部，借以互相协助和支持，建立与土豪劣绅作斗争的基础。然后，从中吸收先进分子为中共党员。

至1924年底，黄学增、龙乃武在四、五区发展了第一批党员，其中有麦福荣、麦金水、陈细珍、麦牛、潘寿延、潘国华、潘满容等。

1925年上半年，在三区发展了蔡子儒、蔡励卿、蔡子湘、郑泰安、文季彬、中央郑庭芳等为共产党员。下半年，吸收国民党中央农民部特派员郑奭南加入共产党。以后继续在二区、一区、六区发展党员。党员和农民组织关系由黄学增、龙乃武直接领导。

龙华成立农民协会

1925年4月，为了把农民组织起来，向土豪劣绅和贪官污吏做斗争，宝安县成立了农民协会。继县农会成立之后，龙华、观澜地区也陆续成立了农民协会。他们提出了"打倒帝国主义""打倒封建势力""耕者有其田"等口号。

轰轰烈烈的农民运动中涌现出许多农运骨干和先进分子，陈国基、曾鸿文、张振堂、钟英宏、周马连等就是其中的代表性人物，他们先后加入了中国共产党。

1926年，在宝安县党组织的领导下，龙华、观澜地区的农民组织积极开展反对苛捐杂税的斗争。宝安县党组织约见国民党深圳驻军旅长司徒非，要求取消防务费（名为启征税和户口税）失败后，龙华、观澜地区的人民加入了县农会组织的群众游行示威活动，全面展开反苛捐杂税运动。是年，国民党中央党部颁发布告，规定凡未经中央财政部批准的，不得巧立名目，横征暴敛。启征税、户口税及其他杂税被废除，反苛捐杂税的斗争取得了胜利。

在宝安县农会的领导下，针对龙华观澜地区境内山地多、耕地少、形成自耕农半自耕农成分多的实际情况，龙华、观澜地区的土豪劣绅霸占的房族公田收归为农民集体所有，企图抗拒减租减息的地主也受到了惩治。

第二节　武装斗争，反抗国民党反动统治

1927年4月，正当宝安地区工农运动蓬勃发展的时候，蒋介石制造了四一二反革命政变，大批共产党人和革命群众被杀害，国共合作破裂。

15日，广州的国民党当局发动反革命政变，大肆搜捕共产党员和革命群

众，大搞"清党"运动。18日，国民党广东省党部派宝安籍的郑启中、潘佑临、文栋卿等三名"清党委员"，以"清党特派员"的名义到宝安县进行"清党"活动。

国民党宝安县长邓杰率警察队和反动民团"围剿"农民自卫军的最后据点乌石岩和楼村等地，因实力悬殊，农民自卫军被迫分散撤退。原来外逃的土豪劣绅卷土重来，反动民团死灰复燃。农会骨干和共产党员有的被杀害（观澜籍陈国基），有的出走香港、南洋等地暂避。

据不完全统计，被杀害的共产党员和革命群众达15人，被捕10余人。此时，中共宝安县党部负责人龙乃武被迫出走香港，农会自行解散。

形势急转直下，斗争极度困难，白色恐怖气氛弥漫整个宝安县。县党部临时决定，将党的所有证件迅速销毁，然后整体撤退到五区楼村的陈氏宗祠，继续领导群众与反动势力周旋。

8月7日，中共中央在湖北汉口召开紧急会议（亦称八七会议）。会议总结了大革命失败的经验教训，确定了土地革命和武装反抗国民党反动派的总方针，并把发动农民举行秋收暴动作为当前党的最主要任务。8月20日，中共广东省委通过了《中共广东省委拥护中央紧急会议之决议》，并制定了《暴动后各县市工作大纲》。11月下旬，省委在广州召开会议，认为广州暴动的时机已到，但为要保卫广州之胜利，则须各地农民一起暴动才有把握，特别是海陆丰暴动必须向惠州之南部平山、淡水发展，直趋广九路与东莞、宝安之农民会合，以保护广州暴动胜利。省委指出："东莞、宝安目前工作很重要，已派专人去要他们起来暴动。"

为了贯彻中共中央八七会议精神，实行革命的武装反对反革命的武装，中共广东省委派候补委员赵自选到东莞常平周屋厦村召集东莞、宝安两县领导人联席会议。宝安由县委书记郑奭南参加。会议要求东莞、宝安两县共同组织工农革命军，并当即成立了"东宝工农革命军总指挥部"。指挥部顾问赵自选，总指挥蔡如平，副总指挥郑奭南。下设四个大队，第一、第二大队属东莞，大队长分别由周达朝、叶汉庭担任；第三、第四大队属宝安，大队长分别由麦福荣、陈义妹担任。会后，郑奭南回到宝安在楼村召集会议，研究决定改编农民自卫军，作为工农革命军的基本队伍。至12月上旬，宝安工农革命军已拥有2000余人，是当时党直接领导下的工农武装，也是广东中路农民运动中一支坚强的武装队伍。这支主要来自农民群众的队伍，因当时给养困难，只能在县委和各区委的秘密掌握下，分散在原籍进行训练。他们的枪支弹药除极少数由上面拨给外，一部分由党组织秘密发动群众搜集民间枪支为工农革命军使用，另一部分由他们自购自用。在国民党反动派实行白色恐怖的恶劣环境下，农民群众组织起来，拿起武器与国民党反动派抗争。

12月上旬，中共宝安县委进行调整，产生第二届委员会，刘伯刚任县委书记，县委机关设在五区楼村。为配合广州起义，中共广东省委派傅大庆到楼村，向宝安县委传达指示，限13日前进军深圳，会同铁路工人夺取火车，直趋广州接应起义。县委立即从两个大队的工农革命军中抽调200多人，于12月12日集中楼村，将原来的三、四两个大队混合编为第一、第二两个大队。第一大队由郑奭南、麦福荣、陈义妹带领，第二大队由潘国华、潘寿延、陈绍芬带领。当天晚上，第一大队经观澜、龙华，向深圳进军。13日清晨进至距深圳镇10千米的梅林村休整时，接到铁路工人传报，得知广州起义已于11日提前举行。

郑奭南立即召集各领导同志开会磋商。会议认为工农革命军士气高涨，深圳近在眼前，且反动军队力量薄弱，仅有区署、警局，应乘此机会予以打击。于是，县委决定将接应广州起义的计划临时改为攻打深圳和县城南头，与广州起义相呼应。14日，工农革命军分四路突破深圳东西南北墟门，包围国民党军政机关。郑奭南带队冲进反动警局，击毙警局巡官江秀词，俘虏区长兼警察局长陈杰彬和两名局员，缴获长枪10余支，整个战斗不足一小时。当日下午部队从深圳转移到乌石岩集中。第二大队未攻下县城，亦退到乌石岩集中。

这次暴动是宝安工农在大革命失败后武装反抗反革命武装的第一次尝试，打击了国民党反动派在宝安的统治，震慑了敌人。但暴动也遭到敌人变本加厉地反扑和镇压。国民党县长邓杰督率3倍于革命武装的县兵及沙井、新桥的民团包围乌石岩，以图报复。因敌强我弱，工农革命军且战且退，转移至东莞梅塘东山庙屯扎。随后，反动派又攻打楼村，烧毁县委驻址陈氏宗祠。

深圳理发工人何连、商人何梅、黄贝岭教师张沛、医生张炳寿亦因平时参加农运而被反动军警抓去杀害。

乌石岩旧址已成了公园

17

第三节　转入地下，隐蔽开展革命斗争

大革命失败后，中共宝安县委被迫转入地下，继续领导人民开展革命斗争。1927年8月，中共广东省委领导陈郁等指示中共宝安县委，要求在深圳河附近建立交通站，以沟通当时设在香港的中共省委机关与广州及各区县的联络交通线。

中共宝安县委决定以皇岗为交通大站，建立一条红色交通线，主要任务是确保省委和县委的联系，传递秘密文件、指示等。交通站由庄泽民任站长，交通线分外线和内线。外线由曾品贤负责，这条线路从皇岗出发，经罗湖至九龙，在香港指定的联络地点接受上级交给的任务，主要是把密写文件、指示带回宝安，转达到上级指定的目的地；内线由庄海添负责，这条线路从深圳出发，到九龙旺角大华戏院附近接受任务，然后返回皇岗，经上梅林、龙华、白石龙至楼村宝安县委驻地。为确保交通线安全，各点都选派了可靠人员负责，上梅林由黄焕廊负责，白石龙由蔡耀负责。

红色交通线的建立，不仅沟通了秘密出入的内线，还及时为中共组织及其领导的工农武装提供了重要情报。1927年12月12日，为会同深圳铁路工人夺取火车直趋广州接应广州起义，中共宝安县委按中共广东省委的指示，调集东（莞）宝（安）工农革命军第一、第二大队（属宝安工农武装）由楼村出发，经观澜、龙华向深圳进军。次日，工农革命军进抵梅林时，通过白石龙、上梅林交通站的蔡耀和黄焕廊得知广州起义已提前举行并遭严重损失，便立即改变进军计划，于14日以第一大队攻取深圳，以第二大队攻取南头宝安县城，与广州起义相呼应。袭击深圳警察局的第一大队，毙敌巡官江秀词，俘区长兼警察局长陈杰彬，缴枪10余支。取得战斗胜利后，当天即由深圳撤至第六区，与未能攻破县城的第二大队会合于乌石岩。旋因遭国民党军进攻，两个大队便北上向东莞转移。

皇岗交通站还兼有负责护送干部出入边境线的任务。入境的路线是由九龙、新界到落马洲，在落马洲设一落脚点，负责人是张贯卿。出境的路线是由东莞石龙或山厦、平湖，沿广九铁路到罗湖，直至皇岗，再由交通站派人护送到新界、九龙抵达香港，这是省委控制的交通线，一般情况下不使用。落马洲站在1928年因张贯卿迁居而改在米埔村海员工人冯水家里设立接待点，其他路线仍未改。这条红色交通线曾护送过许多共产党人，其中有中共广东省委领导人李源、蔡如平、黄学增、阮啸垣、赵自选等。

1928 年 5 月，宝安暴动失败后，国民党县党部组织县兵和反动民团对共产党及农民自卫军进行"清剿"，斗争异常艰苦。为保存实力，宝安党组织决定将革命力量全部转移到香港等地。

1930 年 2 月，中共党组织决定恢复皇岗交通站，派庄泽民从香港返回皇岗，在水围开设杂货店作为掩护，并在庄海添家设立临时秘密接待站，恢复了皇岗党组织和交通站的工作。

1931 年三、四月间，宝安三区地下党组织恢复，庄泽民任区委副书记兼交通站负责人。交通站仍分内外两条线，外线由曾品贤负责，内线由庄海添负责。白石龙交通站仍由蔡耀负责。

1931 年 12 月，曾品贤、庄海添先后被捕叛变，出卖了深圳大来金铺、鱼街广德祥店联络点及蔡屋围农会负责人、石下村以及皇岗交通站负责人，致使蔡子湘、林权初、蔡成汉、庄泽民、潘兴达、庄林贵、潘柏芳、潘火有、潘丁等九名党员被敌人抓获。叛徒又带敌人到平湖，包围纪劬劳学校，逮捕了以教师身份为掩护的共产党员刘伯刚、刘仲德。在党员叶庆光的领导下，当地商民、店员工人、农民拿起大刀棍棒等器械将刘伯刚、刘仲德救出。

至此，中共宝安党组织和皇岗交通站遭到严重破坏，红色交通线被迫中止了一切活动。

第四章 抗日战争时期，
龙华掀起革命风暴

第一节 龙华抗日救亡运动空前高涨

1937年7月7日，卢沟桥事件爆发，中国人民抗日战争从此全面爆发。1938年10月12日，日本侵略军在大亚湾登陆，抗日烽火在华南燃烧起来。在中国共产党的领导下，龙华人民建立和发展东江抗日根据地，把龙华地区的抗日救亡运动开展起来，组织抗日自卫队，为后来我党在这一带开展敌后游击战争、建立根据地打下了基础。龙华地区包括龙华、民治两个乡，是阳台山区革命根据地的所在地，在艰苦卓绝的抗日战争中，龙华地方党组织和龙华人民为民族解放事业谱写了无数的光辉篇章。

抗日战争全面爆发后的1937年12月，中共广州外县工委派出以共产党员刘向东、黄木芬为正副团长的"抗战教育实践社流动工作团"到东莞、宝安两县交界的观澜、天堂围一带开展抗日救亡运动。当年底，黄木芬带领工作团部分同志转到龙华一带活动，住进大布巷维新学校，积极发动群众投入抗日战争，成立了抗敌后援会。黄木芬和民运队员的活动得到龙华弓村周振熙、周吉，赤岭头村何伯琴、何富儒等人的支持，迅速打开了局面。村里参加抗敌后援会的会员有黄恩球、黄凤英、张玉英等50余人，其中黄恩球为担架队长，队员40余人；黄凤英、张玉英为救护队骨干；黄官清、黄官寿为宣传队骨干。他们跟着黄木芬的民运队员，在本村和邻村进行革命活动。工作团的欧运联等人还先后在白花洞、大水坑、章阁、松元厦等村举办民众夜校，发动群众抗日。爱国民主人士陈其艳在观澜墟内开设时新书店，公开出售《十年来中国的红军》《铁流》及茅盾、郑振铎、郁达夫等进步作家的书籍，观澜人民从中受到革命思想的熏陶。

1937 年底，工作团转移到中山，黄木芬则继续留在观澜、龙华一带开展工作。

1938 年初，中共东莞中心县委员会（领导东、宝、惠三县的工作）支部委员张广业带领"民众抗日自卫团统率委员会"的一个政治工作队到观澜章阁村，在章阁、白花洞、库坑一带发动群众开展抗日救亡宣传。同时，黄木芬争取到观澜乡抗敌后援会副主席、开明绅士吴盛唐和曾鸿文，龙华弓村周吉、周振熙，赤岭头村何伯琴、何赋儒等人的支持，在观澜、龙华地区征集民间枪支，组织抗日自卫队等形式的民众抗日武装。

1938 年 10 月，日军占领广州、武汉以后，抗日战争进入相持阶段。国民党内以汪精卫为首的亲日派于 12 月公开投降日本，以蒋介石为代表的抵抗派虽然继续主张抗日，但表现出很大的动摇性，尤其对中共领导的人民抗日武装在敌后的抗战和力量得到发展感到十分恐慌。

1938 年 10 月 12 日，日军在大亚湾登陆，宝安县形势十分严峻。张广业和王启光等撤到观澜章阁、白花洞一带，黄高阳带领东莞清塘地区的自卫队到白花洞与张广业会合。10 月下旬，为了加强对广九铁路沿线东宝地区人民抗日斗争的领导，中共东莞中心县委决定在观澜章阁村成立县一级派出机构"中共东宝边区工作委员会"，张广业任书记，黄高阳和黄木芬为委员，负责宝安县及铁路沿线地区的对敌斗争工作。

11 月 23 日，占领广州的日军为巩固其占领区，向广九铁路沿线进行疯狂扫荡。当日军回师时，东宝边区工委通知武装部队在章阁村集中，以对付日军。

1938 年 12 月 2 日，在中国共产党的领导下，惠宝人民抗日游击总队建立，曾生任总队长，成为深圳地区抗击日军的主要力量。这是二中队全体战士合影。

国民党军第一五三师九一三团被日军击败，200多人退至白花洞，与师部失去联系，处境困难，军心动摇。中共东宝边区工委派王启光对该团团长做工作，使他们留下来坚持抗战，并在该团设立临时政治部，王启光担任主任，副主任蔡子培，黄木芬任临时政治部武装队长，由工委派20多人到该团做政治工作。

在创建抗日武装的同时，龙华地区的党组织也得到进一步的发展。1938年12月，中共东莞中心县委领导机关从宝安县的白花转到东莞县的苦草洞，留下陈坤、祁和负责联系和领导平湖、山厦以及宝安其他各点的党的工作，陈坤在龙华弓村一带活动。

12月中旬，中共东宝边区工委通过统战工作，在国民党军九一三团临时政治部（该政治部由东宝边区工委派员组成，共产党员王启光、蔡子培任正副主任）成立武装政治大队。12月下旬，东宝边区工委于观澜章阁村成立"东宝惠边人民抗日游击队"第一、第二大队，黄木芬、蔡子培分别担任大队长。第一大队在章阁、白花洞等地开展抗日救亡宣传活动，第二大队在清溪、凤岗一带开展抗日救亡宣传活动。

龙华周振熙、周吉、何赋儒、何伯琴、何贵生和布吉曾鸿文等一批青壮年参加了第一大队。曾鸿文、周吉积极动员龙华布吉等地群众，把国民党军队溃逃时丢下的一挺机枪和五六十支步枪、手枪交给了黄木芬大队，充实了这个大队的装备。此时，中共东莞中心县委（领导东、宝两县）宣传部长兼武装部长王作尧带领东莞模范壮丁队20多人也在龙华一带活动，得到了当地群众的热情支持。他们通过周吉去做观澜开明绅士张仁高的统战工作，动员张仁高把10多支枪交给部队，还借了一笔钱和几十担稻谷给部队，从而解决了部队装备和经济上的困难。

12月下旬，王作尧率领40多名东莞模范壮丁队队员从东莞大岭山转移到章阁、白花洞，与东宝惠边人民抗日游击队会合。

1939年1月，国民党召开五届五中全会，制定"溶共""防共""限共""反共"的方针，消极抗日，积极反共。在华南，国民党东江当局企图扑灭活动于惠东宝地区的人民抗日武装力量。

1939年1月1日，东宝边工委将这两支部队和从各区地方党组织动员来的武装人员，在东莞县苦草洞整编为"东宝惠边人民抗日游击大队"，大队长王作尧，政训员何与成，总支书记黄高扬。大队共120人，编为第一中队和短枪队。合编后的抗日队伍继续活动在宝安路西的龙华乌石岩、布吉、南头一带，在当地人民的支持下英勇打击敌人。

1939 年 3 月，陈坤发展了龙华弓村的周吉、周振熙入党。是年冬又在弓村发展了周其入党。周吉、周振熙、周其的组织关系由陈坤直接领导，负责地方与部队的联系工作。

4 月，接受国民革命军番号为"第四战区第四游击纵队直辖游击第二大队"（惯称"王作尧大队"），在党内隶属于东江军事委员会。随后，东南特委将增城县抗日武装 100 人调入第二大队，编为第三中队，此时全大队共 300 多人，在党内隶属于东江军委。

1940 年 1 月，东莞中心县委派刘曼之领导周振熙、周吉、曾鸿文建立党小组，刘曼之任组长。部队东移后，曾鸿文主要负责与东移部队的联系；周吉负责与部队留在龙华的政工人员王妙、王章等联络，保证他们安全掩蔽，并与地方党的同志一起，把部队留下在弓村的 31 支枪 9 担军毡掩藏好，部队东移回来后又交回给部队；周振熙则打入国民党龙华乡政府当文书，向爱国民主人士卓凤康乡长开展统战工作，争取他的支持，乡政权成为"白皮红心"的乡政权。

东莞中心县委还派沈浮在龙华一带活动，开展建党工作。他在弓村发展了周家祥、周立祥、卓友、卢根生、陈××等党员，建立了弓村党小组，组长周家祥。4 月，沈浮调走。不久雷晓峰调赤岭头，他在那里发展了何赋儒、何信恩、何玉粼三人入党。同年 12 月，何志刚由何赋儒介绍入党。赤岭头的党组织由雷晓峰直接单线联系。弓村、赤岭头的党员同志与周吉等同志互相配合，组织当地群众支援我抗日游击队的活动。曾生、王作尧部队东移后，中共惠阳中心县委于同年 5 月派苏伟民（化名蔡平）到龙华，住在弓村，以弓村小学教员身份作掩护，负责宝安地方党的工作。他主要活动于龙华、布吉一带，经常与曾鸿文、周吉、刘曼之等同志联系，发展了弓村卓振华入党。在部队从海陆丰回宝安之前，他们又积极做好迎接部队回来的准备工作，并派曾鸿文到坪山为部队带路。

1940 年 2 月 10 日，国民党东江当局提出调曾生、王作尧部队到惠州西湖的孤岛百花洲"集训"，以达到全部缴械的目的。曾、王部队在中共东江特委的领导下，提高警惕，克服个别干部对国民党的幻想，派周伯明到惠州谈判，以前线敌情紧张为由，坚持就地集训，粉碎了国民党顽固派消灭人民武装的企图。国民党当局的阴谋彻底败露后，加紧调集兵力，部署对新编大队和第二大队的军事进攻。

2月底，东江军事委员会接到在第四战区东江游击指挥所工作的中共地下党员李一之和张敬人送出的紧急情报，遂于3月1日在坪山竹园村召开紧急军事会议，决定曾、王两部东移海陆丰，来应对国民党顽军的围攻。

3月初，国民党广东当局纠集第一八六师五五八团、保安第八团两个营、汕头与东江地区的四个支队及地方武装共3000余人，发动对曾生、王作尧部队的围攻。8日晚，国民党顽军从龙岗、坑梓、淡水三个方向进逼坪山。为了摆脱国民党顽军的包围，9日晚，新编大队由梁广、梁鸿钧、曾生等率领，经石井、田心向东突围。与此同时，顽军进驻观澜、梅塘，形成对乌石岩、龙华包围的态势。11日晚，第二大队在王作尧、何与成率领下，从乌石岩出发，经观澜向淡水方向突围。曾、王两部在向海陆丰东移途中遭顽军截击，军事上完全陷于被动，几遭挫折，人员从800多人减至100多人，处境十分困难。

在中共中央和中共广东省委的指示下，曾生、王作尧部队集中在海丰县大安洞稍事休整后，于7月下旬向西进发。9月上旬，部队越过广九铁路，秘密重返抗日前线宝安布吉乡的雪竹径、杨尾（现龙岗区坂田街道杨美社区）、上下坪一带，重整旗鼓。

第二节　创建阳台山抗日根据地

阳台山区域内有阳台山、鸡公头山、塘朗山和一些小山，东靠广九铁路塘（厦）深（圳）段，西临宝太（南头至太平）公路至珠江口，南接宝深（南头至深圳）公路，北连东莞县大岭山区。阳台山周围，驻有日伪军约3000人，顽军1000多人。

1940年9月中旬，中共东江特委在宝安县布吉乡鸡公头山的上下坪村召开部队干部会议。会议传达了中共中央的有关指示，总结了东江人民抗日武装因国民党顽军围攻而东移海陆丰遭受严重损失的教训，决定贯彻执行中共广东省委6月南雄会议确定的"关于党的工作重心放在战区和敌后"的方针，并根据"独立自主、不受国民党当局限制"的原则，确定放弃国民党军的番号，将曾、王两部合编为广东人民抗日游击队。全队下辖第三、第五大队，以第三大队向北活动于大岭山地区，以第五大队就地活动于阳台山地区和广九铁路两侧，开辟以大岭山、阳台山为两大依托的东江东宝惠抗日根据地。

9月下旬，根据上下坪会议确定的方针，王作尧、周伯明、蔡国梁率领仅有30多人组成的一支短枪队和一支长枪队的第五大队进入阳台山地区，面对数量上占绝对优势的日伪顽军，开始阳台山抗日根据地艰巨的创建工作。

1940年10月，第五大队进入白石龙建立立足点时，成立了中共宝安县工委，由王作尧任书记，刘汝琛任副书记，工委决定当前的两大任务是迅速发展中共组织和扩大抗日武装，并组建了由刘宣任队长的工委民运工作队。民运队长刘宣，组织委员赵智生，宣传委员黄达。民运队到龙华、布吉、民治、观澜、乌石岩、沙河等乡的许多村庄开展群众工作和建党建政工作。原东江华侨回乡服务团博罗队的刘汝琛、杨德元、杨步尧、雷晓峰等同志也奉尹林平同志指示从香港转到宝安，以民运队员身份在龙华一带开展工作。民运队在农村通过唱歌、演戏、出墙报、访问串联、开办夜校等形式，教育发动群众，提高群众抗日反顽的热情和觉悟，组织起自卫队、妇女会等群众组织，同时发展积极分子入党。1940年底，刘汝琛等在赤岭头活动期间发展了何桂生、何伯琴、何恩养、何志青、何志光、何树带等八名党员，加上原来的3名党员，共有11名党员，成立了赤岭头党支部，支书何赋儒。同时弓村也成立了党支部，有党员7人，支书周家祥。

望天湖乡（后改民治乡）的党组织也是从1940底开始发展的。1940年10月，王作尧部队派陈前、林觉魂、周石永等到望天湖、梅林坳一带活动，建立税站。他们首先在白石龙村开办夜校，对群众进行抗战教育，发动群众起来抗日救国保家乡，建立了白石龙抗日自卫队，并培养了刘鸣周、蔡达、蔡锦义等一批抗日积极分子。不久，他们又到望天湖、樟坑、李公径、横岭等村开展工作，办起了夜校，建立了抗日自卫队，培养了一批骨干。1940年底至1941年初，白石龙村刘鸣周、蔡达、蔡锦义，樟坑村邓云英、张桂娇、邓望等人先后入党，并建立了白石龙党小组（组长刘鸣周）和樟坑党小组（组长邓云英）。

为了适应形势发展的需要，1940年10月，中共宝安县工作委员会成立，1941年2月成立中共龙华区委，县委书记刘汝琛等县委领导仍在赤岭头村活动，县委妇女部长、龙华区委书记赵学在弓村活动。龙华区委下属有4个支部，1个党小组，共32名党员。其中弓村支部党员8人，支书周家祥；赤岭支部党员13人，支书何赋儒（9月后何伯琴接任）；白石龙支部党员5人，支书刘鸣周；岗头（包括元芬）支部党瓦园支部（包括南坑、横岭、李公径等村）党员4人，支书岑桂兰。

县委、区委建立后，即领导地方党组织与部队民运人员一起着手建立地方抗日民主政权的工作。

早在1938年底，游击队在龙华一带活动时就争取了爱国民主人士老同盟会会员、龙华乡乡长卓凤康先生的支持，于1939年4月建立了"白皮红心"的龙华乡政府。卓凤康主动支持部队开展抗日活动。1939年8月，在他的支持下，共产党员周吉带领该乡民兵二三十人参加火烧南头沙河大涌桥的战斗。1940年秋，曾生、王作尧部队由海陆丰返回布吉、龙华一带，个别队员在途中失散，落到国民党顽军手里，卓凤康先生以乡长的合法身份竭力营救了游击队两名战士。

1941年1月，第五大队短枪队在上下坪鸡公头与来犯日军打了一场麻雀战，俘日军一人，缴三八式步枪一支。此战虽小，但影响颇大，群众奔走相告，抗日部队回来了。消息传开，惊动了国民党顽固派，顽军徐东来支队集中1000多人向龙华、望天湖、布吉扑来，企图一举消灭弱小的人民抗日武装，第五大队采取"敌进我进"的战法，飞兵奔袭清溪苦草洞顽军武器库，全歼守军，缴获轻重机枪6挺、步枪数十支、子弹10箱。

在战斗胜利的鼓舞下，第五大队民运队配合宝安工委，大力恢复和发展各乡村地方党组织，发展一批农民先进分子入党，保证了根据地建设顺利进行。在各乡村党组织配合下，民运队经过深入细致的工作，普遍建立起抗日自卫队等各种群众组织。到4月间，在全区组建了600多人的8个抗日自卫中队，成立抗日自卫总队，曾鸿文任总队长，刘宣任政训员；同时，动员了100多名青年农民参加部队，壮大第五大队。民运队还在建立各种群众组织的基础上，协助地方党普遍建立乡村两级抗日民主政权，并成立龙华联乡办事处（区级政权）。至此，阳台山抗日根据地日益巩固。

东莞清溪一带的山林

1941年5月，在各级地方党组织和各种抗日群众组织已经建立起来的情况下，建立抗日民主政权的时机已经成熟，故龙华"白皮红心"的乡政府改为抗日民主政府，乡长卓凤康，副乡长周振熙。各地民主乡政府建立后，更公开地领导该乡人民配合我部队打击日、伪、顽军队，保卫我抗日根据地。

1941年7月7日和11日，驻深圳、南头日军分几路出动几百兵力扫荡望天湖，炮轰龙华墟，龙华区委书记赵学、乡长卓凤康以及地方党、民运队的同志，一方面组织群众坚壁清野，一方面带领民兵配合我游击队反扫荡，打死打伤一批日兵，打退了敌人的进攻。同年8月15日，驻南头、深圳日军又分三路对龙华地区进行扫荡，其中一路500人左右由乌石岩蹿到龙华牛地埔，共产党员周吉和乡长卓凤康先生等带领民兵，配合广东人民抗日游击队沈鸿光中队英勇抗击敌人，毙敌40多人，迫使敌人退回南头。由于我军民携手抗敌，粉碎了敌人对龙华地区的多次扫荡，阳台山抗日根据地巍然屹立。

民治乡抗日民主政权也是在1941年5月成立的，乡长是民主人士钟福祥，副乡长是共产党员刘鸣周。该乡包括白石龙、樟坑、望天湖、岗瓦园、南坑、横岭、大发埔、李公径、上下坪等村庄，都是当时我抗日游击队活动的主要地区，属阳台山区根据地的范围，该乡的白石龙村当时是我党和部队的重要据点，是广东人民抗日游击队总部的所在地。

1942年1月下旬，中共中央南方工作委员会副书记张文彬在白石龙村主持召开了一系列重要会议，总结了部队三年来对敌斗争的经验，对当时形势、任务、方针、政策、游击战争的战略战术以及部队的军政建设等问题进行了认真讨论，对进一步开展抗日游击战争和加强部队的建设做出了一系列重要的决定。当时，广东人民抗日游击队总队部领导机关和后方办事处设在白石龙村，部队的医院、修械厂、报社设在白石龙村后面的山沟里。总队部领导同志尹林平、王作尧、杨康华等住在这个村后的一座小洋楼里，后方办事处主任陈坤在这个村的天主教堂办公，民治乡政府也设在白石龙村。县委和区委的领导同志也经常在这个村来往、居留。

第三节 阳台山抗日根据地反扫荡斗争

1941年，国民党顽固派继续推行其消极抗日、积极反共反人民的反动政策，制造皖南事变，掀起第二次反共高潮。自1942年4月起，国民党先后出动了一八七师、独九旅、独二十旅、保八团等正规军和徐东来、梁桂平等地方反动武装，向东宝抗日游击区发动疯狂的扫荡。

1941年6月至9月，驻宝安南头、深圳、布吉、横岗等地的日军连续8次先后出动2000多兵力，对阳台山抗日根据地进行反复扫荡。日军所到之处，施行残暴的"三光"政策，焚烧群众房屋，抢掠群众财物、牲畜，强奸妇女，杀害群众，企图摧毁抗日根据地。大队长王作尧、副大队长周伯明指挥第五大队和抗日自卫队展开了艰苦的反扫荡作战。

6月17日，驻南头日军以400余人的兵力扫荡阳台山抗日根据地，由梅林田心围出动的四五十名日军直逼民治乡。民治乡抗日自卫队与武工队、游击队配合行动，对日军实行反包围，首先在沙吓村包宜围低窝垄咬住敌人，第五大队与第三中队埋伏于水斗坑一带待机。敌人被自卫队从沙吓诱至水斗坑时，即遭第三中队和武工队的痛击，望天湖自卫队冲上山头，一阵"排头火"（即鸟枪）猛击敌之后背，其他各村自卫队赶赴增援，实行前后夹击，当场击毙日军8人，取得了反"扫荡"作战的胜利。18日，又以一个中队在梅林坳伏击日军，迫使日军撤回深圳和南头。

6月底，日军调集南头、深圳驻军200多人，分两路合击望天湖。深圳日军经梅林坳北进，南头日军从塘朗迂回。日军完成合围后，用迫击炮轰击望天湖。周伯明率领第二中队及时转移，冲出日军包围圈后，绕过游松坳，向北路日军发起突然攻击。龙华区委书记赵学率领抗日自卫队赶来增援，与第二中队占领道路两侧制高点，集中火力猛击日军，毙伤数人和战马一匹。日军进入望天湖毫无所获，遂退走。

7月1日，驻南头日军100多人经塘朗、长岭陂向龙华推进。第五大队重机枪中队奉命在龙塘伏击，毙伤日军10多人，缴获轻机枪一挺，步枪数支。日军不明虚实，慌忙撤走。

7月7日，南头、深圳、布吉日军400多人分三路扫荡龙华地区。一路经梅林坳，另一路经白芒，再一路沿布龙公路向龙华推进。第五大队决定集中兵力打击经梅林坳北进的日军，大队长王作尧指挥第一中队和重机枪中队在游松坳设伏。日军从梅林坳下来，沿途烧杀抢掠，望天湖再度遭劫。当日军出现在望天湖以北的开阔地时，第五大队集中轻重机枪和步枪火力向日军射击，当即毙伤日军10多人。日军在第五大队火力压制下，动弹不得。从白芒推进的一路日军，在阳台山下的赤岭头遭到周伯明率领的第二中队截击，也无法前进。黄昏时分，从布龙公路推进的日军赶来援救，三路日军趁天黑撤走。

日军对阳台山抗日根据地的4次进攻均告失败，暂时停止了扫荡，第五大队赢得了一段时间休整部队。到了中秋节，宝安日军经过两个多月的充分准备后，又发起了连续四天的扫荡。

10月5日，驻南头日军约300人分两路到乌石岩地区扫荡。一路从正面经白芒北进，另一路从西北面经玉律实施迂回。两路日军在乌石岩会合后沿乌龙公路推进。副大队长周伯明率领第二中队在小黄田进行截击，毙伤日军中佐指挥官及20多人。日军退回乌石岩驻扎。

10月6日，驻南头、深圳、布吉的日军出动400多人（其中骑兵50多人），配迫击炮3门，在前日退守至乌石岩的日军配合下，分东、西、南三路推进，妄图一举围歼第五大队，扫平阳台山抗日根据地。当西路日军沿乌龙公路东进时，周伯明率领第二中队沿乌龙公路有利地形节节阻击，日军进展缓慢；东路日军沿布龙公路西进，遭到抗日自卫队的顽强阻击，进攻受挫；南路日军过梅林坳经望天湖向北推进，这路日军是第五大队此次反扫荡的重点打击对象。大队长王作尧率领第一中队、重机枪中队及抗日自卫队在狮头岭、弓村、牛地埔设伏，日军进入牛地埔第五大队的伏击圈后，轻重机枪一齐开火，日军遭到突然袭击，慌乱应战。战斗进行到夜晚，日军点起篝火，焚烧尸体，到深夜撤走。是役共毙伤日军30多人。南线进攻的日军遭受重创撤退后，东、西两线进攻的日军在第二中队和抗日自卫队的重重阻击下，寸步难行，只得连夜撤回老巢。

10月7日，驻深圳、布吉、横岗日军400多人分三路到岗头、雪竹径、坂田地区扫荡。一路100多人的日军部队由布吉经分水坳、马鞍塘向岗头推进；另一路日军200多人由横岗经平湖出樟坑径，迂回青湖向岗头进犯；再一路日军100多人沿布龙公路向雪竹径推进。日军行进过程中，到处遭到抗日自卫队小分队袭扰。第一中队在马鞍塘阻击，日军不得前进。重机枪中队趁日军在青湖架灶煮午饭时，发起突然攻击，日军退向岗头，与沿布龙公路推进的日军会合后撤走。

10月8日，驻南头、深圳、布吉日军300多人，分三路再次到望天湖扫荡。东路日军沿布龙公路经游松南进；西路日军经长岭陂东进；南路日军过梅林坳后，首先炮击望天湖，然后会同东西路日军合击望天湖。第五大队组织群众转移后，转到日军侧后，在日军返回时进行伏击，毙伤日军数人。日军连续四天的扫荡，付出了伤亡60多人的代价，最终以失败告终。

在三个月的时间内，日军对阳台山抗日根据地进行的8次扫荡均告失败。

战后，根据地军民在龙华乡牛地埔举行祝捷大会。第五大队和抗日自卫队在胜利的反扫荡作战中共毙伤日军100多人，给深圳和东江地区抗日军民以巨大鼓舞。阳台山抗日根据地经过战火洗礼，更加巩固，巍然屹立。

上下坪会议后，经过大半年的努力，广东人民抗日游击总队第三、第五大队在建党、建政和扩军等方面都取得了长足进展，形成了大岭山和阳台山抗日根据地的雏形。为更好地宣传中国共产党的抗日主张，进一步深入发动群众，加大抗日民族统一战线的宣传力度，争取社会各界尤其是上层人士、国民党官兵乃至绿林好汉对抗日反顽斗争的同情与支持，创建报刊很有必要。

游击队使用过的子弹

1941年1月，曾生与杜襟南商定，由杜襟南任主编，创办一张刻版套红的油印小报，名叫《大家团结报》，口号是"刻一个字就是向敌人射出一颗子弹"！3月，王作尧与曾经在马来西亚办过油印小报的李征等因陋就简，办起了一张油印的《新百姓报》，每期印三五百份，除供指战员阅读外，还向各乡村发行，宝安一带很多人争相传阅这份报纸。在日军扫荡阳台山根据地的日子里，《新百姓报》就隐蔽在阳台山下赤岭头村何赋儒的山寮里，继续印刷发行。何赋儒、朱金玉、陈慧清等是《新百姓报》在龙华地区的得力发行员和通讯员。7月，曾生创办的《大家团结报》和王作尧创办的《新百姓报》合并，继续以《新百姓报》名称出版。广东人民抗日游击总队领导人曾生、林平、王作尧、杨康华等经常为《新百姓报》撰写社论、评论和小品。由于阳台山地区战事频繁，部队经常转移，《新百姓报》也四处为家，从阳台山下的赤岭头、獴狗窝（现名"部九窝"）转到公明长圳，又从长圳转到东莞大塘，转了一圈又回到游击队的大本营龙华白石龙的山寮中。

1942年1月，广东人民抗日游击总队营救邹韬奋、茅盾等文化界知名人士从香港脱险后来到白石龙，他们对游击队创办的《新百姓报》赞不绝口。根据邹韬奋的提议，《新百姓报》改名为《东江民报》，邹韬奋书写了《东江民报》的报头，茅盾也为《东江民报》的副刊"民声"题了刊名。邹韬奋经常为报纸写稿改稿，女作家杨刚以通俗演义的形式在报纸上讲故事，漫画家丁聪为报纸画漫画，木刻家制作版画，诗人给副刊写诗，报纸质量显著提高，影响力也更大。

1942 年 3 月底，广东人民抗日游击总队决定将《东江民报》改名为《前进报》，作为游击总队的机关报，杨奇任社长。东江纵队成立后，《前进报》又成为东江纵队的机关报。

1945 年日本投降后，东江纵队奉命北撤山东烟台，《前进报》也光荣地完成了它的历史使命。

第四节　龙华革命志士血染阳台山

1941 年七八月间，广东国民党顽固派命令驻惠阳、东莞、宝安顽军进攻广东人民抗日游击队。顽军把进攻矛头首先指向阳台山抗日根据地。8 月下旬至 9 月初，顽军徐东来支队和黄文光大队 200 余人两次进犯龙华乡，到龙胜堂、弓村、赤岭头等地搜捕中共地方党政干部，烧毁干部房屋，一度占领龙华墟。第五大队和自卫中队奋起反击，将其击退。

1942 年 2 月，第七战区召开广东"绥靖会议"，限期三个月消灭东江的曾生、王作尧部队。从 4 月开始，国民党广东当局先后出动第六十五军一八七师与挺进第六纵队徐东来支队、梁桂平支队等部共 5000 多人，向阳台山抗日根据地发动进攻。

4 月 14 日，国民党顽军一八七师与挺进第六纵队邓其昌部共 3000 多人，对阳台山抗日根据地发起进攻，占领龙华、乌石岩。17 日，第五大队第三中队于阳台山蕉窝村掩护大队转移时被顽军包围，在击退顽军三次冲锋、毙伤其数十人后突围，44 位指战员牺牲。19 日，第五大队第一中队在樟坑与顽军激战，掩护总队部转移，第一小队 20 多位指战员牺牲。顽军占领龙华、乌石岩后设点驻兵，反复"清剿"、搜捕，实行日本侵略军对解放区的"三光"政策，杀害总队后勤机关和地方工作人员及抗日积极分子，大肆抢掠群众财物，焚烧房屋，阳台山根据地和群众受到很大摧残。

6 月，中共东江前线特委书记尹林平在宝安县龙华乡部队驻地主持召开紧急会议，会议决定建立中共东宝工委，黄宇任工委书记，王士钊为组织部长，刘汝琛为宣传部长。工委领导东莞和宝安两县县委。根据东宝工委决定，

宝安县委不设一、二线，一切工作仍由县委领导；把已暴露的党员和党组织交给部队领导；组成一支短枪队（对内叫锄奸团），惩处叛徒、特务，以保卫县委和党员群众的安全；一些灰色党员由县委直接单线联系，不参加集体活动，避免暴露。

国民党顽固派除在军事上对抗日根据地进行疯狂进攻外，还在政治上进行威逼利诱，大搞自新运动。游击小组立即开展反自新的宣传活动，揭穿敌人妄图分化群众、动摇军心、瓦解自卫队的政治阴谋，动员群众坚决抵制。有些村的群众为了避免敌人的摧残，采取群众性的集体自新方法，进行假自新，以应付敌人。实际上，广大群众还是秘密和党组织联系，积极支持人民武装，帮助部队收藏保管从香港运来的物资。

6月下旬，广东人民抗日游击总队以第五大队和惠阳大队挺进东莞大岭山区，在第三大队配合下，打击顽军杨参化大队，牵制宝安顽军。6月底，广东人民抗日游击总队领导重新分工，林平、梁鸿钧、杨康华率领总队部留在宝安，直接领导宝安地区的斗争；曾生负责领导惠宝边和港九地区的斗争；王作尧负责领导东莞和增城地区的斗争。

7月中旬，国民党广东当局派少将参议黎樾廷到宝安平湖，要求与广东人民抗日游击总队谈判，指名要见王作尧和何鼎华，企图以同乡师生关系来拉拢、分裂游击总队领导人，达到其收编、瓦解的目的。

8月，遵照党中央和周恩来的指示，广东人民抗日游击总队派王作尧、何鼎华为代表，在游击区内的宝安平湖甘坑村与黎樾廷进行谈判。当谈判仍在进行时，王作尧接到顽军进攻的情报。国民党假谈判真内战的阴谋彻底暴露，谈判中断，国民党妄图收编、分裂、瓦解游击总队的阴谋未能得逞。

10月，顽军又发动新的进攻，矛头直指广东人民抗日游击总队领导机关，提出"勤剿、穷追、杜绝"的方针，实行军事进攻、政治瓦解、经济封锁等手段，大举进犯阳台山根据地。广东人民抗日游击总队的主力部队转移到阳台山以西、宝太公路松岗至西乡两侧敌占区活动，依托丘陵地带伺机打击日伪军，并担负保卫总队的任务。10月24日，顽军包围龙华乡，乡长卓凤康被捕，英勇就义。

12月25日，国民党顽军第一八七师一个团和黄文光大队进攻黄田游击队驻地。宝安大队第一中队副中队长卢耀康、指导员黄密、副指导员王天锡带领两个班转移到黄田以西的基围。战士们依基围大堤与敌展开激烈战斗，一天打退敌人多次进攻，敌方伤亡数十人，我方牺牲17人。黄田战斗后，广东人民抗日游击总队主力部队以灵活机动的麻雀战、袭击战打击和袭扰顽军,迫使顽军退出宝太线。12月底,顽军收兵,对阳台山抗日根据地的进攻宣告失败。

第五节 白石龙会议巩固了中共龙华的组织基础

1942年1月下旬,根据中共中央的指示精神,中共中央南方工作委员会副书记张文彬到达阳台山抗日根据地白石龙村,同广东人民抗日游击队领导人林平、梁鸿钧、曾生、王作尧、杨康华等进行多次谈话,在白石龙村主持召开了一系列会议(史称"白石龙会议"),会议总结了广东人民抗日游击队三年来开展敌后抗日游击战争和反顽斗争的经验教训,对当前抗战形势、任务、方针、政策、游击战争的战略战术,以及部队军政建设等问题,做出了一系列重要决定。

会议认为,在中共中央、南方局和广东省委的领导下,广东人民抗日游击总队三年来紧密依靠和发动群众,经过艰苦斗争已经成长起来,从东移返回敌后的100余人发展到1500人,建立了惠、东、宝抗日根据地,部队在战斗中不断发展壮大,大大鼓舞了东江地区人民抗战胜利的信心,也产生了良好的影响。但抗日游击队在胜利发展过程中,也受到了如1940年3月东移海陆丰以及1941年9月顽军进攻东莞大岭山区根据地时的挫折和损失。这些教训,应引以为戒。

会议指出,香港沦陷后,广东沿海包括珠江三角洲、潮汕平原等广大地区已经沦为敌占区,敌后战场也随之扩大。东江下游、广州外围及珠江口地区虽然大部是平原和水乡,但只要是日军占领的地方,就要遵照中共中央和毛泽东的指示,向一切敌人占领区域发展,决不受国民党当局的限制和约束,独立自主地放手扩大军队,建立根据地,发动群众,建立共产党领导的统一战线的政权。因此,只要坚决依靠群众,执行正确的政策,在广州外围地区和东江下游广大地区开展和扩大游击战争是完全可能的。同时又要清醒地看到日本由于扩大侵略战争,必然对占领区加强控制和对抗日游击队以及抗日根据地发动更加频繁、更加残酷的扫荡围攻。国民党顽固派由于对惠东宝地区的共产党和人民武装发展的仇视和恐惧,也将调派顽军配合日伪军向抗日根据地围攻,并加紧实行经济封锁。抗日游击队和抗日根据地将面临日伪军

和顽军两面夹击和残酷围攻的严重局面，对此必须有充分的认识和精神上、物质上的准备。会议号召东江地方党组织及广东人民抗日游击队坚持抗战，战胜困难，去争取胜利。

会议认为，惠、东、宝地区大多是平原、水网河汊及丘陵地带，游击队控制的面积不大，回旋余地较小，加上日伪顽军互相勾结对游击队进行扫荡、围剿，形成犬牙交错的复杂局面，斗争是非常激烈残酷、艰苦曲折的。因此，在军事上必须坚决地按照毛泽东关于游击战争的战略战术思想，机动灵活地打击敌人，避免硬拼，打消耗战，即必须"打得赢就打，打不赢就走"。当日伪军和顽军向游击队和根据地进攻时，必须避其锋芒，抓住有利战机，突然地袭击或伏击敌人，消灭其有生力量，积小胜为大胜，逐步粉碎其进攻，打开游击战争的新局面。

会议认为，必须加强抗日根据地游击区内的军民团结，巩固和发展抗日民族统一战线。对于制造摩擦、摧残人民抗日武装的国民党顽固派，必须坚决反对，给予打击。只有粉碎国民党顽固派的军事进攻，才能保证人民抗日武装的生存和发展，才能保证抗日根据地的生存和扩大。但也要认真执行党的抗日民族统一战线政策，注意团结外围的抗日部队。

为了加强和统一领导东江地区的敌后游击战争，中共南方工作委员会决定成立东江军政委员会，林平（尹林平）为主任，梁鸿钧、曾生、王作尧、杨康华、谭天度、黄宇为委员。会议还决定成立广东人民抗日游击总队，总队长梁鸿钧、政治委员林平、副总队长曾生、副总队长兼参谋长王作尧、副政治委员兼政治部主任杨康华、参谋处长邬强（邬强未到任，由周伯明任参谋主任）。总队设政治部、参谋处和军需处。部队进行整编，成立一个主力大队和4个地方大队；在原第

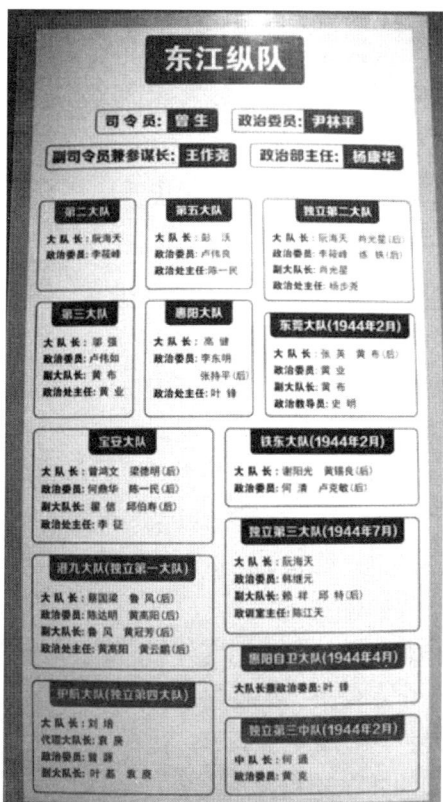

东江纵队（中国文化名人大营救纪念馆供图）

五大队基础上成立主力大队（仍称第五大队），大队长王作尧（兼），副大队长周伯明，政治委员卢伟良。东莞地区部队仍为第三大队，大队长曾生（兼），副大队长邬强，政治委员陈志强；惠宝边地区部队编为惠阳大队，大队长彭沃，副大队长高健，政治委员谭天度；宝安地区部队编为宝安大队，大队长曾鸿文，副大队长阮海天，政治委员何鼎华；港九地区部队编为港九大队，大队长蔡国梁，政治委员陈达明。

白石龙会议是东江纵队历史上一次重要的会议。它正确分析了东江地区的抗战形势，明确了部队今后的斗争任务，加强了部队的建设，对进一步开展游击战争，建立抗日根据地具有重要意义，并为粉碎即将到来的日伪顽军的残酷进攻打下了思想基础和组织基础。

随着抗日救亡运动的开展，龙华、观澜地区的中共党组织也得到发展壮大。

1943 年春，遵照上级党组织关于"隐蔽精干，长期埋伏，积蓄力量，以待时机"的指示，原龙华区委和白石龙区委撤销，龙华、观澜地区党员的活动方式改为单线联系，地方党组织不与部队党组织发生横向关系，党员、干部地方化，以群众的面目去开展工作。在国际反法西斯战争胜利发展的形势下，中国抗日战争的形势也发生了重大的变化。日本帝国主义在中国战场上遭到我解放区军民连续不断地打击，1943 年 11 月、12 月间，我军在东宝地区粉碎了日军的"万人大扫荡"，也粉碎了国民党顽军的进攻并取得了一连串主动出击敌人的重大胜利，部队和解放区都得到了全面恢复和发展。1943年 12 月 2 日，东江纵队正式宣告成立，形势更是一片大好。

1944 年 1 月 10 日，宝四区人民政府成立，7 月，东宝路西行政督导处成立。宝四区政府机关设在龙华窑吓村。龙华、民治两个乡政府在督导处和区政府的领导下，为迎接抗日战争的胜利做了大量工作：（1）成立生产合作社，帮助群众发展生产。1944 年区政府成立后，各乡组织了生产合作社，帮助群众进一步解决生产和生活上的困难。（2）复办学校，

南头古镇

35

开办夜校，发展农村教育。1942 年，因国民党扫荡，各乡学校受到破坏。东宝路西行政督导处成立后，把复办各级学校开展文化教育、提高群众文化水平作为一件大事来抓。龙华地区复办了龙华中心小学，各村普遍开办夜校，群众学习热情高涨。为了提高教师的地位和师资质量，各乡还建立了教师会，龙华乡教师会主席何伯琴（兼龙华中心小学校长），民治乡教师会主席张祥佳。督导处教育科统一编写教材，统一考核小学教师。（3）建立乡村自卫队。龙华、民治两乡各村自卫队共 200 多人，由区中队派员训练，在配合部队作战、锄奸肃特、维护社会治安等方面起到了重大作用。（4）普遍开展减租运动和拥军支前活动。（5）建立和健全农抗会、妇女会等各种群众抗日团体。例如妇女会，在 1941 年民主乡政府刚成立时，龙华、民治两乡只有赤岭头、元芬、窑吓、弓村、狮头岭、牛地埔、白石龙、樟坑等八个村建立了妇女会，会员共 100 多人。到 1945 年，这两个乡妇女会发展到 24 个村庄，会员增加到近千人，在各项工作中起到很大的作用。

1944 年 4 月至 1945 年上半年，观澜党组织先后发展了陈送、周伟华、徐马连、周明安、黄官秀（黄潜）、黄炳森等一批党员。

南头古镇内的东莞会馆

1944 年冬，龙华乡的赤岭头、弓村，民治乡的白石龙、樟坑、岗瓦园等村的党员逐步改单线联系为支部活动，加强了党对乡村政权和群众组织的领导。

随着形势的发展，地方党组织的活动形式也有所改变。1944 年冬，龙华乡的赤岭头、弓村，民治乡的白石龙、樟坑、岗瓦园等村的党员已逐步改单线联系为支部活动。

1944 年底至日本投降前，地方党的主要工作是：（1）配合政府完成各个时期的中心任务，如减租减息、征收公粮等。（2）协助政府恢复和建立农抗会、妇抗会、教师会、自卫队等各种群众组织。在龙华乡举办了教师学习班，县领导黄佳同志到学习班做政治报告。（3）在斗争中物色培养建党对象，积极而慎重地发展党员。1945 年初，龙华乡和民治乡发展了游森（龙华乡副乡长）、张子修（民治乡乡长）、卓振云（龙华中心小学教师）三人入党。（4）

动员和组织民兵参加战斗，在广九铁路两侧的广东人民抗日游击队参加接受日伪军投降的斗争。1945 年 8 月 11 日，东江纵队司令部动员全区军民开入日伪据点附近，解除日伪武装，接受日伪军投降。当时，我部队驻宝安的人数不多，宝四区政府就动员了 2000 多民兵配合部队到深圳、南头接受日伪军投降。其中龙华、民治、布吉、观澜、石岩、沙河的民兵编为一个大队，由周吉任大队长，刘鸣周任副大队长，由梁忠（宝四区区委书记）、周吉、刘鸣周三人组成大队部，带领民兵配合我部队赴南头与日伪军作斗争，于 8 月 30 日迫使南头伪联防大队投降，缴获 600 多支枪，取得了收复南头城的胜利。

第六节　抗战期间龙华的主要活动

乌石岗伏击战

1941 年夏，游击队得到日军扫荡要通过望天湖的可靠消息，民治民兵配合游击队选择乌石岗隐蔽埋伏。当天正午时分，日军先头部队经过乌石岗时，随着一声令下，游击队和民治民兵的土枪土炮一起射向日军，一个叫昌仔的队员用鸟枪打倒一名日军中队长，日军随即散开，抢占有利地形。游击队和民治民兵熟悉本地情况，打死日军中队长后迅速撤退。日军后续部队赶到，连个游击队和民兵的影子也没看到，只好抬着中队长的尸体返回据点。

大水坑军民联手抗战

1941 年 12 月 8 日，日军进攻香港，只用了 18 天，香港即告沦陷。随后，驻深圳的日军进犯观澜，企图占领大水坑村。

当时，东宝惠游击队连长韩捷率队驻扎在大水坑祠堂，得知观澜墟驻扎日军要进犯大水坑村的消息，立即带领部队占据有利地势伺机伏击日军。由于事出突然，游击队忙于备战而未通知村民，大水坑村民听到枪声后，组织老弱妇幼紧急转移，进山躲避。激战中，观澜青抗会、农抗会、妇抗会成员挑茶运水，支援前线。日军几次进攻，始终遇到强力抵抗，最后撤离。

观澜德风学校师生的抗日活动

德风学校创办于 1932 年，由南洋华侨万宝麟先生倡议，发动华侨及本地

乡绅、社会贤达等募捐兴建。"德风"寄寓着先贤们希望通过这所学校的建立，以"君子的德行"来勉励后人，实现"修身、齐家、治国、平天下"的宏愿。

1937年7月7日，日本发动全面侵华战争。德风学校第一任校长廖公义、教师张展堂等地下共产党员积极宣传抗日，德风学校不再是单纯的课堂，变成了抗日救亡的宣传点。

1939年8月，日军入侵君子布村，绝大多数本地人逃亡香港，德风学校停办。半年之后，局势渐渐平静，学校亦恢复办学。不同以往的是，学校曾作为日军驻扎的据点，遭到严重破坏；同时因局势仍动荡不安，学校不得不采取灵活的教学方式来适应战争环境，在战火中坚持教学。

1940年之后，学校基本上是分为两个独立开课的教学小组，在村民家中授课。敌人前来扫荡，听见警报，学校师生就随村民转移到山沟、地洞里。扫荡过后马上集中起来上课，使学生在特殊情况下都可坚持学习。教学的课程也有所减少，只开国文、政治、唱歌、珠算等课程，根据实际情况，特别加强了民族气节教育，讲述民族英雄故事，以培养学生崇高的民族气节和威武不屈的革命精神。如张展堂老师就常在课堂上振臂高呼：做中国的主人翁！为民族振兴而不屈奋斗！更为可贵的是，他和两个儿子张玉娇、张玉文为抗日身体力行。长子在父亲的影响下加入抗日游击队，在枪林弹雨中英勇作战，直至最后光荣牺牲。次子张玉文自孩童时，就以红小鬼的身份帮助游击队在本地完成各种任务。1943年，张玉文正式加入广东人民抗日游击总队，离开家乡，跟随部队转战华南地区。

德风学校的学生们在对敌斗争中的表现特别积极，他们利用课余时间，配合民兵、自卫队站岗，为掩护游击队员及村民放哨。还有一些红小鬼前往观澜的广培小学读书，以便直接观察敌情，一有风吹草动，立刻回本村报信。特别是日军占据惠东宝边界的铁路沿线时，红小鬼们凭着熟悉的地理位置，利用马灯为暗号，护送了一批又一批东纵队员顺利通过铁路封锁线。红小鬼张友福在学校不仅成绩好，而且是抗日的活跃分子。有一次，他在护送游击队员的途中，日军突然出现，他立刻将马灯快速上下移动，暗示同行的游击队员有危险，自己装作无事的样子迎上去说：尊敬的皇军大老爷好！日军见是个顺民小鬼，没有在意，很快就走开了。

在残酷的斗争中，德风学校的老师们想尽各种办法，克服各种困难维持教学秩序，同时也利用老师的身份，积极开展各种形式的抗日活动。除在课堂上讲述敌我形势外，课外也常发放一些宣传小册子，排练一些宣传抗日内容的歌舞、白话剧等，甚至和学生一起掩护游击队员。

在德风人的影响下，君子布走出了许许多多的爱国志士，在抗日战争、解放战争乃至中华人民共和国成立后的社会主义建设中都做出了卓越的贡献。

君子布村一角

夜袭天堂围日军据点

1944 年 5 月，日军依靠广九铁路再度攻占东宝地区，对观澜游击区造成不利影响。为此，东江纵队指示，由宝四区负责人及民兵武装大队长黄生、黄来率领，夜袭天堂围、平湖日军据点，破坏日军封锁线。一天夜里，由宝四区区长叶振基、主任张仲庭亲自指挥，黄生、黄来带领 200 多名民兵自卫队队员凌晨两点多到达天堂围，分为两队，一队埋伏在东和公司屋后，一队抢登南面松山，前后包围了日军占驻的古式炮楼。指挥官一声令下，两门狗嬷炮和密集的排头火一齐攻向炮楼，古式狗嬷炮虽然不会爆炸，但它的子弹（铁链、供圈、铁片）会呼呼大叫，连同排头火子弹打得炮楼周围沙沙作响。日军惊醒，乱作一团。起初日军打开探照灯，妄图开机关枪

广九铁路平湖车站旧址

还击，但自卫队隐蔽得好，日军只好时打时停，由于看不到目标，日军始终不敢出击。游击队达到了骚扰敌人的目的，将近黎明才撤退回来。

另一个晚上，民兵和自卫队奔袭平湖，配合平湖乡的自卫队，用同样方法骚扰平湖的日军炮楼。自卫队计划缜密，组织几个机动小分队破坏日军铁路沿线的交通和通讯设备，致使日军的巡逻车和短途火车相撞，当场撞死日军 9 人（其中大佐军官两人），迫使日军撤出了据点。

建立情报交通线

君子布交通线。1941 年初，曾生、王作尧抗日游击队东移回来不久，在

位于广九铁路西侧的樟坑径村上围建立了交通站，站长为叶青。交通站的主要任务是负责樟坑径至官井头之间军事物资的运送工作。

库坑情报站。1941年10月，进驻库坑村和桔岭庙的国民党顽军黄文光大队祸害一方，为掌握敌情，路西情报总站站长卢振标通过民运队员曾文的协助，秘密进入库坑村，于1942年初建立了库坑情报站，成员有黄瑞麟、黄炳森、瑞莲、杨亚赐、杨荣有和大水坑的曾安等，站长由黄瑞麟担任，受广东人民抗日游击队情报分站站长杨元友领导。

观澜情报站。1944年3月，大布巷村建立抗日民主政权后，路西情报总站将观澜分站设在大布巷村，由村长张仲庭兼任情报站分站长。乡民兵统率委员会也设立情报股，由黄炳森负责。大布巷村的黄清桂任情报交通员，负责把情报送往路西白花洞、大水坑一带游击队驻地。

建立乡村自卫队

1941年5月，龙华乡、民治乡抗日民主政府相继成立，龙华、民治两乡各村建立了自卫队，共200多人，由区中队派员训练，在配合部队作战、锄奸肃特、维护社会治安等方面起到了重要作用。

1944年3月，观澜乡抗日民主政权成立后，大力发动群众，恢复和建立了乡村两级青抗会、妇抗会、农抗会、教师会、自卫队等群众组织。乡自卫队分河东、河西两个大队，河东大队长黄来，河西大队长黄生。

减租减息斗争

减租减息是中国共产党在抗日战争时期处理土地问题的基本政策。中共中央于1942年1月28日发布《关于抗日根据地土地政策的决定》，决定在抗日根据地停止没收地主土地、实行减租减息的政策。这一政策的基本出发点就是扶助农民，保障农民的政治经济权益，借以改善农民的生活，提高农民抗日和生产的积极性。同时，保障地主的地权、财权和人权。因此，一方面实行减租减息，另一方面又必须交租交息。中共中央还指出，实行减租减息，必须放手发动和组织群众，依靠贫农，团结中农，实行"三三制"的民主政治。在群众发动起来之后，要注意纠正"左"的偏向，同时注意保护干部和群众的积极性。对少数顽固不化的地主必须给予打击，但不是一切打倒。在中共中央有关减租减息政策的指导下，抗日根据地普遍开展减租减息运动。

路西、路东解放区的减租减息运动在东江纵队成立后开始逐步进行。

1944 年春，东江地区的减租减息运动首先在路西地区进行，部队派民运队员到宝安燕川村进行减租减息试点。7 月，路西宝安党政军联席会议在象阁塘村召开。参加会议的有黄树楷、黄宇、谭天度、何鼎华、李东明、李征，会期两天，主要讨论扩军、建政、减租减息等问题，总结经验，推动减租减息运动的进一步开展。

11 月 22 日，宝四区（辖观澜、龙华、乌石岩、平湖等乡）公布《宝四区减租减息条例》，规定全年租谷分两造在收成后缴纳，减租比率为按全年收成所得租谷占 4/10 者免减，租谷占 5/10 者减 15%，租谷占 5.5/10 者减 20%，租谷占 6/10 者减 25%。减息原则是月利不超过四分。同时，政府保证农民交租交息，不得拒交。

12 月 9 日，路西地区减租减息斗争热烈开展，142 个村都组织农会，会员达 780 余人。路西东宝抗日民主政权实行减租的原则是"二五"减租，即 1943 年以前农民所欠的租谷一律免交；1943 年后的租谷，则将原有数额减少 25%，使佃农所得一般占全年收获量的 62.5%，地主所得一般占全年收获量的 37.5%，至少不低于 30%。实行减租减息的原则是月利不准超过四分：若历年所付利息超过原本一倍者，停息还本；超过原本两倍者，本息停付。同时，为了团结地主抗日，政府保证农民交租交息，不得拖欠。

为了推动减租减息运动的开展，12 月 19 日，东江纵队发布《关于展开减租减息运动的指示》，该指示明确指出："减租减息是我党建设抗日民主根据地十大政策之一。它是发动广大农民群众坚持抗战的基本政策。"

12 月 25 日，为纠正东江抗日根据地部分地区缺乏深入发动群众，致使减租减息运动收效不大的偏向，东江纵队政委尹林平、政治部主任杨康华署名发出关于减租减息的指示。杨康华在《前进报》上发表《坚决执行减租减息政策》的文章，强调指出减租减息是一项极其重要的政策，它关系到深入发动、组织、武装群众，坚持对敌斗争，巩固抗日根据地的根本问题，必须坚决进行减租减息，使之成为群众运动。

陈铁人、陈镇球都是国民党区分部委员，在全乡开展减租减息运动的时候，他们公然恐吓群众，破坏减租减息，使部分农村的减租减息迟迟打不开局面，白天农民向地主减到的租谷，晚上又暗地里送回给地主。为了扫除障碍，东宝行政督导处指示部队保卫部门"西沙岛"迅速查处。1945 年 1 月，"西沙岛"负责同志尹林枫、陈伟奇即带领 12 名短枪队员，把陈铁人、陈镇球捉拿归案。2 月，观澜乡民主政府在鲤鱼岭召开全乡群众宣判大会，处决了陈

铁人、陈镇球，使观澜乡的减租减息运动顺利开展。

发动群众开展生产度灾荒

为了巩固抗日根据地，增进各抗日阶层的团结，调节各抗日阶层的利益，保护人民群众，改善群众生活，镇压汉奸和反动派，更有效地打击日本侵略者，根据东江纵队决定，1944年1月，在观澜地区的丹坑村成立了宝安县第四区抗日民主政府（后迁龙华窑下村），区长曾鸿文。

龙华、民治两个乡政府在督导处和区政府的领导下，成立生产合作社，帮助群众发展生产。虽然在1943年乡政府组织群众搞生产自救，使群众的困难有所缓解，但还没有真正解决群众困难。

1944年区政府成立后，各乡又组织生产合作社，帮助群众进一步解决生产和生活上的困难。民治乡于1944年初成立生产合作社（社主任邓桂香），向区政府借了30担稻谷和演戏筹款作基金，到公明等地购买粮食和种子回来平买平卖，到深圳买肥田料帮助群众解决了生活和生产上的困难，促进生产发展。

1944年3月，观澜乡民主政府成立以后，认真贯彻区政府"要发动群众，组织起来，搞好生产度荒"的指示，成立以张仲庭为主任的"观澜乡生产自救委员会"，动员殷富人家捐款，发动各村群众自筹资金，以自筹为主、资助为辅的方法，解决贫苦农民购买种子、肥料、农具问题；发出通告，不准粮商囤积居奇，抬高粮价，同时发动群众开荒扩种，按照"谁开谁种，谁种谁收"的政策鼓励农民大搞开荒扩种。大水坑村集体开荒扩种水稻20亩，库坑村集体开田5亩、开地30亩，白花洞村集体开荒扩种水稻20亩，其他各村开荒扩种的生产度荒活动也普遍开展起来。

1944年、1945年连续获得粮食大丰收，没有出现1943年那种饥荒的现象。

库坑民兵和大生产运动

1941年，库坑村进步青年杨六被东莞县委吸收为中共地下党员，任库坑村村长。杨六与黄连、杨仁友、吴林生等骨干分子成立了生产会，代替农运会领导村里的大生产运动，杨六被推举为生产会会长，同时组建了民兵基干队，杨仁友任队长。库坑村的大生产运动是一所大学校，也是革命大熔炉，培养和锻造了许多革命志士，他们成为库坑老区在抗日战争中的中坚力量。库坑民兵基干队自组建之日起，杨六就把它作为农村革命的重点武装力量来抓，让每位民兵充分认识到农村革命必须建立自己的武装，用枪杆子保卫大生产运动，保卫战略后方。民兵骨干队员也严以律己，作风过硬，本领高强。经过三年的努力，到1944年年底，库坑民兵基干队从一个排的建制发展到一个中队，从开始的10支枪发展到拥有近50支枪、5门土炮，完全具备了协同作战的能力。

白天大生产，晚上大课堂。每当夜色来临，村前鱼塘边号角吹起，村民和民兵集合，夜校开课。夜校开办了识字班，由本村学校老师教授；成立歌咏队，学唱《祖国山河美》《黄河颂》《保卫黄河》《到敌人后方去》《我们都是神枪手》等革命歌曲，由肖英、肥仔陈负责教唱；还开设了不定期时事讲座，邀请黄木芬讲演时事政治，请黄瑞麟、黄彪讲游击队杀敌的英雄事迹，杨六讲建设库坑战略后方的重要性，讲农村建立革命武装的必要性等。"山歌王子"张进还创作了许多山歌剧、话剧。夜校不仅让村民们懂得了革命道理，更激发了他们的革命热情，坚定了他们跟着共产党抗日救国的决心和信心。

1945年秋，库坑村由于学习南泥湾开展大生产运动成绩突出，被东莞县委评为"学习南泥湾模范村"，杨六被授予"模范村村长"的光荣称号。

锄奸反特和抗击日伪顽军

1941年，国民党顽固派继续推行其消极抗日、积极反共反人民的反动政策。是年春，国民党顽军黄文光大队进驻观澜，作为配合日、伪军进攻阳台山根据地的重要据点。龙华、观澜地区的人民在中国共产党的领导下，紧密配合抗日武装部队，开展锄奸反特和抗击日伪顽活动。

1941年10月，观澜顽军黄文光大队的一个中队分别进驻库坑和桔岭庙。为掌握敌情，路西情报总站站长卢振标通过民运队曾文的协助，秘密进入库坑村，筹建情报组织。在该村党员和进步群众的配合下，一个星期后，建立了库坑情报小组。

1942年2月，驻库坑和桔岭庙的顽军中队撤回观澜圩。库坑情报组也及时跟进观澜圩内，在卖布街开了一间"广源号"商店，作为汇集情报的联络点，继续收集和掌握敌情。5月，黄文光大队决定奔袭布吉根据地的南坑尾，情报组及时把这一敌情转送南坑尾，使当时在南坑尾的游击总队部医务所的伤病员以及从香港抢救到此的一些文化人士及时转移脱险。是年秋，黄文光大队扫荡石岩返回观澜，游击总队及时得到情报，在其必经之路的牛枝狭伏击，毙伤敌40多名，缴枪一批。

1942年，日、伪、顽合击东宝游击区，并派出侦探、特务四处活动，收集游击队情报，进行反复扫荡，妄图消灭抗日游击队。这时上级党组织强调各级地方党组织要认真收集敌情，配合部队锄奸反特，反击敌、伪、顽的扫荡。观澜党组织坚决贯彻上级指示，于1942年7月从白花洞的青抗会中挑选出徐马连、谢松龄、周伟华、周振伦、周明安、周进洪、周林寿、周马清等组成锄奸团，经常侦察敌情动态，于1943年10月配合部队破获了一个国民党特务组织，将其一网打尽，全部抓获。该组织共有11人，负责人是杨森仔、杨界眉，由国民党黄文光大队派遣，专门搜集抗日游击队情报。

1942年8月，龙华乡把部分党员划归部队，成立龙华锄奸小组，成员有何信恩、何玉麟、何志青、郑全等四人，队长何信恩。他们在地方活动，锄掉了赤岭头国民党奸细何墨香、大船坑伪保长谢礼怀、民治乡乡长张带发、大船坑鬼头仔谢国全。经宝安大队保卫部门"西沙岛"负责人尹林枫审核，宝安大队负责人李征批准，将杨森仔、杨界眉（伪保长）判处死刑，立即处决。其余罪恶较轻，认罪态度较好，教育释放。从而铲除了这个特务组织，支持和掩护了部队的活动。此后的一段时间，宝安大队政治处主任李征夫妇、政治干事孙冰等在这一带开展工作，都未发生过任何意外。

1943年11月11日，日军占领广九铁路沿线，观澜亦沦为敌占区。日军在观澜设立"维持会"，推举大布巷村戴学能为会长。戴充当汉奸，狐假虎威，作恶多端，向群众要钱、要粮、要"三鸟（鸡、鸭、鹅）"、要蛋，群众非常愤恨。该村地下工作者张仲庭、黄生向"西沙岛"领导人尹林枫、陈德和报告，1943年冬将汉奸戴学能捉拿处决，此后再没人出来为日军充当维持会长。

1944年冬，观澜地方党组织领导人周来友住进大布巷村黄桂发家中，一方面办群众夜校，一方面联系进步青年黄潜、黄义发、黄桂发、黄丁财、黄舞、黄虎等10人组成"抗敌青年锄奸团"，由黄潜任小组长，进行锄奸秘密活动。"抗敌青年锄奸团"先后多次星夜前往观澜墟张贴抗日和锄奸的宣传标语近千张，对唤醒群众抗敌斗争热情起到一定的作用。

1945年5月，白花洞游击队总部要求库坑民兵基干中队派出30人，大布巷村民兵基干队派出10人配合作战，剿灭盘踞在天堂围铁路站的日军。战斗开始，库坑民兵用三门土炮轰击。准备冲锋时，发现日军近一个中队的兵力前来支援，游击队队长黄瑞麟指挥大家撤出阵地。事隔几天，游击队又与库坑民兵基干中队一起，包抄广九铁路石鼓站边上沙湖的一个日军据点，日军见势放弃据点，逃往塘厦火车站。

协助东纵完成交通护送任务

1941 年 1 月，八路军香港办事处主任廖承志将一部电讯器材交给东江抗日游击队使用，当运到樟坑径村时，当地自卫队又协同交通站的同志，把这部电讯器材转移到路东抗日游击队指挥部，为沟通东江抗日游击队与党中央的电讯联系起了重要作用。

1941 年冬，日军攻占香港以后，东江抗日游击队奉命从香港抢救回来的文化人，凡经樟坑径交通站接送的都受到欢迎和保护，使他们安全转移到大后方。漫画家丰子恺、《大公报》编辑朱鼎（译音）等文化人路经观澜时，被安排到君子布村张哲修家住宿。

1944 年 8 月，东江纵队政治部在大鹏举办青年干部训练班，一些从粤北来参加训练的同志在路经樟坑径、君子布等地时，当地的自卫队又协同部队交通站为他们引路，使他们安全通过被日军封锁的广九铁路线，到达了目的地。

1944 年秋，东江纵队宝安大队在黄田海面截获反动军火商李累的一艘浅水舰，从中缴获三挺高射机枪、两台发动机。这些战利品要运送沙鱼涌东纵司令部。当运到布吉泥光仔村时，观澜库坑村派出战勤队，协同泥光战勤队运到观澜君子布村。君子布自卫队利用熟悉敌情的护路队（1943 年日军打通广九路时，强迫该村组织护路队为其服务，该村从自卫队员中抽调 8 人组成护路队，实际仍干自卫队工作），摸清敌人封锁的薄弱环节，协同部队于当日夜间将这些战利品运过路东的塘沥乡，最后由塘沥乡战勤队转运到了沙鱼涌东纵司令部。

1944 年冬的一天夜里，东江纵队彭沃支队 300 余人要从路西开往路东，樟坑径交通站、观澜民运队和君子布自卫队、护路队全部出动警戒，掩护彭沃支队顺利通过了敌人的封锁线。

第七节　龙华的统一战线工作

1937 年 7 月 7 日，卢沟桥事变爆发，日本侵略军发动了全面侵华战争。7 月 8 日，中共中央通电全国，号召国共合作和全民族团结，建立民族统一战线，抵抗日本的侵略。在中国共产党的推动下，以国共合作为基础的抗日民族统

一战线正式形成。

建立东江解放区抗日民主政权

1938年10月，东江下游地区沦为日军占领区，广大海外华侨和港澳同胞纷纷行动起来，开展救国救乡运动。12月中旬，在中国共产党的推动和支持下，南洋惠侨救乡会和香港惠阳青年会、余闲乐社、香港海陆丰同乡会等爱国团体的代表在香港开会，决定成立东江华侨回乡服务团，在香港设总团部办事处，确定以"动员东江群众协助军队及人民武装抗战，并拯救伤兵难民及辅导民众组织各种救亡团体"为宗旨。12月下旬，东江华侨回乡服务团总团部办事处在香港正式成立。

在中共东南特委和东江特委的领导下，东江华侨回乡服务团的活动得到东江人民的大力支持，很快建立了惠阳等七个分团和东宝队、增龙队、两才队、文森队、吉隆坡队以及东江流动歌剧团，其中东宝队在东莞、宝安一带活动，队长王启光，支部书记祁烽，副队长卢克敏。在东宝队的组织发动下，龙华、观澜地区的抗日武装队伍逐渐建立起来。

1942年，日军攻占香港后，一批批港九爱国青年回到坪山和白石龙参加曾生、王作尧部队，并有大批爱国青年就地参加港九大队。据不完全统计，人数达1000人以上。

1945年3月30日至4月1日，中共广东省临时委员会根据中共中央关于建立东江解放区抗日民主政权的指示，以东江纵队政治部名义，在惠阳县约场乡召开东江解放区路东地区各界人士国事座谈会。出席座谈会的有各阶层、各党派及开明绅士、名流学者的代表，已建立政权的各区乡的农、青、妇抗日群众团体的领导人，还有路东解放区党政军负责人叶锋、张持平、蓝造、蔡子培、廖荣铿及当地农民领袖李顺等350多人。座谈会由尹林平、曾生主持。尹林平代表广东省临委、东江纵队政治部做国际国内形势报告，东江纵队司令部秘书长饶彰风代表东江纵队政治部解释中共提出的东江解放区施政纲领。国事座谈会发扬民主，广泛听取和征求各界人士对根据地政权建设、民主政治、土地政策、人民权利、劳资关系、经济建设、文化教育、财政税收等问题的意见和建议。到会代表一致拥护中国共产党在东江抗日根据地所施行的各项方针政策，不仅在原则上赞成，而且对如何具体执行也提出了意见，如实行的土地政策、减息减租、退租退息的办法，提议地方政权主持成立由农民和地主共同参加的仲裁委员会，仲裁双方意见，采取调处、照顾、团结双方的办法，以利于团结一致，共同抗战。各界人士代表对中国共产党统一战线方针、《抗日救国十大纲领》和各级党政军实行简政亲民、廉洁奉公、克服官僚主义作风等方面，畅谈自己意见，提出诚恳的批评和建议。这次座谈会，是东江抗日根据地实行民主建政的开端。

1945 年 4 月 10 日至 13 日，东宝行政督导处在宝安公明水贝村召开路西国事座谈会。到会的既有各阶层的知名人士代表，又有农工兵学商的代表，既有民主政权各级领导干部，又有各人民团体的代表，还有宗教界代表和国际友好人士，共 248 人。会议决定：（1）动员全区人民团结起来，一致抗日，争取最后胜利，并发表《告全区人民书》。（2）通过路西的建政纲要。（3）继续开展减租减息运动，并在这个基础上，农民保证交租交息，做到主佃两利，团结抗战。（4）发展生产，改善人民生活，支援东江纵队的给养。（5）成立东宝路西地区生产建设委员会，聘请各阶层人士参加，并发行一亿元的生产建设公债，作为发展本地区农工业生产之用。

路东、路西国事座谈会的召开，使抗日根据地进一步掀起了民主建政、减租减息、拥军优属、建立农民抗敌会、动员广大农民参军参战、扩大武装力量的热情，为夺取深圳地区抗日游击战争的胜利，为阳台山根据地的巩固和发展发挥了积极的作用。

恢复和建立农抗会、妇抗会等群众组织

抗日民主政权在武装斗争中诞生，在战争环境里执政，所以必须有自己的武装力量，才能保卫政权，巩固政权。路西解放区东宝行政督导处成立后，原宝安大队的主要干部转入地方，在督导处成立警卫连，在区、乡抗日民主政府组织一个班或一个小队的脱产武装。各区、乡普遍成立民兵组织，区有基干民兵，成立民兵大队；乡、村有普通民兵，乡成立民兵中队，村成立民兵小队。路西解放区共有民兵 7000 人。路东解放区则于 1945 年 4 月正式成立了人民抗日自卫总队，由叶锋任总队长，蔡子培任副总队长。此外，还组织了海上渔民抗日自卫队、盐民抗日自卫队以及惠淡、坪山抗日自卫大队和土洋、葵涌、坑梓、横岗等区乡的抗日自卫中队。路东解放区共有民兵 3000多人。路西、路东解放区民兵武装担负着锄奸、清匪、缉私和协同部队作战等任务。有的区还以若干乡为单位，建立抗日联防自卫委员会，一乡有事，八方支援。路西、路东解放区形成了民兵、地方武装和主力部队三级武装，互相配合，开展人民战争，打击敌人，保卫解放区。

为了把广大妇女组织起来，东江纵队政治部发出《关于发展本区妇女运动的指示》，指出妇女运动中的主要工作是：动员与组织妇女参加生产，改善妇女生活，发展解放区经济；广泛组织妇女团体，提高妇女的社会地位，保障妇女切身利益，提高妇女的参战热情；大力开展妇女识字运动，提高妇女觉悟，动员妇女帮助扩军工作；进行拥军优抗工作，帮助抗属生产，解决抗属生活的困难。1944年冬，东宝地区妇女抗日总会成立，龙华乡、观澜乡、民治乡也相继建立了妇女组织，积极发动妇女开展生产和参加政权活动，动员妇女鼓励丈夫、儿子参军参战，使解放区到处呈现出"男儿上战场，妇女多打粮"的新气象。各乡村的妇女群众在党支部的领导下，响应中共中央"增加生产，厉行节约，支援前线"的号召，为部队指战员缝军衣做军鞋，热情慰劳抗日游击战士。各地妇抗会还积极配合学生做纸花等手工艺品进行义卖，将义卖所得捐献给部队。当东江纵队部队驻扎乡村时，妇抗会立即组织群众慰劳部队，主动为部队打扫住所，自动拿出床板、木板、稻草给战士铺垫床位。不少妇女走出家门，走向前线，参加战地救护工作，护理伤病员，积极拥军支前，为抗战的胜利做出积极贡献。

巩固和扩大抗日民主根据地

1943年底，日军打通广九铁路，占领了铁路沿线的重要据点，抗日游击队活动范围被分隔为铁路以东和以西两个地区。为了适应新的斗争形势，加强领导，统一指挥，东江纵队将广九铁路两侧的抗日根据地划分为路东解放区和路西解放区。随着人民抗日武装的壮大、解放区的扩大和逐步巩固，在解放区普遍建立抗日民主政权的问题提到了议事日程。部队不断壮大，需要有巩固的根据地为依靠，需要有自己的政权做地方工作，以便解决部队的钱粮枪弹和兵员的补充问题。同时，对敌斗争的不断胜利，解放区的扩大和逐步巩固，建立抗日民主政权的条件也已成熟。

1944年1月10日，宝安县第四区抗日民主政府在观澜乡丹坑村成立，区长曾鸿文，区委员刘宣（兼区政府机关支部书记）、何赋儒、黄云生、张孝文。当时，政权的党组织属部队领导，地方党组织属特派员领导。

1944年1月20日，中共广东省临委书记、东江纵队政委尹林平就如何在东江抗日根据地建立和扩大抗日民主政权问题请示中共中央，要求中共中央给予具体的指示。根据中共中央的指示精神，东江纵队政治部向全纵队发出建立抗日民主政权的指示：凡是部队所到之处，都宣布废除国民党统治时期的一切不合理的制度和苛捐杂税，发动群众组织起来，建立民主政权；在老区凡未成立民主政权的地方立即成立，有计划地组织地方武装，积极大胆地提拔地方干部。以民主政权为机构，进行抗日根据地的建设，使东江抗日根据地成为有武装、有政权、有广大群众基础的抗日根据地。

7月1日，在区、乡抗日民主政权基本建立起来的基础上，根据东江纵队的决定，首先在路西解放区建立县一级的抗日民主政权机构——东宝行政督导处，谭天度任主任，何鼎华、王士钊任副主任，下设政治科、秘书科、财经科、民政科、民运科、司法科、宣教科、税务科、路西政工队、新大众报社、警卫连。督导处下辖10个行政区，其中宝安县属4个区，分别设在龙华、深圳、黄田、公明，东莞县属5个区，另有梅长塘地区未成立抗日民主区政府。

为了保证部队给养和政府财政的需要，东宝行政督导处成立之初即颁布法令，废除国民党旧政权的一切苛捐杂税，重新制定合理的征粮收税条例；设置税务局（后改为税务科），配备专职干部，核查土地面积，征收公粮税收。抗日公粮的征收是根据大家出力、多收多交的原则，具体规定按户的等级分田主、佃农、自耕农、租偿四类，定出合理负担，每年分两造征收，以100斤干谷为1担。田主抵

1941年，日本军队在侵占的沙头角中英街（现为深圳市盐田区管辖）站岗。（资料图）

收5%（即每收1担租谷，征公粮5斤）；佃农10担以下免收，10担以上收1%；自耕农30担以下收2%，30担以上收3%；租偿30担以下收7%，31担至50担收8%，51担至100担者收10%；自由职业者或鳏寡孤独及有田地而无力自耕，每造收入不足5担者免税；军烈属八折征收；如遇天灾人祸，酌情减免。

1945年夏季，除征收抗日公粮外，还向地主征收地税。由于政策明确，负担合理，获得广大群众的拥护。是年5月，日伪军为抢夺粮食，向龙华所在的路西解放区进行全面扫荡。解放区抗日军民互相配合，保卫夏收，积极抢收抢运公粮。东宝行政督导处一连两夜动员了方圆50里的上万群众，把最前线的2000多担公粮抢割抢运到安全的地方。

东宝行政督导处还建立了合理的税收制度，由税站实施。工商税实行单

一税制，一经纳税，货物便可通行全区。税率日用必需品为5%，奢侈品为10%，屠宰和烟酒税各地自订，包括特需进口物品，小贩及非商业性质的东西免税。如果商人在解放区遗失货物，抗日民主政府负责追回或赔偿。

组织民兵大队接受日伪军投降

1945年8月9日，毛泽东发表《对日寇的最后一战》的声明，号召中国人民的一切抗日力量进行全国规模的反攻。8月11日，朱德总司令连续发出六道反攻命令，其中命令"粤汉路、广九路、广汕公路两侧之中国解放区抗日军队，统应积极举行进攻，迫致敌伪无条件投降……如遇抗拒，应坚决消灭之"。据此，东江纵队当日即向各部队发出紧急命令："立即动员全体军民，开向敌人据点附近，解除日伪武装，对拒降之敌开展猛烈进攻。"8月15日，日本政府宣布无条件投降。次日，朱德总司令给侵华日军最高指挥官冈村宁次的命令中指出：

1953年，中英街通往香港新界的关口。（资料图）

"你应下令你所指挥的一切部队，停止一切军事行动，听候中国解放区八路军、新四军及华南抗日纵队的命令，向我方投降。""在广东的日军，应由你指定在广州的代表至华南抗日纵队东莞地区，接受曾生将军的命令。"8月18日，曾生以"中国解放区抗日军华南抗日纵队司令"的名义，给华南日军最高指挥官田中久一发出命令，令其派出代表到东莞清溪地区受降。

东江纵队各支队、大队接到纵队紧急命令后，即于8月12日动员根据地抗日军民，向广九铁路、广汕公路和莞太、莞樟、宝太、宝深等公路沿线日伪军据点发起猛烈进攻或围困，进行迫降、劝降活动。

日本宣布投降后，宝安县南头、深圳、新桥、布吉、平湖等地日军大部撤走，剩下少数日军和伪军收缩在南头、西乡、固戍几个据点。此时，东纵第一支队主力已调走，中共东宝县委召开党政军联席会议，根据当时形势，决定依靠群众武装对日伪军进行迫降。当即将龙华、民治、布吉抗日自卫队（民兵）编为一个大队，周吉、刘鸣周任正副大队长；将观澜抗日自卫队编为一个大队，张亭、黄来任正副大队长。第一支队宝太线特派室、宝深线特派室，在抗日自卫队配合下迅速行动，以张仲亭大队包围深圳墟，以周吉大队和当地抗日自卫队包围南头城、西乡、固戍等日伪军残存据点，进行迫降。8月19日，宝太线特派室在抗日自卫队配合下，收复西乡、固戍，迫使伪军两个连投降。8月20日，宝深线特派室率领抗日自卫队进入深圳墟，接受伪区署和惠阳县

1949年10月，中英街庆祝全国解放。（资料图）

警察大队投降，收缴各种枪300多支。8月23日，第二支队收复沙头角、平湖。8月30日，宝深线特派室接受驻南头城日军和宝安县伪县政府、伪联防大队投降，收缴各种枪600多支。至此，阳台山和坪山抗日根据地连成一片，宝安县全境光复，宝安历史进入了一个新的时期。

第五章　文化名人大营救

抗战初期，何香凝、柳亚子、茅盾、邹韬奋等大批文化界知名人士和爱国民主人士等在内地办刊物写文章、发表宣言以及从事各种文艺活动，拥护和宣传中国共产党的抗日主张，抨击国民党顽固派"消极抗战，积极反共"的反动政策，推动了国民党统治区的抗日救亡运动。

第一节　文化名人开展抗日救国活动

1941年1月，国民党顽固派制造"皖南事变"，第二次反共高潮波及全国，对茅盾、邹韬奋等人的迫害进一步加剧。在周恩来的关怀和安排下，是年1月至5月，这批人士从桂林、重庆、昆明、上海等地安全撤到香港。周恩来又及时指示八路军驻香港办事处负责人廖承志要做好团结这批精英的工作，帮助解决各方面的困难，大力支持精英们开展抗日救国活动。中共中央、南方局、周恩来还派张友渔、范长江、夏衍、胡绳等一批党内文化骨干来到香港，协助廖承志工作。

5月，廖承志遵照中共中央、南方局、周恩来的指示，成立中共香港文化工作委员会，由廖承志、夏衍、潘汉年、胡绳、张友渔五人组成，下设文艺、学术、新闻三个小组。在中共香港文化工作委员会领导下，在香港的文化界知名人士和爱国民主人士很快以各种形式积极开展抗日救国活动。何香凝、柳亚子、茅盾、邹韬奋、夏衍等到香港不久，便分别署名发表通电，谴责国民党顽固派投降妥协、积极反共，派军队围攻解放区的反动罪行。他们努力促成民主党派联合组成"中国民主政团同盟"，并发表宣言，拥护中国共产党"坚持抗战，反对投降；坚持团结，反对分裂；坚持进步，反对倒退"的政治主张。

1935年，邹韬奋在上海创办的《大众生活》周刊，是当时国内最进步的救亡运动刊物，销售量达20万份。1941年5月3日，《大众生活》在香港复刊，发行人为曹克安，主编为邹韬奋，金仲华、茅盾、夏衍、胡绳、乔冠华、千家驹等担任编委。

他们还创办各种抗日报刊，成立国际新闻局、通讯社，如宋庆龄主办的《保卫中国大同盟》、邹韬奋主编的《大众生活》、胡仲持任总编辑的《华商报》、民主同盟的机关报《光明报》、救国会同人办的《救国月刊》、茅盾主编的《笔谈》、张明养主编的《世界知识》、张铁生主办的《青年知识》等。他们在这些报刊发表小说和文章，揭露和抨击国民党消极抗战、专制独裁的黑暗，呼吁团结、抗战、民主，讴歌中华民族的抗战精神。夏衍、于伶、金山等还组织戏剧人士成立旅港剧人协会，先后演出揭露国民党腐败丑恶的《雾重庆》、宣传国际反法西斯斗争的《希特拉的杰作》等话剧，使香港的抗战文化盛极一时。

第二节　中共中央非常关心文化名人的安全

文化精英们的爱国抗日主张、进步言论引起日本侵略者的极端仇视，也为国民党顽固派所不容。中共中央、南方局获悉日军即将进攻香港的情报后，非常关心在港文化精英们的安全。

1941年12月7日，周恩来急电廖承志要迅速做好应变准备。12月8日，中共中央急电周恩来、廖承志，要想方设法保护这批爱国民主人士和文化界人士撤离港九到东江游击区。12月9日，中共中央、南方局、周恩来又致电

廖承志，再次对撤退在港的文化界人士做出具体布置，并要求坚决执行中共中央指示，不惜任何代价，不怕牺牲，营救被困在港的文化界精英、著名爱国人士和国际友人，并将其转移到大后方的安全地区。

廖承志在接到周恩来12月7日的急电后，立即布置应变工作。8日上午，廖承志召开文化界和新闻界人士紧急会议，传达中共中央、南方局、周恩来的电报指示，研究秘密营救滞留香港爱国民主人士和文化界知名人士的工作。

会议分析了形势，认为英军不可能长期坚守，必须立即把住在九龙的精英们转移到港岛隐蔽起来，等待下一步布置撤退。在日军进攻香港前夕，中共南方工作委员会正在香港开会。工委副书记张文彬、粤南省委书记梁广、广东人民抗日游击总队政治委员林平等出席会议。南方局派到香港工作的李少石、潘汉年、刘少文也在香港。

八路军驻香港办事处旧址

廖承志、张文彬接到中共中央、周恩来的指示后，立即进行传达，研究部署营救工作。与会干部一致认为中共中央、南方局把营救文化界知名人士和爱国民主人士的任务交给广东党组织和广东人民抗日游击队，是一项光荣而艰巨的任务，不管有多大的困难和危险，都要想尽一切办法，不惜任何代价，坚决完成任务。

由于日军已获悉精英们在香港的情况，必将进行大规模搜捕，因此，时间非常紧迫，必须趁日军初占香港，对情况不了解，以及由于粮食燃料供应困难，要疏散大批居民返回内地的最好时机，以最快速度，抢在日军下手之前进行营救。为此，会议做了周密的部署：首先，设法与滞留在香港的精英们取得联系，帮助他们迅速转移住地，秘密护送他们到东江游击区，然后护送他们到大后方。香港地区的联系转移工作由刘少文负责，林平负责布置从九龙撤退到东江游击区，再到惠州，并从惠州到老隆的安全护送工作。廖承志、连贯迅速经东江游击区到老隆和韶关，布置国民党统治地区的掩护和交通线。从老隆至韶关由中共后东特委（中共东江后方特别委员会简称）负责。到达韶关后，则由南方工委和粤北省委安排。

12月8日下午，廖承志在香港告罗士打大酒店分批会见民主党派负责人和文化界精英，征求大家对撤退方案的意见，决定撤退时各小组的负责人、联系地点，并发了隐蔽和撤退时的必需经费。

第三节 大营救前的周密部署

日军占领香港后，立即封锁香港至九龙的交通，实行宵禁，分区分段，挨家挨户检查、搜捕，并发布命令，勒令旅港文化界精英前往"大日本报导部"或"地方行政部"报到，否则格杀勿论。日本文化特务禾文田幸助还在香港的一些电影院打出幻灯字幕，点名要蔡楚生、司徒慧敏到半岛酒店（香港沦陷初期日军司令部所在地）"会面"。

日军占领香港初期，新界山区乡村形成真空地带，10多股土匪各霸一方。在日军严密封锁香港至九龙的交通和土匪在新界横行的情况下，为了展开营救工作，当务之急是打通香港至九龙的交通线和建立从九龙市区经新界至游击区的安全交通线。为此，林平派李健行，廖承志派廖安祥，利用香港东利公司停泊在铜锣湾避风塘的两艘"大眼鸡"建立海上秘密交通转运站，打通了从铜锣湾至九龙红磡的交通线。

广东人民抗日游击队挺进新界的武工队，根据林平的指示，展开了消灭土匪开辟九龙市区至游击区交通线的战斗。第五大队周伯明率领的武工队清除元朗十八乡的小股土匪后，派曾鸿文迫走占据大帽山的黄慕容股匪，打通了从九龙市区经青山道、九华径到荃湾越过大帽山，然后经元朗、落马洲渡过深圳河，穿过日军封锁线，过梅林坳，进入龙华阳台山抗日根据地的交通线——西线。第三大队由黄冠芳率领的武工队在西贡地区连续作战，首先在打蚝墩消灭小股土匪，接着在烂泥坑、坑口、龙鱼湾等地消灭五股数十人至近百人的股匪，并在西贡至九龙市区沿线清除零星土匪，打通了从九龙市区经西贡半岛，然后渡过大鹏湾，在惠宝沿海登陆至坪山游击区田心中心接待站的交通线——东线。第五大队还开辟了一条从白石龙至李朗、布吉之间越过广九线，经碧岭到田心的交通线。惠阳县委开辟了从田心到茶园转往惠州的交通线。从而建立了从香港经九龙、新界、宝安至惠州的交通网，保证了对精英的接待和安全转送。

香港陷落后，为了避开日军的搜捕，精英们一再搬迁住处，要找到营救对象很不容易。刘少文和梁广留在香港负责这项工作，派出熟悉香港情

况的潘静安，根据廖承志提供的名单，通过各种关系，把营救对象一一找到，并帮助他们转移到较安全的住处，摆脱日本特务的跟踪，然后安排他们分批撤退。

九龙方面，在林平领导下，由何鼎华、李健行、何启明等在佐敦道、花园街、上海街等处建立秘密接待站，解决食宿问题，然后按照不同的对象，安排沿西线前往白石龙，或沿东线前往田心。东线由蔡国梁指挥，黄冠芳、江水领导的武工队担任护送；西线由周伯明指挥，曾鸿文、林冲领导的武工队担任护送。

林平在九龙布置好接待和护送工作后，于1941年12月下旬回到龙华阳台山白石龙村，召集梁鸿钧、曾生、王作尧和由香港市委调来部队的杨康华等开会，传达中共中央、南方局、周恩来的电报指示，研究并做出了如下决定：梁鸿钧负责部队的军事指挥，调集三个中队和一个独立小队在白石龙周围的龙华一带待命并担任外围警戒；曾生在白石龙主持接待工作；王作尧负责从九龙市区至白石龙和田心沿线的警戒和护送的指挥；林平到广九铁路以东（简称路东）坪山地区，布置中共惠阳县委、惠阳前线工委建立秘密接待站和护送等。

根据林平的部署，整个惠阳县委和惠阳前线工委及各个部队都动员起来。在惠阳前线工委和短枪队队部所在地的田心村，建立一个秘密的中心接待站，由短枪队队长高健负责。这个接待站担负接待由东线直接护送来的和由西线护送到白石龙再转送来的人士，然后由惠阳短枪队护送到淡水以西的茶园村。第三大队第一中队和惠阳长枪队由彭沃统一指挥，担任田心的外围警戒。在茶园，惠阳县委以惠州区委书记蓝造建立了一个秘密接待站，负责把惠阳短枪队送来的人士转送惠州。在惠州，惠阳县委组织部长兼武装部长卢伟如以"香港业昌公司"大老板的身份，包了"东湖酒家"的二楼（三楼住了国民党军第一八七师师长张光琼），建立了秘密接待站。

第四节　文化名人大营救

1942年元旦，营救工作拉开序幕。首先是廖承志、连贯、乔冠华一行先行，并在沿途检查和布置接待、转送工作。拂晓之前，他们在香港乘小木艇，在李健行的护送下，避开日军的巡逻艇到达九龙。在九龙广东人民抗日游击

队后方办事处，廖承志和林平、何鼎华等仔细研究了从九龙到东江游击区的路线、警戒和沿途食宿及可能发生的情况。廖承志等决定走东线。2日晨，黄冠芳到九龙接待站与李健行接上了头，护送扮成香客的廖承志等撤出九龙市区，通过启德飞机场附近几个检查岗哨，出了封锁线，到达牛池湾。江水带领8名短枪队员担任护送任务。他们翻过九龙坳后，走海边小路经北围、打蚝墩、沙角尾、山寮直到大环村，蔡国梁在这里接待了廖承志等人。天黑以后，廖承志等一行在蔡国梁等护送下来到企岭下海湾，登上由刘培率领的护航队武装船，悄悄地升帆出海，避开了日军的海上巡逻队，偷渡大鹏湾。3日凌晨8时到达沙鱼涌，然后由刘培等护送到田心交给惠阳短枪队。

为了安全起见，曾生在石桥坑接待了廖承志一行。廖承志等和随后到达的张文彬同曾生一起研究了在白石龙和田心的接待工作，以及下一站的接待和护送工作。决定连贯到老隆，向后东特委布置在老隆设立秘密接待站和从老隆至韶关的护送任务；乔冠华到韶关，会同粤北省委在韶关设立秘密接待站和从韶关转送桂林的任务。1月9日，紧张的营救工作正式开始。午夜，邹韬奋、茅盾等第一批文化界精英换上便装，打扮成"难民"，在港岛洛克道临时集中点集中，由交通员带领在铜锣湾避风塘上船，分乘三艘小木船，避过日军的巡逻艇，安全到达九龙秘密接待站，踏上了脱险的旅途。11日晨，邹韬奋、茅盾一行20多人，由交通员带领来到青山道口，插入源源不断的难民队伍，向北经九华径到荃湾。到荃湾后为了避开日军的检查岗哨，离开了难民队伍向北走小路进入大帽山区。林冲带领的武工队在这里警戒掩护。爬过大帽山，穿过峡谷，走进了平坦的元朗十八乡。曾鸿文带领的武工队在这里负责警戒、掩护和接待，住宿一夜。12日，接待站的干部给每人发了一张由"白皮红心"的元朗乡长签署的难民回乡证，然后分批上路，在元朗再插入难民队伍，经落马洲顺利通过日军岗哨，渡过深圳河到达赤尾村。从赤尾村往北穿过宝深公路，再过梅林坳，安全到达龙华阳台山抗日根据地白石龙村。

白石龙是当时从香港九龙到宝安交通线的一个重要接待站。这个小小的山村，在1942年初接待过300多位闻名中外的作家、艺术家、名记者以及各方面的爱国民主人士，他们中有茅盾、韬奋、戈宝权、叶以群、于伶、张友渔、胡绳、沈志远、宋之的、金仲华、刘清扬、杨刚、胡仲持、胡风、廖沫沙、周钢鸣、张铁生、黎澍、蓝马、凤子等等。1942年3月，为了适应当时形势的需要，成立中共白石龙区委，把原由龙华区委管辖的白石龙支部、岗瓦园

支部、樟坑党小组划归白石龙区委管辖。宝安县委、白石龙区委的领导同志以及地方党组织，配合部队承担繁重的接待任务，发动群众在白石龙和樟坑的山坡树丛竹林里搭起了草房，解决住宿；为了保证他们吃得好，每天都要负责供应大量的蔬菜和肉类；为了保证安全，自卫队员负责站岗放哨，加强情报工作。僻静无名的白石龙村，一下子成了一个非常热闹的地方，被誉为"小延安"。

廖承志在广州与脱险的文化界人士合影（前排左起：茅盾、夏衍、廖承志；后排左起：潘汉年、汪馥泉、郁风、叶文津、司徒慧敏）。

1月底至2月底是营救工作最紧张的时期，每隔一两天就有一批人士从香港"偷渡"到九龙，每批少的十来人，多的二三十人，多数人走西线到白石龙，少数容易暴露身份的爱国民主人士，或因年老体弱、不适宜跋山涉水的，则安排他们走东线。何香凝、柳亚子则乘船由地方党交通员直接护送到汕尾。此外，还有少数文化界精英，如夏衍、蔡楚生、司徒慧敏、金山、李少石、廖梦醒、金仲华等，在地下党交通员护送下偷渡到长洲岛，再经澳门到达大后方。

从1月下旬开始，一批批来到白石龙的文化界精英，在广东人民抗日游击队的护送下，从布吉和李朗之间越过广九铁路，经过田心、茶园秘密接待站，一站一站地转送到国统区的惠州。卢伟如以"昌业公司"经理身份，给国民党军从师长到连、排长及关卡上的哨兵都送了礼，买通了全线的检查点，并通过打入国民党税局的中共党员，用高价购买到证件和国民党军的走私船票，从而保证了文化界精英们在惠州停留和到老隆的安全。到达老隆后，广东党组织又通过统战关系利用国民党的走私汽车，安全护送到达韶关，再转到大后方。

在各方面的共同努力下，经过前后6个多月的紧张工作，克服重重困难，广东党组织和广东人民抗日游击队胜利地从港九地区营救了爱国民主人士和文化界知名人士300多人、10多位国民党军政官员和家属，英、美、荷、比、印等100多名国际友人，连同其他方面的人士共800多人，并接应了2000多名到内地参加抗战的爱国华侨和港澳青年，护送他们到达大后方。在被营救

营救留困香港部分文化人士和民主人士名单

的人士中有：何香凝、茅盾、邹韬奋、胡绳、夏衍、戈宝权、张友渔、黎澍、沈志远、刘清扬、胡仲持、胡风、千家驹、萨空了、廖沫沙、任白戈、宋之的、于毅夫、金仲华、范长江、叶籁士、恽逸群、吴全衡、袁水拍、蔡楚生、司徒慧敏、叶以群、张铁生、韩幽桐、杨刚、吴在东、余伯昕、胡耐秋、特伟、高士其、端木蕻良、杨东莼、王莹、许幸之、胡考、盛家伦、俞颂华、成庆生、叶方、于伶、凤子、舒强、葛一虹、沙蒙、羊枣、丁聪、周钢鸣、叶浅予、章泯、戴英浪、金山、张明养、华嘉、司马文森、梁若尘、赵树泰、李枫、郁风、梁漱溟、孔德祉、沈粹缜、殷国秀、邓文田、邓文钊、陈汝棠、李伯球、赵树泰、蓝马、胡蝶等，另外还有第七战区司令长官余汉谋夫人上官德贤女士、南京市长马俊超夫人等国民党军政官员和家属。被营救脱险的文化界知名人士和爱国民主人士到达白石龙村后，受到林平、梁鸿钧、曾生、王作尧、杨康华等领导干部和广大游击战士的热烈欢迎和盛情接待，把他们分散安置下来，分批护送到大后方。

第六章　解放战争时期，
　　　波澜壮阔的龙华革命

第一节　"清剿"时期龙华的隐蔽斗争

抗日战争胜利之后，国民党当局积极准备向人民革命力量发动进攻，给中国人民带来了严重的内战危机。为制止内战，1945年8月29日至10月10日，中国共产党代表团同国民党政府代表在重庆谈判，签署了《双十协定》。

1946年1月10日，中共代表同国民党政府代表正式签订停战协定，双方同时颁布于13日午夜生效的停战令。1月15日，国民党广东军事当局不理会停战命令，对人民武装连续不断地采取军事行动。

2月，王士钊和赵督生在香港九龙召开部分路西干部会议，动员路西干部重返东宝前线，会上还决定成立临时领导机构——工作委员会，由梁忠、叶振基等组成，负责领导龙华、布吉、上下梅林等地的工作。3月，东江纵队主力部队粉碎国民党军队对惠东宝解放区的进攻。5月21日，国共谈判，双方正式签署《东江停战和华南中共武装北撤问题联合会议决议》。6月30日，根据国共"双十协定"，东江纵队（包括珠江纵队、韩江纵队、南路、粤中、桂东南等部队的部分骨干）共2583人，在沙鱼涌向山东烟台北撤。

东江纵队北撤后，国民党反动派背信弃义，恢复其地方各级反动政权，建立地方反动武装，迫害我东纵复员人员和革命群众，大搞征兵、征粮、征税。

在白色恐怖笼罩的情况下，党组织派来的区领导无法联系上敌占区的党员，党的活动极为困难。

1946年夏，广东全省由于水稻成熟时遭遇特大台风，早稻歉收。但国民党广东当局横征暴敛，宣布自8月起开始征粮，9月恢复征兵，并加收各种赋税。面对严重的斗争形势，中共广东区党委先后于7月22日和8月23日发表声明，强烈谴责抗议国民党广东当局破坏北撤协议、迫害东江纵队复员人员和人民群众的反动暴行。中共广东区党委还以东江纵队北撤人员曾生、王作尧、杨康华、林锵云等人的名义发表通电，对国民党广东当局迫害东江纵队复员人员的罪行表示极大

曾生、王作尧、杨康华北撤前在葵涌合影。（资料图）

的愤慨，号召复员战士和人民群众"采取同一步骤，严肃自卫。人不犯我，我断不犯人；人若犯我，迫我至于绝境，自不能束手待毙"，应进行坚决的自卫斗争。

6月，江南地委组织部长蓝造在坪山竹园召开会议。会议根据当时的形势和上级党委的指示决定：凡抗战时在部队、政权工作过的党员回地方后，地方党组织不能与之联系，严防暴露；地方党组织转入地下活动，进行单线联系；派出特派员负责领导地方党工作。

7月，由于国民党军队的疯狂进攻，龙华、观澜地区的党组织受到破坏或失去联系。国民党在龙华、布吉等乡捕杀共产党员100多人，布吉乡民兵大队长陈德霖在观澜牺牲，许多复员人员有家不能归，有亲不能投，逃亡他乡，流浪度日，有的被捕杀害，人民群众陷于水深火热之中。江南地方党转入地下活动，撤销江南地委和海陆惠紫五边地委，改设中共江南地区特派员，蓝造、祁烽分别任正副特派员，负责惠阳、东莞、宝安及海丰、陆丰、紫金部分地区党组织和部队工作。

9月，根据江南地委的部署，东宝地区的党组织由党政军一体化领导改为特派员制，隐蔽在惠东宝地区的武装人员和复员战士逐步公开活动，纷纷拿起武器，反抗国民党政府的迫害。

自9月10日起，为在南方开展游击战争，配合全国的解放战争，广东

党组织集合留港干部学习，连续举办五期干部训练班，就广东游击战争能否搞起来及搞起来后的前途如何等问题统一思想认识。学员们随后被派回各地，参加和领导武装斗争工作，为加强各级党组织的领导，恢复武装斗争，重建武装队伍准备了干部条件。

1946年11月6日，党中央对南方各省党组织发出工作指示："凡有可能建立公开游击根据地者，应即建立公开游击根据地。""凡条件尚未成熟之地区，则采取隐蔽、待机方针，以等候条件之成熟。"根据中央的指示和广东的斗争形势，广东区党委于11月27日做出了恢复武装斗争的决定，并提出"不违反长远打算，实行'小搞'，准备'大搞'的方针，以及反'三征'

1946年7月，东纵文艺战士随部队北撤，受到烟台人民夹道欢迎。

（征兵、征粮、征税）、反迫害；破仓分粮，减租减息；维持治安，保护群众利益；反对内战独裁，实现和平民主"的口号。同时决定在东江建立惠东宝建军委员会，由蓝造、祁烽、叶维儒、曾建、张军、罗妆澄、高固组成，并筹建惠东宝人民护乡团。

12月中旬，广东区党委在听取叶维儒、曾建等人汇报重建武装准备工作后，即派出第一批同志回江南地区活动。其中东宝地区分别布置谢金重、何棠在东莞路西，张生在广九路东三区，梁忠、曾强在宝安活动。要求在东宝县委的领导下，根据"分散发展，独立经营"的方针，分头发动，联系东纵复员人员，逐步集结队伍，开展武装斗争。12月下旬至1947年1月，深圳地区党组织和武装小分队负责人杨培、叶源、余清等先后到香港接受任务。江南地区正副特派员蓝造、祁烽向他们分别传达广东区党委的决定和江南地区贯彻执行区党委决定的意见，要求各地党组织和各武装小分队积极参加和配合重建武装队伍、恢复武装斗争的工作。

1947年1月，江南地区党组织在香港动员干部回乡重建武装，派曾建、叶维儒、李群芳、林文虎、彭景、邱耀回坪山地区，曾强回宝安，在地方党

的配合下进行重建武
装的准备工作。

2月,蓝造在坪山
北岭沙坑围召开干部
会议。会议决定,以
群众自卫组织维护治
安的名义,在江南地
区成立"惠东宝人民
护乡团",蓝造任团
长兼政委,叶维儒任
参谋主任。护乡团隶

深圳市有关部门组织人员到东纵北撤地开展爱国主义教育实践活动。

属中共江南地区特派员领导,先后建立4个大队,其中第二、第三大队活动于宝安、东莞、惠阳等地。护乡团提出"保护人民利益,与广大人民及各阶层人士团结一致,维护治安,反抗'三征',反对内战,为实现和平民主的新中国而奋斗到底"的口号,东江人民反对国民党反动统治的武装斗争进入新的发展阶段。

从1946年6月底东江纵队北撤到1947年2月恢复武装斗争,时间虽然不长,但斗争极其复杂和艰苦。隐蔽在各处的共产党员和武装小分队及复员人员,在困难的情况下坚持自卫斗争,给国民党地方反动势力以有力的打击,保存了革命力量,保护了人民群众,粉碎了国民党统治集团企图彻底扑灭人民革命力量的阴谋。

第二节　龙华地方党组织的恢复和建立

随着人民解放战争形势的发展,加强党和部队的建设,加强思想政治工作,成了党组织和武装部队的迫切任务。

1947年3月,惠东宝人民护乡团成立,其中的第三大队在东宝地区活动,大队部经常驻在龙华的长岭陂村。龙华人民积极参军参战和支援部队作战。

1947年5月,中共中央香港分局就党的组织建设和思想建设问题指出:"加强党的巩固与发展,才能更有利完成我们当前的任务。以全党团结与群众观点两个中心问题去整风,以调查研究严肃谨慎去审干,以七大文献及区

党委工作检讨和当地实际工作检查总结去教育干部,提高干部。同时,应从斗争发展中根据需要去发展党员,特别对于农村重要据点、城市重要部门,更必须有具体计划来布置。"与此同时,中共中央香港分局还就干部问题做出指示,对有自首叛变行为、参加其他党派和失去关系的党员干部进行重点审查,根据具体情况做出不同的处理。江南地区党组织经过初步的审查和整顿,逐步稳定下来,并提出"团结群众,巩固组织"的新任务。

1948年2月,惠东宝人民护乡团改为广东人民解放军江南支队,第三大队改为第三团,宝安的部队编为宝安大队,以龙华地区为活动中心。东宝县委实行部队党和地方党统一领导,县委特派员李明负责管理宝安地方党的工作。

1948年4、5月间,李明同志带领刘鸣周、周吉、何赋儒、游森、吴有业、张子修、张灼修、邓仕祺等从香港回来,住在长岭陂村,开始组建县武工队,队长何赋儒,副队长黄彪,队员10多人。主要任务是做组织发动群众、扩军扩枪等工作,并筹建各乡武工队。5月,龙华乡武工队成立,乡长游森兼武工队长(1948年冬游森牺牲后由吴有业接任乡长和武工队长);同年秋,民治乡武工队成立,乡长刘鸣周兼武工队长(后为蔡达)。武工队成立后,配合部队打击敌人。

9月间,县武工队和龙华武工队配合三团宝安大队夜袭龙华国民党联防队,除国民党乡长、联防队长吴运新伤后逃脱外,全歼守敌40多人,缴机枪1挺,步枪30余支。次日晚在龙华召开庆祝大会,吓得牛地埔、乌石岩驻敌慌忙撤走,使龙华、民治、布吉、沙河、观澜、乌石岩游击区连成一片,龙华获得解放。

1948年8月,东宝县委特派员李明到龙华地区恢复地方党组织,民治乡党组织于1949年初恢复活动。

1949年1月,中共宝安区地方委员会成立,书记张辉,组织委员梁连,宣传委员何伯琴,委员刘鸣周。同时,龙华、民治两乡开始发展党组织。民治乡党组织得到恢复。3月,民治乡由刘鸣周在望天湖村发展第一批党员,有邓彦彰、张美华等七人。4月,中共宝安区委决定由观澜武工队副队长周振伦兼任发展党员组组长(后称组织工作队队长),负责恢复和发展党组织。6月,观澜乡政府成立,万启源兼任乡长,龙华、民治乡成立组工队。7月,龙华、民治分别成立乡党总支,龙华乡党总支书记简志勖(9月底何玉麟接任),组织委员赖平,宣传委员林志强;民治乡党总支书记张美华(兼乡长),组织委员邓瑞华，宣传委员邓彦彰。同时，发展共青团组织，建立乡团总支，龙华乡团总支书记林志强，全乡有团员 80 多人；民治乡团总支书记邓彦彰，全乡有团员 60 多人，有些同志入团后转党。至 1949 年底，龙华乡建立党支部 21 个，共有党员 156 人。龙华乡总支书记何玉麟，副书记林志强，组织委员卢志雄，宣传委员邓仕祺。8 月，观澜乡党总支成立。

第三节　龙华反"清剿"大捷

1948 年初，国民党广东当局发动第一期"清剿"，实行"分区扫荡，重点进攻"的方针，以粤北、南路、兴梅三个地区作为进攻重点，大规模进攻广东人民武装。国民党军一五四师、虎门要塞司令部一个团、保八团、保十三团和东莞、宝安两县团防以及县警大队等出动 2400 多人，先后向东宝地区发动进攻。活动于深圳地区的江南支队集结主力，严格整训，积极应战。

5 月 12 日，江南支队第三团"三虎队"强攻沙头海关国民党驻军，仅用 15 分钟就解决战斗，缴获长短枪 30 余支、电台 1 部。接着，三虎队又迅速出击，一举全歼驻白石洲的国民党守军 1 个排，缴获枪支 20 多支。三虎队 1 个连在布吉至深圳的仙水河设伏，全歼国民党军 1 个班，打伤国民党军连长 1 名，缴获轻机枪 1 挺，步枪 20 支。江南支队第三团先后在乌石岩、固成、龙华等地袭击敌人，七战七捷，取得很大战果，活动地区扩大了 30%，队伍从 800 余人发展到 1200 多人，彻底粉碎了国民党广东当局对东宝地区的"清剿"计划。

1948 年夏天，人民解放军全面转入外线作战，全国主要战场转入国民党统治区。人民解放军在战场上节节胜利，而国民党军队节节败退，不得不放弃"全面防御"，收缩兵力，采取"重点防御"。在华南，人民游击战争迅速发展，群众斗争风起云涌。国民党广东当局在第一期"清剿"计划被打破之后，并不甘心失败。为达到其"安定华南"后方基地的目的，国民党广东当局经过一番准备，纠集了 7 个团 5000 多人，重点对惠东宝地区进行旨在"肃清平原，围困山地"的第二期"清剿"。

6 月，为粉碎国民党广东当局的第二期"清剿"，中共中央香港分局在认真总结粉碎国民党军第一期"清剿"经验教训的基础上，发出反击第二期"清剿"的指示，制定"到处发展，相机进攻，粉碎宋匪重点进攻""坚持平原游（击）

战，以掩护山地边区建立根据地""坚持消灭地方反动武装，打击蒋宋下层统治机构及其特务恶霸，逐步削弱封建势力，缓缓发展至最后消灭封建制度"的反"清剿"总方针。中共中央香港分局强调，"坚持平原以掩护山地边区之巩固这个方针，是粉碎宋匪'二期清剿'的中心问题"。

6月中旬，国民党税警团先后派出两个连的兵力"进剿"观澜的大水坑村和白花洞村。为牵制敌人对惠东宝地区主力部队的进攻，观澜情报总站领导决定派武工队和搜索队在大坑龙伏击。7月间的一天，武工队和搜索队队员在大布巷与大水坑两村之间的大坑龙处，居高临下，伏击自天堂围到大水坑的税警团，击毙敌营级书记官1人，打伤4人，缴步枪6支、子弹600多发、箱装公文1担。

9月下旬，由于江南支队主力东移，各地方部队积极配合作战威胁国民党的后方，国民党广东当局不得不将其"进剿"坪山地区和路西东宝地区的兵力撤回深圳、惠州等地，国民党军对惠东宝地区的第二期"清剿"计划宣告破产。

第四节　龙华地区的武装革命

观澜、龙华、民治等建立武工队

观澜武工队

1947年3月，惠东宝人民游击队护乡团成立后，派出第三大队在路西活动，同时在观澜地区成立了情报总站，在总站领导下成立了观澜敌后武工队，队长黄瑞麟（后为万启源），副队长周振伦，指导员黄仕昌，主要与在观澜的国民党联防大队进行游击战。武工队既是战斗队又是民运队，经常发动群众破坏敌人交通设施，还采用消极拖兵、拖粮、拖税等办法，使国民党"大三征"政策难以实施。

龙华武工队

1947年四、五月间，东宝县委特派员李明带领刘鸣周、周吉、何赋儒、游森、吴有业、张子修、张灼修、邓仕祺等从香港回来，住在长岭陂村，开始组建县武工队，队长何赋儒，副队长黄彪，队员10多人，主要任务是做组织发动群众、扩军扩枪等工作，并筹建各乡武工队。5月，龙华乡武工队成立，乡长游森兼武工队队长（游森于1948年冬牺牲，由吴有业接任乡长和武工队长）。

民治武工队

1947 年 9 月，在向南武工队发展的基础上，民治乡武工队正式成立，由乡长刘鸣周兼武工队长，后由钟清、蔡达相继任队长。

1948 年初，在上级组织的安排下，张子修等一批干部带着一批爱国青年工人从香港元朗返回民治乡，参加护乡团的武装斗争和民运工作。这时，张子修与刘鸣周一起，在梅林、沙头一带领导武工队发动群众开展反对国民党反动统治的斗争。民治武工队配合经常活动于民治乡的护乡团第三大队，积极开展反"清剿"作战，迫使国民党军逐渐撤离民治乡根据地。第三大队和民治武工队遂由主要据守山林转变为下山开展活动，并逐渐转变为主动出击。民治乡根据地随之由恢复时期进入到巩固和发展的新时期。

惠东宝人民护乡团

1947 年 5 月，杨培、李和通知曾强到东莞官井头村召开会议，针对国民党的"围剿"，传达中央"在广东恢复武装斗争"的指示，在坪山正式宣布成立以东纵复员人员为主体的"惠东宝人民护乡团"。

惠东宝人民护乡团成立以后，第三大队在东宝地区活动，大队部驻在阳台山下的长岭陂村。第三大队由张军任大队长，杨培任政委，李和、林文虎任副大队长。该部首先成立"钢铁队"，在林文虎、刘宣、杨培等领导下开展游击战争，队伍发展很快，是年 7 月整编为三个大队。第三大队以阳台山为中心，在白石龙村、望天湖村、长岭陂村、赤岭头、陶吓等村积极推动建立和发展武工队与民兵组织，配合第三大队作战，并在各村依靠党组织开展"双减"运动和反"三征"斗争。龙华也建立了一支 20 人左右的武工队，负责人为梁忠、曾强，还相应建立了交通站、情报站、税收工作站等。

1947 年 5 月初，部队在龙华、布吉采取隐蔽的方式，活动于偏僻的山区和村镇。晚上派出工作队员分别到各村活动，主要工作任务是动员东纵复员军人归队；了解军烈属的生活情况，尽量帮助他们解决困难，鼓励他们继续斗争；做好统战工作，对老百姓宣传建军宗旨；警告国民党的乡、保、甲长，只准他们老老实实，不准通敌，违者一律法办。至 12 月，第三大队已在斗争中发展壮大起来，并成立了"三虎"中队，由曾强任中队长、张玉任指导员。1948 年 4 月，惠东宝人民护乡团已拥有 3000 多名指战员，整编为广东人民解放军江南支队。江南支队下辖五个团，由原第三大队改编的第三团，主要

活动于阳台山根据地。

龙华子弟兵"三虎队"

1946年，惠东宝地区人民在共产党的领导下，奋起自卫，反对内战，与国民党广东当局展开了艰苦卓绝的斗争。为扩大武装力量，惠东宝人民护乡团负责人刘宣来到龙华白石龙，当时协助刘宣工作的还有赵林。他们于1947年11月组建一支武装队伍，由于当时党组织已先在龙华组建了有20多名当地青年参加的两个武装班，另外又从松岗文造培武工队抽调来一个班，合起来共三个班，组成了这支新的战斗部队，因此叫三虎队。

三虎队成立后，刘桂才任小队长，吴炳南任副小队长，吴振文任政治指导员。

1947年11月，以龙华子弟为主体组建起来了三虎队，队员有赤岭头村何鹏飞、何天发、何金友、何恩、何德明、何恩华、何福仁、戴官福、张运娇（女）等九人；元芬村戴寿生、戴仁达、戴仕泰、戴金娇（女）、张强林、张天球、郑成基、陈添贵、周玉英等十人；石凹村谢恩林、谢恩福、杨东友、杨官娇、杨连送五人；龙胜村彭国民等；狮头岭村卓天生等。先后有30多名青年投入到三虎队，奉命东上，编入东一支主力独立二营二连，由曾光任连长，人数达到150多人。

1949年1月底，三虎队随支队领导机关、东一支主力部队由安墩出发，东进陆丰，驻在陆丰北部河田镇。

3月，东一支主力部队（独立一营、二营）在司令员蓝造的率领下，队伍共有1500多人，先后解放了紫金县的九和、龙窝，五华县的华阳，在华阳与九连支队（东二支）的四团会师，然后返回陆丰待命。

"三虎队"的战斗历程分成两个阶段。

第一阶段：1947年11月至1949年1月。开始时为惠东宝人民护乡团三大队三虎队，1948年2月后改为江南支队三团三虎队。

在建队初期，由于敌强我弱，三虎队经历了几个月的艰苦训练。起初，部队把龙华白石龙黄帝田（地名）作为三虎队成长的摇篮。这一带具有悠久的革命传统，人民群众积极支持自己的子弟兵。因此，尽管敌人频频扫荡"清剿"，都无法找到三虎队的踪迹。部队在黄帝田的一条山沟里搭上了一个"人"字形的大草棚，住下来开展思想教育和军事训练。

从 1948 年的 5 月到年底，三虎队开始投入频繁的战斗，并在战斗中得到锻炼，部队的战斗力大大提高。

其间，参加宝安地区沙头、白石洲、固戍、牛地埔等的歼灭战，布吉清水河的伏击战，黄坑、鸡公山、石坳突围反击战，还参加了攻打平湖的战斗。

参加惠阳地区支援二团红花岭反击战、坪地反击战以及配合二团围攻淡水的战斗。

战斗过程中，李和、曾强和张玉三人对三虎队的成长发展做出了巨大贡献。

李和时任护乡团三大队副大队长（后任大队长），直到调任二团副团长前，一直跟随三虎队行动，每场战斗都亲自指挥。

曾强是三虎队第一任中队长，在任职期间，经历了歼灭沙头、白石洲之敌的战斗，并且亲自担任突击队长，干净利落地拔掉两个敌人据点。

张玉是三虎队第一任指导员，善于做思想工作，对加强部队团结、提高部队战斗力功不可没。

第二阶段：1949 年 1 月至 5 月。1949 年元旦，三虎队是在坪山度过的。过完元旦，全队奉命东进，编入东一支主力的战斗序列。未东进前，连队进行整编和补充，将原先的活虎队合编到三虎队，由曾光任连长。连队人数达150 多人，武器装备也比过去有很大加强。

三虎队从坪山出发，经过半个多月的行军，抵达惠东安墩，整连成建制编入东一支主力独立二营，成为该营的二连。随即在安墩进行了短期的整训，1949 年 1 月底随支队领导机关和主力部队（独一、二营）由安墩出发，东进陆丰，驻于陆丰北部河田镇。

1949 年 3 月，支队主力 1500 多人在蓝造的率领下，由陆丰河田出发向紫金、五华进军，先后解放紫金的九和、龙窝及五华的华阳，并且在华阳与九连支队（东二支）的四团会师。而后，返回陆丰。

4 月，三虎队投入攻打陆丰县城的战斗。

五、六月，三虎队被编入中国人民解放军粤赣湘边纵队主力部队的一团三营二连，又跟随主力团投入解放广东的战斗中。还参加了解放紫金县城的战斗。

7 月，参加解放陆丰、海丰、公平、梅陇等城镇的战斗。

8 月，参加解放海丰罗畲的战斗。

9 月，参加解放河源、博罗和著名的石坝战斗，后来又参加横扫珠江三角洲南、番、顺及中山、斗门等的战斗线。

建立情报站和税站

1947 年春，为收集敌人情报，护乡团第三大队和中共宝安地方组织在白石龙村刘鸣岐家建立了情报站总站，由黄瑞麟任站长。不久，情报总站移驻樟坑。总站下设望天湖、龙华、观澜等分站，望天湖分站站长邓仕祺，龙华分站站长郑木，观澜分站站长黄生，各情报分站与总站密切联系，便于将情报送出和接送物资及参队人员。

1947 年 8 月上旬，宝安税务总站在樟坑成立，由蓝杰任站长，谢枫任政治指导员。总站下辖木古、伯公坳、梅林、沙河、乌石岩等分站。1948 年 6 月，总站改为东宝税务总站，仍由蓝杰任站长，谢枫任政治指导员。总站下辖宝安、东莞、路东三个支站，支站下设分站。总站除在民治乡从梅林坳到望天湖一带收税外，邹维领导的总站缉私队还可到布（吉）龙（华）公路沿线缉私收税。11 月 17 日，税务总站在樟坑召开各分站站长会议，研究加强税收征缴工作和对国民党少数武装分子上路收"行水"（即勒索客商）活动的打击。1949 年 6 月，东宝税务总站改为东宝税务处，主任蓝杰，副主任谢枫、何财，副教导员王鸣。税务处下辖东莞、宝安、路东三个总站，总站下设分站。

第五节　龙华地区的解放斗争

夜袭龙华国民党联防队

1948 年 9 月 15 日，龙华武工队、民治武工队、江南支队第三团"三虎"中队和宝安大队集结坂田杨美村，召开干部会议部署攻打驻龙华国民党联防队的作战计划，具体部署如下：一是采取里应外合的打法。利用联防队中的游击队内应郑满贵、郑元秀值班放哨之机，郑元秀留营监视敌人，郑满贵负责与突击部队联络和引路，

改革开放前的杨美老围

实施短促突击的战法。二是在部队中选调有作战经验、精干不怕牺牲的指战员组成突击队，担任主攻任务，突击部队配上自动武器和手榴弹，提高装备水平。三是其余部队分别担任警戒、掩护和预备队。攻击时间定于1948年9月18日凌晨2时。

9月17日夜间12时，参战部队从杨美村出发，向着龙华方向前进。18日凌晨1时抵达龙华附近，随即各路部队进入阵地，郑满贵按突击队原定地点、时间与联络方式，由他引路，突击部队很快就到达国民党联防队的营房门，随即实施短促突击，刹那间就攻入营房内，歼灭守敌40多人，缴获机枪一挺、步枪30支，联防队长吴运新负伤后逃到香港躲命。

石坳反击战

1948年11月中旬，江南支队三团团部率铁鸟、平西两个连从东莞开赴宝安，会同三团的宝安大队及其文工队、武工队在龙华、乌石岩、观澜一带乡村发动群众减租减息、扩军建军、建立政权。18日，江南支队三团团部率宝安大队三虎连、活虎连、东宝支队平西连、铁鸟连共500多人，随团部到达龙华西北部的石坳村，驻扎在该村及邻近村落的祠堂小学，准备开展减租减息试点工作，并进逼敌人据点。

大船坑村国民党残余、未被镇压的反动保长谢某将江南支队三团驻扎情况密报国民党当局。敌人受到袭击和威胁，不断组织反扑，在这个背景下，发生了石坳反击战。

11月21日凌晨3时，国民党当局调集惠阳县徐东来部保八团、驻铁路保十五团各一个营和观澜国民党联防大队共1500多人从观澜、天堂围分路合围江南支队三团。早上8时，国民党军抵达石坳村附近的大船坑、浪口一带，兵分三路：中路150多人，担任主攻石坳村江南支队三团营地；左路一个连攻打部队班哨，迅速占领高地，掩护其主攻连作战；右路一个连担任迂回包抄，形成三路夹击。江南支队三团团部在团长张军、政委杨培的指挥下，当机立断，命令驻村前学校一带的三虎、活虎两个连，在大队长李和率领下，三虎连迅速占领村前一带高地，利用民房、巷口及学校围墙为阵地，活虎连迅速占领学校后面一带高地，利用两棵大榕树为阵地，形成梯形阵地，前后火力配合。这样在村前正面战场上，三虎队变成两倍于敌的优势。团部率平西连、铁鸟连迅速占领石坳村后面山上高地，掩护三虎连、活虎连作战。当时浓雾弥漫，能见度很低，仅在二三十米范围内才能看清目标。首先是国民党军主攻连

龙华浪口的老教堂

100多人向村前三虎连阵地发起猛烈进攻，但因江南支队三团占据有利地形，射界清楚，国民党军的目标集中且大，全部暴露在阵地前不远的一片开阔地带，没有躲身之地，江南支队三团集中前后阵地火力，子弹像雨点般地射向国民党军，国民党军伤亡惨重。左右两路国民党军见其主攻连屡攻受挫，不敢轻举妄动，放慢攻势。战斗打到10点多钟，我军击退了敌人的三次冲锋。战斗至午后1时，国民党军攻势稍缓枪声暂停，为避免打消耗战，江南支队三团变被动为主动，决定主动放弃阵地，交替掩护，撤出战场，向团部、平西连、铁鸟连靠拢，部队集合后，迅速有条不紊地向乌石岩方向转移。国民党军见其战机已失，屡攻失败，损失惨重，故停止进攻，不敢追击。战斗至下午4时结束，国民党军迫于无奈，当晚乘夜黑撤回原地观澜、铁路和淡水。这次反击战，我军牺牲和受伤20人左右，毙伤敌人百余人，震撼了敌人，锻炼了部队，鼓舞了群众，保护了秋收，推动了减租减息运动的开展。

大坑龙伏击战

1948年春，解放战争进入关键时刻。蒋介石命令宋子文在广东实行反共"大围剿"，同时进行"大三征"（征粮、征税、征兵），以图增收财力，补充兵源，观澜乡的国民党联防大队长兼国民党东宝区分部书记陈镜辉在观澜地区加强反共和大搞"三征"。

是年6月中旬，路西情报站获悉：天堂围的国民党税警连100多人要去大水坑村捉壮丁。情报总站领导决定派武工队和搜索队在大坑龙伏击。当天中午时分，从天堂围出来的国民党税警连100多人，在大布巷村大坑龙地带被武工队和搜索队30多人伏击，国民党税警连领队、营级书记官被击毙在大黄榄树下。

国民党税警连遇伏后惊惶失措，到处乱窜，副领队企图组织反击，但害怕遭遇游击队的主力部队围攻，只乱打了几阵枪，就向观澜方向逃跑。武工队此次战斗，以少胜多，30多人打败了敌人100多人，缴获步枪6支、子弹

600 多发。

当武工队和搜索队背着战利品向龙华、岗头仔方向转移时，从背后的大坑龙传来了密集的机关枪和步枪声，长达 30 多分钟。原来观澜乡国民党联防大队获悉消息后，马上出动三个连的兵力，奔袭大坑龙。而早先折回大水坑的税警连也全部出动，奔向山头，他们在大坑龙山头遥遥相对，都以为对方是游击队，于是拼了起来，结果闹了一场互相恶斗的大笑话。

武工队血洒金竹园

1947 年 12 月，观澜情报站获悉国民党东宝区分部书记、观澜联防大队长陈镜辉及徐东来保安团的反动武装要对游击队进行扫荡，情报站立即派出交通人员通知各部做好应对工作。

布吉下雪竹径村交通分站派出交通员曾秀（女，30 岁）、黄仔（14 岁）送通知到观澜白花洞，经观澜大和村时被反动乡长邱官灵发现。两位交通员未能逃脱，跑到楠木村时被捕。在观澜"清剿"联防大队队部内，年纪较小的交通员黄仔经不住严刑拷打，说出了金竹园及雪竹径交通站、情报站相关情况。次日凌晨 3 点，国民党联防大队及保安团联合行动，抽调 100 多人，分两路袭击布吉岗头村及雪竹径村情报站。国民党联防队押着交通员曾秀带路，从松元厦村出发经樟坑径村前往雪竹径村。曾秀乘着夜色掩护，途中逃跑，被枪击中牺牲。国民党联防队另一路人马由黄仔带路，经大和村直奔岗头村金竹园交通站。凌晨 5 时，情报员郑木和李仔在放哨时听到附近双鸦山果园传出狗叫声，并且越叫越凶，他俩以为是国民党反动派来扫荡，前去查看，却发现国民党士兵已在山头占据制高点。他俩立即开枪射击，并高声呼叫熟睡的同志赶紧撤退。武工队和情报站人员一边向国民党士兵还击，一边分批撤退。

如今的雪竹径村已建有大型公园

国民党联防队的火力很猛，向雪竹径村进犯的另一路国民党军也赶来，形成严密的包围圈。几个小时激战后，武工队和情报站负责掩护的几位同志被逼到一座小山上，国民党军放火烧山，他们用箐篷隐蔽。烧山过后，国民党军进山搜索，被武工队员逐一击毙。国民党军只好再度集中火力向武工队员反复扫射，6名武工队员全部壮烈牺牲（有大布巷村人戴堂，白花洞人黄辉、曾桂娇、陈光、邹国英、徐马连等），国民党军还砍下他们的头颅挂在观澜墟城门示众。女情报员邹文娇是东莞官井头村人，因无法撤离，躲在一个树缝里。国民党军搜山时发现了她，然后将她活生生地压在被武工队击毙的国民党军排长的棺材底下陪葬。此时，观澜地区笼罩在一片白色恐怖之中。

第六节　龙华人民的大规模支前运动

发动群众反"三征"

1946年6月，东江纵队北撤后，国民党反动派撕毁了《北撤协议》中所作的"保障解放区人民生命财产的安全，不歧视复员人员与家属，继续进行民主建设，改善人民生活"的诺言，摧毁中共民主政权，解散农会，在东宝路西地区恢复其区、乡反动政权，国民党观澜乡公所与国民党东宝联防副主任兼观澜联防大队长陈镜辉在龙华和观澜一带除大量捕杀共产党员、复员人员和进步群众外，还大搞征兵、征粮、征税，白色恐怖更加厉害，人民群众陷入深重的灾难之中。根据上级党组织的指示，龙华、观澜地区党组织针对当时国民党反动派大搞征兵、征粮、征税的情况，采取拖兵、拖粮、拖税的办法，大力发动群众反"三征"。先后两次破坏观天公路的4座桥梁，阻碍敌人的公路运输，以支持群众反"三征"，扩大护乡团在群众中的影响。

人民群众热烈支前

1949年8月10日，中共江南地委发出"配合南下大军，紧急动员，发动热烈的大规模的支前运动"的指示，要求"努力发动和组织广大劳动青年、妇女群众积极参加民工战勤，修筑桥路、磨军米、送军粮，设立茶水站，作交通向导，慰劳过境大军"。同时成立了宝深军事管制委员会，刘汝琛任主任，代表江南地委负责宝安县的工作。

1949 年 9 月 12 日，中共宝安县委在龙华乡窑下村（今陶吓村）召开区、乡委员和武工队长会议。参会人员有县委委员以及何伯琴、吴友业、刘仁、刘鸣周、何赋儒、张子修、何强、王彪、何琴、刘坚、梁联、陈怀旭、曾宪沼、万启源、周振伦、何玉粼、庄彪、庄启森、张美华、蔡达、黄固等。会议根据上级指示，向各区乡布置落实建党、建政、扩军和筹粮等工作。

会后，龙华乡、民治乡进一步发动和组织群众，继续开展"双减"运动，改善提高群众生活，推动了征粮支前工作顺利进行。根据中共宝安县委和县人民政府的布置，刘鸣周、张子修、蔡达带领张灼修、钟清、张水祥、张日祥等在龙华、观澜一带为接管深圳、南头做准备。由于驻守在天堂围的国民党军一个连拒不缴械投降，人民解放军粤赣湘边纵队派出麦定堂部一个营前往围歼，对拒不投降者，坚决消灭。在南下大军向南胜利挺进的形势下，国民党广九铁路护路大队和税警团愿意起义，人民解放军指令其退出深圳，移驻黄贝岭听候改编。

10 月 15 日，南下大军攻克惠州。19 日，刘汝琛率宝深军事管制委员会的工作人员和税警一个连共 160 余人从布吉乘火车直达深圳进行接管工作。深圳宣告解放。

龙华、民治党组织

1949 年 8 月底，中共宝安县委和县人民政府成立。从 9 月初开始，龙华和民治乡党总支根据县委的布置，大力发展党组织。据 1950 年 1 月县委组织部统计，龙华乡共建立党支部 21 个，共有党员 167 人；民治乡共建立 5 个党支部和两个党小组，共有党员 47 人。两乡党的组织情况是：龙华乡总支书记何玉粼，副书记邓仕祺，组织委员卢志雄，下属有上油松支部（支书游焯彰，党员 10 人）、各壆支部（支书游玉堂，党员 5 人）、清湖支部（支书廖镇鸿，党员 5 人）、竹村支部（支书邓福祥，党员 5 人）、龙胜堂支部（支书彭书生，党员 13 人）、上芬支部（支书龙志强，党员 11 人）、浪口支部（支书吴仕扬，党员 3 人）、赤岭头支部（支书何恩养，党员 12 人）、山咀头支部（支书周祥，党员 5 人）、窑吓支部（支书林琼友，党员 8 人）、姜头支部（支书张运发，党员 5 人）、弓村支部（支书周立，党员 9 人）、上横朗支部（支书陈舟，党员 7 人）、乡府支部（支书周向荣，党员 5 人）、石坳支部（支书杨恩来，党员 6 人）、上大船坑支部（支书陈树，党员 9 人）、下大船坑支部（支书郑可云，党员 10 人）、狮头岭支部（支书卓天生，党员 3 人）、早禾坑支部（支书黄火生，党员 3 人）、

元芬支部（支书戴安友，党员 10 人）、水斗支部（支书苏祥才，党员 3 人）。民治乡总支书记张美华，组织委员邓瑞华，宣传委员邓彦彰，下属有望天湖支部（支书张宗伟，党员 16 人）、樟坑支部（支书邓纪平，党员 9 人）、大光坳支部（支书曾耀华，党员 4 人）、岗瓦园支部（支书吴春来，党员 4 人）、五和支部（支书邱震宏，党员 3 人）、乡府小组（组长邓志光，党员 3 人）、李公径小组（党员 2 人）。县委和县政府成立后，除了抓紧党组织发展工作外，还抓紧建立政权工作。1949 年 9 月初，龙华、民治乡政权进一步健全，龙华乡政府乡长邓仕祺，副乡长周向荣，民治乡政府乡长张美华。下面各村都建立了村政权。在各级党组织和各级政权的领导下，全乡党员和群众积极开展扩军、征粮、拥军支前等各项工作，为迎接南下的大军和迎接解放做准备。

观澜解放

1949 年 10 月 1 日，中华人民共和国中央人民政府主席毛泽东在北京天安门城楼向全世界庄严宣告：中华人民共和国成立了！而时隔半月后的龙华人民也即将迎来解放。

10 月 16 日上午，中国人民解放军粤赣湘边纵队东江大队第一支队第三团新二营，在麦团长、李营长指挥下，从根据地白花洞村向观澜墟进发。

观澜武工队也迅速赶到，配合大部队解放观澜。部队到达大布巷村后，指战员们埋伏在河堤边，观察城内动静。驻守在天堂围火车站的国民党黄文光部早已是惊弓之鸟，见势不妙从天堂围坐火车溜走，驻守观澜墟的国民党联防大队陈镜辉部见人民解放军大军压境，知末日来临，也弃城而逃。此时，指战员们看到观澜河对岸有红旗飘动，群众又频频向这边招手，部队首长当即决定进城。以万启源为乡长的观澜乡人民政府迁入观澜墟，取代了国民党的乡公所。

10 月 17 日上午 10 时，数千群众在观澜中心小学集会庆祝观澜解放。中心小学的大楼正中从楼顶到楼下，挂出一条"翻身得解放，人民坐天下"的大红标语，表达了观澜人民无限欢悦的心声。会上，乡长万启源、各界代表激情满怀地发表了讲话。会后，举行了观澜解放游行庆祝活动。晚上在河沙坝广场举行了盛大的文娱晚会。部队由观澜籍战士陈干华领头指挥，唱起战歌，振能中学和观澜中心小学的仪仗队敲响铜鼓，许多人跳起了秧歌舞、舞起了麒麟和狮子，载歌载舞。各学校师生和青年表演了话剧、秧歌舞等丰富多彩的节目。

附　录：

龙华革命遗址

一、白石龙会议旧址

白石龙会议旧址位于民治街道民治社区白石龙旧村天主堂。

1942 年 1 月下旬，中共南方工作委员会副书记张文彬在白石龙村主持召开了一系列重要会议，俗称白石龙会议。会议总结了广东人民抗日游击队三年来对敌斗争的经验，对当时形势、任务、方针、政策、游击战争的战略战术及部队的军政建设等问题进行了认真讨论，对进一步开展抗日游击战争和加强部队建设做出了一系列重要决定。

白石龙会议是广东人民抗日游击队发展史上一次重要的会议，明确了人民武装今后的斗争方向和任务，对进一步开展东江敌后游击战争，建立巩固的抗日根据地具有重要意义，也为粉碎日、伪军和顽军的军事进攻打下了基础。

二、阳台山"巴黎医院"遗址

阳台山"巴黎医院"遗址位于大浪街道阳台山半山腰一个天然岩洞，当地群众称之为"石燕窟"，具体位置在大浪街道高峰水库上方阳台山半腰一大片巨石阵中。

岩洞洞口宽约 0.6 米，洞内面积约 80 平方米，有高矮不等的石床和山泉水，曾为抗日战争期间东江纵队和解放战争期间人民武装的隐蔽所和后方医院，号称"巴黎医院"。新中国成立前夕，部队在撤离时，曾用刺刀在洞壁上刻了一首诗："生命据点巴黎洞，悬崖峭壁当英雄；莫谓无情黄鹤去，扫清匪敌再重逢。"诗句在"文革"中被凿毁。

三、白石龙天主堂营救文化名人遗址

营救文化名人旧址位于民治街道白石龙老村内。

抗日战争时期，白石龙村成为阳台山抗日根据地的中心，天主堂成为广东人民抗日游击队的指挥部和办事处所在地。1942年初，在文化名人大营救过程中，白石龙天主堂作为重要的接待中转站及住宿地，在这里接待和转移了邹韬奋、茅盾、胡绳、丁玲等一大批文化名人。同年4月，日军在对白石龙村的扫荡中烧毁了神父房和修女房，只剩下天主堂保存至今。

建筑坐东北向西南，平面长方形，3间，面阔7.1米，进深12.9米，占地面积91.59平方米。四面墙体三合土夯筑，两面坡顶，平脊，灰瓦面。内部为拱券结构，西南面开正门，门额书"天主堂"三字，西北面开一侧门。

2005年，宝安区政府拨款维修天主堂，新建"中国文化名人大营救纪念馆"展厅，在此基础上建成了"中国文化名人大营救纪念馆"，馆名由国务院原副总理邹家华题写。

2003年11月，天主堂被宝安区人民政府公布为第二批区级文物保护单位。2012年12月，被中共深圳市委公布为深圳市第一批党史教育基地。

四、观澜维新学校旧址

维新学校位于观澜街道大布巷村，前临大布巷路，后依山，东面隔观澜河与观澜古墟连接。

1934年至1942年，中共地下党员张展棠在中共惠（阳）东（莞）宝（安）党组织的安排下，来到这里以教书育人为掩护，建立秘密联络站，成为党领导开展抗日活动的红色据点，为党做了大量秘密工作。在张展棠进步思想的影响教育下，大布巷村及周围村的进步青年学生黄潜、黄虎、黄佛能、黄佛养、邱季寿、张仲迁、黄官福等人都先后参加了广东人民抗日游击队。解放战争时期，游击队与前来"围剿"的国民党军队在后山进行了激烈战斗，学校的校舍在战斗中被焚毁。

维新学校始建于清代，坐北向南偏西15°，主体为一栋三开间单进的建筑，建筑右前侧有一栋附属建筑。主体建筑面阔13.7米，进深7.5米；附属建筑面阔9米，进深5.5米，均为土木结构，三合土夯筑墙体，内为木构屋架。主体建筑开凹斗式门，门额书"维新学校"，檐壁有彩绘，内部立有四柱，木结构屋架，硬山顶，平脊，灰瓦面。

五、章阁东炮楼——中共东宝边区工作委员会旧址

中共东宝边区工作委员会旧址位于福城街道章阁村东，建于民国时期。

1938 年 10 月下旬，为加强对广九铁路沿线东宝地区人民抗日斗争的领导，中共东莞中心县委决定，在章阁村成立县一级领导机构"中共东宝边区工作委员会"，张广业任书记，负责宝安县及铁路沿线地区的对敌斗争工作。当时，东宝边区工作委员会设在章阁东炮楼内。

炮楼坐北向南偏东 10°，平面呈长方形。土木结构，三合土夯筑墙体，内为木构楼板、楼梯。面宽 7.55 米，进深 4.6 米，高四层。炮楼一层内部分为两间，左间正面开一门，二、三、四层开有射击孔，顶为左右两面坡顶，并加建青砖护墙。楼的每层四角处均有麻石条加固。王作尧、曾生等均在此楼内居住、办公过。

六、章阁西炮楼——中共东宝边工作委员会宣传队旧址

中共东宝边区工作委员会宣传队旧址位于福城街道章阁村西，西侧距杨氏宗祠 50 米，建于 1922 年。

抗日战争时期，中共东宝边区工作委员会宣传队（时称"文工团"）住在西炮楼，并在前面杨氏宗祠内演出宣传抗日节目。

西炮楼坐东北向西南，土木结构，三合土墙体，木构屋架楼板主体建筑两开间单进布局，原是村内书室，面宽 8 米，进深 8.2 米，门开在右间，门额彩绘八仙图案，顶为平脊，两面坡，覆盖灰瓦。棚楼位于主体建筑后，开门与主体建筑相连，面宽 5.9 米，进深 4.6 米，高层，顶为平顶，护墙东、西转角各一燕子窝，另在正面、背面墙上各有两处鱼形排水口。建筑结构稳定，造型简单实用，集居住和防御为一体。

七、观澜古墟成昌楼

成昌楼位于观澜街道新澜社区东门街 12 号。

1946 年，国民党发动全面内战。观澜镇国民党东宝区分部书记兼观澜联防队大队长陈镜辉叫嚣要配合国民党保八团消灭路西游击队，白色恐怖笼罩着整个观澜。

为了瓦解陈镜辉联防大队，观澜情报总站曾派人打进其内部，组织了两次策反工作。第一次是在 1948 年 7 月间，策反了联防队绰号为"番鬼炳"的黄炳等四人，带了一支冲锋枪和三支步枪起义投诚。第二次是在 1948 年，派出由珠江三角洲过来的四名同志以当兵为掩护，打入国民党观澜驻军的内部，进行秘密活动，计划策反一名连长起义。卧底的同志们很快在内部发展了一

名情报员，于 1948 年 10 月间，策反工作已基本成功，后因情报泄密，五名情报员被联防大队抓住，临时关进了观澜墟的成昌楼。

情报总站密令打入国民党内部长期潜伏未被发现的另一名联络员张金友买了一盒香烟和一盒火柴，假装探监送给几位同志，并以手指楼梯和楼顶，暗示他们放火烧楼，暂避到露天顶层以待游击队救援。当晚，成昌楼起火，五名情报员避上炮楼顶，保住了性命。第二天大火熄灭后，国民党联防队发现了他们没有被烧死，企图诱降并捕捉他们。五名情报员坚决不投降，利用炮楼顶上的瓦片、砖块抗击联防队，坚持了四天，后来为了求生，一名情报员用棉被裹着身体从八楼跳下，因楼层太高，当场遇难。游击队为援救他们，从路东葵冲、横岗派了三个小分队，配合观澜武工队、搜索队 100 多人，连续两夜出动，占据岗头村屋后山和鲤鱼岭山，包围成昌楼，以密集火力攻击防守成昌楼的联防队，因联防队防守严密，而四名情报员又困在八楼无法救下来，最终放弃了援救。到了第六天，四名情报员因饥饿不能动弹，被联防队搭梯抓住并押到观澜河沙坝杀害。

成昌楼坐北向南，建于民国年间，楼平面呈长方形，面阔 7.4 米，进深 5.4 米，占地面积 39.96 平方米，高八层，土木结构，三合土夯筑墙体，内为木构楼板、楼梯，顶为平顶，女儿墙四面各开有射击孔，西南、东北转角各有一燕子窝，是观澜古墟最高的炮楼。

八、大坑龙伏击战遗址

大坑龙伏击战遗址位于观澜街道观澜河西大布巷村山坑田。

大坑龙三面临山，南山冈是大岭粘，背面山冈是瓦窑窝，西面山冈是黄帝印山坳，中间有一条山路向西延伸，翻过黄帝印山坳，可以通到桔岭和大水坑村。这是一处险峻的山林地带，是打伏击战的理想地带。1948 年 6 月中旬，观澜情报站获悉驻天堂围的国民党税警连 100 多人要去大水坑村抓壮丁补充兵员。于是，情报站领导当机立断，决定派武工队和搜索队在大坑龙伏击敌人。一天中午，从天堂围出动的国民党税警连 100 多人经过大布巷村进入大坑龙伏击地带。当敌人进入大坑龙黄榄树时，埋伏在大坑龙三面山头的武工队和搜索队 30 多人随着一声令下，立即以密集的排枪向敌人射击。经过激战，敌军税警连领队、营级书记官被击毙在黄榄树下，4 名敌兵被击伤。敌人遭遇伏击情况不明，惊慌失措，到处乱窜。敌副领队企图组织反击，但害怕遭到游击队主力的围攻，只是胡乱打了几阵枪，就丢下几个伤兵和枪支弹药，向观澜墟镇方向逃跑。此次战斗，游击队缴获步枪 6 支、子弹 600 多发以及箱装文件一担。

游击队以灵活机动的游击战术，取得了大坑龙伏击战的胜利。

龙华革命纪念场馆

一、龙华革命烈士纪念碑

龙华革命烈士纪念碑位于龙华街道龙华公园山冈之上。

龙华地域在抗日战争时期是敌、我、顽三方反复争夺的游击区，在这里广东人民抗日游击队与日军和国民党顽军发生了多次战斗，许多革命同志在这里抛头颅、洒热血，留下了许多可歌可泣的动人事迹。

龙华革命烈士纪念碑于 1961 年动工修建，次年建成，1986 年春迁建至龙华中学后山上。纪念碑坐北向南偏西，占地面积约 1000 平方米。建筑物有牌坊、芳名亭、纪念碑、凉亭、花廊等。牌坊前面有两只石狮子。牌坊为石质四柱三楼样式，宽 9.8 米，柱下前后有抱鼓石固定石柱，正中横匾下有雀替加固。正中横匾有曾生题字："龙华革命烈士纪念亭"。芳名亭为八柱九脊殿顶式，亭中立有一石碑，上刻卓凤康等烈士姓名、职别等。芳名亭后山顶上立着一座花岗岩石雕琢砌筑的纪念碑，分地台、底座、碑座、碑身等部分。

龙华公园内的革命烈士纪念碑

龙华公园内的革命烈士芳名亭

纪念碑向南偏东 25°，高 9 米，周围用石栏杆围绕，东西宽 14 米，南北宽 16 米，底座呈四方台柱状，平顶，正面题字为"革命烈士永垂不朽"。碑座的正、背面均为战斗场面浮雕。

二、观澜革命烈士纪念碑

观澜革命烈士纪念碑位于福城街道观澜公园西山冈之上。

观澜革命烈士纪念碑修建于 1994 年 5 月 30 日。纪念碑坐西向东，呈四方锥形，由碑身、基座、小广场和两个凉亭组成。基座南北长 5.20 米，东西宽 4.20 米，通体高约 18 米。基座和碑身用黑色花岗岩石条砌筑，地面铺砌花岗岩石条。纪念碑基座正面为革命烈士纪念碑碑文，背面镌刻革命烈士芳名和生平事迹简介，记录革命烈士 37 人。纪念碑体四周为小广场，广场四周设置有护栏，纪念碑正前方修建有登山台阶。纪念碑前方左右两侧还各设置有供游人休息的绿瓦红柱的四方凉亭。

三、中国文化名人大营救纪念馆

中国文化名人大营救纪念馆位于民治街道白石龙旧村。1941 年底，日军侵占香港。1942 年初，东江游击队根据中央指示营救滞留香港的文化名人、爱国民主人士等共 800 人，其中有 300 多人是通过白石龙村进行隐蔽和安全转移的，白石龙天主教堂即为当年营救文化名人的西线接待站。

2005 年 7 月对西线接待站进行了修缮，并建立了中国文化名人大营救纪念馆。2005 年 9 月 2 日，中国文化名人大营救纪念馆开馆，系深圳市中国文化名人大营救史料、文物收集最全的纪念馆。2010 年 11 月，中国文化名人大营救纪念馆被授予"广东统一战线基地"。

2018 年 10 月起，纪念馆进行改造升级。2019 年 7 月 1 日，在中国共产党成立 98 周年、抗日战争胜利 74 周年之际正式对外开放。大营

中国文化名人大营救纪念馆

救纪念馆展览面积 681 平方米，展示文物 92 件组，历史照片 287 幅，场景三处，油画、国画、版画共 21 幅，并有电子地图、LED 墙、沉浸式投影、弧幕影院、幻影成像、名人综合查询大屏、图文扫码下载平台等。展览以大量珍贵的历史图片、文物展品，多种艺术制作、多媒体、高科技、信息化手段，立体地展示了"中国文化名人大营救"的重大历史事件。

四、陈烟桥旧居陈列馆

位于观澜街道广培社区俄地吓村，是典型的客家民居风格建筑，修建年代为清朝末年。整个建筑依山势而建，排屋形制，坐南向北，墙体为三合土夯筑，屋顶两面坡，灰瓦盖顶，屋内有二层木制阁楼。

陈烟桥是鲁迅先生的学生和追随者，是近代中国新兴木刻运动的倡导者和参与者，也是著名的版画理论家和教育家。经过修缮，2008 年 5 月，陈烟桥旧居作为陈列馆正式向市民开放。2009 年 5 月，安放了陈烟桥铜像。

龙华革命人物

陈国基（1897—1927 年）

观澜樟坑径村（今龙华区观湖街道樟坑径社区）人。

大革命时期，积极参加中国共产党领导的反帝反封建的农民运动，并成为广东省农民协会会员。

1925 年，加入中国共产党。

1926 年，参加广州农民运动讲习所学习，后被派至宝安领导农运工作，在樟坑径、君子布、章阁、白花洞等村建立农民协会，有力地推动了宝安、东莞等地农民运动的发展。

1927 年，蒋介石叛变革命后，国民党反动派大肆破坏农民运动，逮捕共产党人和农运骨干，陈国基同志壮烈牺牲。

何恩明（1881—1955 年）

观澜横坑村（今龙华区观湖街道观城社区）人。

自幼在教会资助下就读于教会学校，后赴哈佛大学深造。

1910 年，取得哈佛大学硕士学位后回国进行"驱除鞑虏，恢复中华"的革命大业。

"二次革命"期间，他奔走于南洋群岛诸地，为革命事业筹集资金。

孙中山发动护法运动期间，先后出任凌肖县县长、花县县长、宝安县县长、深圳镇参议等职，曾着力组织重修《宝安县志》。后来，因厌倦政坛，备感奔波劳碌而成就甚微，举家远渡南洋爪哇岛谋生。

1939 年，率全家返回香港。香港沦陷之日，回到家乡横坑村。

1943 年，出任观澜中心小学校长之职。后又被推举为东宝中学校长。

1946 年，随未北撤的部分东纵干部转移到香港，任惠东宝救济会副主任。

1949 年六、七月间，随先头部队潜回宝安内地开展解放宝安、深圳的准备工作。10 月，被委任宝安中学校长之职，之后又任宝安县文化馆馆长，直至 1955 年辞世，享年 74 岁。

卓凤康（1886—1942 年）

祖籍龙华弓村（今龙华区龙华街道三联社区）人。

父亲卓扬高经商于南洋、西欧等地。1894 年随父母从牙买加回到家乡弓村。

少年时期，进过私塾，接受过爱国主义思想教育，深受 1899 年锦田人民反抗英军斗争和 1900 年三洲田起义的影响。

1906 年，参加同盟会，并积极投身辛亥革命。

1911 年四、五月间，与周振源一起秘密发动和组织龙华、乌石岩两地民众近千人起义，声援孙中山领导的广州起义。为响应武昌起义，他又率领龙华人民攻下县城清军守备署，清官兵全部缴械投降。

1914 年夏，由于"二次革命"失败，被当局通缉，迫于无奈远渡重洋到牙买加谋生。

1934 年，回到家乡，投身于抗日救国运动之中。

1939 年 4 月，担任龙华乡乡长，主动配合共产党在宝安的领导人王启光、黄木芬、王作尧等开展抗日活动，积极组织抗日民众武装。

1940 年，因率领龙华乡民兵参加火烧南头沙河大涌桥战斗，被推举为参战代表，获勋章一枚。

1940 年秋，曾生、王作尧部队由海陆丰返回布吉、龙华一带，个别队员在途中失散，落到国民党顽军手里，卓凤康以乡长的合法身份，竭力营救了

两名游击队战士。

1941年5月，当选为龙华乡抗日民主政府乡长，多次率领自卫队、武装民兵配合游击队抗日。

1942年10月，国民党军一八七师连同顽军黄文光部1000多人包围龙华弓村，卓凤康转移至黄猄坑隐蔽，因粮尽出去摘野果充饥时被围捕，于观澜就义，时年56岁。遗体被共产党组织和当地群众安葬在弓村附近的山头。

1949年，人民政府追认他为革命烈士。

何玉山（生卒年不详）

龙华赤岭头村人。

1911年与卓凤康等率众响应武昌起义，攻占县衙，并任代县长之职。

曾鸿文（1890—1990年）

宝安县布吉人。

抗日战争爆发后参加惠东宝抗日游击队，任惠东宝人民抗日游击总队宝安大队大队长、宝四区区长等职。

1940年，惠东宝人民抗日游击队曾（生）王（作尧）部队东移海陆丰受挫后奉命重返惠东宝前线时，把部队安排在自己果园里躲藏，并设法解决部队的给养困难。

1941年，到港九地区工作，一面营救在港的文化人和国际友人，一面争取港九地区的上层人士共同抗日。日军溃逃后，他设法收集日军丢下的武器、弹药和大批物资送回部队，为抗日反顽的斗争做出了贡献。

1946年，回大陆参加解放战争。新中国成立后参加社会主义革命和建设事业。

1990年，病逝。

周振熙（1898—1945年）

龙华弓村（今龙华区龙华街道三联社区）人。

1937年底，黄木芬带领工作团到龙华一带开展抗日救亡运动时，周振熙同周吉、何伯琴、何赋儒等人积极支持工作。

1938年12月，加入东宝惠边区人民抗日游击队后，任龙华乡政府文书。

1939年3月，经陈坤介绍，加入中国共产党。

1940 年 1 月，东莞中心县委派刘曼之领导周吉、曾鸿文、周振熙建立党小组，刘曼之任组长。当曾生、王作尧领导的惠东宝抗日游击队主力转移海陆丰时，他不顾家人安危，把部队留下的 30 多支枪、一批弹药及军用物资封存在家中，后又完好地交回部队。

1941 年 5 月，任龙华乡抗日民主政府副乡长。

1942 年 10 月，任龙华乡抗日民主政府乡长，领导群众进行民主政权建设，发展根据地的农村文化教育事业，执行减租减息政策，建立救济会，兴修水利，大搞生产运动，支援东江纵队。

1945 年 12 月，被国民党军围捕而牺牲。

周吉（1905—1995 年）

龙华弓村（今龙华区龙华街道三联社区）人。周振熙的弟弟。

1938 年 12 月，加入东宝惠边区人民抗日游击队，和曾鸿文一同积极动员龙华、布吉等地群众，把拾到的国民党军队溃逃时丢下的一批武器（机枪一挺，步枪、手枪五六支）交给了黄木芬，充实了大队的装备。

1939 年 3 月，经陈坤介绍，加入中国共产党。8 月，在卓凤康的支持下，带领龙华乡民兵二三十人参加火烧南头沙河大涌桥的战斗。东江纵队东移后，负责与部队留在龙华的政工人员王妙、王章等联络，保证他们安全掩蔽，并与地方党的同志一起把部队留下在弓村的 31 支枪 9 担军毡掩藏好，部队东移回来后交回部队。

1941 年 8 月 15 日，同龙华乡乡长卓凤康等带领民兵配合广东人民抗日游击队沈鸿光中队抗击日军，毙敌 40 多人。

1945 年 8 月，龙华民治、布吉、观澜、石岩、沙河的民兵编为一个大队，任大队长，与梁忠（宝四区区委书记）、刘鸣周三人组成大队部，带领民兵配合部队赴南头与日伪军作斗争。8 月 30 日，迫使南头伪联防大队投降，缴获 600 多支枪，取得收复南头城的胜利。10 月初，被党组织派到香港元朗"广益隆""德祥兴"商店工作，建立撤退人员的联络点，帮助部队、政府掩藏多余的武器、物资、文件等。当时，周吉组织村里的党员帮助部队深挖地洞，掩藏枪支约 500 支。

1948 年四、五月间，从香港回来，住在长岭陂村，开始组建县武工队。

中华人民共和国成立后，曾任宝安县副县长。

陈烟桥（1911—1970 年）

观澜牛湖（今龙华区观澜街道广培社区）人。

中国现代著名的美术活动家、教育家、版画家。

年少时，就读于广培学校。1928 年考入广州美术学校西画科。1931 年加入左翼美术家联盟，成为左翼文艺运动成员。

1933 年开始，创作的《某女工》《天灾》《投宿》和《受伤者的呐喊》等，被鲁迅推荐到巴黎沃姆斯画廊举办的"革命的中国之新艺术展览会"参展。

1936 年底，与曹白、江丰等人共同发起组织成立上海木刻作者团协会，创作大量抗日题材的木刻，如"一·二八回忆"系列作品。

1939 年，应陶行知之邀，任重庆育才学校绘画组组长。

1940 年，任重庆《新华日报》美术科主任，从事有关抗日的木刻和漫画创作。

1941 年皖南事变后，手刻周恩来为新四军烈士所写的致哀诗，印在报纸上，以告全国。

1946 年，当选为在上海成立的中华全国木刻协会常务理事。是年，在抗战八年木刻展筹备委员会负责宣传组工作，还从事漫画和艺术理论的研究工作，同时在党的刊物《群众》及进步刊物《文革》发表木刻作品、创作漫画抨击国民党的反共内战，期间曾被国民党当局逮捕。

1949 年上海解放后，历任华东军政委员会文化部美术科科长、中国美术家协会上海分会秘书长、中国美术家协会理事、上海市人大代表。同时担任大众美术出版社主编，编辑出版有《新中国木刻》《上海美术运动》等书。

1959 年，调往广西壮族自治区工作，历任广西艺术学院副院长、中国美术家协会广西分会主席、广西壮族自治区人民委员会委员，创作了一批反映广西少数民族生活的木刻。

1970 年 12 月，遭"文革"极左路线迫害，在广西南宁不幸逝世。1979 年，被平反昭雪，骨灰安葬于广西烈士陵园。

张子修（1912—1993 年）

宝安县水尾村（今龙华区民治街道民强社区）人。

曾就读于宝安县南头中学。初中毕业后，先后在青云小学和龙腾小学任教。

1942 年 3 月，参加中国共产党。同年冬，被任命为民治乡抗日民主政府

乡长，在保障游击队粮食供应、发动减租减息运动、组织生产供销合作社、减轻群众因日伪顽进攻造成的损失等方面做了大量工作。

1945 年 8 月，日本投降后，继续在民治乡任职，后奉命与周吉、刘鸣周等先后撤到新界元朗地区隐蔽，在元朗光明学校任教导主任，以教书作掩护，从事党的秘密工作。

1948 年初，由组织安排离校返乡投入武装斗争，活动于惠东宝地区农村。

1949 年 10 月，入城，参与宝安县城南头的接收工作。

中华人民共和国成立后，历任宝安县人民政府民政科科长、宝安县秘书室第一秘书、县委办公室主任、区委书记、县委常委、宝安县副县长等职。任职期间，直接领导和组织宝安县第一座水库笔架山水库的建设，接着又负责大型水库铁岗水库工程建设，数年如一日地奋战在工地上，直至水库建成。

1958 年冬，调广东省机电设备成套局，从事煤矿能源和机电基础设施建设。

1980 年离休，享受正处级待遇。

1993 年 9 月 11 日，病逝，享年 81 岁。

刘鸣周（1915—1995 年）

宝安县白石龙村（今龙华区民治街道民新社区）人。

1941 年 1 月，与同村人蔡达、蔡锦义一起加入中国共产党。在残酷的斗争形势下，龙华、民治两个民主乡政府仍坚持工作，带领人民群众克服困难、支援部队。他参加了王作尧率领的广东人民抗日游击队第五大队税站和征粮队的工作，参与组织白石龙抗日自卫队、妇女会和担架队，动员群众在白石龙一带为第五大队修建公木坑军械所、丫髻山医务所（后方医院）、屋头坑粮站以及羊铲尾后方办事处和皇帝田游击队总部的驻所，并参与领导了粮食征集采购加工、药品枪械弹药转运、伤病员接送转移等工作，使白石龙村各种抗日群众组织几乎成为游击队直辖的后勤保障工作队。同时，全面配合第五大队和地方游击队作战，为阳台山抗日根据地的建立做出了贡献。

1941 年三、四月间，被委任为民治乡抗日民主政府副乡长，次年曾代理乡长。

1942 年 1 月起，全力投入从香港脱险来白石龙的文化名人的接待安置工作，领导群众先后建起丫髻山寮招待所、深坑山寮招待所、蕉窝山寮招待所、杨美山寮招待所，千方百计为 300 多位文化名人和几百名从香港回来参加抗日的大、中学生解决食宿等生活问题。

1945 年 8 月，以民兵组成的宝安县大队成立，由周吉任大队长，刘鸣周任副大队长。宝安县大队在南头接受日军投降。

1946年，东江纵队准备北撤，带领蔡达、蔡锦义等共产党员埋藏留下的枪支弹药，转移到九龙新界等地隐蔽坚持斗争，于1947年初奉命返乡，组建向南武工队，恢复武装斗争。同年春，任秘密恢复的民治乡革命政府乡长。同年秋，又在阳台山长岭陂建立了民治乡武工队，兼任队长。率领武工队配合惠东宝人民护乡团，奔袭文锦渡海关、福田海关、布吉火车结、沙头乡公所保警队、龙华圩乡公所联防队等，取得了战斗的胜利。

1949年1月，任中共宝安区委委员，旋任区委武装部长。2月，任沙头组织工作队队长，负责民治、沙头一带党组织的发展工作。6月，参与领导组建青年团民治乡总支。同年8月，宝安县人民政府成立时，被任命为县公安局长。10月上中旬，带领先遣小分队赴深圳与国民党守军谈判起义改编事宜。10月19日，随宝深军管会主任刘汝琛由布吉乘火车直达深圳，接收原国民党地方政权深圳镇公所，参与领导了深圳镇人民政府的成立工作。

1950年转业后调广州，先后任广州市建筑公司经理、广州市荔湾纺织局利民纺织厂厂长、利民蚊帐厂厂长、广东省公安厅副厅长等职。

1995年12月14日，病逝于广州，享年80岁。

周来友（1921—1945年）

观澜白花洞村（今光明区光明街道白花社区）人。

祖籍惠州，原名张亚苟。因家庭贫困，三岁时被父母卖到观澜白花洞村富绅周汉文做养子，改名为周来友。

1937年12月，积极参与刘向东、黄木芬为正副团长的"抗战教育实践社流动工作团"的抗日救亡文化教育活动，成长为农村的知识分子，还经常组织当地一些青年开展革命宣传工作。

1941年春，成为当地夜校和群众组织的主要领导人。8月，经沈浮介绍加入中国共产党，成立观澜首个党小组，并任组长。此后，领导观澜地方党组织同敌、伪、顽做坚决斗争。

1942年5月，及时向上级汇报国民党杂牌军黄文光大队要袭击布吉根据地的情报，使当时在布吉南坑尾的游击队总部医务所病员和从香港救回的文化人士及时转移脱险。7月，从白花洞的青抗会中挑选出徐马连、谢松龄、周伟华、周振伦、周明安、周进洪、周林寿、周马清等组成锄奸团情报小组，秘密侦察敌情，于1943年10月配合部队破获了以杨森仔、杨界眉为首的国

民党特务等，瓦解了国民党特务组织。

1944年冬，带领一批知识分子参加东宝行政督导处在松岗燕川举办的"师资训练班"。后积极发动观澜爱国民主人士捐资办学，还经常带领学校教师晚上到各村协助办夜校。

1945年6月，联系各村地下党员，发动全乡群众2000多人连夜开赴宝安西路抢收、抢运粮食2000多担，极大地补给了部队。12月25日，在白花洞昂掌坪大山沟被国民党周义心部队包围，壮烈牺牲。

何伯琴（1900—1968年）
龙华赤岭头村人。

参加革命前是小学教师，1941年加入中国共产党。曾任宝三区区委书记。

黄振辉（？—1941年）
龙华早禾坑村人。

抗日游击训练班学员。1941年1月参加抗日游击队训练班，同月在姜头被捕，于浪口就义。

彭金（1895—1942年）
龙华早禾坑村人。

沙河税站站长。1941年1月参加抗日游击队，次年11月在石岩应人石被捕，于观澜就义。

周俊修（1926—1942年）
龙华弓村人。

抗日游击战士。1940年参加抗日游击队，1942年10月底不幸牺牲。

何九（1917—1942年）
龙华李公径村（今民乐村）人。

共产党员，李公径村民兵。1942年在梅林被日寇抓去放狼狗咬死。

戴炳辉（戴剑辉）（1921—1943年）
龙华元芬村人。

东江纵队战士。1942年参加广东人民抗日游击总队，次年1月在龙华皇帝田被捕，于浪口就义。

邓富有（1919—1944年）

龙华樟坑村人。

东江纵队班长。1942年参加广东人民抗日游击总队，1944年在东莞县肖边战斗中牺牲。

吴皇基（吴胜强）（1922—1944年）

龙华浪口村人。

东江纵队班长。1943年参加广东人民抗日游击总队，次年在西乡黄田战斗中牺牲。

叶官陆（1925—1945年）

龙华三斗围村人。

东江纵队战士。1943年1月参加广东人民抗日游击总队，1945年1月在东莞县大岭山战斗中牺牲。

林亚森（1927—1945年）

龙华陶吓村人。

东江纵队战士。1942年参加广东人民抗日游击总队，1945年在粤北战斗中牺牲。

郑全（1912—1945年）

龙华鹊山村人。

东江纵队政工队员。1943年参加广东人民抗日游击总队，1945年在罗浮山战斗中牺牲。

张纪生（1923—1945年）

龙华姜头村人。

东江纵队战士。1943年参加东江纵队，1945年在阳台山战斗中牺牲。

潘伟良（1927—1945年）

龙华望天湖村人。

东江纵队战士。1943年参加东江纵队，1945年在海丰县吉隆战斗中牺牲。

邓云英（邓光雄）（1919—1945年）

龙华樟坑村人。

东江钟煜明中队指导员。1940年参加地下工作，1945年11月在博罗县长宁松树岗水口坳牺牲。

周奎（1919—1945年）

龙华山咀头村人。

东纵五虎队战士。1943年参加东江纵队，1945年12月在海丰县吉隆战斗中牺牲。

游仁春（游荣秀）（1889—1947年）

龙华郭陷村人。

三团坂田税站税收员。1947年参加惠东宝人民护乡团三团，9月在坂田被捕就义。

刘添才（刘火桂）（？—1947年）

龙华三斗围村人。

护乡团三团一大队战士。1944年6月参加东江纵队，1947年在观澜就义。

彭国民（1928—1948年）

龙华龙胜堂村人。

护乡团三团一大队三虎队小队长。1947年1月参加三虎队，次年1月在布吉仙水河战斗中牺牲。

游森（游成就）（1900—1948年）

龙华郭陷村人。

龙华乡乡长。1941 年参加抗日游击队，1948 年农历十二月十二日在石坳被捕，于观澜牺牲。

廖兴有（1925—1948 年）

龙华清湖村人。

护乡团三团一大队战士。1947 年参加护乡团三团一大队，次年在东莞县枚塘战斗中牺牲。

戴仁达（戴连凤）（1930—1949 年）

龙华元芬村人。

粤赣湘边纵队独立三警二队副班长。1947 年参加护乡团三团一大队三虎队，1949 年月在陆丰县战斗中牺牲。

杨东友（1926—1949 年）

龙华石坳村人。

粤赣湘边纵队独立二营二连副班长。1948 年 1 月参加江南支队三团一大队三虎队，次年 4 月在陆丰县战斗中牺牲。

彭振儒（1925—1950 年）

龙华龙胜堂村人。

宝安县筹粮工作队队员。1949 年 1 月参加宝安大队武工队，次年 2 月在西乡甲岸村被特务谋害。

林子光（1931—1950 年）

龙华陶吓村人。

宝安县筹粮工作队队员。1949 年参加宝安大队武工队，次年 2 月在西乡甲岸村被特务谋害。

邓贤新（生卒年不详）

民治樟坑村人。

1939 年入党，1963 年被授予全国"民兵英雄"称号，曾受到毛主席接见并受赠半自动步枪一支。

黄官兴（1937—1960 年）

龙华早禾坑村人。

济南航校学员。1956 年应征入伍，1960 年 5 月 30 日在济南航校战备训练时牺牲。

金吉芬（女）（1950—1968 年）

东北人。

父亲在龙华部队服役。曾在龙华中学读书。1968 年 5 月，她和部队一起参加在博罗河源交界的桂山灭火的战斗中，不幸牺牲，年仅 18 岁，被广州军区授予"无限忠于毛主席的女战士"光荣称号。

龙华革命大事记（1911—1949 年）

1911 年

10 月，卓凤康、何玉山等率众响应武昌起义，攻占县衙，结束了清朝在新安的统治。

1924 年

年初，中共党员黄学增、龙乃武等领导了龙华的农民运动，成立农民协会，组织农民自卫军，开展反苛捐杂税斗争，发动农民暴动。

1927 年

樟坑径村的农协会会长、共产党员陈国基被国民党杀害，观澜农民运动转入低潮。

1937 年

12 月，中共广州外县工委派共产党员刘向东、黄木芬以"抗战教育实践社流动工作团"的名义，带领 10 多人到东莞及宝安交界的天堂围、观澜等地开展抗日救亡运动，建立抗敌后援会、青年抗日同志会等抗日团体。

年底，工作团转移到中山。黄木芬继续留在观澜、龙华一带开展工作。

1938 年

年初，东莞中心县委员会支部委员张广业带领"民众抗日自卫团统率委员会"的一个政治工作队到宝安观澜章阁一带，开展抗日救亡宣传。

10 月下旬，"中共东宝边区工作委员会"在宝安观澜章阁村成立，张广业任书记，黄高阳和黄木芬为委员。

11 月，中共东莞中心县委决定，迅速在阳台山一带开辟抗日根据地。曾生、王作尧率领的人民抗日武装，连战告捷，沉重打击了日寇。

同月，阳台山区的人民抗日武装开展敌后游击战争，袭击日伪据点，大规模破坏宝深公路，烧毁大涌桥，阻挠日寇的进军计划，给予敌人狠狠打击。

12 月中旬，在东宝边工委领导下，"东宝惠边人民抗日游击队"第一、第二大队在观澜章阁村成立，共约 200 人，分别由黄木芬、蔡子培担任大队长。

1939 年

4 月，龙华"白皮红心"乡政府建立，乡长卓凤康。

1940 年

3 月，国民党顽固派对曾生、王作尧两部队发动了疯狂的进攻。曾、王两部遭受了严重挫折，部队由 700 余人骤减至 100 余人，被迫转移至海陆丰地区。其后，接党中央"五·八"指示，部队在地方党组织的帮助下，重返阳台山。王作尧的第五大队在乌石岩、望天湖一带镇压一批罪大恶极的汉奸、特务，为民除害。

冬，广东人民抗日游击队第五大队在地方党协助下，组建了茜坑、马鞍岭、塘埔、白石龙等抗日自卫队。

1941 年

1 月，中共宝安县工作委员会改为中共宝安县委员会，刘汝琛任书记。广东人民抗日游击队第五大队成立民运委员会，书记王作尧，副书记刘宣。龙华成立了农民、青年、妇女等抗日群众团体，组建了八支抗日自卫队，动员了 200 余人参加部队。

2月，中共龙华区委成立，书记赵学。

3月，中共龙布区委成立，书记杨德元。

3—4月间，在人民抗日武装的直接领导和地方党的配合下，先后建立布吉乡、龙华乡和民治乡三个抗日民主政府。布吉乡长曾鸿文，龙华乡长卓凤康，民治乡长钟福祥。

4月，国民党一八七师及徐东来支队共3000余人，疯狂向阳台山抗日根据地进攻，先后占领龙华、布吉等地，对根据地实行"三光"政策，疯狂捕杀后勤机关和地方工作人员，大批抗日积极分子和群众惨遭杀害，数百家民房被烧毁，白色恐怖笼罩龙华。

5月，区一级的抗日民主政权——龙华联乡办事处成立，主任陈坤。

5—6月间，观澜乡抗战时期第一个党小组成立，组长周来友。

6月，龙布区委分设龙华、布吉两个区委。

同年上半年，阳台山根据地建立第一个抗日民主政权，布吉、龙华、民治（望天湖）、乌石岩等乡成立民主政府，建立乡级抗日民主政权，龙华乡乡长为卓凤康，副乡长为周振熙。

6月至9月，驻宝安日军先后出动2000多兵力，连续八次"扫荡"阳台山抗日根据地。王作尧、周伯明指挥第五大队和抗日自卫队奋勇反击，展开艰苦的反扫荡作战，彻底粉碎了日军的扫荡。

同年秋，第五大队在白石龙创办《新百姓》报，建立了税站、情报站、交通站、医务所、修械所、被服厂等机构，使阳台山成为东江人民抗日斗争的重要基地之一。后《新百姓》报与第三大队的《大家团结》报合并为《东江民报》，谭天度任报社社长。

12月25日，香港沦陷，大批著名文化人士和爱国民主人士被困香港。

1942 年

1月至次年初，广东人民抗日游击队遵照中共中央的指示，突破日军严密封锁，把困留在香港的爱国民主人士、文化界知名人士何香凝、茅盾、邹韬奋、柳亚子等爱国民主人士和文化界知名人士共300多人，连同其他方面的人士共800多人，并接应了2000多名到内地参加抗战的爱国华侨和港澳青年。

1月下旬，中共南方工作委员会副书记张文彬到达白石龙村主持干部会议，总结部队三年来对敌斗争的经验，对当前形势、任务、方针、政策、游击战争的战略战术以及部队军政建设等问题，进行认真讨论。

3月，广东人民抗日游击总队机关报《前进报》创刊。

8月，龙华锄奸小组成立，组长何信恩。

8月24日，广东人民抗日游击总队主力大队（代号"珠江队"）在宝安路西正式宣布成立，大队长彭沃、政训员卢伟良、政治指导员陈一民，下辖三个小队，主要在宝太、莞太公路沿线活动。

10月24日，龙华乡乡长卓凤康在国民党顽军包围乡村时被捕，坚贞不屈，英勇就义，后由共产党员周振熙接任乡长。在民主政府的领导下，龙华人民积极发展生产，配合部队开展反顽斗争，度过困难时期。

共产党员黄学增、龙乃武组织龙华农民成立农民协会。

1943 年

3月，为执行"隐蔽精干，长期埋伏，积蓄力量，以待时机"的方针，上级党组织决定，撤销中共宝安县委员会，代之以县特派员。县特派员王士钊，副特派员黄树楷。全县划分为布吉区、龙华区、路西区、西乡区，各区设区特派员。

年底，东江纵队宝安大队派出民运队恢复和健全龙华、布吉、乌石岩等地的乡村抗日民主政权。同时，派出民运队到观澜、公明一带开辟新区，建立乡村抗日民主政权。

1944 年

1月10日，宝安县第四区抗日民主政府在观澜丹坑村成立，区长曾鸿文，区委员刘宣（兼区政府机关支部书记）、何赋儒、黄云生、张孝文。当时，政权的党组织属部队领导，地方党组织属特派员领导。

3月14日，观澜乡抗日民主政府成立。乡长周少明，副乡长曾安。

7月1日，在区、乡抗日民主政权基本建立起来的基础上，根据东江纵队的决定，路西解放区建立县一级的抗日民主政权机构——东宝行政督导处，谭天度为主任，何鼎华、王士钊为副主任。

11月初，县副特派员黄树楷到龙华乡赤岭头村召集何伯琴、周吉、何赋儒、周振熙了解工作情况，研究如何加强党的活动以及如何配合部队和政府做好工作等问题。何伯琴、周吉、何赋儒、周振熙组成党支部，何伯琴任书记。

1945 年

龙华地区党组织为迎击国民党顽固派的大举进攻，立即组织武工队，建

立撤退人员的联络点，帮助部队、政府掩藏多余的武器、物资、文件。

10月上旬，宝四区委在龙华窑下村召开区委和区政府领导干部会议，传达上级关于认真做好准备，对付国民党军队大扫荡的指示。

10月，龙华乡、民治乡武工队先后成立。

是年，龙华乡乡长周振熙在反击顽军包围时壮烈牺牲。

1946 年

2月，中共路西县委代理书记王士钊和第一支队政治处主任赵督生在香港九龙召开部分路西干部会议，动员路西干部重返东宝前线。

3月中旬，东纵第一支队由路东返回阳台山根据地活动，与第六团银星大队联合作战，在章阁击退国民党军的进攻。银星大队大队长黄锡良牺牲。

1947 年

8月上旬，宝安税务总站在龙华樟坑成立，站长蓝杰，政治指导员谢枫，下辖木古、伯公坳、梅林、沙河、乌石岩等分站。

秋，民治乡武工队成立，乡长刘鸣周兼武工队长。

1948 年

1948年4月，惠东宝人民护乡团已拥有3000多名指战员，整编为广东人民解放军江南支队。江南支队下辖5个团，由原第三大队改编的第三团，主要活动于阳台山根据地。

8月，李明到龙华恢复地方党组织。

9月初，江南支队第三团宝安大队夜袭龙华。

9月，龙华乡武工队成立，乡长游森兼武工队长。武工队夜袭龙华国民党联防队，除国民党乡长、联防队长吴运新伤后逃窜外，全歼守敌40人，缴机枪一挺，步枪30余支，使牛地埔、乌石岩驻敌被迫撤走，龙华民治、布吉、观澜、乌石岩游击区联成一片。

1949 年

1949年初，民治乡党组织得到恢复。

3月，民治乡由刘鸣周在望天湖村发展第一批党员，有邓彦彰、张美华等七人。

4月，中共宝安区委决定由观澜武工队副队长周振伦兼任发展党员组组长（后称组织工作队队长），负责恢复和发展党组织。

6月，观澜乡政府成立，万启源兼任乡长，龙华、民治乡成立组工队。

7月，龙华、民治分别成立乡党总支，龙华乡党总支书记简志勋（9月底何玉麟接任），组织委员赖平，宣传委员林志强；民治乡党总支书记张美华（兼乡长），组织委员邓瑞华，宣传委员邓彦彰。至1949年底，龙华乡建立党支部21个，共有党员156人。

10月16日，宝安县解放，县人民政府接管各区乡政权，先后设置龙华乡、民治乡、观澜乡三个人民联乡，全县共十个乡和一个镇。后龙华乡、民治乡归并为龙治乡。

10月19日下午4时30分，宝深军事管制委员会主任刘汝琛率队接管深圳，宣告宝安陆地全部解放。

龙华革命人物故事

三代同心的陈德霖

　　陈杞坚一门忠烈，爷爷是东纵战士，父母也为革命做出了贡献。而作为革命家属，陈杞坚从小到大，听得最多的就是两代人的战争故事。在一遍一遍的讲述和倾听中，陈家人参与革命斗争的形象愈发鲜明和立体起来。这是一个战争故事，也是几代人的家族回忆。

陈德霖：宁愿站着死，不愿跪着生

档案库：

出生：1902 年

入党：1941 年 2 月 12 日

抗日经历：先后参加布吉乡游击队小组，担任过岗头村民兵队长，布吉乡民兵大队长。

　　"我太奶奶问我妈妈，谁谁（指代爷爷）走了没？妈妈摇了摇头，小声说，没有。伴随着回答声，手指还向爷爷藏身的地方指了指。"这个画面，在陈杞坚脑海里再次呈现，这是母亲多次说过的爷爷陈德霖被捕前最后的场景。

　　围捕陈德霖的敌人离开后，因人告密，又突然返回，猝不及防，陈德霖被捕了。

　　陈德霖是在观澜圩（今观澜古墟）被国民党反动派枪杀的。他被捕后曾说过一句话："我宁愿站着死，不愿跪着生。"在观澜圩的一座碉楼里，陈德霖受尽了国民党反动派的严刑拷打，但始终不肯吐露一个字。陈杞坚回忆母亲跟自己说过的爷爷受刑时的情形，说敌人吊打爷爷，还用钉子、铁箍等刑

具折磨他，古墟周边的村民都能听到他受刑时的惨叫声，可想而知，当时的情形是多么惨不忍睹。

杨德元后来在陈德霖的墓碑上题字：陈德霖是我同生死、共患难的战友，是优秀的共产党员、革命烈士，过去战争年代他母亲对部队有很多支持。

旁白：1946年6月，陈德霖壮烈牺牲了，儿子陈纪生才不过十多岁的模样。陈德霖牺牲前的故事，只能靠陈纪生一点一滴地回忆着，在历史的浩渺烟波里，点滴还原。

见到陈纪生（新中国成立后参加工作改名为陈振强）时已经临近中午，这个年届91岁的老人，身体还很健康，说话思路清晰，戴着一顶军帽，和蔼的面容仍透着一股英气。得知我们的来意后，陈纪生落座点燃一支香烟，烟雾散开之际，他的目光定在一处，似乎又走进了那个年代，看到当年革命斗争时的景象。拉开陈家革命序幕，一切还得从一个关键人物说起。

陈纪生：我爸爸是杨副省长培养发展起来的共产党员。杨副省长说爸爸做事老到、踏实。那一年，爸爸也就30多岁吧。

旁白：据考证，陈德霖确切的入党时间为1941年2月12日。而陈纪生老人口中的杨副省长系广东省原副省长杨德元。中学时代，杨德元就在香港参加学生抗日救亡工作，加入共产党后，曾调到东江抗日游击区工作，先后任中共广东宝安县龙华、布吉游击区区委书记，后任广东省第五、第六届政府常务副省长兼秘书长。

1941年，杨德元以民运队员的身份来到了布吉岗头村，向村民宣传抗日救国，发展地下党员。为躲避日本人的抓捕，杨德元曾藏身于岗头村河边的草丛中。

91岁的陈纪生回忆曾经的烽火岁月，讲述令人动容的革命故事。

陈纪生：一次，我妈妈在村外发现了他，看他没饭吃，就用粪桶做掩护，暗地里给他送饭。后来，风声没那么紧了，杨副省长就在我家暂住，这一住就是70天。正是那段时间把我爸爸培养发展起来的。

旁白：星星之火可以燎原。杨德元从关心农民生产入手，为民办好事。岗头村大坡田河堤被洪水冲垮 20 米，造成 200 亩水田受灾。杨德元组织陈德霖、陈发良抢修河堤，恢复生产。共产党积极发动群众的力量，扩充抗日队伍。杨德元在岗头村吸收了一批中共党员，成立了中共岗头支部。并成立了岗头农民抗日自卫队、妇女组织岗头姊妹会等，势力迅速壮大。在

现在龙华周边姊妹会的场景

此期间，杨德元组织陈德霖等骨干队伍参加过百花洞、白石龙、阳台山、上下坪、火烧山等地的阻击战。

陈纪生： 爸爸成为共产党员后，开始在亲戚和村民内发展和培养地下党员。越是自己人，越要重点发展培养。得知观澜牛湖有陈氏亲戚，爸爸便到牛湖去发展和动员。为了让亲戚加入共产党，参加抗日斗争，爸爸在亲戚家做田务，帮其疏通渠道灌溉田地，让其没有后顾之忧，投身到革命斗争中来。

旁白： 据历史资料考据，抗日自卫队员白天组织发动群众兴修水利，发展生产，晚上站岗放哨，维护治安，同时配合游击队作战，给部队送情报以及运送各种军用物资。那时候，自卫队还到东莞牛栏浦为游击队寻找失去联络的战士，到龙华浪口村侦探敌军军情，为香港文化界人士传送密码电报。

1941 年夏天，游击队通知，要破坏布吉至龙华的公路，截断敌军运输。自卫队出动 50 多名队员，突击两个晚上，顺利完成任务。不久日军进犯油松村，游击队主动迎战，杨德元率领 10 名民兵从岗头村出发前往水斗村支援作战。

陈纪生： 我记得有一场战斗是番号为突九旅的国民党部队在岗头村与日本人交火，战斗以突九旅部队连长连割三个日本兵耳朵而告胜。岗头村里的抗日人士欢欣鼓舞，与村民一起宴请突九旅士兵。但没承想，这个宴请的画面被一名从上坑村过来的女特务获悉并向日本人告密。日本兵整装向岗头村进发。突九旅部队、岗头村的抗日革命义士与日本人又一次正面交锋。我爸爸当时跟着杨副省长一起击毙了一名日本兵，突九旅也损失了一名士兵。日军发动反攻，突九旅不敌日兵，紧急撤退到坂田火烧山村。

1941 年 8 月，日军数百人从龙华一路烧杀抢掠来到了岗头村，实行"三光"政策，并搜捕共产党员。村内 70 多岁的陈贤模夫妇被日军绑在门板上活

活烧死。与此同时，全村102间村舍以及学校、炮楼被火烧成了废墟。

旁白：村里那座被烧毁的炮楼如今只剩下约三层楼的高度。据陈纪生回忆，原炮楼有七层楼那么高。在大火的摧毁中，炮楼坍塌，后村民才将其修平整，保持现有状态。在来来往往热闹的城中村街道中，残缺的炮楼并不能引起别人的关注。为了方便管理，岗头村在炮楼的一侧重新开了一扇卷闸门。旁边还有一个现代化的快递柜。战火的痕迹在炮楼身上已经很难寻获，但它依然矗立在村里，见证着历史和新时代岗头村的兴盛和发展。

陈纪生：村子被烧毁后，岗头村的村民只能在山上搭建房子住下来。在山上生活的日子里，我听爸爸讲了不少关于地下党员的事情。

旁白：香烟一支支点燃，烟雾缭绕之间，陈纪生的思绪时时跳跃，往日的片段依然清晰，但时间点逐渐模糊。他只记得，他仍是十多岁的少年。革命的种子由父亲亲手为其种下，随后义无反顾奔赴革命战场。

陈纪生：突九旅在火烧山休整了一段时间后，再次整装出发到其他的战场上打仗。爸爸买了两把手枪，分别给了他的两个堂哥，让两人跟着突九旅部队一起去抗日。后来，听说两个人在抗日斗争中被日本人抓走，从此了无音讯，生死不明。

旁白：据查，香港沦陷前，地下党在香港九龙开了一家被服厂，生产布匹物料支援后方抗日。日寇进攻香港后，被服厂的缝纫机和布匹被运回了宝安游击区，放在了岗头村黄泥垄山林。陈德霖带着五个民兵，在黄泥垄为部队搭建草房，重建被服厂。

陈纪生：香港沦陷后，在香港开展地下工作的陈福以及游击队不断从新界运回枪支炮弹以及花生油等军用物资。这些物资需要一个存放的地方。我爸爸带着我，还有哥哥陈火生、小叔陈官生就在正坑村的山上挖山洞。我们合力挖出了四个山洞，把物资都存放在山洞里。物资太多了，我们把家中储藏稻谷的柜子都搬进了洞中，专门用来存放子弹。

旁白：在抗日过程中，陈白玉叛变革命，成了国民党反动派布吉乡伪乡长，并向国民党告密游击队在岗头村存放军用物资。国民党军队重点包围岗头村的横坑、正坑、黄泥垄等地，把游击队的军用物资抢劫一空。

陈纪生：国民党搬了七天七夜，把山洞里存放的枪支、炮弹、地雷、十缸食用油、布匹、缝纫机等物资全都搬走，连山上村民家的东西都搜刮一空，还把我们为部队搭建的草房子也给烧了。

旁白：由于陈白玉的叛变，斗争形势逆转。国民党反动派不但在军事上疯狂进攻，实行反动的保甲制，定出通"匪"者杀，窝"匪"者杀的反动政策。同时政治上威逼利诱，搞自新运动。岗头村自卫队、姊妹会等群众组织转为地下活动，成立了布吉乡抗日游击小组（锄奸小组），一方面宣传群众，揭穿国民党"自新运动"的政治阴谋，一

正坑水库

方面了解陈白玉的行踪，准备除掉他。1942 年到 1943 年春，国民党反动军队多次对游击区进攻，还进驻岗头村两次，进攻多次。

　　陈白玉叛变后反革命气焰十分嚣张，并供出了地下党组织的名单。导致游击队税站长黄国平、白芒税站长张金雄、游击队后勤处黎洪基等同志遭到反动军队杀害。为了保存力量，中共宝安县委决定，将布吉乡、雪竹径、杨美村、岗头村等已暴露的地方党员和积极分子全部转移至部队，随后成立布吉乡抗日游击小组，陈德霖成为小组成员之一。

　　陈纪生：为了躲避国民党的抓捕，爸爸还跑去了香港，后来才重返布吉上八约村开展地下工作。

　　旁白：1944 年 5 月至 7 月，为了破坏日军交通、电讯，岗头村民兵在陈德霖与陈发良等人的带领下四次出动，配合部队破坏日军电话线和观澜至天堂围的公路。

　　陈纪生：1945 年 8 月 15 日，日本人宣布无条件投降，那时爸爸已经是大队长，组织和训练民兵团。得知日本人投降后，爸爸带着上百个民兵到深圳配合游击队收缴日、伪军武器，解放深圳。但是日本人不肯交出枪支，说民兵团是"土八路"，枪支要交给正规军。

　　旁白：日本投降后，一度认为战争已经结束的共产党人曾解散民兵团。人民群众本应过上幸福和平的生活。但没想到国内矛盾日渐尖锐，国民党反动派为了鲸吞胜利果实，悍然发动大规模内战。

　　陈纪生：爸爸重新组建民兵团和"炮炸班"，培训地雷战战士。那时候国民党有一个连队的士兵在岗头村的天主教堂驻扎，我爸爸与外号为"岩带"的地下党员背着炸药包想去突袭，但在布线的时候被巡逻放哨的士兵发现，行动宣告失败。

旁白：在与国民党周旋的时期，共产党人到处打游击。陈德霖经常穿梭在各个地下根据点开展工作，输送情报。

陈纪生：1946年，随着国民党抓捕行动逐渐收紧，国民党锁定目标，要抓捕三个地下党员，其中就包括了我爸爸、陈发良和陈怀旭。在抓捕中，陈发良化装为村民妇女的样子，戴上凉帽，假装挑水经水路逃走了，陈怀旭因为锁在柜子中也逃过了一劫。我爸爸在逃避抓捕时，因思念家人，于3月冒险回到家中与家人见面。因走漏风声，4月国民党反动军队从观澜圩出发，连夜包围岗头村，搜捕我爸爸。

旁白：抓捕的过程惊心动魄，原本有机会逃过一劫的爸爸，被国民党内鬼告密，最终惨死在国民党军队手下。对这一段故事，陈杞坚也在父母口中听过多次。在陈杞坚的讲述中，现场逐渐被还原。

陈杞坚：爷爷当时藏在厨房的屋檐下，国民党来搜了三次都没找到人。最后一次搜捕失败，国民党军队离开，太奶奶偷偷去问妈妈，谁谁（指代爷爷）走了没有？妈妈摇摇头回答说：还没有。并用手指了指爷爷藏身的位置。

陈纪生：国民党反动军队已经走了一公里开外，得到情报后又折返，最终我爸爸还是落入了国民党手中。

爸爸被抓走后，被国民党带去了观澜圩的一座碉楼严刑逼供，让我爸爸供出其他的地下党员。我爸爸就是不肯开口，国民党就把我爸爸吊起来，用钉子钉他的头。

陈杞坚：那时候，碉楼附近的村民都听到了我爷爷的惨叫声。真实画面更不敢想象。

旁白：在其他地下党员的回忆中，陈德霖在被押送观澜圩的时候，见到了岗头村的两个群众，陈德霖让两个群众转告家里人，不要花钱保释他，花了钱也保不了。他说："我宁愿站着死，不愿跪着生。"在受尽严刑拷打之后，他让来探监的亲戚转告家人一句话，要不畏牺牲，继续革命。

陈纪生：严刑逼供快一个月，国民党问不出有用的情报。6月份，国民党反动军队把我爸爸拉到了观澜圩的大桥（原桥梁，今古墟大桥为后期修复）下的沙坝上枪决了。

旁白：陈德霖牺牲后，陈家的革命故事到这里并没有止步，紧随爸爸的步伐，陈纪生与妻子也投入到了革命斗争中，不惜抛头颅洒热血，前仆后继，留下铮铮傲骨。新中国成立后，陈德霖被授予革命烈士称号。

陈纪生夫妇：夫上战场妻送情报　赤诚为党丹心无悔

陈纪生的妻子张友娇受陈德霖的影响，一直默默做着输送情报、传递信息的工作。1947年金竹园事件，6名共产党员被国民党杀害，并被残忍割下头颅吊挂在观澜圩的街口处。张友娇在共产党员的带领下，前往观澜圩认人。确定黄辉、戴堂、邹元娇、曾桂娇、黄辉、邱国英六人已牺牲，并向部队汇报相关情况。

旁白： 资料显示，1946年11月27日，香港分局根据党中央指示和广东形势决定在广东恢复和发展武装斗争，成立了惠东宝人民护乡团第三大队，队员以地方党的同志和东江纵队复员人员为骨干。部队组建后，相应成立了交通情报、税收工作。

陈纪生： 我爸爸牺牲后，我继续参加武装斗争，她（指代妻子）也支持我去打仗。我随部队来到了惠州博罗柏堂镇驻守。那时部队安排我和同村的陈东、陈纪棉一起去收税。

陈杞坚： 爸爸去打仗，妈妈留在村子里继续为党收集信息、输送情报。妈妈本是出生于牙买加的亚裔华人，七八岁的时候被她的养父带回了观澜君子布村。日本人侵略中国后，战火连天，养父没能力把母亲送出国门，送回牙买加。而彼时养父年事已高，也无力再抚养妈妈了，便把她送到了陈家做童养媳。

旁白： 陈杞坚的母亲14岁到了陈家，受陈德霖革命思想的影响，一直奔走在革命道路上。一边帮着陈杞坚的奶奶操持家务，一边送情报。

陈杞坚： 爸爸到惠州打仗的故事，我听说过。那时候他们收完税，要交给部队派来交接收税款的同志。那位同志收好税款，由陈东护送着离开柏堂镇。走到半路发现了国民党反动军队来围剿。陈东赶紧让那位同志先走，自己往回跑给部队送信，快赶到部队时，陈东比出了一个"离开"的手势，陈纪棉当时没看懂，还在问：什么事？什么事？而我的爸爸一下子看懂了，马上撤退，一步并作两步走，大步翻过山路，逃到泰美与大部队会合。

旁白： 陈纪生机智逃脱，很快又回归部队生活。据他回忆，部队在泰美的山上驻扎时还遇到过一次国民党反动军队的袭击，国民党军队从惠阳过来，直逼泰美。因双方力量悬殊太大，我方损失惨重，死伤士兵40余人。

陈纪生： 交战时，我们撤退不及，有12个士兵被打死了，其中还有一个排长。另外30多个人受伤。后来我们折返现场，为牺牲的士兵收殓。我们买好棺木，把他们葬在了山上。

陈杞坚： 安葬好牺牲的战士后，我爸爸又随着部队一起到了惠阳打解放

战争。

旁白：在陈纪生参与战斗的经历中，或许这样大大小小的交火仍不时发生，但是他的回忆已逐渐模糊。在部队的战争生活虽然短暂，但是再忆起哪怕年迈仍是惊心动魄。

惠州市博罗泰美镇

在陈纪生的讲述中，我们还可以窥见当时军属的心情。由于长时间在外参军打仗，家人难免想念。张友娇担心陈纪生在外吃穿用花销大，托回村的陈东和陈纪棉给陈纪生捎去了6张500元（共计3000元）的港币，不料两人带回来的却是陈纪生"牺牲"的消息。

陈纪生：当时她（妻子）妈妈在牙买加，担心她就给她汇外币。陈东、陈纪棉到处找找不到我，就跟我家人说，我在沙鱼涌牺牲了。

陈杞坚：我奶奶听了肯定伤心难过，丈夫牺牲了，现在儿子也牺牲了。

旁白：3000元港币的小插曲，是陈纪生解放后回到家听妻子讲起的。钱财事小，但那一段时间，家人一直误以为陈纪生已经牺牲，可想而知全家人的悲痛心情。在此期间，陈杞坚的妈妈依然是群众中掩护共产党工作的得力人选。在金竹园事件发生后，她勇挑认人重任，前往观澜圩，为牺牲烈士正名。

旁白：资料显示，1947年12月下旬，情报站移至岗头村金竹园果园。国民党观澜乡反动乡长邱官麟带领反动武装自卫队人员从观澜圩返回大和村发现了两个共产党交通员。交通员在逃跑过程中不敌被捕，被押送到观澜"清剿"联防大队部严刑拷打。其中一名小交通员经受不住酷刑，供出了金竹园联络点。国民党反动武装连夜从观澜出发，直向金竹园进犯。在搜捕过程中，双方激战，我方开枪还击，击毙敌排长1名，我方展示在敌人集中火力的扫射下，当场牺牲了六人，被捕两人。

虽然年岁已高，但陈纪生对革命往事依然保留清晰记忆。

陈杞坚： 妈妈曾说起过，当时国民党反动派十分猖狂，手段残酷毒辣。六名牺牲的共产党人还被敌人割下头颅，吊挂在观澜圩的街口处示众，为给群众以及共产党员警示。

为了确认六人身份，部队领导让我妈妈一同前往观澜圩认人，并将辨认情况汇报部队。

旁白： 在仔细辨认后，陈杞坚的妈妈认出牺牲的六人正是黄辉（40岁）、黄辉（19岁）、戴堂（21岁）、曾桂娇、邹元娇、邱国英。情报站请当地农民配合，为六人收殓。新中国成立后，这六人被追认为革命烈士。

陈纪生： 刚解放时，国民党还经常嚷着反攻大陆。有一次有10多个国民党特务经水路来到了惠东捻山，想登陆上岸潜入收集情报，但被我方的部队给歼灭了。

陈杞坚： 后来广东省公安厅指定让爸爸担任输送情报的重任，爸爸表面上是邮政的送信员，实则收集和输送情报。当时沙头角设立了情报站，爸爸与香港一外号名为"单车王"的同志对接，收集香港最新情报动态汇报省公安厅。

旁白： 新中国成立后的陈纪生平安健康生活至今，子孙绕膝，安

陈杞坚（中）口述战争场景

享晚年。时至今日，战争年代的故事在他的回忆以及儿子陈杞坚的补充下，逐渐清晰明朗。据陈杞坚介绍，陈纪生和妻子后期依旧活跃在为党工作和奉献的岗位上。华丽转身，经过学习后，陆续在岗头村担任着妇女主任、村长、副书记等职务。

而陈杞坚和哥哥陈杞权长大后，也一心报效祖国。陈杞权在包头、老挝参军当兵，陈杞坚则在北京空军部队磨砺了三年。陈家的革命故事，至此落下帷幕。时过境迁，在繁华盛世长大的一代人，无法想象战火纷飞的革命时代。而这是对一个个为革命抛头颅、洒热血的革命志士以及后代家属最好的慰藉和纪念。

叱咤风云的周吉

引　子

"通过口岸时，父亲被日本人拦下搜身。情况危急之际，父亲依旧面不改色，从容应对，最终平安将曾生护送到目的地，并将军费交到游击队手里。"2021年4月的一天，龙华弓村举办的微型党课上，弓村革命先辈周吉的儿子周运祺

周吉的家乡，龙华弓村旧貌。

动情地分享着父亲周吉当年护送曾生到香港提取军费的故事，一段鲜活的红色历史通过老人低沉的嗓音娓娓道来，让大家倍感触动。

不忘初心，牢记使命。据史料记载，1940年底，弓村成立了龙华历史上最早的党支部，该党支部由周家祥担任党支部书记，周振熙、周吉、周其、周立祥、卓振华为第一批党员。从此，这些热血青年，前赴后继、义无反顾地投身到革命洪流之中。周运祺从小就受到父亲周吉的影响，他对父亲的为人处事作风非常崇拜。

周运祺也从过军，政治觉悟非常高，待人和善，处事认真。他认为，父亲的人生经历是一笔取之不尽、用之不竭的巨大财富，值得后人尊重和珍惜。他在《我对父亲的追忆》一文中做了记录和阐述。

香港学徒工回家入党闹革命

父亲1905年农历七月初六出生于一个佃中农家庭。8岁前在家放牛，从9岁至16岁断断续续共读过两年的书。

1921年，17岁的父亲便到香港湾仔吉安皮被厂做学徒。1922年1月因香港工人罢工，父亲便回到家乡。他一方面耕田，一方面在龙华圩商店做散工。

周吉（弓村史馆供图）

1924 年 1 月，父亲又回到香港皮噜厂复职当工人。1924 年 12 月，参加宝安县农民协会，做宣传减租、减息运动。1927 年 4 月 12 日，蒋介石反革命叛变屠杀进步革命同志，宝安县农民协会武装队伍 150 多人被反革命武装杀害了，直至 1928 年三、四月间，这个时期是最艰苦的革命低潮时期。父亲因找不到组织，当时就被国民党反动派通缉，因而被逼前往广州避难，加上父亲也住在广州越华路小东营法政学校里面。为了避嫌，父亲仅在法政学校厨房里面当厨师。过了一段时间，外面的局势有了缓和，他便离开法政学校，又回到宝安龙华，从事农业生产，有空时到龙华圩当铺做散工，还在家和兄长开展榨油坊生意。直到 1938 年 10 月正式脱产参加革命队伍。

1939 年 3 月 8 日，父亲与伯父周振熙、曾鸿文三人在龙华弓村光荣地加入了中国共产党。他们的入党介绍人是陈坤，见证人为王作尧，宣布持证人为黄树佳。

冒险到香港营救被日寇围困的港九中队

1938 年 10 月至 1940 年 8 月，部队东上（当年中央从战略态势考虑，指示部队向位于宝安东部地区的海陆丰一带转移。史称"东移"），组织上决定父亲留下负责领导留守人员工作。

1940 年到 1941 年 9 月，父亲任宝安游击大队民运队长，兼顾负责做好后勤（主要是筹集粮食工作）。

1941 年 9 月至 1943 年 6 月，组织决定让父亲去宝安沦陷区宝太线（宝安到太平镇公路）上下沙河一带开辟新区斗争，打击汉奸和特务。正当开展工作的同时，组织上又让父亲去香港大屿山营救被日寇围困的我港九大队一个中队，即王高阳中队。该中队是在一次战斗中来不及撤退而被敌人围困的，他们已近弹尽粮绝，在这危急关头，部队领导林平、曾生认为父亲是唯一能完成此特殊救援重任的人，便火速命令父亲近期内运送弹药、粮食到大屿山给救援坚守的将士。当时接受任务的时候，很多同志认为此去十分危险，牺牲的可能性极大，万一出事，对龙华地区工作损失太大。因为敌人已将大屿山团团围困，加上海上还有日伪军舰在日夜巡逻，同时，又严加控制任何船只靠近大屿山周边海面，父亲面对如此风险，毅然地接受了任务。他认为如果自己不去，还是有人要去的。他一方面吩咐人员准备粮食等物资，一方面到沿海找渔民了解海面情况，侦察敌情。当找到渔民了解情况后，他们对日伪军的所作所为非常愤慨，特别是对封海不许船只出海打鱼更加不满和气愤。这无疑对父亲开展工作和完成任务增加了很大的信心，再加上父亲在渔民中做了形势宣传、分析和动员，认为日伪军的日子不长了，只要大家团结起来，一定能够将日伪军打败，渔民们会有好日子过的。通过几天的工作和接触，渔民们的激情已调动起来。他向上级将这些情况汇报后，认为条件已基本成熟，可以向渔民提出要求，帮助到大屿山营救部队。征得上级领导同意后，父亲又回到沿海找渔民商量时，他们说做不了主。父亲问："谁做得了主？"他们说要找他们的船老大。父亲问："你们的船老大叫什么名字？"渔民们回答说："咸水龙。"

当父亲手提两瓶五加皮酒找到了他们的船老大"咸水龙"，眼前的"咸水龙"60岁左右，人高马大，身强力壮。"咸水龙"见父亲也很豪爽，直截了当地问父亲怎么办？什么时候去？父亲说："龙大哥，海面你熟悉，大屿山方面哪里可以停船靠岸你也清楚……"就这样，父亲和"咸水龙"及几个渔民商讨晚上营救的方案基本形成，为预防出航时遇到巡逻艇敌人上船检查，特别选择一个漆黑的夜晚出发。粮食和其他物资用防水帆布袋捆绑好放入海中，再用渔船拖着运走。"咸水龙"还特别吩咐，万一遇到敌人时，一切由他和几位渔民应付。

到了预定出发的那天，父亲一身渔民装束随船出海了。七八条三支帆的渔船是当时最大的。他们相互照应，船走得很慢。走了一个小时左右，突然听到远处传来马达声。父亲和"咸水龙"马上警惕起来。"咸水龙"立即发出信号，提醒其他渔船注意。不出所料，远处的马达声是日伪巡逻艇传出的，他们已发现了渔船，并发出要我们停航的信号。敌舰很快靠近，"咸水龙"这条船上来了几个日伪军。他们用枪指着"咸水龙"吆喝着问是干什么的？"咸水龙"镇定地回答说："我们是打鱼的。"伪军又问："皇军已发出命令不准出海打鱼你们为什么违抗？""咸水龙"说："几个月没有出来打鱼，一家老小饿着没饭吃，没有办法。"

日伪军试探地威胁道："你们是游击队。"说完就推打"咸水龙"。其他伪军在船上到处搜查，情况十分危急。"咸水龙"和父亲坚持说是"打鱼的"，不知道什么是游击队。敌人看找不到任何破绽，也没搜到什么证据，只好悻悻离船而去。当敌人离船时，父亲紧紧抱着受伤的"咸水龙"怒视着敌人远去。

大约半夜时分，渔船终于到了大屿山海域。他们观察了周围的动静，没发现异常情况，就把船驶向预定的地点停下来。当时大屿山所有能停靠的码头均有敌人把守，渔民兄弟迅速地把粮食和其他物资卸下。父亲留下来，并与"咸水龙"约定回程时间，然后上岸机警地找到了当地的联络员，很快在联络员的带领下见到了被围困的王高阳同志，向他汇报了情况。王高阳同志随即命令在天亮前把补给物资运上山。

任务完成了，但父亲并没感觉到累。

在龙华建立抗日民主乡政权

父亲完成大屿山海上物资补给任务回来后，组织上紧接着又指派他到东宝地区建立政权。因抗战期间东宝两县被国民党白领军统治，村民们没有自己的政权，处于一盘散沙状态。父亲接受任务后就深入东宝两县各村开展工作，宣传共产党团结抗战政策，发动村民建立政权。当时龙华有个叫卓凤康的爱国华侨，他在群众中有很高的威望，是我党重要的统战对象。父亲与他也非常熟悉，在父亲的启发和帮助下，卓凤康当上了龙华乡第一任乡长，使龙华乡成为宝安县第一个由共产党领导的抗日民主乡政权。随后，龙华附近的民治、石岩等相继成立了乡政权，而东宝两县也成立了建政协进会，父亲任主席，东莞大岭山吴石娇任副主席。乡政权的建立，说明共产党团结抗日政策开始扎根在群众心中，为今后对敌斗争打下了良好的群众基础；另一方面，乡政权的建立，对敌人是一个重大打击，使敌人不能和以前那样随意骚扰各村。

由于乡政权的建立，他们通过党员和进步群众广泛地开展进行抗日救国的宣传教育与发动，以提高群众的认识和觉悟，从而逐步把群众组织起来，这样也扩大了游击区游击队的活动范围。

1942 年 6 月，组织上要求我们到沦陷区开展工作，指派周振熙、周向荣、何伯琴、何赋行、何桂生和父亲同去。他们分成两个小组：第一小组何伯琴、何赋行、何桂生，第二小组周振熙、周向荣、周吉。他们的活动范围是下沙河、上下白石。主要任务还是在群众中进行抗日救国宣传教育，以提高群众对抗日的认识，逐步把群众组织起来，方便开展工作。

周振熙在白石村办学校教书

伯父周振熙在1945年分到敌后区征粮时不幸被敌人追杀而光荣牺牲，时年才47岁。周向荣以中医行医为名给周围群众看病并帮助其父亲周振熙办学教书；何赋行在下沙河阮屋村和他的父亲开设中医铺作掩护。父亲化名叫亚张，和下白石当地群众合伙劏猪卖猪肉掩护。

一个星期左右，有一个警察经常到猪肉档来坐，他来的时间很有规律——都是每天上午10点左右。他来的次数多了，父亲开始和他打打招呼，但交流很少。可在父亲的脑子里却在思考一个问题：可否在这个伪警身上打点主意？因此，在警察以后再来的时候，父亲有意地招呼他进屋饮茶，再发展到一起饮酒、食饭。时间长了，在这个警察眼里，父亲只是一个劏猪卖猪肉的人，因而什么话也愿意和父亲说。如上下白石周围村庄有游击队活动，他们准备什么时候去抓游击队，还叫父亲不要对别人讲等等。这一情报很重要，事不宜迟，父亲立即悄悄派人把这个消息告诉在那里活动的同志们赶紧撤离。果然，在那天晚上，日伪军就去偷袭我们的同志，结果扑了空。第二天，那个伪警对父亲说游击队走了，踪影都找不到。

类似这样的重要情报，在半年多的时间里竟然来自这个伪警嘴里，有好几次让我们的同志避免了牺牲，但这个情报来源不久竟然断了。情况是这样的：有一天父亲和上下白石领导在小树林里开会，研究如何开展奸敌锄奸的事，那个伪警去猪肉店见不到父亲，便到处喊叫父亲的化名，接着随意朝着开会的小树林走来，情况很危急。在这种情况下，父亲走了出来，在与他打招呼的同时马上缴了他的枪。此时这个伪警才恍然大悟："哎呀，亚张原来你是这样的人？"

由于父亲的身份已经暴露，这个伪警就没有存在的必要，经研究迅速将其就地处决了。事后部队领导认为失去了一个重要的有价值的情报来源。由

于情况的变化，父亲也就离开上下白石，回到龙华进行活动。

保护曾生到香港提取巨额抗日捐款

因为我党的抗日救国政策深得人心，得到了全国人民的拥护和支持，也得到了海外华侨的配合和支持，他们纷纷慷慨解囊，捐钱捐物支援国内抗日救国运动，有力地激发了抗日将士对敌斗争的热情，进一步增强了抗战必胜的信心。1943年底，海外华侨捐献巨资支持广东人民抗日，八路军驻香港办事处负责人廖承志从中拨给东江地区游击队11万元港币，但要求必须由广东人民抗日游击队司令曾生亲自到香港签名才能领取捐款。此时的宝安沿海一带均有日寇驻守，海面有日军炮艇，香港又在日寇统治之下，去香港的关口更有日军和汉奸的严密把守。鉴于这样的形势，游击队司令部认为：持枪去不成，去的人多又会引起敌人怀疑。最后组织上了解到父亲对香港熟悉，又会武功，处事机警沉着，因此，特选派他陪同曾生司令员和蔡国良一道去香港取款。此时此刻，父亲深深感到任务的艰巨，因同行的人不是一个普通的人啊，他是一个海内外赫赫有名的司令员。

为了完成好这一任务，他下定决心，在关键时候宁愿牺牲自己也要保护好司令员。出发时，他们化装成商人，从龙华出发，一路上巧妙地应付日伪军哨所的盘查，当天下午到达了皇岗，去乡公所找到乡长，经乡长介绍认识了日军翻译王堂，而乡长问父亲那两位……？父亲接着说："在路上认识的同行，做生意的。"乡长只知道父亲是做生意的，不知道是游击队，他听后就没有多问。由于在乡公所停留的时间过长，错过了渡船时间。这一情况的变化让父亲只好与乡长约好第二天早上过关了。

次日早上，在乡长和王堂引路下，他们来到渡船码头，父亲抢先保护曾生和蔡国良上了船后，正当自己要上船时，没想到又来了一小队日军。有人在父亲身边喊了一声"吉叔"。父亲佯装没听见，但喊吉叔的人已到了他跟前。父亲镇定自若地抬头望了一眼曾生司令员，然后望着来人，顺便扫了一下站在远处的那位乡长和王堂，看见他们在细声说话。再回过头来看着来人，原来是当地在为日本人当翻译的那人，叫德仔。而德仔望着父亲说，我无心害你，只不过在日本人那里混口饭吃，若日本人问你，只要你讲话，我会跟他们说。随后过来一日本军官搜他的身，摸他的手和肩，又捏捏他的小腿，查看有无当兵的痕迹。看查不出什么后，又问父亲是干什么的？父亲回答说："做买卖的。"日本人又问"什么时候回来？"父亲回答说："快一个星期，慢则一个月。"日军官连说好、好、好，回来时再从这里回来。

走时，父亲对站在旁边的德仔说："我们都是中国人！"说完后上船了。

当敌人盘查父亲，他都从容应对的情景都被曾生司令员一一看在心里，因而到香港后，曾生司令员说："吉叔，你真够撩。"（客家话即有胆有识之意）司令员还说："吉叔，你想吃什么？"父亲说："塘鱼炆豆腐。"

回来时，为了减轻司令员的负担，父亲主动携带大部分提款，将钱捆绑在腰上，选择没有月亮的晚上，以十多个渔家妇女点灯捕虾的办法作掩护，用虾盆将父亲运过河。上岸后就有部队来接应了。

事后，曾生司令员对父亲甚为信任和赞赏。新中国成立后，曾生任南海舰队司令和广州市市长期间，多次到杨村柑橘场探望父亲。当他得知农场的化肥、农药短缺时，及时帮想办法解决。为此，父亲深为感动。

县长"使牛"成佳话

当宝安解放的时候，珠江地委指示为配合南下大军解放海南岛，要求宝安储粮三万担。为了完成这一任务，县委决定派父亲去情况比较复杂的新桥、沙井一带开展储粮工作。那一带有钱人多，旅居海外的华侨也不少，但由于离香港较近，土匪、特务也时有出没。父亲为摸清情况，带警卫员周伙保前往。当到达新桥的时候，当地居民看到只有两个人进来就根本没当一回事，以为会像以前县太爷到来大队人马前呼后拥一样。

父亲经过调查后发现，原来新桥人也曾经为这片土地考虑过，在解放前筑过堤坝阻拦海潮，结果还是被海潮冲垮了。从那以后再没有人提到建筑海坝的事了，而现在一些财主也以海堤为借口，说他们没有粮食交公粮。为了打开这一局面，父亲大胆地提出不要新桥人的一分钱，也要把海堤筑起来的方案和决心。财主们不相信，纷纷采取观望的态度。在筑堤那天，县大队把缉私到的十多头牛全部用上。父亲亲自"使牛"筑堤，在周围袖手旁观的老百姓和财主们都感到震惊，纷纷说："周县长亲自'使牛'筑堤呀？"有的说："以前的县太爷看都没有来看过，而共产党的县长却亲自'使牛'筑堤。天，

真是变了。"很快，这事一传十，十传百，周县长"使牛"筑堤的消息传遍了新桥、沙井。当天下午就有很多群众带牛带耙及其他劳动工具前来，自愿参加筑堤。200多米长的海堤仅用十多天就筑成了，消息传到海外华侨那里，他们非常感动，自发捐款4000多港币，用来慰劳筑堤将士们。

堤筑好后，在新桥召开的群众大会上，父亲说："政府不要这些钱。"他还说："计划用2000元买肥料分给堤内耕种的人，并两年不用交公粮；另外2000元用作贫困家庭孩子上学的费用。"他话音刚落，会场上响起了热烈的掌声，一时群情高涨，大家高喊"共产党万岁"。

局面打开了，征粮工作也顺便地进行着，县长"使牛"的故事也成了宝安人民的佳话。

毛主席指示他回宝安办"三件事"

周吉和家人在一起

令父亲终生难忘而又以此为荣的是，他曾经有幸参与保卫毛主席。那是1951年秋天，时任宝安县副县长、县人民法院院长和县人民专政法庭庭长的父亲被派到北京政法学校学习。当年的公安部需要从政法学校挑选一些学员去中南海参加中央领导的保卫工作，罗瑞卿部长听说父亲会武功，就要考一考他。罗部长趁父亲不注意时突然挥脚扫去，父亲本能地跳起，旋即一个千斤坠，再一个马步将罗部长的腿夹住。罗部长禁不住赞叹道："哎呀，你真有功夫！"于是，就此任命父亲为保卫组组长，带领几个学员经常到中南海执行临时

性的保卫任务。毛主
席等中央领导到怀仁
堂等北京市内的会堂
开会，父亲就带领保
卫组的学员先行对沿
途和会场内外进行检
查，做到万无一失。

周吉的证书（弓村史馆展出）

他第一次见到早已敬仰的毛主席是在怀仁堂开会的时候。当时他们几位学员对会场里里外外安检完后就到外面等候。不久，中央领导的车队来了。父亲一眼看见毛主席出来。当时，他就站在主席的附近。主席往会场方向行走。他慢步跟着，心情既激动又紧张。忽然，毛主席走到父亲跟前，亲切地问："你是哪里人呀？"

父亲用客家口音的普通话回答主席："广东宝安县。"此时，罗瑞卿部长站在主席身边，把父亲的情况说了一遍。毛主席听后就鼓励父亲"好好学习，好好工作，为新中国的建设立新功"。

毛主席说完话后就伸出手和父亲握手，然后微笑着走进了会场。

1953年，父亲学成毕业，中央组织部准备安排他到武汉一所大学里任组织部长，毛主席知道后不同意这样的安排。主席吩咐说："周吉同志你回广东后给我办三件事。一是了解广东的土改搞得怎么样；二是华侨政策落实得怎么样；三是沿海一带与香港的关系怎么样。"

父亲把主席交办的三件事一一铭记在心，他回广东就任省政法委员会政治研究科科长。为了完成毛主席交办的三件事，他不顾休息，深入实地调查研究，多次向毛主席如实地汇报，连续几年不间断，直到1957年中央办公厅给他来信说，毛主席已得悉详情，暂不用汇报。这样，父亲才停止向毛主席汇报。

在杨村农场当场长的日子

1955年，广东省政法委员解散，当时抓政法战线的副省长古大存对父亲的工作安排有两个意见，一是到省民族事务委员会当主任；二是到省检察院办公室当主任。就在此时，省民政厅长朱荣征得古大存同志的批准，把父亲

周吉在农垦部干部学校的结业证书（弓村史馆展出）

调任杨村农场当场长。父亲这一去就干了 30 年，直到他离开人世时也无怨无悔。因为他在那里干了一番事业，把一个以安置家属为主的农场逐步变成全国第二大的以水菜为主的国营柑橘场，把一个年产柑橘仅几百担的农场发展到文革前年产 40 多担水果的柑橘场。他原是对柑橘一窍不通的领导干部，经刻苦学习和钻研，成了一名响当当的柑橘专家。他为了改良柑橘品质，与场园艺师、技术员一道跟踪观察和研究，把多籽柑橘培育成少籽或无籽。

父亲还可以不用看果树的叶，只用手摸就可以分辨出它们的名称。

1963 年春节，父亲率团到罗浮山慰问解放军，饭后在该师师长杨钍陪同下参观部队的柑橘园，当走到一棵叶树前，他把树枝一压就对师长说，你们抓紧施肥，不然果树的根就不会走了，现在这棵树的根只走到了这里。杨师长一听就说："什么？你能看到树根走到哪里？"他立即命令士兵拿工具把土扒开，结果一点也不差，在场的官兵都拍手称赞。

后 记

"文革"期间，父亲遭受冲击挨批斗游街，但他心里明白，总是坦然面对。

周吉夫妻

两位作者（右一、右五）与周吉
公子周运祺家人合影

在长期的革命生涯里，父亲接触过不少的人和事，每当本省或外地来人外调，他总是以负责任的态度面对，实事求是说明。

父亲离休后也不忘家乡建设，积极协助龙华镇创办白石龙柑橘场。

为教育年轻一代，父亲不顾自己体弱多病，经常到学校作革命传统的报告。为发挥革命余热，他团结广大的老战士开展联谊活动。

父亲的一生甘于平淡，从不苛求，生活简单朴素，从来不喜欢奢华，讨厌张扬。他对老战友一往情深，遇到一起时就笑声不断，不时幽默地交谈，回忆当年的战争。

1995 年 7 月 24 日，父亲离开了我们，但父亲的音容笑貌却永远留在我们心里。

附：周运祺手抄周吉遗作

祖国颂

周　吉

伟大光荣四十年，
回观一路够辛艰。
奠基拓路功勋著，
创业兴农意志坚。
千百孤儿成双对，
万山红土变果园。
革新开放狂澜挽，
高歌一曲颂前贤。

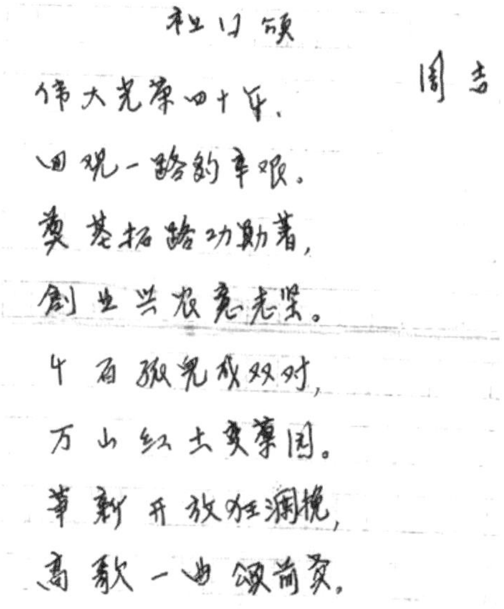
祖国颂
周吉
伟大光荣四十年，
回观一路够辛艰。
奠基拓路功勋著，
创业兴农意志坚。
千百孤儿成双对，
万山红土变果园。
革新开放狂澜挽，
高歌一曲颂前贤。

周吉遗作手稿

革命先烈卓凤康

从海外回国革命的英勇斗士

革命烈士卓凤康（弓村史馆供图）

在深圳市龙华区三联社区的弓村，有名被誉为"孙中山的革命战友"的革命烈士，他叫卓凤康。在弓村村史馆，卓凤康先生的肖像和故事特别醒目。

卓凤康（1886—1942年），祖籍新安县龙华弓村（今深圳市龙华新区）。同盟会员，反清革命志士，在宝安县组织和领导的反清斗争中起过重要作用。1949年，中华人民共和国成立，宝安县人民政府追认卓凤康为革命烈士。

卓凤康的出生地位于拉丁美洲牙买加。他的父亲卓扬高是个地地道道的商人。在那个贫穷落后的年代，卓扬高为了谋生，被迫远涉重洋，为了生存，每日不辞辛劳，不停辗转在南洋、西欧等地，受尽了各式各样的折磨，见过了风风雨雨的世界。

1884年，卓扬高经香港到达西印度群岛上的牙买加，做了三年卖身契约华工，合约期满后在当地经商。他非常节俭却乐善好施，常为落难侨胞和公益事业慷慨解囊，幼年的卓凤康深受影响。卓凤康八岁那年，父母为了让他不忘家乡，懂得中国文化，就漂洋过海送他回到龙华弓村就读私塾。由于读书用功，加之为人正直，卓凤康深得孙中山先生赏识。但他童年的世界并不太平，正值多事之秋，周围各种起义和革命斗争相继发生。比如，1889 年，龙华横朗村的旅美华侨钟水养发动了反清的乌石冈起义，攻打南头战斗；1899 年，以邓仪石为首领导的锦田等地人民反抗英军侵占九龙半岛的斗争；及 1900 年孙中山领导的三洲田起义。这些反清斗争给卓凤康的触动与教育很大，他也恨透了腐败无能、丧权辱国的清政府，热切地向往着孙中山领导的反清革命。就这样，卓凤康青少年时代在心里就充满了忧国忧民的爱国情感。

20 岁成为革命的一员

1906 年，年仅 20 岁的卓凤康在他的家乡弓村加入中国同盟会，追随孙中山先生，积极投身革命，参加反清革命斗争，成为孙中山先生的革命战友。也正是在这一年，他与郑友成婚。

1911 年 4 月 27 日，孙中山发动广州起义。卓凤康找到村中反清义士周振源商议，秘密组织龙华、石岩、观澜等地原洪门起义隐蔽下来的近千举义人员，策应和支援广州起义。卓凤康把策动起义的队伍分成两部，一部火速赶去广州支援义军，一部留在龙华牵制和打击新安、东莞两县清军。广州起义虽然失败，但卓凤康的龙华义军成为同盟会武装斗争的一支重要力量，影响很大，为反清浪潮的掀起发挥作用。有力地声援了孙中山先生领导的广州黄花岗起义。卓凤康身先士卒，表现得非常勇敢。

1911 年 10 月 10 日，武昌起义

卓凤康牙买加籍的妻子郑友

爆发。消息传到新安县，新安人民同全国人民一样纷纷响应。10月30日，在卓凤康、何玉山（赤岭头村人）、吴兆祥（浪口村人）的率领下，龙华农民武装进攻新安县城南头，消灭了抵抗的清军。接着，卓凤康率先冲进县衙门。当时，他的手里拎着一包当作干粮的煮鸡蛋，县官们偷偷瞥见后，误以为他这是要用炸弹送他们上西天，一时竟然吓得魂飞魄散，慌忙趴下求饶："别、别丢炸弹"。随即全举手投降。就此，新安县宣告光复，由何玉山代任县长之职。清王朝在新安县长达265年（顺治三年至宣统三年）封建专制统治的历史从此宣告结束。1914年，新安县改名为宝安县。

1913年秋，孙中山先生在南方发动"二次革命"，举兵讨伐袁世凯，被袁军打败，孙中山流亡日本。跟随孙中山的革命党人卓凤康也被宝安县的复辟政权通缉，在这紧要关头，他被迫离开了自己的妻子郑友及三个女儿，又一次历尽艰险，远渡重洋到牙买加避难。

抗战有功获得勋章

1931年九一八事变爆发，一时又牵动了海外游子的心，卓凤康闻讯后和牙买加华侨一起掀起声势浩大的救国救亡运动。1934年，卓凤康毅然决定再次回到祖国，投身抗日救国运动。

1937年卢沟桥事变后，抗日战争全面爆发。1938年10月，日军开始在大亚湾登陆。中国共产党在宝安组织了东宝边区抗日游击队，同时在龙华乡建立了两面政权，身为中共地下党员的卓凤康被任命担任龙华乡"白皮红心"乡长（表面是日伪的乡长，暗中从事抗日工作），积极开展抗日活动。他利用乡长的身份组建了一支270人的护乡队，秘密为抗战出力，成为游击队打击日军的有力助手。从此，卓凤康和曾生、王作尧等中共抗日部队领导成了好朋友，他们和其他游击队的同志有时会到卓家探望和交流。1939年8月，国共军队合作抗击日本，取得了火烧南头沙河大涌桥战斗的胜利，卓凤康被授予一枚勋章。

1940年秋，曾生、王作尧领导的抗日游击队由海陆丰重返宝安抗日前线。

警卫员叛变险落虎口

1941 年春，龙华抗日民主乡政府在中共领导下成立，卓凤康再次当选乡长。由于日寇地盘不断扩大，为了打击日寇的气焰，游击队决定对日军进行军事打击，卓凤康率领民兵配合部队作战。这一仗打死打伤日寇 20 多人，并缴获一批枪支械品。几天以后日寇进行报复，出动几个中队和几百伪军进行扫荡。因当时中共方面派遣在卓凤康身边的一位警卫人员叛变，并带领国民党顽固派武装人员包围弓村，但由于没有抓捕到卓凤康，气急败坏的叛徒带人将卓家三间房子烧得只剩下了几面墙壁。

曾生、王作尧知道卓凤康因警卫人员叛变险落虎口，住房也被日寇烧毁后，立即派人送来一笔钱款，帮他修理如初。这件事让卓凤康全家非常感动，更加坚定了抗日信心。当地老百姓也对此口口相传，纷纷送儿女参加民兵或曾生、王作尧率领的抗日游击队，抗战力量不断壮大。

日寇多次洗劫龙华阴谋失败

1941 年 4 月间，驻扎在宝深线梅林村的日寇越过梅林坳，经望天湖来龙华扫荡。此时，部队给龙华民兵连送来了消息，要求龙华的民兵配合部队打埋伏。接到指示后，卓凤康马上到民兵大队部去，一进门就把手上的洋拐杖在地板上敲得"笃笃"响，并大声对民兵们说："日寇送上门来了，就给我狠狠地打！"说完，卓凤康和弓村民兵们一起，由何贵生大队长统一率领登上水斗村后的山林，埋伏在树林中注视着望天湖转入龙华的大路。龙华区委书记赵学（赤岭头村的党支书）、何伯琴、何信恩中队长则带着赤岭头民兵中队登上龙华墟和赤岭头右侧的山林，埋伏在树林中注视着游松村右侧的大路，准备拦腰斩断敌人的队形；大部队则隐藏在游松（现为油松，下同）村后面，这里，是截断敌人退路的最佳地段。

不久，100 多名日军由远及近，大摇大摆地从望天湖方向的大路走向游松村，还是以密集队形在向前游动。当日寇整个队伍进入龙华民兵的埋伏圈

以后，卓凤康迎着敌人的先头队伍打响了第一枪；接着赤岭头的民兵开始朝着敌人队形的中部开枪射击。日寇后面的部队正要登山掩护，却又被龙华民兵们的火力截住。敌人拼命地想摆脱在公路上挨打的困境，一个骑着马的指挥官指挥队伍往布吉方向的公路撤退。这时，赵学立即调集了几个村的民兵追击。他对民兵们说："射人先射马，打！"转瞬间，只见日军官的马被打得满身伤痕，倒地而亡。日寇吓得如惊弓之鸟，拼命地向布吉方向逃窜。

第二天，部队总结、分析了当前面临的形势，认为好战成性的日本军队一定会回来报复，要求民兵保护群众的生命安全，避开敌人的锋芒。不出所料，第三天，日寇300多人分成两路进入龙华：一路从梅林坳出发，经望天湖、游松进入；另一路从布吉出发，沿着公路直奔龙华而来。一到龙华，敌人主力就在公路两旁展开三路进攻队形，一班人进入赤岭头，一班人进入窑下，一班人进入元芬。可敌人一路上没有遇到任何抵抗，便点火烧了望天湖；然后又烧了龙华、赤岭头等村一些民房。进入龙华墟的敌人见全墟空无一人，商店已经将货物全部搬走。万恶的日寇见没有任何东西可抢，占不到半点便宜，就又放了一把火，把龙华墟烧光了。日寇又直奔村庄而去，但进村后见既无人，又无牲畜、粮食可抢，担心我方伏击便心慌意乱，不敢停留，匆匆就收兵撤退了。

不忘初心，坚持将革命进行到底

1941年8月15日，卓凤康、周振熙带领自卫队配合游击队打败了日寇的三路进攻，粉碎了日寇的多次扫荡。日军再也不敢侵扰龙华了。但树欲静而风不止。9月的一天，国民党军队在进攻龙华抗日根据地时，又野蛮地烧毁了卓凤康的三间房子，有人暗中"好心"地劝他不要再冒险了。但他却坚定不移地说："干革命总会有损失的，为革命要干到底嘛。"

不久，中共宝安县工委全称改为中国共产党宝安县委员会，简称宝安县委。宝安县委成立后，各地逐步建立抗日民主政权。阳台山是抗日游击队的根据地，卓凤康影响力很大，再次当选龙华乡乡长。他和以往一样周旋在日伪顽军中，机智地开展斗争，利用特殊身份掩护和营救不少地下党员、抗日游击队战士和爱国群众。东移回撤有个别队员在途中失散，落入国民党军队手中，他都前往周旋，成功营救。有一次，东江游击队女战士张伟民被观澜的国民党军抓去，地下党周吉同志的嫂子去观澜认领张伟民为自己的女儿，但因方言差别，大嫂讲客家话，"女儿"讲粤语，狡猾的敌人抓住破绽不断威逼。嫂子急中生智，谎称因家穷女儿很小被卖到广州，不会讲客家话，敌人将信将疑。卓凤康闻讯摸黑与国民党当局联系，并以乡长的名义作保，要求释放张伟明。经过他反复努力，女游击队员张伟明最终成功获救，顺利回到了游击队。

卓凤康在中国共产党的领导下，多次带领武装民兵，配合广东人民抗日游击队在望天湖、游松、布吉、牛地埔等地打击日寇和反敌扫荡，敌人对他恨之入骨，将他与何伯琴、周振熙、周吉等一批抗日积极分子列入"悬红"的名单，欲意"斩草除根"，向上级邀功请赏。

用生命谱写的红色篇章

1942年春夏之交，广东国民党顽固派乘太平洋战争爆发、日军兵力分散、我军大发展还没巩固之际，蓄意制造摩擦，调遣一八七师、保安八团和四支土匪支队疯狂向惠东宝抗日根据地进攻，搜捕革命志士，屠杀革命群众。对龙华乡的抗日积极分子何伯琴、周振熙、周吉和卓凤康恨之入骨，扬言"要他们的人头"。

当年10月的一天，顽军一八七师一部和观澜圩黄文光大队共1000多人包围了龙华弓村。本来周振熙和卓凤康已安全转移到了黄猺坑，但由于"鬼头仔"（汉奸）告密，顽军追到黄猺坑，将那重重封锁，导致卓凤康在山洞坚持了两天，干粮已尽，迫不得已于

昔日观澜桥

第三天下午出来摘野果充饥，被埋伏顽军发现。他顽强抵抗，终因寡不敌众，落入敌人魔掌。

卓凤康被捕后，当晚就被押到观澜圩黄文光大队。双手沾满人民鲜血的黄文光对卓凤康软硬兼施，耍尽种种花招，用尽各种利诱也没能让卓凤康低头屈服，卓凤康被打得遍体鳞伤，并大声怒斥国民党顽固派的累累罪行。

卓凤康家庭照（弓村史馆供图）

次日下午，恼怒的黄文光将卓凤康和几名游击队员押到观澜中心小学。卓凤康昂首阔步，毫无惧色。狡猾的黄文光贼眼一转，阴险地问道："卓乡长死到临头，还有什么要说？"卓凤康斩钉截铁地怒吼道："你们这帮匪类，打日本当逃兵，打内战杀人却不眨眼睛。你们不会有好死的！共产党会替我报仇的……"随后，卓凤康英勇就义。

据卓凤康的女儿卓金娇回忆说，父亲卓凤康没有和那几名游击队员在同一个地方被枪杀，而是被单独拉到一个山坳，或许是想再游说其投降，阴谋没有得逞之后才将其单独枪杀。卓金娇含泪回忆姐姐和大妈与党组织到处寻其遗体不得，最后在观澜村民的指点下才找到被单独枪杀的卓凤康。他们为其洗净身上血渍，并请人买棺木将遗体运到龙华弓村的一个山头安葬。

卓凤康牺牲时56岁。卓凤康的一生是从民主主义战士转变为共产主义勇士的一生。他是中华民族的好儿子，是龙华人民的好乡长。他那耿直忠实的品格、勇敢坚强的意志、无私无畏的气概深深影响和教育了人们，令人难忘，催人奋进，是中国党史教育难得的红色篇章。他的人生值得后人铭记。

香港爱国人士的"领路人"黄志

1927 年 10 月 14 日，黄志出生于广东宝安的下沙村（即现在的广东省深圳市福田区下沙村）。下沙村虽说与香港隔海相望，地理位置优越，但那时的下沙和许许多多的内地农村一样贫穷，民不聊生。不幸的是，黄志出生不到一岁时他的父亲就病逝了，紧接着母亲和祖母也先后莫名其妙地双目失明了，让他这个没有水田只有三分贫瘠岭地的家更是穷得雪上加霜，仅有的一间十多平方米宽的破烂旧屋也摇摇欲坠，生活过得苦不堪言，暗无天日。

从六七岁起，黄志就只能每天牵着母亲骨瘦如柴的手到处以乞讨为生，有时还得牵着祖母的手到海边摸鱼虾、打柴草，以便卖一点点钱维持着生活。

黄志还有一个叫黄太生的哥哥。黄太生为了生存下去，只得到香港新界新田村一地主家打长工，长年累月地劳动，虽所得报酬极少，但能维持自己的生存，根本没有能力，也无法资助家庭。

1938 年日军入侵宝安后又侵占香港及各岛，社会陷入了更加动荡、混乱的局面，经济到了几近崩溃的境地，百姓民不聊生。1939 年，年仅 11 岁的黄志开始到香港新界石湖墟的资本家文志林、欧致国开办的公和碾米机厂当童工，他每天吃不饱、穿不暖，工作又苦又累。在忍受近三个月的时间后，不堪折磨的黄志便含着泪离开那家碾米机厂。

不久，黄志经香港地下党组织回到了内地，到龙华白石龙的游击区协助大哥以做销售木炭生意之名，做起了地下情报工作。他们的工作程序是，由大哥把采购的木炭运往香港，然后再把游击队所需的生活用品，特别是抗日物资如医药、电池、弹药等等从香港运送到白石龙，缓解游击队物资

短缺的压力。

在大家眼里，黄志虽说年纪较小，但非常勤劳，还特别能吃苦，给人留下了良好的印象。黄志协助哥哥在龙华与香港间跑来跑去两年多，圆满完成了党交给的情报与物资采购运送任务。这期间，他熟悉了从香港到白石龙的水陆交通线路，工作起来得心应手。通过这些特殊工作与生活的磨炼，使他过早成熟，还练就了一身走路快捷的过硬本领，身体结实，意志格外坚强。

1940年8月的一天早上，天还未亮，日本鬼子正想包围上下梅林游击区。日寇的行动正好被当时化装成看牛仔的黄志发现了。为了通知游击队，他便用游击队预定的暗语大声叫喊"牛跑了！牛跑了"！他这种特殊的"通知"方式让游击队及时听到，于是明白有鬼子要进村了，都迅速隐蔽了起来。

事后，由于鬼子抓不到游击队，急得恼羞成怒，便把"放牛仔"黄志抓来狠狠地打了几个耳光出气，打得他眼睛直发黑，嘴巴和鼻孔都流出了鲜血。

因黄志跟大哥到白石龙游击区"做生意"达两年多，游击队员对他俩十分热情和照顾，特别是队长刘鸣周、乡长张之修、文书邓仕琪等同志，他们是看着黄志一天天长大的。见他那样能吃苦耐劳，灵活机智，非常欣赏。

1942年夏天，15岁的黄志便被龙华白石龙的游击队正式吸收为游击队员，当上了一名交通员，让他专门承担白石龙、望天湖村一带的交通联络工作。不久，他又被分到三、四区，和当时联乡办事处主任庄鹏、副主任梁耀宗等领导一起在白石龙至燕川楼村及上下梅林村等地活动。在那里一年多的时间内，他们积极发动群众抗日，打击土豪劣绅，维护乡村治安。

1946年，抗战胜利后，因熟悉香港环境和交通，黄志被调到了中共广东省委驻香港办事处工作。在那段时间内地和香港的情况很复杂，这让他的工作特别繁忙，经常往来宝安、龙华等地，负责运送人员和物资。其中最主要的任务是接送在香港要求回内地参战和建设的各界进步人士、干部、师生。

1949年，经过组织的考验，上级党组织正式批准吸收黄志为中国共产党党员。他的入党介绍人是陈汉威、陈仓两位同志，监誓人是阮克明、张伟。同时入党的还有一个叫朱小敏的同志。

1949年4月，解放战争已进行到关键时期，人民解放大军百万雄师渡过了长江，正以势如破竹的气势向全国进军。南方各个游击区也发起武装斗争的新高潮，黄志所在的粤赣湘边纵队司令部驻香港办事处的工作也特别繁重。因为香港在英帝国主义统治下非常混乱，导致百姓的生活处于水深火热状态，造成深重灾难，人民在惶恐无助中苦苦挣扎，但当他们听说全国将要解放的消息后，爱国热情更加高涨，纷纷用各种各样的方式和途径支援国内的解放事业。

老说香港是弹丸之地，但正是这小小的香港聚集着大批进步人士、社会贤达、革命群众，特别是高等学院的师生。那些知识青年的革命热情非常高，全身燃烧着爱国激情，他们纷纷要求回国支援解放战争，表达着参加新中国建设的意愿。从1948年到新中国成立前夕，黄志所在的驻港办事处主要任务就是召集、组织并运送一批又一批爱国人士回国。当时，办事处的领导人方方、林平、黄松坚等负责在组织上接收回国人员，待经过审查和简单的培训后，交由黄志等人具体负责护送回国。直到广州解放前夕，经黄志个人带路回国的先后共有四五十批约3000余人。那些爱国人士有的是在红磡火车站坐火车，有的则自香港大埔船码头上船，然后乘轮船经大鹏湾到宝安沙鱼涌上岸的。当年，沙鱼涌当地设有接收站，所有到达那里的人员全由陈景民负责的教导营接收，然后陆续分赴国内各地，心满意足地投入到了祖国怀抱。

黄志回忆说，他在香港办事处工作期间是最忙碌、最有意义的支前时期。虽说每天只有4个小时睡眠，但工作状态非常高，忙起来废寝忘餐。经他带路回国的人员中有陈汉威、张伟、陈仓、阮克明、赖大养等人，其中赖大养被分配到了华南分局组织部工作。他们在一次集会时，大家一见面就激动地说："黄志就是我第一个带路人。"陈景民、陈汉威、张伟、陈仓等在全国解放后均在华南分局工作，为建设新中国贡献着力量，都是国家不可多得的重要革命力量。

党跟父母一样亲的陈碧仁

陈碧仁

陈碧仁，1932年6月出生于观澜松元厦上围村，1969年5月入党，粤赣湘边纵队东江纵队参军代表，企业离休干部。曾任宝安县沙头角镇镇长，观澜公社松元厦生产大队队长、支部书记，宝安县友谊总公司观澜分公司总经理等。

受老师启蒙 17 岁加入粤赣边纵队

陈碧仁初中就读于观澜振能学校，当时的英语老师为他后来的人生道路指明了方向。而这位老师当时还有一个身份——中共地下党员。当时学校成立了一个学生读书会，老师在课堂上教导他们以后要为建设新中国而努力奋斗，并鼓励他们加入共青团。陈碧仁深受影响，为他后来积极加入中国共产党埋下了一颗种子。

后来，这位老师离开学校加入了游击队。1949年8月，17岁的陈碧仁跟随老师的步伐，也加入了粤赣湘边纵队第一支队三团，成为革命队伍的一员，跟着队伍到处宣传建设新中国的政策。

1949年10月16日，国民党宝安县政府旧址所在的南头古城宣告解放，陈碧仁跟随部队进驻南头城。1950年，陈碧仁被调到宝安县大队任副官，主要负责后勤工作，安排连队的衣食住行、分发枪支弹药等工作。

1952年，陈碧仁当上了宝安县土改队组长，经常到南头、西乡、公明、石岩等地宣传土地改革政策。他同时开展"清匪反霸"活动，一方面到大铲岛、伶仃岛等地开展剿匪活动，清除国民党残兵，将国民党军队的残余势力赶至香港一带；另一方面，在农村管制欺负压榨穷人的地主恶霸，受到当地老百姓的拥护和支持。

陈碧仁讲述过往

1954 年，宝安县政府安排陈碧仁到沙头角镇任副镇长，复查土地改革是否到位。他带着 10 个人到盐田、沙头角、大小梅沙、葵冲等地复查土改。一年之后，通过选举，他当上了镇长。从分田分地到管生产队，从清匪反霸到教导村民做种植以及渔业，陈碧仁时常下乡跟当地村干部商量如何抓生产，教导大家互相帮助。

陈碧仁分享自己的人生感悟

抓生产、办鸡场，带领村民发家致富

1958 年，陈碧仁回到了观澜。当时观澜公社成立，陈碧仁因在沙头角镇有管理渔业的工作经验，便当上了观澜公社水产部部长，参与村务工作。

1969 年，陈碧仁加入中国共产党，至今已有 51 年党龄。当问到入党的初心时，陈碧仁说，"我老师是共产党员，他的言传身教让我知道了共产党员是如何的好，让'共产党员'这个词在我心中播了种生了根。我一直想着，以后一定要像我老师一样，全心全意为人民服务，为国家服务。"

1978 年，当时的宝安县领导到观澜公社视察时，给陈碧仁布置了一个特殊的任务："碧仁，交个任务给你，你来办个养鸡场，根据你的能力去发展。"身为党员的陈碧仁二话不说就把任务接了下来。

建鸡舍、批鸡苗都需要大量资金，缺钱怎么办？

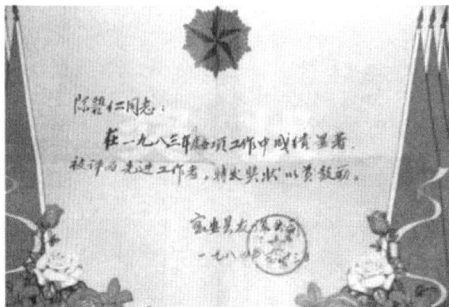

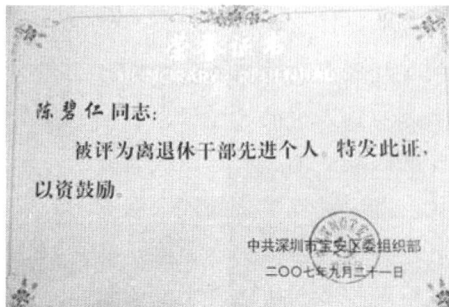

陈碧仁曾获得的部分荣誉证书

陈碧仁想出了一个办法，跟国营单位万丰行合作养鸡，由其提供鸡仔、饲料，而公社提供场地、人员养鸡，鸡群养大后则通过万丰行销售到香港。当时，陈碧仁对办养鸡场毫无经验，为了完成组织交办的任务，还专门到香港新界元朗学习了 20 天的养鸡技术。

就这样，鸡场产量很快地从 1 万羽发展成 5 万羽，不到一年便养够 10 万羽，到第三年鸡场年产鸡量更是增长到 15 万羽，远远超过当初定下的目标。村民的收入逐渐增加了，其他地方养鸡场的管理人员也纷纷慕名前来学习经验。

党培养了我，我要永远跟党走

1980 年，深圳经济特区成立后，宝安县领导又给陈碧仁布置了一项任

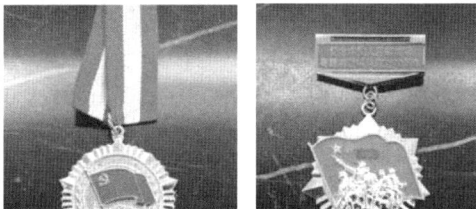

陈碧仁曾获得的部分荣誉徽章

务——学做生意。

1982年，宝安县友谊总公司观澜分公司成立，陈碧仁担任总经理。"我当时就去友谊总公司，问他们可不可以提供货源。他们很信任作为共产党员的我，让我拿了一两万元的货，还同意等卖出货赚到利润后再返给本钱。"货源解决后，店铺顺利开张。陈碧仁回忆起当时开业的情形，"生意非常火爆！事先拉回来满满一车的麻糖、饼干、衣服等货物，一个星期便被抢购一空"。后来，公司赚到钱而且越开越大，甚至有顺德和东莞的老板特地前来批发、提货。

1992年，陈碧仁正式退休。退休之后，虽然患有白内障、肺气肿等疾病，但他依然积极参加党支部及街道、社区的重要活动。如今，年近九旬的陈碧仁，身材瘦削，但精神饱满，满头银发却初心不改。他感慨地说，"党培养了我，我应该报答党。不忘初心，牢记使命。听党的话，永远跟党走"。

"这几年，龙华的变化很大，周边都是高楼大厦，道路宽敞明亮，特别是现在回到了松元厦，这边我都不认得了。没想到能有今天这么好的

陈碧仁和爱人退休后回到松元厦居住

生活，这些变化都是党和国家的好政策带来的。"目前，陈碧仁回到了松元厦居住，生活在他曾为之奋斗的社区里，回忆起几十年来自己所见证的深圳变化，他感慨万千。

策划营救居港文化名人的曾鸿文

　　1941年12月7日，日军突袭珍珠港，太平洋战争爆发。东方之珠摇摇欲坠。次日8时20分，12架日军轰炸机从广州起飞，在36架护航战斗机的掩护下，对当时仍处于英国殖民统治下的香港发起进攻，并首先对启德机场进行狂轰滥炸。世外桃源般的香港就这样落入战争的硝烟中了！同日，日军向驻港英军进攻，英军一触即溃，香港街头到处一片混乱。

　　太平洋战争的爆发使第二次世界的战局发生了重大变化。8日，美、英对日宣战。这一战局的变化瞬间结束了中国长期独立对日作战的局面，日本成为中国和美、英等国的公敌，中国战场直接与国际反法西斯战场连接在了一起。中共中央根据战局的发展，提出了"建立太平洋一切抗日民族统一战线，坚持抗日战争至完全胜利"的方针，迅速指示活跃在惠、东、宝一带的广东人民抗日游击队（东江纵队的前身），按照要求全力投入到世界反法西斯战争的洪流中。在香港，广东人民抗日游击队（后改为东江纵队）港九大队也浴血奋战，其中短枪队队长曾鸿文策划实施的文化名人香港大营救的传奇故事让人广为传颂。

曾鸿文

"曾大哥"重出江湖营救文化人士

　　抗日战争全面爆发后，身处重庆的中共南方局书记周恩来立即指示八路军驻香港办事处的负责人廖承志：一定要不惜一切代价将因躲避国民党反动派迫害而到港的大批进步文化人士以及爱国民主人士营救出来。

广东人民抗日游击队立即展开部署，派第三大队的黄冠芳、江水、刘黑仔和第五大队的曾鸿文、钟清、黄高扬、林冲等人组成武工队，命令他们尾随日军，挺进港九，开辟敌后抗日根据地，护送文化人士撤离香港。

曾鸿文是绿林出身，早在辛亥革命时期就参加了"洪门会"并拜爱国侨领司徒美堂为师傅。曾鸿文在洪门中位居等级辈分甚高的"先生"之列，而且曾是香港地区的帮会首领，被众人称为"曾大哥"。后来，曾鸿文参加了陈炯明的粤军，还在彭湃领导的海陆丰农民自卫队中任过职。1937 年 10 月，曾鸿文返回原籍宝安龙华上雪径组织民间抗日武装，任东宝惠边区民众抗日独立大队队长。

实施文化名人香港大营救是当时广东游击队最重要的任务，只可成功，不能失败。大队部之所以派曾鸿文打头阵，就是想借用他在香港地区的地位和影响力，以及他在那里的各种良好关系，方便初入港九的游击队迅速打开局面。

很快，曾鸿文经过周密策划后就和他的助手钟清顺利进入了香港，当他们到新界后发现游击队目前最大的敌人不是日军，而是层出不穷的土匪、汉奸和特务。为此，曾鸿文根据上级的指示，果敢扯起"曾"字旗号，率领游击队以劫富济贫、锄强扶弱的"绿林好汉"身份进行活动。

历来能掌握全局、驾驭局面的曾鸿文深深知道，要想开辟敌后抗日根据地，就必须实实在在地赢得当地群众的信任与支持。为此，曾鸿文首先拿当地作恶多端、臭名昭著的汉奸、敌特和地霸开刀。据他本人生前回忆说："一

曾鸿文在香港十八乡大庙大摆鸿门宴，通知各路土匪配合大营救。

连几天，每天枪杀一两个作恶的汉奸，最多的一天除六个汉奸，并以'曾大哥'的名号警告那些坏蛋不能在我的地面作恶。"

很快，曾鸿文和"绿林好汉"们除暴安良行动得到了当地群众的广泛信任与支持，有效密切了军民关系，群众开始接近游击队，甚至主动为游击队传递各种情报。当地的上层人士心知肚明，也主动来找"曾大哥"，慷慨地给游击队捐钱捐物，希望能得到保护。在这种良好局面的影响下，"曾大哥"的队伍逐步发展壮大，威信越来越高，号召力得到进一步增强。

为了继续扩大"曾大哥"在香港的影响力，曾鸿文广发英雄帖，邀请了100多名土匪代表到几不管的山头上开"联谊会"，而自己却单枪匹马赴会。席间，曾鸿文以半命令半商量的口吻对前来的土匪坚定地说道："好兔不吃窝边草，我们都是在这里捞世界的，就不要伤害这里的穷百姓，要打就去打日本鬼子，谁不这样做，就应该把他赶出这个地面。"

参加"联谊会"的土匪慑于"曾大哥"在香港的实力和名号，纷纷表示今后要少收"咸水"（买路钱），不与日本人合流，只向恶者"打草"（勒索）。

曾鸿文用自己高超的智慧，以另类的方式使得游击队迅速在香港新界的元朗地区打开了新局面，快速站稳了脚跟，这为日后开辟敌后抗日根据地和日后成立港九大队元朗中队打下了坚实的基础。

"迫虎离山"控制土匪地盘保安全

曾鸿文进驻元朗后的成绩得到上级的充分肯定。不久，他便得到领导指示："我党将于近期护送那批文化人士由港九市区出发，经新界山区转移至内地游击区……"要求他设法疏通沿途关系，控制沿线的山区及周边的土匪，确保文化人士的绝对安全。

当年，文化人士如果从陆路转移至内地，最好的路线便是由荃湾穿过大帽山及附近大片的山区到元朗，再经落马洲进入深圳宝安县白石龙根据地。这条路线可以避开交通干道上各地日军岗哨的检查，但也面临着山区中多股土匪袭击的潜在威胁。

大帽山作为撤离路线上的必经之地，也是历来匪患严重的地方。山中盘踞着以黄慕容和肖天来两人为首的两股土匪，各有100多人。为了打开大帽山通道，确保安全，曾鸿文决定"迫虎离山"。

曾鸿文一面与在广九铁路两侧活动的周伯明短枪队联系，一面又向第五大队队长王作尧建议指派林冲指挥的一个长枪排前来武力支援。然后，曾鸿文委派钟清作为"曾大哥"的代表上大帽山与黄慕容和肖天来两人进行谈判，自己则带领部队陈兵于大帽山山腰，拉开架势，做出"先礼后兵"的姿态。

早在 1940 年，曾鸿文一次独自

日军举行占领香港入城仪式

路过肖天来的地盘时，遭其两个手下用枪逼着要留下买路钱，曾鸿文自报家门是"元朗曾大哥"后，对方马上赔笑。恰巧肖天来也到了现场，马上训斥其手下为"不知死活"，可见"曾大哥"的名号在当地的分量之重。基于此，曾鸿文对大帽山地区是志在必得，他坚信肖、黄二人不敢与自己翻脸。

当年日军空袭香港九龙街头的情景

钟清独自一人来到大帽山的观音庙见到肖、黄二人后，便开门见山地讲道："曾大哥想来大帽山捞世界，请两位大哥另到别处的地头去发展吧。"两人听后，正想要发作，一喽啰突然前来报告称发现曾鸿文正陈兵于山腰处。肖、黄二人听后态度立马好转："既然是阿哥头亲自要到这块地头来捞，小弟只好恭让了。你们什么时候来，我们什么时候走。"不久后，肖、黄二人的两股土匪便静悄悄地离开了大帽山，游击队神不知鬼不觉就完全控制了大帽山及其周围的部分山区。占领香港的日本人对此更是毫无觉察。一切都在不知不觉中按照曾鸿文的思路发生着变化。

亲自护送西线文化名人功不可没

1942年初，借着日军因为香港粮食短缺而遣返大批难民返回内地的机会，大批文化人士在游击队的护送下开始分东西两线撤离香港。东线为乘船经九龙、西贡到大鹏湾等粤东海域进入内地，西线为从九龙市区入青山道，过九华径到荃湾，再到大帽山而后到达元朗十八乡，然后渡过深圳河，最后到达白石龙游击根据地，这条线为营救文化名人的主要路线。

1月11日，西线的大帽山地区迎来了第一支队伍，他们是茅盾、邹韬奋、戈宝权、叶以群等数十人。据戈宝权回忆："我们幸好得到一

1942年1月初，茅盾等离开香港沦陷区的文化名人合影。

个名叫曾大哥的人来迎接。他穿着便装，手里拿着一把系着红绸子的盒子炮，为我们开路。一路上，我们还碰到两个拦路抢劫的年轻烂仔，被曾大哥缴了械。"

除了武装护送文化人士外，行动前曾鸿文还以"曾大哥"的名义通过元朗当地的地主富商和伪维持会筹集了招待文化人士的经费和粮食，并亲自通告了沿途的伪宪查和维持会长等人："我有一批同我做生意的人要经过这里到内地，你们要同日本人打好交道，给他们出证明，保证他们的安全，如果少了一人，我就追究你们。"

在曾鸿文的妥善安排下，从西线撤离的三四百名文化人士无一人发生意外。这一路充满了传奇与惊险，史称香港大营救。被营救的人有丁玲、邹韬奋、茅盾等。新中国成立后，中央和地方都高度地评价说，秘密大营救为中国保留了文化的火种。

著名油画《开国大典》中仅有的两个白胡子老者，一个是实业家张謇，另一个是青红帮的总瓢把子司徒美堂，曾鸿文先生就是司徒的大弟子。

曾家世代的中国文化基因

曾鸿文（1892～1990年），又名曾洪文，广东宝安县龙华雪竹径村人（今深圳市龙岗区坂田街道上雪村）。青年时期加入洪门会，是第一次国内革命战争时期宝安县农民运动的骨干。1938年初，支持中共广州外围县工委工作组，在观澜、龙华地区组建民众抗日武装，同年底，加入中国共产党。1939年1月，参加王作尧领导的抗日队伍。抗日战争爆发后参加惠东宝抗日游击队，曾任广东人民抗日游击总队宝安大队大队长、宝四区区长等职。

1941年1月，中共宝安县委成立，并设置于曾鸿文家。同年5月，由龙华、布吉一带的8支抗日自卫中队组成的抗日自卫总队成立，曾鸿文任总指挥兼布吉乡乡长。

曾鸿文之孙曾子豪（右一）和革命后代廖远光向笔者（左一）讲述曾鸿文事迹。（许秋萍　摄）

新中国成立后，曾鸿文先生历任宝安县县长、财政局局长等职，1990年去世。

民间流传有这样一句话，青山不改，绿水长流。为了不忘曾先生的救命之恩，300多位文化人和他们的后裔与曾鸿文先生的孙子曾子豪先生建立了深厚的情谊，他们形成了一个文化艺术圈，将大陆的作品通过在香港的曾子豪先生，与海外的卖家联系起来，进行文化交流与传播。同时，曾子豪先生还是一名艺术品鉴赏家，经常到北京、西安、广州、东莞、深圳、香港、纽约等地开展文化艺术交流与鉴赏活动，是一位为弘扬中华民族传统文化服务的中外文化交流使者。

1975年秋，原东江纵队宝安大队大队长曾鸿文（右）与王作尧在东莞县招待所合影。

曾鸿文旧居所在地上雪村

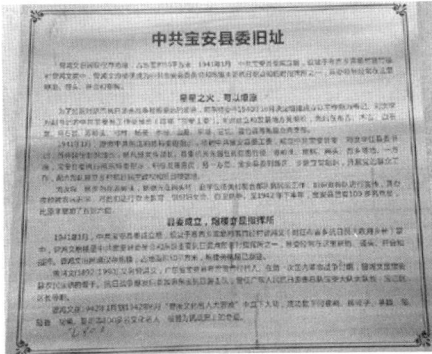

曾鸿文旧居

曾鸿文旧居的碉楼

曾鸿文旧居的碉楼

曾鸿文旧居

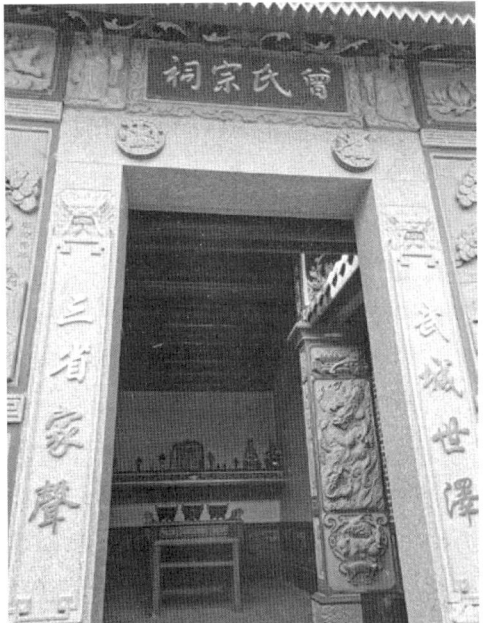

曾鸿文旧居

打响反清政府第一枪的钟水养

说到龙华横朗村，一名早期追随孙中山举义的革命者钟水养值得写下一笔。

钟水养出生于 1864 年。那时，正是鸦片战争爆发世界列强乘机强迫清政府卖国求荣、割地赔款并开五口通商之后。他的童年受到了反清潮流的影响，从而激起了强烈的爱国热情。后来，他又真切地得到从广西来到龙华的武术拳师林狗仔传输的革命思想熏陶，巧妙地用以武会友的方式成立了一个叫"洪门会"的民间组织。赤岭头村青年才俊何玉山为文书（客家话称为"白线"）。洪门会的宗旨是"反清灭洋"。很快，洪门会发展了 2000 多名会员，每天在阳台山一带的崇山峻岭中进行秘密训练，学习进步思想，为反清斗争做着准备工作。

不久后，为不断寻求革命真理，钟水养经好友资助和介绍远渡重洋，到了美国的檀香山，并结识了孙中山，相互以义兄相称，还加入了孙中山先生的同盟会。他们在那发动爱国华侨筹集经费支持革命。

1886 年，经人介绍，钟水养与妻子陈氏到山打根埠，在那里结识了富甲一方的林云澄。林云澄对钟水养"反清灭洋"的思想和行动非常支持，为他筹集了很多革命经费。

1889 年春，在海外打拼了数年的钟水养回到他的出生地龙华。当年 6 月，他和进步人士郑士良等一起押送了一批军火，隐藏在马峦山中的三洲田。并于中秋之夜将挑选的 800 多名洪门会勇士集合在一起，举行了起义誓师大会。会上推举黄福常为先锋，林狗仔为军师。

1900 年，为配合三洲田起义，洪门会 800 多名勇士按要求向占据南头的

清兵发起了猛烈进攻,但后来却被增援的清兵包围而没能攻下南头城。据了解,在这次战斗中,钟水养和黄福常指挥攻城勇士相继突围后撤出了南头,队伍顺利转移到了梧桐山一侧的三洲田山区,与在那里守候的郑士良队伍会合休整,等待时机谋划再一次的举义。钟水养和800多名勇士攻打南头一战虽然出现挫折,但这次战斗打响了反清政府的第一枪,得到了孙中山先生的肯定,意义非同凡响。在他们的影响下,龙华一带先后涌现出了卓凤康、卓辉、周吉等等一大批革命志士和抗日救亡英雄,他们的反抗精神同样也得到了众多海外华侨的积极响应和大力援助,共同谱写了一曲又一曲可歌可泣的红色赞歌,成为中国革命和抗日战争中举足轻重的历史篇章。

宣统二年(1910年),杰出的革命先驱钟水养先生因病医治无效,在南洋与世长辞,享年46岁。和他一同到南洋的洪门会文书何玉山后来再次重返龙华,和卓凤康、黄福常等人组织洪门会及同盟会会员一百多人再次攻打南头,最终迫使清军投降,从而扫清了清朝政府在此的最后一个据点。为此,何玉山在南头担任了第一任新安县(后改为宝安县)代县长。

早在1895年第一次革命起义定在广州发动。事前约定杨衢云率领武装队伍带着一批起义用的武器由香港运往广州。但由于陈炯明叛变,孙中山的革命夭折,何玉山与卓凤康不得不再次回到南洋。但杨衢云却把起义时间擅自推迟了一天,从而贻误了军机,导致起义惨遭失败。孙中山为了逃避清兵追捕,来到了位于龙华的浪口教堂"借住",受到浪口人民的保护和支持,并按照孙中山的要求,迅速通知在横朗的钟水养前去营救。钟水养本来在南洋,4月份才由檀香山回到故乡,并在那筹备举义事宜。当听到在檀香山结拜的义兄孙中山在浪口,立即带队相见。孙中山提出要转移香港。钟水养知悉义兄孙中山的处境十分危急,事不宜迟,当即将孙中山打扮成"水客",和他一起跟着本村水客(水果商人)从蛇口搭乘火船到了香港上环,再由钟蔓仔(洪门会成员)将孙中山带到了他当时任职的"乾亨行",找到陈少白、郑士良等人,然后由他们把孙中山从香港安全送达到日本。1900年10月8日,兴中会会员郑士良受孙中山委托,率领会党群众600余人在惠州三洲田山寨起义。起义军屡败清军,并很快发展到2万多人,准备打到厦门去迎接孙中山及他在日本订购的一批军火。不料日本新任首相伊藤博文突然改变了对华政策,下令禁止日本出口军火,并不准孙中山等革命党人在台湾活动。起义军血战半个多月,虽然士气旺盛,但弹药已尽,不得已，郑士良只好按照孙中山的指示，将大部分起义军解散，率一部分随从避走香港。

钟水养、何玉山、陈少白、郑士良他们的义举对推翻清政府最后据点建立了不朽功勋，一直激励着后人，这也是抗日战争和解放战争时期龙华的横朗、赤岭头、弓村、杨尾（即现

钟水养墓（中国文化名人大营救纪念馆　供图）

在的龙岗区坂田街道杨美社区。当年属龙华民治管辖）等众多村庄成了红色村的主要原因之一。

民国36年（1947年），钟水养的儿子钟协明和家人一起将他的骨骸带回到龙华，安葬在赖屋山沙下排村。

俗话说落叶归根。钟水养魂归故里，是用另一种方式完成了他革命战斗的未尽历程，使他的生命以另一种形式得到永生。这些都是龙华、深圳乃至南粤大地宝贵的红色基因，是对下一代进行爱国主义教育的典型事迹。

弓村老革命卓辉

风雨人生洗菁华，砥砺前进著新花。

老当益壮犹奋进，不懈搏击为国家。

卓辉1937年出生于深圳宝安龙华弓村。1949年1月，参加革命。1956年，加入中国共产党，先后担任交通员、财务、会计、统计和合作化驻社干部、共青团深圳镇委书记等职务。1969年，担任宝安县革命委员会计划办公室副主任。1970年初，任"知青办"主任。1973年，任科技局副局长。1980年初，担任龙岗区委办公室主任。1982年，担任宝安县对外经济办公室副主任，随后担任薪宝（香港）发展有限公司董事长。1997年离休。

少小从军历风雨　一身正气显赤诚

在战火硝烟的年代，卓辉因家境贫寒，小学二年级时就辍学了。1949年初，12岁的他参加了粤赣湘边纵队东江第一支队第三团观澜交通站，做了一名小小交通员。

交通员平时集中住在村里的炮楼、祠堂或草屋里。卓辉人小胆大、机灵活泼，被大家称为"卓仔"和"卓怪"。交通站平时无敌情、无任务的时候，站长就教他们学习认字，讲革命道理，讲英雄事迹。还教育他们，万一被敌人捉住，要宁死不屈，不能说出部队和交通站的情况。当时，三团的观澜武工队经常到白花洞村进行宣传活动，卓辉跟着队里的大哥大姐学习唱歌跳舞，沐浴着即将解放的曙光，日子过得既充实又快乐。卓辉在这一时期得到了培养锻炼，文化知识和思想境界得到了提升，为今后他参与特区的改革开放和经济建设，打下了必要的文化基础。

1960 年，卓辉调共青团宝安县委任青工部长。

1969 年，上级组织提拔卓辉担任计划办公室副主任。凭着他丰富的青年团工作经验，三个月后他又被调到宝安县"知青办"担任办公室主任，全面负责"知青"工作。

当年，宝安知青大部分是从广州来的，卓辉对这些大城市来的知青十分理解和同情。这些广州知青下来也是挑地方的——宝安毗邻香港，生活相对富裕一些。那时的宝安，整个县也就 30 万人，而接收的下放知青就有 6000 人左右。平均每 50 个人中就要负担一名知青。由此可见，当时管理工作的难度之大！

知青里有真生病的，也有不愿劳动装病的，他们经常找各种借口和理由请假。还有的知青借故闹事。他们来到办公室就跷腿坐到办公桌上不走，卓辉经常被知青缠住下不了班，忙得焦头烂额！但他对知青充分理解和同情，对知青始终抱着一种宽容态度。一些知青家里确实有经济困难，有长辈生病需要他们回家照顾的，卓辉了解情况后，就向省知青办写信建议让他们回家。他站在知青的角度，为知青着想，做了很多工作，知青们也感受到了，一些难缠的人从此改邪归正，再也不到知青办惹是生非给他添麻烦。难管的知青工作逐渐变得顺利起来，卓辉的工作能力得到了省知青办领导的认可。

毗邻香港的宝安县"逃港"现象严重，广州有 16 名知青下放到沙头角，与香港只有一条铁丝网之隔。卓辉协同沙头角公社有关生产队和驻沙头角边防部队，把分散在不同生产队的知青集中到一个生产队，成立了知青小组，方便教育和管理。他们的口号是"我们战斗在铁丝网边上"，后来改为"贫下中农带领我们战斗在边防线上"。号召力很强，16 名知青没一个逃港。

1970 年 12 月 27 日，宝安县有 100 个招工指标，之前生产组开会讨论要招本地学校高二未毕业的高中生；卓辉胳膊肘朝外拐，坚持建议在知青里招工。有人批评、反对，但他坚持己见。后来才知道，整个广东省还就只宝安县在知青中招工 100 名，得到了省知青办的肯定和表扬。

如今这些知青大都在深圳市工作，为深圳特区建设做出了贡献。他们中

有的当上了副市长，有的当上了人事局长、企业集团公司总经理。很多人都念叨卓辉的好，常来看望他。

海南种田谱传奇

1976 年，卓辉任宝安县科技局副局长。他具体负责的有农村科学种田、种子杂交等一些科研项目。

当时我国粮食紧张。种植杂交水稻的产量很高。多数地区一年最多能种两季，但在海南岛四季都适宜种植。"杂交水稻之父"袁隆平就向中央提出，利用冬季在海南岛种植水稻。因此，很多省、市、县就组织人去那里加入种植水稻杂交、繁育稻种行列。卓辉是科技局的副局长，又主管着农科所，县里领导就派他去海南繁育水稻良种。

他带着 95 人一起到海南岛。当时的生活相当艰苦，没柴火，只有一个锅还是自己带去的。在此之前，去海南可能遇到的困难卓辉都已经想到了，他通知所有人带干粮，没有饭吃，就吃饼干。

有一点出乎意料，原以为连个睡觉的地方都没有，当地群众让出了几间小房子供他们睡觉，使他们有了安身之地。

当时海南岛居民生活方式还很落后。特别是少数民族，黎族姑娘都很漂亮，卓辉带去的 95 人中 90 人都是男性，他提醒地方民族政策有规定，要是有人和这里的姑娘结婚，将来就不能离开少数民族地区。有了卓辉的宣传提醒，队员中没有人敢跟当地姑娘结婚。后来有两个人爱上了本地姑娘，当返回深圳的火车徐徐开动的时候，两个人在最后一刻都跳上了火车。卓辉把带去的人都带回了深圳！

卓辉带回深圳的不光是人，还有 16 吨水稻种子，他超额完成了任务。他们在海南种田半年多，回到深圳，整个宝安县领导、常委只要能放下工作的，都去火车站迎接他们，为他们接风洗尘！

16 吨稻种运回深圳，卓辉的工作能力得到了充分体现，他跟很多部门协调联系，克服了重重困难，不但顺利完成了任务，还帮县里节约了大笔资金。当年的"七·一"，卓辉被评为宝安县的优秀共产党员，受到了通报表扬。

招商引资敢为先

1979 年，深圳撤县建市划分为六个区，特区外四个、特区内只有罗湖和上步（现在的福田区）两个区。为了把特区外四个区的经济工作搞上来，市里将一部分工作能力强、表现突出的干部调到特区外的四个区工作。卓辉被点名调到龙岗区任办公室主任。

办公室主任是"上管方针政策，下管厨房垃圾"的。但龙岗区区委书记张立风很器重他，知道找一个像他这样既懂政策又懂经济还有管理能力的人才实在难得，非常开明地叫他不用到龙岗上班，就在深圳市内专职负责招商引资工作。

卓辉对深圳从事"三来一补"和来料加工的企业感慨很深，"三来一补"是指来料加工、来样加工、来件装配及补偿贸易的统称。来料加工在当年具体的工作开展中，有非常多的困难没办法实施的。某领导人考察沙头角曾经讲过"特事特办，方法全新"；"特殊政策，灵活措施"。卓辉就将工作的灵活度发挥到极致，在没有厂房、没有人员、没有设备、没有技术的情况下，他逐一解决：厂房利用生产队大队的大会堂、牛栏或食堂改建，没有工人就发动全村男女老少进厂学习技术，没有设备就想方设法跟外商"借用"，只要承诺将来一定会还给外商，海关也让他们通过，设备的关税也省了。工人们不懂技术，卓辉就和外商谈判，说要与他们进行技术交流。所谓的技术交流，就是要求外商提供技术人员，来大陆工厂培训工人学习技术。

卓辉在做招商引资工作时，帮助过许多村庄发展经济。比如平湖山厦村与周围

1987 年，卓辉（左二）陪同龙岗区委书记张立风（左三）赴日本考察表厂。

的村庄相比，这个村比较穷。没有引进企业前经济收入来源有限，这个村一直没有脱掉贫穷"帽子"。

卓辉为他们引来第一家加工塑胶花的外资企业。他跟塑胶花企业商谈合作，加工费只差两角钱一摞（一摞 144 支花），谈不下去，港方不愿签合同。卓辉权衡再三，认为加工费虽然低，但总好过没有任何经济收入。他要村干部果断签了合同，这是他第一次为这个村引进外资企业。后来，事实证明他当初的果断是英明的。平湖山厦村后来通过各种渠道又引进了很多企业，如今那个村发展得很好，村民富了，家家小车，户户别墅。经济发展了，村里的文艺事业也发展起来了，老百姓的日子过得美滋滋的。

龙岗区委书记张立风要求每个大队都要办工厂，请卓辉给每个大队、每个村庄引进至少一家企业。1979 年至 1982 年，短短几年间，卓辉就完成了总任务的 70% 以上，有三个公社 100% 完成目标！

比如坜下村，落后偏僻，去村里都要坐船，如何在那个村里办厂呢？卓辉给书记建议：在条件比较好的村庄里划一块地给坜下村建厂房，帮他们引进项目，再交回坜下村配干部管理，利润归该村。书记立即采纳了他的建议，后来卓辉用这种方式为好几个村子办起了工厂。之后，卓辉又建议把每个村的厂办企业集中在一起，把工业厂房集中划成一块一块，沿着公路建立工业区，就这样一个工业区一个工业区建起来了。那时有一个很形象的说法叫"长藤结瓜"。各个厂区最后形成了一定规模，这就是后来深圳出现的很多大型工业区的雏形，深圳各大工业区的形成就是从那时开始的。

来料加工企业如雨后春笋般建立起来，卓辉的工作量特别大，经常回不了家，天天要接待外商。那时深圳酒店少，住宿条件差，香港商人晚上多数不在深圳住宿。当年口岸开放也很保守，早上九点钟罗湖口岸才办公，下午五点就下班了，中午还下班两小时。香港人说中午是他们最宝贵的工作时间，而我们大陆这边却是午休时间。那时合同都是用手写，白天谈多少条，第二天过来要签，他晚上得在家里一字字地仔细推敲，各种条款上不能被外商钻空子，他的辛苦可想而知。

为了节省抄写合同的时间，他把合同改成填写式合同，把加工产品不同、加工地点不同、加工数量不同、加工费用不同总结出"四个不同"，这种填空式合同就是从他那时开始，后来逐渐在深圳流通起来。

卓辉在招商引资工作上取得了很大成绩，当年他们创收的外汇比例为"442"，公社占 20，生产队和大队各占 40，所以大家各显神通各尽其能，都积极进行招商引资。半年时间内，龙岗区创收外汇 60 多万，是全市六区中成绩最好的。

1980 年 2 月，在深圳市群英大会上卓辉被授予一等奖，并在全市招商引资大会上讲话。说到招商引资和来料加工给深圳带来的好处非常之多，在当时最显著的就是促进经济效益，阻止逃港潮等。

克服困难建"薪宝"

1986 年，宝安县委派卓辉到香港开办薪宝发展有限公司。按当时中央规定，市县一级不能在香港设立公司。由于深圳市是经济特区，可以例外。但宝安县是没有资格的，卓辉就让县属公司与深圳市里一些公司合作，这样他就成了宝安县第一个去香港开办公司的人。

薪宝发展有限公司在香港办起来了，他从经理做起，后来公司发展了，由他担任董事长。从 1986 年到 1995 年，他在那里工作了整整十年，十年间他的家人却一直留在深圳。

公司最初只有 10 多人，主要业务是为香港市民提供新鲜农副产品，他们的年经营出口达 700 万只鸡，占了香港市场 40% 的份额。按照规定，深圳的鸡不能进入香港的主要批发市场，他们只能在外围市场销售。但是他们公司提供的物资新鲜，价格便宜，农副产品得到了香港人的认可，所以他们公司的发展态势非常良好。

薪宝公司物资供港的工作有一部分是公益性的，他们是为香港市民提供便利和服务。香港公司的发展壮大，带动了深圳这边的养殖业也跟着兴旺起来。他们逐步地做到"四包"工作——包运输、包死亡损失、包过港后的临时养殖、包饲料，公司的业务量很快大增，生意迅速兴旺起来。

卓辉并没有就此止步，而是拓展经营范围，把眼光放在发展房地产业上。他带领团队在元朗和尖沙嘴多处购置办公用房和公用宿舍，共达上万平方米。在尖沙嘴建起了一座宝安商业大厦。随着公司的发展，他还把目光投向了澳门，先后建成了新宝大厦、联薪广场，楼高 38 层，共有商住楼三座，成为当时仅次于澳门中国银行大厦的第二高楼！直到 2008 年，人民也没有忘记他在改革发展上的功绩，在当年"纪念改革开放 30 周年"活动中，他成为 30 名"先

锋共产党员"之一！

离休奉献桑梓情

1997年，卓辉是全深圳市最后一名办理离休手续的老干部。至今，他还珍藏着那时颁发的一枚50年以上老党龄的奖章，和一个20年以上深圳特区工作的奖牌。

卓辉离休不离岗，边纵联谊会创办了三宝企业公司，投资的就有深圳、广州、佛山、肇庆、香港等地的边纵队员680多人。凭着他丰富的经营工作经验和能力，离休后的卓辉被选为董事长，他一干就是七八年。

2011年3月和2012年3月，卓辉还想方设法帮助原东江纵队港九独立大队老游击战士联谊会，在香港筹办纪念东江纵队司令曾生将军百年诞辰，及东江纵队港九独立大队成立七十周年活动，服务老战士，得到了老战友们的拥戴，卓辉被港九独立大队聘任为该会名誉会长——成为唯一的非港九大队成员会长！

卓辉时刻不忘回馈乡亲和亲人。龙华区搞土地规划时，村里被划为商住用地。村书记、村长要搞来料加工建厂房。当时镇里不批，书记找到卓辉想办法。卓辉当即答应："厂房可以建。"由他去找镇政府协商。卓辉还考虑到村民住地，向书记建议：规划用地时，妥善处理村民用地，该留的住宅地一定要留出来。书记采纳他的建议，回去就把每家每户登记下来。卓辉建议书记到市里其他城中村去考察借鉴经验，不要建成"握手楼"和"亲嘴楼"，房与房之间要留一定的距离，楼间距要宽，要能通过车辆，规划之前把这些计算预留出来。

弓村有位在国家建工委工作的工程师，为弓村规划建设图。2017年的一天，东纵司令员曾生的侄子曾副书记来到弓村视察时感叹说："来到弓村就像是来到了欧洲。"直到现在，在整个龙华区，弓村是建设得最规范的村，也是人均生产总值最高的、最富裕的村之一，这些成绩的取得，跟当年卓辉的远见和出谋献策分不开！

村里的初始规划搞好了，后续发展就更快更好。在村发展物业之初，由于当时开放政策还不十分明朗，村领导担心发展太快犯政策性错误，卓辉鼓励他们放手搞建设。邓小平都说摸着石头过河，我们也是借改革开放的春风搞发展搞建设，总不会有错。当年广东省委书记任仲夷也鼓励大家说可以先斩后奏，卓辉就是遵从了领导的鼓励，得到他们的启发，也同样以此方法为村干部打气鼓劲，才将弓村建设得比其他村富裕了一大截。

弓村当年的村干部正是听了卓辉的鼓励，大胆开发物业，现在弓村的村股份公司的物业面积是全龙华人均最多的，依靠这些办公楼和商业楼的租金分红，为村民们带来了巨大的收益。村领导当年听取卓辉建议为村民规划的新村，为村民们留置了足够的住宅用地，在寸土寸金的深圳，家家户户靠物业收租也相当可观。由此可见，卓辉当年是非常具有远见卓识的。

卓辉在村里没有任何分红，他完全是无私地为村里出谋划策，奉献余热。当然，弓村也没有忘记卓辉。2011年，卓辉提议：弓村是革命老区应不忘记现在幸存的东、边纵老战士。于是，由他组织全市800多东、边纵老战士于5月13日举行一个盛大的联欢大会，开销费用巨大，而这费用全部由村里赞助。

2016年秋，已经80岁高龄的卓辉，感觉到时光飞逝，岁月不饶人，精力也越来越不济，能为战友联谊会做事情的时间也不多了，他总觉得还有什么事没有完成，这想法萦绕在心里挥之不去。当时，他受到深圳著名学者胡洪侠一句"书是用来激活记忆的，是拿来珍藏岁月的"这句话的启发，想到在众多讲述深圳故事的书籍中，还没有一本是描写深圳解放这段历史的。于是，他在一次边纵战友联谊会上提出要为深圳解放的那段历史写一本书。与会领导和战友都有这个想法。

他说："中国人民解放军粤赣湘边纵队于1948年12月27日经中央军委批准成立，密切配合南下解放大军野战部队作战，在解放深圳过程中，边纵是主力，发挥了关键和重要作用，我们要为解放深圳留下一些纪念性文字。"大家深有同感，都同意他的提议。

说起来容易做就难，首先找谁来写，再是经费问题；还得征求相关部门的支持同意。这些困难大家在会上提出来，谁去操办？卓辉承担了这件事的实施工作。所有困难他默默地一个个去克服，一步步地推进，先找到写书的张黎明，后征得深圳市史志办领导的同意，再动用他的社会力量寻找启动经费。他以"亦余心之所善兮，虽九死其犹未悔"（屈原·离骚）的精神终于取得了成功。2017年底，《深圳1949》已经基本完成初稿，在他的倡导与努力下，本书最终在2019年秋得以出版发行，并作为粤赣湘边纵队成立70周年的礼物。

卓辉说，他倡导发起的这本书是为了纪念深圳解放，更为了今天的年轻一代不忘初心，使生活在今天幸福中的人们懂得珍惜；是他们了解深圳历史、了解父辈革命斗争史最好的教材。

这件事的完成，是卓辉在离休后的人生舞台上最后的也是最辉煌的一笔财富。

直至2020年，卓辉还工作在粤赣湘边纵联谊会副会长的岗位上，一丝不苟地为老战友们服务。由于会长何鹏飞年事已高，两人都觉得力不从心，不能为战友们继续服务了，经多次慎重商讨，决定解散粤赣湘边纵老战友联谊会，至此，83岁的卓辉才算真正从工作岗位上退下来安享晚年。

他的一生践行着一个共产党人的质朴与勤奋，从一件件小事做起，铸就了"知足不辱，知止不殆"的人生辉煌格局。

血洒家乡的弓村革命先烈周振熙

周振熙（1898～1945年），广东省宝安县龙华弓村（今深圳市龙华区）人。他出身于中农家庭。青少年时期就学于南头高级书院，如期毕业。此后，因家庭经济状况愈下，没能继续深造，便以教书为职业。期间周振熙接受了革命思想教育，特别关心国家前途命运，追求进步事业。

1938年，我党派黄木芬、王启光带领工作队10多人进驻弓村。在观澜、白花洞、乌石岩、麻布、赤岭头、弓村一带活动时，周振熙知道后积极响应并要求投身革命。后来，党组织派他到"白皮红心"的龙华乡政府当文书。他坚决执行党的抗日民族统一战线政策，大力协助进步人士卓凤康乡长主持乡政。

1939年初，东宝边区游击大队成立后，周振熙积极协助部队，建立各村抗日自卫队，动员青年参军，扩大部队力量。这年3月8日，周振熙在陈坤的发展下与同村的周吉、周其入党。他负责地方与部队的联系工作。东宝边区工委将这两支部队和从各区地方党组织动员来的武装人员，在东莞县苦草洞整编为"东宝惠

周振熙

边人民抗日游击大队"，大队长王作尧，政训员何与成，总支书记黄高扬。大队共120人，分为第一中队和短枪队。

早在1931年九一八事变后，中华民族处在危亡时刻。身为知识分子的

周吉的公子周运祺手稿记录伯父周振熙的事迹

周振熙以"国家兴亡，匹夫有责"来自勉，积极宣传抗日，不久便在卓凤康当"白皮红心"乡长的乡政府担任文书一职。1931年10月12日，日军在大亚湾登陆，宝安县形势十分严峻。当时，中共东莞中心县委员会支部委员张广业和共产党员王启光等撤到了观澜章阁、白花洞一带，黄高阳带领东莞清塘地区的自卫队到白花洞与张广业会合。10月下旬，为了加强对广九铁路沿线东宝地区人民抗日斗争的领导，中共东莞中心县委决定在观澜章阁村成立县一级派出机构"中共东宝边区工作委员会"。张广业任书记，黄高阳和黄木芬为委员，负责宝安县及铁路沿线地区的对敌斗争工作，并在乌石岩、麻布、赤岭头、弓村一带活动。11月23日，日军占领广州。为巩固其占领区，向广九铁路沿线进行疯狂扫荡。当日军回师扫荡时，东宝边区工委通知武装部队集中章阁以对付日军扫荡。国民党军第一五三师九一三团被日军击败，有200多人退到白花洞，与师部失去联系，处境困难，军心动摇。中共东宝边区工委派王启光对该团团长做工作，使他们留下来坚持抗战，并同意在该团设立临时政治部，由中共东宝边区工委派20多人到该团做政治工作。政治部主任由王启光担任，副主任为蔡子培，黄木芬任临时政治部武装队长。12月中旬，中共东宝边区工委在章阁村建立"东宝惠边人民抗日游击队"第一、第二大队，黄木芬、蔡子培分别担任大队长。其中，第一大队在章阁、白花洞等地开展抗日救亡宣传活动，第二大队则在清溪、凤岗一带开展抗日救亡宣传活动，留下陈坤、祁和负责联系和领导平湖、山厦以及宝安其他各点的党的工作，陈坤在龙华弓村一带活动。龙华地区正式建立起中共领导的抗日武装。在创建抗日武装的同时，龙华地区的党组织也得到进一步的发展。

1940年初，东江国民党顽固派头目香翰屏掀起反共逆流，纠集数千人围剿曾生、王作尧领导的惠东宝抗日游击队。曾、王率部队转移到海陆丰。周振熙不顾家人安危，毅然将部队留下的30多支枪和弹药以及军用物资用夹墙封存在弓村的家中。当年秋季，曾生、王作尧领导的惠东宝抗日游击队奉中央命令重返宝安敌后抗日根据地，周振熙当即将部队东移前交他保存的武器和军用物资完好无缺地交回部队，为部队的发展壮大做出了贡献。

1941年的白花洞战斗取得重大胜利后，日寇几次兵分三路对龙华进行扫荡，周振熙带领自卫队配合抗日游击队参加反扫荡斗争。8月15日，周振熙、卓凤康带领自卫队配合游击队打败了日寇的三路进攻，粉碎了日寇精心策划的扫荡。

周振熙出身于教师，又是抗日时期早期的党员，他正直无私，在本乡很有声望。因此，日伪军和国民党顽固派对他恨之入骨，悬赏重金要取他的头颅，多次对他进行围捕。1942年春节前的一天，国民党顽军又来龙华弓村查封周振熙的房屋，使他一家大小被迫住进了祠堂。4月，国民党顽军一八七师师长张光琼率部进攻游击区军民，遭到痛击。敌人还是不甘失败，发誓要铲平弓村。但周振熙身处逆境仍坚定不移，极力帮助部队解决给养问题。

1943年10月，周振熙和卓凤康一起转移到黄狼坑开辟新区，扩大游击区，他与胞弟周吉、长子周向荣与其他同志一起深入到白石洲、上下沙河一带，分别以教师、商品小贩和中医身份为掩护进行活动，发展党组织，宣传、组织群众，扩大武装队伍，取得了当地人民的拥护。顽军由于捉不到周振熙，便利用伪保长陈德荣逮捕了周振熙的兄嫂妻儿，使他家的成年人无一幸免。周振熙的侄子周其被抓到观澜进行刑讯逼供，伤残甚重；堂侄子周家祥（党员）被逮捕后经受了严刑拷打和监禁；胞兄周凤也被抓去拷打和逼供。但万万没想到的是，不久，因东宝抗日游击队驻弓村的后方办事处副主任张作铭（兼任弓村党小组组长）叛变，此人投靠国民党后勾结顽军来捕捉周振熙等。于是，国民党军再次包围了弓村，就是在这次激烈的战斗中，卓凤康被捕英勇就义，从此，周振熙失去了一位长期患难与共的亲密战友。

为坚决完成对敌斗争，周振熙接任龙华抗日民主乡政府乡长，在县委和后来成立的路西区行政督导处的领导下，认真贯彻党在根据地的各项政策，团结一切主张抗日、反对内战的仁人志士共同抗日。香港沦陷后，他动员群众，尽一切可能安置部队从香港营救回来的难民及各界人士，为他们提供一切方便。

周振熙任乡长时，龙华圩被日军连续炮轰、火烧，破坏惨重，几乎成了一片废墟；而旧社会的各种恶习又在危害着人民，社会混乱，民不聊生。他严格执行党的路线和决定，实行禁烟禁赌，严惩首恶歹徒、汉奸、烟棍及惯偷、

扒手,消除圩日"惊营"现象,调解处理民事纠纷,很快维护和稳定了社会治安,深得乡人的拥护和称赞。与此同时,他领导群众继续进行民主政权的建设,发展根据地的农村文化教育事业,执行减租减息政策,建立救济会,兴修水利,大搞生产运动,想方设法支援东江纵队。1943 年 11 月的一天,日伪军在汉奸带领下,放火焚烧周振熙的房屋,直至傍晚唯恐游击队回来袭击才仓皇逃走。幸得乡亲们赶来救火,周振熙的家产才免于全部烧毁。但经过敌人轮番抄家抢劫,也使他的家财失去不少,他平素极为爱惜的书籍(包括历史经典、医书、孙中山著作及一些进步书籍)大部分被烧掉。

在县委、区委的领导下,周振熙进一步发展了根据地的农村文化教育事业,日校和夜校普遍建立起来。当时,适龄者进日校,不管男女老少均可进夜校学文化,唱抗日歌曲和听抗日故事。让龙华乡的文化教育事业从未有过地兴旺发达。但由于连年灾荒,龙华乡的粮食不能自给,加上敌占区重重封锁,没有工业品,连火柴也没有卖,乡民生活艰难。周振熙切实执行路西区行政督导处的"二五"减租及减息政策,制止高利贷活动,让佃农受益。还认真贯彻路西区行政督导处的决定,在龙华乡建立救济会,举办商业合作社,组织群众到西路公明一带采购粮食,救济饥民;同时落实自力更生、生产救灾的方针,实行兴修水利,大搞生产运动。在他的支持下,龙华东段的灌溉渠兴修成功,引灌龙华河水,使大面积的单造田变成双造田,同时动员和组织农民把旱田改种小麦、高粱和小米。经过一年多的奋斗之后,1944 年秋收和次年夏收,龙华粮食普遍丰收,农民踊跃缴纳公粮,按政策交税,大力支援了东纵部队建设,为争取抗日胜利贡献了力量。

1945 年 8 月 15 日,日军宣布无条件投降。12 月 18 日,周振熙因公到龙华牛地埔办事,途中经过河沙忽(地名),突遇国民党军队第六十三军属下的部队埋伏。他在身陷绝境之际,面对众敌,毫不畏惧,拔出手枪与众敌搏斗,一直战斗到龙华河边。在国民党顽军的严密围捕中,为了不当俘虏,周振熙把剩下的最后一颗子弹射向了自己,充分显示了一个共产党员视死如归的英雄气概,为家乡、为人民的解放事业献出了宝贵生命。终年 47 岁。

革命家庭的领路人何元友

何元友全家成为革命家庭，有着很深的历史渊源。

何元友的堂叔何玉山，早年已加入了孙中山的同盟会，为响应孙中山号召，他从南洋回国，他的堂兄何其彬当时担任何玉山的警卫战士。叔侄俩一起奋勇杀敌，经过浴血奋战最终成功攻下宝安县南头县城，建立了新政权。何玉山被推举当了宝安县代理县长，但后来敌人又攻打回来，终因寡不敌众而失败，县政府又被敌人夺回。

这次革命宣告失败，何玉山背井离乡，再次漂泊南洋，最后客死异乡。但是他的革命行为影响了这个大家庭。毋庸置疑，何玉山是赤岭头村最早参加革命的先锋人士，是何元友一家自觉地跟随祖父辈投身革命的火种。

辉煌生前事，寂寞身后名。1926年，何元友由平湖山厦村叶丽君介绍入党。1927年，他是龙华乡农会成员之一。1928年，因为蒋介石叛变革命到处抓捕共产党，残杀共产党人，宝安县农会有些领导被杀害，农会工作受到严重挫损，各区乡农会的组织遭到巨大破坏，所以各个农会的工作被迫暂停，何元友被迫回到家乡，在龙华开设了一间仁安堂中药房，从此转入地下活动，继续开展工作。

在他家里，曾经留有一枚乡农会的圆形犁头旗襟章，他把这枚襟章视为十分珍贵的纪念，时常会拿出来细细端详，可见他无比珍视自己所做过的革命工作，但在"文革"时期，这枚犁头旗襟章被红卫兵抄家抄走，连同他的几个儿子学习用的《论共产党员的修养》也一并抄走。

1937年抗日战争爆发后，地下党人叶丽君、周吉、曾鸿文三人带着游击队领导黄木芬、陈坤等来到何元友家，对何元友说："接上级党组织指示，我

们要在龙华组织武装抗日。上级领导安排你们父子四人先在龙华开展一些宣传活动，希望你带领你的三个儿子（指他的长子何赋儒、次子何贵生、四子何信恩。当时何元友的三子早年已去香港打工谋生一直未回，最小的儿子何俊修还十分年幼），你们四人分头去组织和发动群众参加抗日队伍。党组织对你们父子四人抱有很大的希望！希望你们不要辜负党对你们的信任。"

何元友毫不犹豫地答应了，他作为一名老地下党员，虽然为革命工作已经吃了不少苦，但他革命意志很坚定，被上级党委领导如此信任并委以重任，他倍感自豪，对将要进行的工作也充满信心。

1938年，曾生、王作尧率领队伍在惠东宝组建抗日军队。何元友就和他的三个儿子一起投身到抗日工作中了。在解放战争时期，他们一家又重新投入到恢复武装斗争的革命行动中，之后，何元友的妻子和小儿子何俊修也先后走进革命队伍，一家六口全部加入到解放事业的滚滚大潮，是一个名副其实的革命大家庭！

当年8月宝安沦陷。何元友将药店停止营业，把店里药物全部搬回村里掩蔽收藏起来，没有药店作掩护，他只能伪装成农民，一边在家务农，一边等待时机复出为革命工作。

1940年，与组织取得联系后，他又回归革命队伍里，被上级安排在严冬窝他自家的果园里为游击队保管军用物资，他这一管就管了整整五年，直到1945年的冬天，东纵大部队准备北撤山东时，部队才把物资全部迁走。何元友再次回到村里。但是他一家父子四人的革命行为早已被国民党反动派看在眼里，等大部队一走，国民党反动派立即就来到赤岭头村，对他家进行极其严酷的迫害，先将何元友抓捕，然后悬红通缉他的长子何赋儒和次子何贵生，并把他家的房屋钉上封条。

为了革命，何元友一家连个住房都没有，所有的收入都当作革命活动经费了。房子被钉上封条后，家里人无处栖身，两个大儿子因为被悬红通缉，长期不能回家；四子何信恩也长期战斗在前线，家中只剩下妻子和最小的儿子何俊修艰难支撑。何元友被放出来后，只好带着全家逃到香港新界的元朗暂避。

1946年12月，何鼎华、陈坤两位东纵领导从深圳辗转到了香港元朗，找到何元友暂居的家。这些领导知道，在东纵大部队北撤后，何元友一家遭受到国民党反动派的追杀和迫害，这一家是为了革命而远离故土、抛家舍业逃避追杀才来到这里暂居谋生的。所以他们一方面来慰问看望这个革命家庭，同时也是来动员他们一家重新出来为革命工作。

两位领导说："国民党背信弃义违反《双十协定》，我们的党组织决定恢复武装斗争。现在，为了做好斗争前的各项准备工作，上级领导需要你和你的小儿子何俊修一起回到龙华，父子俩负责同一项工作，把你们以前开的中药店仁安堂重新开起来，恢复以前药店做掩护的情报站功能。我们有了自己的药店作为联络站，便于支持部队的地下活动，也有利于部队伤病员用药治疗和护理。这个工作现在由你们父子共同负责。"

何元友有些担心地问："国民党并没有撤出龙华，我们回去开店他们还会来封门、抄店，还会遭到国民党迫害，工作将无法开展。"

领导鼓励父子俩："这你不用担心，安心回去把药店开起来，先把工作开展起来。再有国民党来抓捕，我们会提前通知，我们会安排解决的。"

何鼎华、陈坤的行程非常匆忙，说完这些就准备离开，因为他们忙于联系分散在各地退隐回乡的革命同志，为保存革命力量，这些革命者隐蔽各处，是为了有朝一日重新出来战斗，但为了安全起见，大家都互不联系，现在要找出各处的同志，也是一项艰巨又繁重的工作。

临走之前，何鼎华匆忙拿出 500 元港币给何元友，让他去香港买些中药材带回去。何俊修在他们走后，就听从父亲的安排，独自去香港买了一些药材，因为原来药店关门后留下来的药材已经不多，不足以开一家药铺，必须得补充一些新的药材才能正式开张。

革命者自觉地服从上级领导的安排，1946 年农历十二月底，何元友带着全家大小一起回到龙华，重新投入地下革命活动。仍然以开药店为掩护进行无声的战斗。

1948 年 7 月 16 日，龙华伪乡长吴永新勾结国民党派驻龙华的黄文光，不由分说把何元友的药店用铁钉封死，并将他和何俊修捉拿到伪乡所审讯，逼迫他们交代出共产党恢复武装斗争的工作情况。何元友和何俊修装作一切都不知道，拒绝回答他们的逼供。后来由龙华的一些进步商人和老保甲长等人担保，却只保出何俊修一人，仍将何元友押送到观澜黄文光匪部，又监禁了两个多月。

国民党关押人员的目的其实就是索要钱粮。黄匪对何元友狮子大开口：需要 2000 元港币、4000 斤稻谷作担保才能放人。何家的人想尽一切办法，依靠全部革命人士和村民的力量，最终凑足了黄匪勒索的钱粮，何元友才被放了出来。

何元友这一次受到严重折磨，回家一病不起，半月不到就离开了人世。

满门忠烈南粤少，一片赤诚天下稀。

冲锋在前的何志青连长

枪林弹雨若等闲，枪毙汉奸威名扬。何志青原名何官德，1916 年生于龙华赤岭头村一个贫困农民家庭。他怀着一颗爱国爱乡的赤子之心，参加过东纵抗日游击队。

1941 年 5 月，龙华成立抗日民主乡政府，卓凤康同志担任乡长，何志青编入抗日武装自卫队大队。6 月何志青参加了赵学、何伯琴组织和带领的自卫大队，配合游击队沈鸿光中队在油松坳对日寇进行阻击战，打死打伤日本兵 10 多人，击毙日寇小队长一人，打死日本兵战马一匹。何志青在此次战斗中表现十分勇敢和机智，受到游击队领导的赞扬和肯定。

同年 8 月 15 日，何志青参加了赤岭头村在高坳的对日阻击战，击伤日军 20 多人，当夜又参加了游击队夜袭日寇驻地牛地埔的战斗。

枪毙过大汉奸的何志青连长

1942 年 10 月以后，他多次参加抗日反顽战斗，不久，他被编入何贵生的独立中队，担任排长。1943 年底，调入路西督导处，担任谭天度和何鼎华的保卫干事。

1942 年，共产党在白芒、沙河、九祥岭等各村设立的税站，屡屡遭到日寇和国民党反动军队的破坏，同志们都清楚，这些税站之所以遭到破坏，都是因为有汉奸特务告密，才被日本鬼子捣毁的，部队和老百姓都十分痛恨汉奸卖国求荣的可耻行为，恨不得将他们一个个抓起来碎尸万段。

有一次，游击队在"西沙岛"队的白芒、麻㘵（han）一带刚刚围剿完土匪，在返回长岭陂、平山村一带时发现，光前村的大汉奸郑保东晃荡在南头各村。原来他是在向南头伪军区长兼伪联防总队长郑瑞告密！他曾经带着日军破坏了九祥岭税站，并杀害了沙河民兵队邱祥同志！"西沙岛"的战士们发誓一定要为队友报仇，把这个汉奸除掉。

1943年秋天的一个晚上，"西沙岛"队队长李卫邦、陈德和率领队员悄悄地赶到光前村，将郑保东的住房团团围住。当时何志青因为在执行其他任务，没有在现场，他后来听战友们说，当时郑保东还在睡觉，迷迷糊糊中，没来得及做任何反应就已经被我们抓捕了！

汉奸郑保东被抓捕以后，从光前村押至白芒村果园进行审讯，经过几次审问，他最终将自己所做的告密行为全部交代，并承认所有犯罪行为。组织决定将这个卖国求荣的大汉奸枪决。队员们对汉奸的行为深恶痛绝，个个都想去执行这个特殊而光荣的任务，为民除掉大汉奸，那是大快人心啊。经过部队领导商议，最后决定由胆子大、枪法好的何志青去执行。为了完成这一重任，何志青兴奋得几天几夜睡不好觉，看看战友们那羡慕的眼光就知道，这是一项光荣和责任重大的任务，是领导对自己的无比信任，他觉得自己真是很了不起。

终于等到执行枪决的那天清晨，他一个人押着这个大汉奸往河滩上行走。一路上，汉奸几次抬头想跟他说话，他根本不予理睬，不给汉奸说话的机会，大声呵斥郑保东："低头走路，不准东张西望，更别想打什么鬼主意！"一向嚣张的郑保东吓得双脚颤抖，一步一挪往前挨着，想拖延吃枪子儿的时间。

何志青走在他后面，看到他双腿一直在打哆嗦，半道上有两次瘫软在地。他向何志青求饶："只要你放我一条生路，我可以给你几十担稻谷和几百块钱。"何志青根本不屑于他的诱惑，大声责骂他："你当汉奸给日本人告密，破坏我们的税站，杀害我们的同志，这是多少钱粮都不能抵消的罪行。不把你枪决，你还会害我们多少同志的生命！破坏我们的抗日大计！今天就是你的死期，不要妄想还会饶你这条狗命！"何志青恨恨地说完，提着汉奸的衣领押着他继续往前。

到了目的地，郑保东再次跪在河滩上拼命向他求饶，许下种种承诺和诱惑，何志青二话没说，一声枪响，大汉奸应声倒地。

岁月流逝，这一幕在何志青老人的记忆里依然清晰，难以磨灭。在他的晚年，只要有人问到他抗日战争时候的事情，他都会清清楚楚地讲起当年枪

毙大汉奸的这一幕，在他饱经风霜的脸上，仍然充满了自豪。

对于汉奸叛徒的憎恶和仇恨，无论亲人还是外人，何志青都一样爱憎分明，大义灭亲。据他的儿子何育生回忆，父亲有一个亲伯父，由于吸食鸦片上了瘾，为了得到国民党给的一点钱去买鸦片烟，不惜出卖自己的亲侄儿何志青。一次，长期在外从事游击工作的何志青，好容易偷偷潜伏回家探望一下家人，由于长年在外没有条件洗澡，那天回家，他想洗个澡再好好休息一下，没想到正在洗手间冲凉时，突然听到外面有人喊："官德，官德（何志青曾用名）！呵呵鸡（当时当地村民对国民党兵的蔑称）来了，快跑啊！"

革命工作者平时的警惕性都很高，何况白色恐怖之下的非常时期。何志青洗澡时把随身带的枪就放在冲凉房内，鞋子也放在门口，听到邻居的叫声，立即穿上内裤，提起洗手间里放着的枪和门口的鞋子，来不及拿长衣和长裤，急急忙忙往屋后小路向山上跑去。他刚跑出后门，国民党兵就已经在敲打他家的前门了。真是命悬一线，幸亏他跑得快，否则他的生命就丢在自己亲伯父的手里了。

何志青（左）和战友合影

事后得知，何志青的亲伯父何墨香鸦片烟瘾犯了，想要钱买鸦片烟，知道何志青回了家，就偷偷跑去向国民党报告，为了吸食鸦片烟不惜当了可耻的叛徒。幸运的是，村里也有些警惕性和觉悟都很高的村民，他们本来在村口的地里干活，看到国民党兵向他们村里走来，立即想到是来抓何志青的，于是就有一个人趁国民党兵没注意到，立即跑回村里，在他家屋外大声通知他逃跑。

亲人出卖，乡人却出手相救，让人何等感叹！叛徒和汉奸行为，都会引起正义的人们强烈的仇恨和鄙视，大家发誓要将汉奸抓起来枪毙！何墨香被抓住后，在执行枪毙时，何志青却说不用枪毙他，他这样的人不必浪费一颗子弹。说毕，他用锄头给了汉奸伯父后脑壳狠狠一击，就地把何墨香打死了。

作为革命战士，何志青有大义灭亲看似无情的一面，其实作为一个革命党人，何志青更有顾念亲人热爱家人和重视亲情的一面。据他的侄儿何永华回忆，在何永华出生刚 7 个月时，何永华的父亲因为生病无法医治，临终前想要见一下自己的亲弟弟何志青。何志青知道消息后，尽管知道回家见哥哥要通过日本兵的重重哨卡，一路会冒着极大的生命危险，但他依然勇敢地要去见哥哥一面。为了逃避日本兵的追捕和盘查，他特意找了一套日本兵的军装，戴着日本兵的军帽，将帽檐压得很低，穿过了敌人重重哨卡。在路上遇到村里熟人时，他忘记了自己是日本兵的装扮，情不自禁地对着村里人露出真诚的笑脸，本来害怕又仇恨日本兵的村人，远远见到一个日本兵对自己微笑呢，既惊恐又疑惑，走近细看，才看清是何志青。

何志青全家福

到了临终的哥哥身边，哥哥将三个未成年的孩子托付给他，何志青一边答应哥哥的请求，一边帮哥哥穿寿衣，让哥哥安心离世。古稀之年的何永华在讲起这一段往事时，还眼眶发红，声音哽咽，令在场的人唏嘘不已！

1945 年 8 月，何志青参加周吉率领的宝安民兵团包围南头县城，对日寇伪军实施逼降缴械的激烈战斗。

1947 年春，广东区委发布恢复对国民党的武装斗争，何志青参加了"惠东宝"人民护乡团，任"金虎连"副连长，转战在阳台山下周边各乡镇。作为副连长，他指挥了无数的大小战斗，每次战斗他都身先士卒，冲锋在前，敢打敢拼，非常勇敢顽强。他从抗日战争开始就参加革命，直到解放战争仍然战斗在烽火弥漫的第一线。

何志青是龙华赤岭头为数不多的既参加过抗日战争同时也参加过解放战争的老战士。1949 年 10 月 16 日，解放南头城，在宝安大队的领导下，何志青带领"金虎队"在宝安地区参加过无数次战斗，立下不少战功，最后一场战斗是在 10 月 19 日，解放深圳圩镇和九龙海关。战争时刻面临着危险和牺牲。在攻打深圳圩时，何志青连长身负重伤，是战友何天发从战火硝烟中把他背出战场才脱离了危险。

在赤岭头村，唯有何志青是在战场上待的时间最久的战士，其他如何赋儒、何伯琴等因为是有知识有文化的革命者，他们多是从事行政领导或政治

思想指导工作；而上战场，或者领兵打仗的，何信恩或者何贵生等都在很早的时候病逝，最后留下的就只有何志青依然在战场上拼死杀敌，所以何志青是龙华赤岭头村当之无愧的战斗在前线的第一人。

何志青老人回忆说，他们当兵的那个年代是相当艰苦的，艰苦的程度现代的青年人无法想象。他说，他们当兵时经常是吃不饱的，行军打仗时，无论刮风下雨，睡不好觉吃不饱饭都不能影响上战场，只要上级一声命令，战士们饿着肚子也会毫不迟疑奔向前线；晚上睡不好觉，在行军途中，战士们站着也能睡着，有时下着大雨，战士们背靠背站在雨中也能睡一会儿，休息几分钟后再继续上路奔赴战场。何志青回忆道，他们那个年代的战士真像是钢铁铸成的一样勇敢坚强，不畏惧任何艰难困苦。

何志青次孙何伟钦在部队留影

何志青的兄弟何石秀也一起参加过部队投入战斗，他还有一姐一妹，先后在解放前病逝。

深圳特区成立后，何志青又被安排到深圳市迎宾馆服务，直到超龄多年后才得以离休。

何志青同志不仅为民族的解放事业作出了不朽功绩，也为宝安人民的解放事业浴血奋战奉献了自己的青春和热血。尽管在解放以后遭受不公平待遇，甚至是受到伤害，但他将个人恩怨与国家民族情感分得很清，他没有对自己所遭受的不公平耿耿于怀，他的一家三代男儿都当过兵，虽然他自己吃了不少苦，但他并没有阻止他的儿子和孙子像他一样去从军，相反他教育鼓励他们放下父辈受过的冤屈，要懂得国家民族利益高于个人的一切，所以他将儿孙都送到部队去锻炼。他的次子何育明在海南当过炮兵，多年后，他家第三代、次孙何伟钦于1998年入伍，并跟他的叔叔去到了同一个炮兵团当炮兵。

何志青同志是一个刻苦耐劳、忠诚老实的好干部，他洁身自爱，廉洁奉公，清贫一生，两袖清风地走完了他光荣的、对党对人民无限忠诚的一生。到2010年病逝时，他没有留下任何财产，他那一颗无限忠于党、忠于人民的赤诚之心，天地可鉴。

曾强的战斗岁月

一、假"和平"害得抗日人士露宿香港街头

曾强是著名爱国人士、香港文化名人大营救主要策划者之一曾鸿文的公子，1926 年出生，籍贯宝安布吉（现深圳市龙岗区坂田街道上雪村）。长期在龙华、布吉一带从事革命工作。曾任惠东宝人民护乡团第三大队交通总站站长、第三大队三虎队队长、边纵东江一支队三团作战参谋、边纵东江一支队三团新编营营长等职。是参加过抗日的"东纵老战士"。

抗日战争胜利后，宝安地区和全国一样，人民大众都在盼望和平，能够休养生息，重建家园。但在 1945 年 8 月 15 日本宣布投降后，国民党急调拥有全部美式装备的新一军、五十四军、六十三军、四十六军奔赴广东各地，接收大中城市，占据战略要地，为发动全面内战做准备。为尽快达到目的，从当年底开始，国民党采用填空格式的战术，企图消灭中国共产党领导的东江游击队和摧毁各地民主政权及农会民兵等。

曾强

中国共产党在毛泽东的领导下，为了争取全国和平民主，通过各种途径坚决揭露国民党反动派的内战阴谋。在全国人民的声讨和巨大压力下，国民

党不得不妥协，终于，国共两党在重庆进行了为期43天的和平谈判，最终迫使国民党签署了《政府与中共代表会谈纪要》，即"双十协定"。有了这个"协定"，国民党表面上不得不承认和平建国的基本方针和人民的某些民主权利。中国共产党也配合做出"同意让出广东等八个解放区，东江纵队撤退到山东烟台地区"的决定。据记载，东纵北撤时，部队被限定人数为2583人，余下的上万人都只得复员或疏散回乡。与此同时，国民党广州行辕则作出姿态，按协议规定：对复员人员和家属，政府保证不歧视，保障其生命安全及居住就业一切自由。而实际上国民党出尔反尔，明目张胆地破坏协议，指使各地反动武装对东江纵队复员人员和革命群众罗织编造各种罪名，污蔑他们是什么"土匪""奸匪"等，并派人到处捕杀，强迫他们"自新"、抄家没产，株连家属，进行残酷迫害。

国民党"只要是共产党员，见了就杀"的白色恐怖活动致使东宝地区许多人被迫逃离家乡。就像曾强的父亲曾鸿文这样的抗日名人、中国文化人大营救活动的具体组织实施者全家成员都要被通缉，不仅房子被烧光，连他年迈的祖母和所有的子孙都得被迫逃往香港大埔石鼓龙村避难。还将宝安松岗乡谭头村文造培等200多名支持过抗日的群众定为"有罪"，进行大肆报复。文造培最终被迫逃往香港湾仔，过上了露宿街头的生活。至此，国民党的"和平"随即成为泡影，丑恶嘴脸彻底浮出了水面。

二、到香港组织被压迫的战友回乡斗争

1946年6月底，曾强被复员回到香港新界大埔家里，和许多在抗日战场上英勇杀敌并立有大功的老战友一样被复员，导致生活没有着落，从而激起了他们要回内地恢复武装与反动派斗争到底的信念。曾强对父亲曾鸿文说："我决定返回内地，继续与国民党斗争。"曾鸿文听后沉吟了一下，认真地看着他说："好，我支持你正义斗争的决心，但是一定要依靠党组织，不能盲目乱撞。"并指导他说，"你首先到香港找何鼎华同志。"

曾强遵父嘱咐照办后，又去九龙深水埗桂林街×号找到祁烽同志。把自己这些日子的感受和决心回内地继续斗争的来意讲明。祁烽高兴地对他说："党组织支持你。东莞何棠等同志已回去恢复武装斗争，你和梁忠同志先回

宝安，负责恢复武装斗争，并负责动员组织一部分在香港各地的同志共同回去，现给你300元港币，作为初期活动经费，用完之后，就要靠你们自己去解决了。"曾强得到了祁烽的指示后心里非常高兴和激动，当即坚定地向对祁烽表示："坚决服从照办。"

当日，曾强立即到九龙学生书店告诉战友黄达生（原抗日游击区共产党政权宝安二区区长），告诉他祁烽同志已批准他和梁忠同志负责回宝安恢复武装斗争，并在香港各地联系东江纵队复员骨干，动员他们回去参加武装斗争。

黄达生听了曾强的汇报后十分高兴，对他说："你来得很及时，请你立即到香港湾仔去一趟，依照祁烽同志指示，找到文造培、文德安两同志，动员他们一齐回宝安恢复武装斗争。"并仔细介绍了文造培和他们全村群众住在湾仔的详细情况。

次日，曾强找到文造培、文德安同志等人。他们十分悲愤地说："我松岗谭头村全村的人民群众支持共产党抗日，现在家散人亡，流离失所，家里房子已经全部被烧……"随即，他们拉着曾强的手去见流落在香港的全村村民。那些村民生活很惨，住在楼梯底，街巷里都住满了，有的因没有饭吃已经活活饿死了。他们既悲痛又生气，强忍着心头的愤怒，迅速集中开会。曾强首先讲话传达说："请让我代表上级同志向你们问好！祁烽同志代表组织决定，批准我和梁忠同志负责，回宝安恢复武装斗争。我们宝二区老区长黄达生同志让我前来动员你们一齐回去，继续与国民党反动派、地主恶霸斗争到底！"到会者顿时大声欢呼，异口同声地举起双手，表示要斗争！要斗争到底！曾强继续说："既然大家都热爱党，热爱家乡，这非常好，我们按计划，先和文造培、文德安等人回去，然后再由文造培同志逐步带你们回去继续斗争！"文造培紧跟着和大家说："你们等着我和文德安等人先同曾强同志回去，打好活动基础，再逐步带你们回去。"

这次接触，对曾强回内地斗争的鼓舞很大，他的决心也更大了。他在回内地斗争之前，先积极到九龙、新界、元朗、大埔各地区组织发动原东纵留下来的骨干，号召大家和同志们一起回到宝安，恢复和建立武装斗争队伍。很快，曾强在短时间内就发动了曾光、林传、彭增磷、巫祺、杨奇、曾安、文造培、文德安等20多人回乡继续与敌人斗争。

三、回到宝安恢复人民武装与敌人展开斗争

曾强他们分头从香港诸岛口岸回到宝安布吉雪竹、木古村集中。当时的活动是以武工队形式展开的。1946年11月，曾强与梁忠计划把那些回来的同志分组后统一指挥，并在两个地区开展武装斗争。具体分工是文造培、文德安带一队人马在西片松岗一带开展活动；曾强和梁忠在中片布吉、龙华、观澜、乌石岩等地活动，并负责全面工作，方便统一指挥，以有效地打击国民党反动势力。

曾强回到内地，在党组织的领导下，到惠东宝地区开展敌后武装活动，领导游击队和敌占区群众闹革命。当时的社会结构非常复杂，主要任务必须依靠当地党组织。曾强遵照上级组织的安排，首先设法把东江纵队北撤时留下来的枪支弹药找到并迅速充实队伍。为此，他很快将布吉雪竹迳曾磐福和木古梁连同志掩藏下来的枪支弹药找到，同时又迅速把东江纵队北撤时被迫流散在当地复员的同志动员回队，还发动了一批当地爱国青年参军，队伍一下扩大到100多人。

为了解决队伍食饭的经费，曾强他们临时组建成税站，开始是在布吉、龙华、梅林各地要道设立流动性税收点，每个税收点配三五人。税站建成后，把当地小股土匪、流氓赶走，由我方保护大中小商人的过往安全，得到他们的欢迎。同时，武工队又取得当地群众和地下组织的支持。

税站就是我们部队的"生命线"，对革命工作至关重要，这也就直接招致敌人疯狂的袭击，成为扫荡重点，危险性大，牺牲也大。为了保障部队的给养、增加税收，不少税站人员是"拿命去搏"。

曾强的战友张日明当时也在税站工作，在一次"八月扫荡"期间，杨西税站就遭到几次袭击，站长宋天生、税收员王棠先后牺牲；东莞税站原有29人，在遭敌袭击后伤亡较大，他们只得白天上山隐蔽，晚间入村找饭吃，经常每天只吃一顿饭，情况恶劣时不能进村，只能在外面忍饥挨饿，就那样，最后幸存下来不足10人。而税站工作中最危险的是在携带税款走在通往缴税总站的路上。那一路上税站人员要躲过很多个敌人的岗哨、暗哨，随时都有生命危险。1948 年的一个冬夜，寒风呼啸，一个瘦弱的身影在蔗林里急步穿行，那是银中税站站长姜明，他边走边用一只手紧紧地捂住大衣的口袋，因里面装的是税站人员冒着生命危险收到的税款，他要把这些税款安全地送到税务总站。突然前面传来一声吆喝："站住！不许动！"接着几束手电筒光就扫了过来。姜明暗叫"不好"。他知道遇上敌人了，第一反应就是往蔗田里躲。随后，敌人就包围了这一片蔗田。战斗中，姜明打光了所有子弹，身受重伤。但在危急关头，他把身上的税款、税票、文件一一撕毁，还把手枪拆散扔掉，最后壮烈牺牲。

尽管工作艰险，但流动税站为部队战斗做出了很大贡献。税站的设立也把各地一些小股的土匪、流氓赶走了，保护了过往客商的安全，受到他们的欢迎。税收工作发展很快，其收入占到队伍总收入的 70%，保证了队伍的给养。

后来东江纵队奉命北撤，国民党反动派乘机到处建立起地方反动武装据点。为了改变这种被动局面，曾强首先把工作重点放在各地建立自己的地下情报站上，如东莞与他们活动区域交界的风岗圩、大坪村和他们活动地域内的观澜、龙华、乌石岩、南头等圩镇，先在敌人据点附近建立情报网点，然后全面建立。

其中布吉至深圳分站长是陈和生，副站长刘安仁；观澜分站长黄生；龙华、乌石岩、南头分站长郑木。这项工作非常重要，除了帮助部队及时得知敌人一切动态并迅速向我方各部门传播、防备敌人进犯外，情报站还与当地党组织取得密切联系，做好民运宣传，动员青年参军并做好原东江纵队复员人员的归队工作。

四、护乡团在凤岗的两次战斗

1947 年初，香港共产党组织接党中央指示：广东要恢复武装斗争。原东江纵队政委尹林平同志召开原东江纵队留下来的团以上干部会议，动员大家返回广东内地恢复武装斗争。

当年 5 月，杨培、李和同志通知曾强到东莞官井头会合，随即召开会议传达上级指示，正式宣布成立护乡团，为回到内地恢复武装斗争做好了准备工作。

护乡团成立后，决定由李和同志指挥，派 10 多人到东莞凤岗乡公所打一仗，扩大一下影响力，同时也是为了向老百姓传递一个让他们期待已久的

曾 强

信息。队伍分为两组：一组三人，由张生、张福友化装成当地客家妇女，曾强则化装成一个小贩前往。一组由李和同志带队。计划利用当天圩日，随群众上集市潜入墟内，从而接近乡公所，然后按计划突然发起攻击，这样极有把握一举消灭全部的敌人，壮大士气，扬我军威。

但当天情况突然发生变化，有四五名敌兵武装外出接伪乡长回凤岗。当我第一组将到达凤岗圩时，这四五名敌兵已全副武装出来，曾强他们就镇定地穿过敌兵，后一组的李和同志认为已对此敌形成包围，便大叫了一声"不准动"！

那些敌兵一听到喊声就慌忙钻进树林逃跑，其中有一名敌兵向圩门跑去，被在那里的曾强当即开枪打死，并迅速缴获敌兵的那支步枪。

在李和那一组追赶逃走的敌兵时，圩内的敌人就全部登上了炮楼，而此时曾强三人已进入到了圩门内，距敌乡公所炮楼仅10多米，敌人除了向李和他们射击外，还集中火力向曾强这三人射击，曾强他们只能用刚缴到的步枪巧妙地进行还击。

情况的突然变化一下将原定计划打破，曾强他们最后只好全部撤出凤岗乡战斗现场。这一战虽然没有按计划全歼所有敌人，但还是打死打伤了几名敌兵，给当地群众留下很深的印象，人们一下就知道共产党的队伍回来了，大家有希望了。

八九月时，曾强所在团又组织武工队和税站人员等攻打了东莞大坪村以叶虹为首的地霸反动武装。因为他们在当地残酷欺压群众，同时此地也是护乡团与我军东莞部队活动联系的交通要道，他们的存在是一大障碍，必须铲除。

李和同志先派人到大坪村侦察，然后回来讲述了大坪村敌情，特别谈到叶虹派去指挥炮楼的打手叶×，当晚会离开炮楼去和他老婆相聚。于是，护乡团计划趁这个重要时机突然发起攻击，打他个措手不及。

当时的战斗人员分为两组：第一组为巫祺、梁加等同志负责用炸药地雷炸掉炮楼，消灭炮楼驻兵；第二组由曾强、张磷攻打叶虹打手叶×住家。李和同志带队伍掩护。

当晚八时，曾强带领的这一组点着了炸药包，随着"轰"的一声巨响，叶×家的木门被猛然炸开。但那打手是土匪出身，身手很敏捷，立即拿着他那支驳壳短枪向门口猛烈射击。曾强随即丢进去了一个手榴弹把他炸伤，但他仍在向门口开枪射击，并从屋顶瓦面爬出，他还大叫着企图指挥炮楼里的敌兵射击。

但曾强料到他那是在转移视线，他一定会逃走，于是到巷口等着他出来。果不其然，叶×很快从瓦面跳了下来准备逃跑。早已做好射击准备的曾强立即上前将他击毙，并缴了他的驳壳枪。

曾强这一组的战斗任务顺利完成了，可不知为什么炮楼爆破组的地雷一直没有炸响。后来得知，当时我们的队伍集中火力射向炮楼，炮楼上的敌人也向我方开了枪，同时还拼命向下砸砖石。可巫祺、梁加等人很快跑来说地雷失灵没有爆炸，必须赶快撤退。

当晚，队伍全部退出战场。这场战斗虽然也没有取得全胜，却消灭了土霸反动头子叶虹的得力打手，当地群众暗中拍手叫好，部队斗志也大大增强。

五、建立神秘的交通联络站

凤岗圩和大坪村战斗结束后，杨培同志向部队宣布：根据上级党组织的指示，宝安护乡团三大队已于1947年5月正式成立。政委杨培，副大队长林文虎、李和。他们在宝安以原来武工队为基础，逐步地扩大和发展起来了，现编成钢铁队，由林文虎带队；三虎队由李和带队。同时，大队领导认为，为了部队活动需要，必须在宝安建立交通总站。李和、杨培同志提议抽调曾强来担任交通总站长。

曾强接受任务后，立即计划组成交通网线。他根据部队活动地区设立交通分站，初步在布吉、龙华、观澜、乌石岩、梅林一带。这些分站要与各情报分站密切联系，便于传送情报，也便于接送物资和人员；每个交通分站设一个交通分站长，带三四个交通员。交通总站本身设五六个人员，指导和联系分站工作。交通总站工作很快得到落实。

机智与勇敢，对一个优秀的交通员来说，都是必不可少的素质，有时甚至还必须得有点运气。为了隐蔽行动必须尽量避开敌人和他们的眼线，因此交通员每次执行任务时都是单独行动，不测会时有发生，随时都经历着生与死的考

验。为搜集更多情报，作为交通总站长的曾强每天都会接触到由革命群众、情报人员冒着生命危险送来的各种情报，他必须按轻重缓急把这些情报输送到前线部队，一刻也马虎不得。那时候，交通站就是一个情报枢纽，地点都非常隐蔽。而且为了方便贴身收藏，情报都是用很薄的纸写好，然后叠卷成卷烟模样，而"卷烟"上还用"△"来表示情报的轻重缓急，"△"越多就表示越重要。而且特急件一般在接头时都需要对"口令"。答对了就是自己人，才可以把情报交给他。如果错了就很可能是敌人，必须尽快想办法逃跑。

在那个白色恐怖笼罩的时期，敌人对共产党员和革命群众都非常残忍，宁可杀错也不肯放过。而在曾强带领下的交通员都是孤胆英雄，他们为了隐蔽行踪尽量避开敌人，每次执行任务时都是单独行动，随时都要经历生与死的考验。

有位叫钟吐婵的女交通员，她生长在贫苦人家，被国民党反动派逼得家破人亡，后来在参加游击队的丈夫介绍下加入了曾强等人领导的武工队，成长为一名交通员。1947年的一个夏天，烈日当空，钟吐婵扛着一把锄头，行走在田间小路上，看上去就和普通巡视水田的群众没两样。刚转到凤凰村后，突然前面传来一声吆喝，她定睛一看，原来有一队国民党士兵在山路的入口盘问和搜查过往的群众。钟吐婵立刻停下脚步，因为她的衣服口袋里有一张小纸条，这是要送往洪田游击队的情报，如果这张纸条被敌人搜出来，她不但自己没命，还会给游击队带来无法挽回的损失。说时迟、那时快，钟吐婵急中生智，悄悄把纸条拿在手上，快速看了一遍，并记住了纸条上的内容，然后把纸条放进口里吞了下去，才从容大方地走向匪兵。哨兵在她身上搜了几遍都没搜出"违禁品"，只好放行。最终，钟吐婵平安抵达洪田，向游击队口述了情报，完成了任务。

知己知彼，百战不殆。为了掌握更多的准确情报，曾强还物色了一些进步群众，把他们发展为地下情报员，想方设法让他们打入敌人内部，布吉雪竹径村的曾官玉，便是众多秘密情报员中的代表人物之一。

当时，国民党要在各村建立保甲制度，但雪竹径村群众仇恨反动派，没人愿意为虎作伥，为此敌人逼得更紧。而此时曾强刚好在这一带活动，获悉这一切，他认为这是在敌人阵营里安插"眼线"的好机会。

一天晚上，曾强悄悄地敲开曾官玉的家门，进屋之后，他对曾官玉说："你要想办法做这个保长。"迎着曾官玉疑惑不解的目光，曾强告诉他，这个"白皮红心"的身份，可以为我方刺探出更多有利情报，这对革命斗争非常重要。

但曾官玉还是有所顾虑，半晌没有作声。曾强知道，曾官玉是怕被乡亲们指着脊背骂，曾官玉过不了心里那一关。随后，曾强反复做曾官玉的思想工作，告诉他这项工作是我方部队正式委派的，请他不要有顾虑。

为了党的利益，曾官玉最终咬牙答应了。1947年和1948年间，国民党一个连驻扎在布吉墟口，对活动在这周边的我方武工队造成极大威胁，为此护乡团钢铁队队长林文虎一直都想拔掉这根"刺"。1948年春节前夕，林文虎找来曾官玉要求他利用保长的身份，到敌人的驻地打探情报。不久，曾官玉果然送回了一份详细的情报，敌人的数量、装备等情况一清二楚。

大年初三，钢铁队员化整为零，装扮成探亲群众，趁敌人观看舞麒麟的机会潜入敌营，打了敌人一个措手不及，全歼敌军一个连，缴获步枪数十支。战斗胜利后，林文虎带队从原路返回甘坑住地，一路激情地唱着雄起起气昂昂的歌，士气非常高涨。这一胜仗的消息传开后，大振我部军威，敌人闻风丧胆。在老区和当地人民支持下，参军人员不断，部队迅速地得到扩充。

当曾官玉悄悄为武工队提供情报，使武装部队一次又一次取得胜利的时候，他"白皮红心"的身份却被叛徒揭穿了。被捕后，曾官玉受尽各种残酷刑罚却始终坚持说，自己是村里的保长，一心为国民党做事。残忍的敌人最终将他杀害了。

数个月后，曾强接到上级命令，离开情报战线，继而担任三虎队的队长，率领队伍攻打沙头海关、突袭白石洲炮楼。凭着情报人员冒着生命危险送来的准确情报，三虎队以少打多并接连告捷，其中在白石洲一战，10名三虎战士击毙、俘获国民党宝安大队一个排30余人。

此后，三虎队和其他武工队在惠东宝地区并肩作战，成了主力连队，而曾强也调任东江一支队三团任作战参谋，后任新编营营长，指挥正规部队继续参加解放战争。

六、三虎队二战显神威

1948年3月，曾强接到李和同志的通知，调任三虎队队长，交通总站长由黄炳和同志担任。

曾强调任三虎队队长后，经常与李和大队研究如何学习钢铁队的打仗经验，迅速把三虎队发展壮大，力争成为部队的主力连队。为此，他们非常注

重做好情报工作，做到准确了解敌情，然后主动出击，打有把握之仗。

当年五、六月间，三虎队开始出击，第一仗在清水河打伏击。战前，情报员曾万能同志向大队提供情报说：住布吉宝安十五团三营八连连长黄和轩经常带一个排或一个班护送粮食和物资，由清水河经过。

经过研究后，李和同志决定派出三虎队刘桂才一个排进行伏击。当天，敌人由连长黄和轩带队，果真经过清水河。当敌人进入伏击圈后，排长刘桂才同志下令，集中火力猛烈射击，黄和轩当场受伤，带着他的卫兵逃走，其他敌人伤亡很大。这次战斗缴获敌人轻机枪一支，步枪数支，但彭国民同志在战斗中英勇牺牲。

当刘桂才同志带队返回营地时，全体同志列队高呼口号，欢迎战斗队伍胜利归来！当同志们得知彭国民英勇牺牲时，大家都为失去战友而悲愤，心情也变得很沉重。随后，在李和同志的主持下，为彭国民同志召开了隆重的追悼会。

清水河伏击战的胜利让三虎队全体战士斗志高昂，李和同志在白石龙召开了排连干部会议，总结清水河的战斗经验。到会全体干部一致认为部队正在逐步发展壮大，士气很高，但部队装备较差，一定要从敌人手中夺取装备武装自己。为此，必须主动出击，有条件，有机会就打，要打什么目标，首先刺探好情况，做好一切准备，决定要打就打胜仗。

5月的一天，部队决定在深圳至南头县城中间端掉敌人的据点，李和同志召集曾强、张玉、曾光等共同商讨，认为打沙头海关分关比较合适，因那里还住有国民党宪兵一部，这仗如取胜，将对敌人的打击很大。接着，派曾光同志侦察敌情和战斗区域的地形地物。曾光同志深入沙头村，找其父亲的朋友做内线，一起暗中商量和侦察。

曾光同志做好这一切侦察和工作安排后回到大队部向李和、曾强和张玉汇报。曾光认为，战斗前首先要做好爆破准备工作，同时要做好部队警戒，一路是深圳，一路是南头；另派出一个班，登上沙头村另一个炮楼，掩护部队突击敌人炮楼。

为保证再打一个胜仗，部队在沙头海关开战前一天就从白石龙迁到了梅林村果园住下。次日下午，李和同志召开了排连干部会议，动员打沙头海关分关和国民党宪兵小组，并要求到会人员要绝对保密，出战时一切行动听从指挥。

随后，曾强先派出何鹏飞班长带他的班警戒深圳方向路段，另派出简明副班长带半个班警戒南头方向路段，曾光带一支队伍登上沙头村的另一间炮楼掩护突击队。主攻敌人炮楼的突击队由曾强带领。突击队员有巫祺、吴炳南、杨马带、吴恩来、何金友、梁加、黄连、曾佰屏，梁加同志负责做地雷炸药。

当天晚上十时左右，李和同志在外围一切工作布置好了，派一个通讯员通知曾强和突击队全体人员，战斗可以马上开始。突击组当即向敌哨兵前进，到了距敌哨兵七八米处伏在地上，先派一个队员化装成村民，在敌哨兵前面经过时分散哨兵视线，随即爆破小分队三人带着地雷迅速通过，并立即把地雷放在围墙一角，拉开导火线。随着"轰隆"一声巨响，哨门被炸开了，炸得哨兵血肉横飞；紧接着爆破组三人一个箭步冲到敌人炮楼据点下，第二声爆炸又响了，把炮楼炸开了一个大洞，当场炸死三个敌兵。突击队又向敌人炮楼顶发了颗信号弹，于是，爆炸组三人与全体突击队员分成两组，一组上楼，一组进敌宪兵房，将敌人全部控制起来。

当时，炮楼里的敌人有的躺在床上，有的被地雷震得掉在床下，烟尘满面。有三个敌人则躲在床底下，曾强冲进去后喝令他们爬出来，他们都老老实实地爬出来举手投降。

这场战斗仅用了 30 分钟，缴了敌人两支新的卡宾枪，短枪十多支，物品一批。俘虏则集中在荔枝园训话教育后放了。

战斗结束后，大队部向上级汇报，三虎队得到了上级来函嘉奖。大队部则赠送了一支卡宾枪给一支队，当地群众都前来慰劳慰问，庆祝打了胜仗！大队部和三虎队全体同志加菜联欢，又唱歌又跳舞，十分高兴。

七、智攻白石洲，完胜凯旋

1948 年 7 月，李和同志与三虎队的曾强、张玉商讨攻打白石洲。白石洲村的炮楼住有伪宝安大队一个排 30 余人，在当地欺压搜抢群众，群众对他们非常憎恨。要打这一仗，有利的条件是三虎队排长吴炳南是白石洲村人，可以会同他亲兄弟吴土逮对敌进行侦察。吴炳南非常高兴地接受了任务。在得到敌情汇报后，大队领导与三虎队领导讨论，一致主张这一战还是采取以少打多，打法是组成十人左右的短枪精干队伍，当天晚上深入村内，到离敌人炮楼 100 米左右的一间草房隐蔽下来，大小便在草房内解决。等到次日敌人

晚餐时进行主攻，使敌人来不及应战，将他们一网打尽。

战斗任务布置下来后，大队领导集中战斗精干队伍做了动员，这一战全盘由曾强负责指挥。全体队员战斗热情高涨，下定决心不打胜仗不回来。

当晚，战斗队由白石龙黄帝田出发，路经长岭陂，到白石村停了下来，等吴炳南的兄弟吴土逮带队进入白石洲村草房住下，顺利过了一晚。然而天亮之后，有两个小孩在草房门口玩，看见队伍在草房内。虽然两个小孩子没有惊慌，没有喊叫，大家还是担心这两个孩子走漏消息。

大家都有点紧张，问足智多谋的曾强怎么办？曾强对着大家说："这次战斗只能进，不能退，若是退出，让敌人发觉，给队伍带来损失会更大。现在情况变化了，我决定改在敌人早餐时强攻。"于是，曾强告诉吴炳南，要他的家兄吴土逮侦察到敌人开早餐时间后立即来告知。同时，他还要求大家做好准备，务必以最快速度，速战速决，全歼敌人。并指定由吴炳南带头强攻。很快，吴土逮告知敌人的早餐开饭了，战斗打响后，大家一齐冲上去，这样，吃早饭的敌兵全部给巫祺控制住并缴了枪。可这时曾强他们发现炮楼内还有一个排长和两个敌兵未出来吃饭。吴炳南随即冲进炮楼，被敌排长开枪击中要害，当场光荣牺牲了！接着我方黄老吉和牛头也受了轻伤。他俩虽然受了伤，仍然拿着缴到的步枪继续向炮楼里的敌人开枪射击。

曾强和通讯员杨马带随即冲上，杨马带又想往炮楼上冲，被曾强制止。曾强随即拿着驳壳枪跑到炮楼门前一角隐蔽后，突然将枪用手一伸，并向内猛烈射击，正好射中敌排长。他同时对着敌排长大吼道："再不出来缴枪，我们就放地雷把炮楼炸掉。"敌人害怕了，立即举起双手缴枪投降了。

这次战斗共俘敌兵30余人，缴获步枪30余支。因我方战斗人员只有十人，当中牺牲一人，受伤二人，缴获的枪支怎样运回去呢？大家想了一个办法，能拿的每人拿一支步枪，随时应付战斗，其余的步枪鸡头（枪栓）拆开，由自己随身带上，这些步枪由俘房背上马上退出现场（包括背上吴炳南同志的遗体）。在到达安全地点后，把俘房教育一番后释放了。然后，他们叫来龙井村群众协助运送枪支和伤员，返回白石龙营地，受到营部和连队其他同志的欢迎，后来还受到江南支队传令嘉奖。参加白石洲战斗的每位同志得到大队部印发的一件写着"集体战斗模范"红字的内衣。这次战斗缴获的30余支枪分配到各班加强了武装。

第二天，三虎队从白石龙到布吉马安堂村（现坂田街道马安堂社区），为战斗中英勇牺牲的吴炳南同志开追悼会，会上由三虎队吴恩来代表讲话。

三虎队因取得多次战斗胜利，队伍得到壮大，武器配备也好了。从此，三虎队与钢铁队在惠东宝并肩作战，成为主力连队之一。

八、迎接新形势，组建金虎队

曾强因长期参加战斗，曾口吐鲜血，1948 年 5 月 29 日白石洲战斗结束后不久，他又发现自己心里总是有一点闷，吐痰时有血丝，于是向大队长李和与周吉同志报告。周吉、李和非常重视，当即批准他到香港医院照 × 光。照过后没有发现问题。当时宝安情报站站长黄瑞磷出现男女关系问题被撤了站长职务去了香港。于是周吉、李和要曾强到宝安情报站整顿工作。经整顿后，提升陈和生为站长，曾煌为副站长。

1949 年后，为了配合大军南下，三团部队有了很大变化。宝安钢铁队、三虎队、活虎队等逐个东上。李和大队长被调任三团副团长后，宝安大队骨干所剩不多。因此周吉同志向上级提议，让曾强留下任宝安军事特派员，周吉同志自己任政治特派员。

曾强和周吉同志商议，按当时宝安的情况扩充发展了武装连队，把何强、何官德（何志青）组成连队，由何官德任连长，何强任指导员，将剩下的武装人员编成一个连，定名金虎队，同时在宝安各地建立武工队组织，由武工队发展扩军，多发展连队。

九、入编"边纵"，任新编营营长

1949 年 1 月 1 日，中国人民解放军粤赣湘边纵队宣布成立，江南支队改为粤赣湘边纵东江一支队，三团领导做了新的调整，麦定唐任团长、副团长何棠、杨培任政委、黄永光任政治处主任、曾强调任团作战参谋。从此，三团宝安大队只剩主要领导周吉、曾劲夫同志，以及团政治处主任黄永光等同志继续领导宝安地区的武装斗争，并将原民治基干民兵连，及各乡抽调的武工队队员40 多人整编为警卫连，政治指导员陈汉，副连长吴琼发。

1949 年 7 月，边纵东江一支队副政委祁烽同志到三团传达工作指示。9

1952年9月15日，由中国人民解放军中南军区签发的《革命军人证明书》。

月下旬，曾强被任命为粤赣湘边纵东江一支队三团新编营营长。

当曾强带队出发经过坪山时，见到了李和同志，并与李和并肩作战，解放了惠州。后三团通知曾强带队返回东莞整编，队伍整编后于1950年调到深圳，在军管会祁烽同志领导下，到沙深宝防公安三分局驻守罗潮桥，曾强任检查站站长（属部队编制）。

曾强从14岁开始就加入广东人民抗日游击队，与日军浴血奋战，直到抗战胜利。

富家千金庞维满的爱国篇章

庞维满在抗日战争一开始就带着满腔爱国之情在香港参加了秋风歌咏团，在风起云涌的香港参加抗日救亡运动的宣传和演出，他们团在街头巷尾演唱的全都是抗日救亡歌曲，这些歌声的反复响起不停地激发着香港同胞的爱国热情。她在这一运动中也不断提高着对抗日宣传工作的认识，思想觉悟得到进一步升华。

其实庞维满是香港一个富商家庭的千金。她出生于1923年。她家人口虽然众多，但家业雄厚，生活非常优裕。她在姐妹四人中排行第三，还有一个哥哥。作为富家千金，她从小开始读书识字，学习礼仪。

随着年龄的增长，庞维满出落得亭亭玉立。父母都很宠爱她，因此，在她出落成大姑娘时，还会经常扑到母亲怀里撒娇，逗得全家人无比开心。

但随着时间的推移，自幼受到良好教育的庞维满开始同情受压迫、剥削在社会底层苦苦挣扎的穷人，当她看到因遭受日军侵略而涌入香港流落街头的众多难民的凄惨状况时，胸中燃起了对日本侵略者的无比仇恨。

1941年冬，在日军侵占香港后的第三天，庞维满在党组织安排下秘密离开了香港，绕道九龙、元朗后经过鸡公山，顺利到达了宝安县龙华乡的白石龙村，从此参加了广东人民抗日游击队。那几天的艰难行程，使她脚底磨起了血泡，每走一步路，都疼痛难忍。这对于过惯舒服生活的庞维满来说，确实是一个严峻的考验。但是，当她一想到祖国的大好河山正遭受日军铁蹄的践踏，骨肉同胞饱尝亡国之苦，胸中就充满了对日本侵略者的刻骨仇恨。她庆幸自己终于踏上了抗日斗争的征途，并战胜了第一段艰苦的行程，从而掀

开了自己人生与祖国命运紧紧相连的崭新篇章。

游击队领导根据庞维满的出身和性格特点，将她编入到女生队学习班。她毫无富家千金小姐的架子和脾气，学习起来非常认真，上课时专心听讲，不懂就问，比一般学员进步得快，仅仅用了半个月左右的时间就学到了不少革命理论，明白要想打败日本侵略者解放全中国，就必须紧跟共产党走。她庆幸自己找到了真正的家——游击队。

新的战斗生活是那样深深地吸引着她。游击队的生活虽然很艰苦，无法跟香港富裕家庭生活相比，但游击队有许多视她如亲人的战友，大家团结一致，拿起枪就能打败日本侵略者，解救受苦受难的同胞。

1942 年的春天是那样阴沉，天空布满了铅块般沉重的阴云，灰蒙蒙的一片，终日不散。正好契合了那年春天的政治气候——同样的阴沉和变幻莫测。那年，由于日军集中兵力侵占了香港，消极抗日、积极反共的国民党顽固派却倒行逆施，乘机调集重兵围剿抗日游击队。在敌强我弱的不利情况下，为了积聚革命力量，我军领导以高超的战略眼光和大局意识做出决定，指示游击队分散到广大农村中去，分片去组织和发动民众，团结老百姓共同抗日。庞维满被分到了宝安县大斜布村（现观澜大布巷一带）开展民运工作。

在游击战争环境下的农村生活是十分艰苦的，这对于过惯城市优裕生活的庞维满来说又面临着一个严峻的考验。每一个游击队员要宣传党的方针政策和发动群众，必须首先要学习并习惯普通群众的生活，只有这样才能和他们打成一片，拧成一股绳。对此，庞维满二话不说，和所有游击队员一样严格遵守着队伍的纪律和要求，积极为群众挑水、舂米，还同群众一起上山打柴割草，下田插秧。在向群众开展宣传工作的同时，还依靠群众收集到一些敌方情报，及时提供给部队领导。每次在部队转移驻扎在村里时，她都顾不上休息便和其他民运队员一起，分头去发动群众给部队同志煮饭烧水。

繁重的任务和艰苦的生活交织在一起，使庞维满的手脚变形了，身体也渐渐地消瘦着，但她从不在意，没有退缩、动摇，更没有怨言，继续忘我地工作着。

庞维满是个心地特别善良、待人非常诚恳、和群众相处很好的姑娘。初到农村时她挑水十分吃力，行走不稳。别的民运队员争着要换她下来，让她去舂米，可她坚决不肯，每天一大早起来就争着去挑水，直到房东江嫂家的水缸装满为止。上山打柴时，她不会用镰刀，以致把手指都割破了，但她忍着疼痛从不叫痛叫苦。尽管她到大斜布村的时间不长，群众都把她一举一动的表现看在眼里，记在心中，纷纷称赞她是一个勤劳的细妹子。

1942 年春，由于阴雨连绵，天气变化无常，加上生活艰苦，劳累过度，庞维满身染重疾。她躺在宝安县大斜布村果园的草屋床上，上吐下泻，高烧不退。群众为她采来中草药，其他民运队员守候在她的身旁，盼望她早日恢复健康。可是，由于处在敌伪顽夹攻的环境中，缺医少药，她的病情越来越重了。

庞维满临终前的那天晚上阴霾重重，小雨淅沥。她对守候在旁边的战友们断断续续地发出轻声细语："我在病中，得到你们的真心照料，很是感激。希望你们也要注意休息、保重身体，因为，还有很多工作要做啊，看来我是不行了，请把我的手表和金戒指交给组织吧！"表达完自己再也不能参加抗日救国斗争而不安之后，她就安然长眠了。战友们含着依依不舍的悲伤泪水，眼睁睁地看着她年轻的生命就此凋谢。

当天夜晚，大斜布村雷雨交加，民运队员们强忍着心中无比的悲痛，在她生前一起居住的房东江嫂及乡亲们的帮助下，将她安葬在了大斜布村的叶东坑。这位参加游击队才几个月、年仅 19 岁的女战士就那样离开了人世。

庞维满不是牺牲在战场，也不是就义于被捕后的刑场，她短暂的生命默默无闻，没有轰轰烈烈的惊人壮举，但是，她是为了民族解放事业而抛弃优裕生活，并为此英勇捐躯的。她的献身精神将永远激励着奋斗的人们。

自古英雄多磨难的何伯琴

弃教从戎的何伯琴

自古英雄多磨难，从来纨绔少伟男。何伯琴，生于 1900 年，幼时跟随父母到南洋的印尼生活。父母初到南洋时，人生地疏，生活十分艰难，他们靠种地养猪，兼做一些其他小生意维持生活。随着时间的推移，父母靠着勤劳的双手，生活一天天好起来，并逐步积累了一些财产。但是，何伯琴的父亲却因为长年累月地操劳，积劳成疾医治无效，最后客死他乡。

父亲去世后，母亲在异国他乡孤苦支撑母子俩的艰难生活，举目无亲的母亲禁不住对家乡亲人的思念和对故乡的热爱，带着年幼的何伯琴和积攒下来的一些钱财，于 1918 年从印尼回到了故乡龙华。母亲回到龙华后，还清了以前家中欠下的债务，把以前被债主夺去的土地赎回来自己耕种，并修筑了一间土墙房屋，母子俩的生活总算安定了下来。

何伯琴由于自小就在海外受到过良好教育，回到村里又读了几年书，后来母亲又送他到广州继续求学。那个年代能到广州读书的人是非常少的，因为母亲是出过远门的女人，比大多数乡下母亲有远见，懂得学习文化知识对人生的重要性，所以她舍得花钱让儿子多读书。何伯琴聪明勤学，毕业返回家乡，是村里唯一一个受过较高教育的人才，也是相邻几个村里唯一的私塾先生。由于他读书多，有知识有文化，见过大世面，了解国际国内形势，懂得许多革命的道理，是当时龙华一带少有的知识分子，在村里享有极高的声誉和威望。

1939年初，根据中央指示精神，大力宣传组建中国共产党的组织，当年周吉、周振熙、曾鸿文等相继加入了共产党，从此龙华有了第一个党组织，并有了党的领导。同时他们发动人民群众收集民间武器，扩大了抗日武装力量和影响，组建了龙华的抗日游击队，这也是龙华第一支人民抗日武装力量。

何伯琴于1938年投身革命，先是投入地下党进行地下组织活动，为党的事业做了大量工作。并于1942年正式加入中国共产党，以一个教书先生的身份作掩护进行革命活动。在曾生、王作尧的直接领导下，为游击队培养人才、输送人才，为龙华当地一些村建立中国共产党的基层组织，为一些有进步思想的农村青年、小商人、青年学生和妇女讲解革命知识，宣传革命道理，并介绍他们入党，参加革命活动。

1944年，他创办龙华中心小学（现在的高峰学校），并担任第一任校长。门下学生众多，可谓桃李满天下。在他的教育和影响下，他的学生多数都懂得只有革命才能挽救中国、只有跟着共产党走才能解放全中国的道理。很多青年学生走上了革命道路，纷纷加入到革命队伍中来，在战争中锻炼成长，包括他的两个儿子何玉麟和何鹏飞，都是直接受他教育的结果。他的学生们后来很多成为共产党的好干部，做出了杰出的贡献。比如何鹏飞，从部队转业时已经是正团级干部；周水君，局级干部；林志强，厅级干部；周志荣，局级干部；陈锡昌，厅级干部。

何伯琴以一个教书先生的身份作掩护，积极参加周吉、曾鸿文、周振熙等组织领导下的抗日斗争；当年他们趁国民党庆祝"双十节"

何伯琴早年创办的龙华中心小学（现今的高峰学校）

活动之际，在龙华圩发动和举行了一次大规模的抗日游行示威，有力地激发起龙华人民的抗日热情和革命斗志。游行前，他们先在龙华圩集结，何伯琴首先带头上台进行宣传抗日演讲，有了何伯琴的带头行动，学校其他学生和教师争相上台发言，宣传抗日救国的革命形势和任务，控诉日本鬼子侵略中国的种种罪行，这些演讲大大激发了龙华人民的抗日情绪。演讲结束后，何

伯琴和学校师生带领群众举行了声势浩大的示威游行，给驻扎在龙华一带的日本鬼子以强烈震慑，在气势上鼓舞和激发了百姓的斗志，在心理上给予了日本鬼子一个威慑作用。

自从日本军队登陆到大亚湾，龙华乡便开始遭受日本鬼子的不断扫荡，日本飞机时常在龙华上空飞行轰炸，何伯琴作为当年龙华中心小学的校长，一方面要保证学生的生命安全，另一方面又不想耽误学生宝贵的学习时间，为了躲避敌机的袭击，他组织学生上山去读书。只要发现有日本飞机来轰炸，就将学生分散隐藏在山林中，等日本飞机飞走了，又把学生集中起来继续在山林中上课；飞机如果再飞回来，为了保护学生生命，他就会带着学生们登上更高更复杂的阳台山躲避。那段时间，日本飞机随时都会飞回来炮轰龙华的炮楼，轰炸声时不时在龙华上空响起，人心惶惶，学生们更是心惊害怕。何伯琴冒着随时被飞机轰炸失去生命的危险，不停地鼓励学生，疏导孩子们幼小的心灵，同时也趁势给他们讲革命斗争的道理，告诉他们只有反抗，只有拿起武器投身革命，才能将日本侵略者赶出中国，人们才会有幸福、美好的生活。

何伯琴不但跟学生们宣传革命的道理，还经常给当地老百姓讲解革命的意义。他的演讲和宣传，将龙华地区比较开明的地主、乡绅、小商人和普通百姓团结起来，凝聚成一股强大的力量。他在工作中不怕牺牲，不怕危险，更不畏艰苦的工作环境带来的种种折磨。无论多么大的困难多么艰苦的条件，他都无所畏惧，钻山林、睡山头、宿墓园、居草棚、住狗窝成了家常便饭，阳台山脚下的石燕洞、山沟沟以及那些死人的旧墓地，都成了他宿营的地方，饱着受着林间蚊蝇叮咬。

何伯琴和游击队员们白天不能下山回家吃饭，晚上也不敢回家睡觉，由他的妻子陈春招和刚过门的长媳邓春娇给他们往山里送饭。两个女人送饭菜的工具竟然是她们担着的一担尿桶。现在的年轻人，特别是九零后的年轻人，也许连尿桶是什么器具都不知道，从字面意思简单讲就是装粪便屎尿的木桶。当然桶是会洗得非常干净才会使用的。那时人民的生活起居与现在截然不同，这种工具是家家必备的农用必需品，无论是家人们的夜行方便，还是担粪便肥料浇菜园和农地，都需要使用这种工具。当时人们的生活条件和斗争形势也只有这种工具，同时也只有用这种工具装吃的送上山去，才不至于引起敌人的怀疑而受到盘查。饭菜就放在尿桶里，上面放上一些草灰做掩护，用这样的方法才能躲过国民党汉奸的追查审问。

有时，何伯琴和游击队战士实在需要回家冲澡换洗衣服，只能在半夜三更人们都已入睡后回来，天不亮又得离家上山。

有一次，何伯琴晚上回家不知怎么被汉奸知道了，可恶的汉奸就跑去向国民党头目告密，次日天还没亮，整个赤岭头村都被国民党军队包围了，恰巧他家邻居吴叔母起床比较早，去圳里挑水，看到许多国民党士兵向村子里走来，她赶快回来向陈春招报告了情况，趁国民党兵还没到何伯琴家门口时，陈春招和邓春娇用一架木梯把何伯琴藏到屋中瓦背的顶檐，何伯琴刚刚躲藏好，国民党士兵就来到了家门口，在门外大声叫嚷着开门。陈春招刚把门打开，国民党士兵立即就用几支枪对准屋里，另外几个士兵就冲进来一阵乱搜，陈春招和刚嫁进她家三天的新儿媳邓春娇站在门口，心里虽然害怕，但表面却要故作镇定地看着他们，他们一边翻箱倒柜地搜查，一边不断地追问陈春招和邓春娇："你们把人藏哪里去了？有人看到何伯琴回家了，赶快把人交出来，不交出来就把你们俩拉出去枪毙！"

在这种面临生死选择的严峻时刻，作为普通农家妇女的陈春招和邓春娇，表现出了共产党员一样的英雄气概，她故意装糊涂地说："我们全家都不知道他人在哪里呀，他好久都没有回来过了，我们都以为他已经死在外面了。"

国民党兵并不相信陈春招的话，他们在何伯琴家搜查了一个多小时，始终找不到何伯琴，最后气急败坏地走了。

在那战火不断的年代，由于村里有汉奸经常向国民党部队告密，像这类搜查何伯琴和他的长子何玉麟的情况经常发生，在多次都搜捕不到何伯琴时，他们被陈春招和邓春娇宁死不屈的正义气概激怒了。终于有一次，龙华的国民党头目钟汉权强行将何伯琴家的房屋封了，不准他家里人进出，迫使他们全家人无家可归到处借宿。还好，当他们一家借宿到当地一个比较有名望的人家时，他出面向国民党头目说情。国民党兵就提出要钱要粮，何伯琴家人四处借钱借粮，凑够了十几担谷子交给他们，这才把房屋大门封条撕了，他们全家才得以返回自己的房屋安身。

这次事件后不到半年，又有人向国民党告密说何伯琴根本没有死，说他还活着。于是国民党不再封屋，他们直接将陈春招抓走，用她作为人质，逼何伯琴现身。陈春招在牢房里没有被惊吓到，她表现出大义凛然的态度，并在敌人面前谎称何伯琴早就死了。何伯琴家里人顺着陈春招的话特意去给何伯琴做了一座假坟，并让国民党士兵来看何伯琴的假坟。国民党士兵当时就算是相信了，却并不直接将陈春招放出来，他们的目的仍然是要钱要粮。当

时何伯琴家已经是一贫如洗了，他们也知道他家是再也榨不出钱来了，就提出要 20 担稻谷。全家又只好向村里各家各户去借，并用自己家里的田地作为抵押，这样好不容易借够 20 担稻谷交给国民党头目，陈春招这才被放出来。

1948 年，又有人告密说看到何伯琴了。国民党头目知道抓陈春招去也逼不出何伯琴的下落，他们就将一直隐蔽在村里自卫队的何玉麟抓去当人质，扬言如果三天不交出何伯琴就要他的长子何玉麟抵命。

那一年，龙华的吴永新刚当上伪乡长，他是龙华浪口村人，与何玉麟新婚妻子邓春娇娘家是一个村里的，还有点亲戚关系。于是由邓春娇的母亲去跟他说情，同时龙华圩上还有一些有名望的乡绅也出面说情，并写担保书担保何玉麟不是游击队员，更不是共产党员。这样他们才算勉强答应不杀何玉麟，但又提出要几十万元。何家人没办法，只能用自己家的田地作为抵押向村里人借钱，这样才让何玉麟幸免一难。

国民党采用了各种手段，想尽各种办法折磨何伯琴的家人，指使国民党兵三天五天就要到何伯琴家搜查一次，其主要目的就是要搜查出共产党在龙华的中坚分子何伯琴。

1946 年，东纵部队北撤山东时，由于何伯琴长年屈居山林野地，早已全身落下各种重病，所以他不能随部队北撤，为了避免被国民党追杀迫害，由党组织和周吉安排何伯琴暂时到香港新界元朗藏身。

新中国成立后，何伯琴才回到家乡宝安，担任了宝安县第三区区长（现在的观澜、龙华、石岩）的工作，并任区委书记，领导全区人民进行土地改革，斗地主分田地。何伯琴立场坚定，旗帜鲜明地站在人民群众这边，与地主阶级进行彻底的斗争，坚决拥护土改政策，何伯琴在土地改革运动中做了大量的工作，得到了人民群众的好评。

由于何伯琴长年生活战斗在深山野林中，落下了许多疾病，而且多年里一直带病工作坚持战斗在第一线，党组织给他恢复工作后不久，因为病弱的身体实在不能继续留在工作岗位上，1954 年，由组织安排住院进行治疗。但经过四年多的不停疗养和医治，终因医治无效，于 1968 年逝世，享年 68 岁。

何伯琴是一位坚强的革命者和组织者，他在龙华革命活动中所做出的成绩，他的革命精神和坚强意志不但影响了他身边的亲人，也影响了龙华地区的广大人民群众。

激战龙华窖的许玉祥

　　许玉祥，1918 年出生于广东省宝安县松岗镇碧头村一个贫苦的农民家庭。父亲许伦是个勤劳、正直的农民，由于长年劳累，中年便在贫病交迫中离开了人世。玉祥兄妹四人，全由母亲叶彩焕替人做工维持生计，经常吃了上顿没下顿，一家五口在饥饿线上挣扎。母亲眼见无法养活几个孩子，被迫忍痛把二子卖到东莞长安圳田村给人做养子。十四五岁的玉祥见弟弟被卖，心如刀割。他毅然离家给地主打工，日夜辛劳换来的只是残羹剩饭，皮鞭凌辱。穷人的血泪，家庭的苦水，使玉祥恨透了这个吃人的剥削制度。

　　1945 年秋，在大叔的帮助下，玉祥怀着为民族解放事业而献身的壮志，参加了宝四区的抗日游击队，与战友们一道转战于宝太公路沿线。由于他作战勇敢，团结同志，参队不久便光荣地加入了中国共产党。

　　1946 年 7 月，东纵北撤后，许玉祥由组织安排转移到香港做工，暂时掩蔽。翌年春，在江南地委领导下，惠东宝人民护乡团正式成立。玉祥听到恢复武装斗争的消息，日夜兼程，重返东宝根据地，参加了护乡团第三大队，担任班长。他先后参加了攻打沙鱼涌和王母圩的战斗，并于 1947 年秋冬间参加了部队在坪山的整训。整训后，由第三大队改编成立的三团着手建立主力连，取名钢铁队，由副团长林文虎直接领导，玉祥被编入钢铁队，仍任班长。

　　1948 年 3 月，敌军不断向东宝游击区发动疯狂的清剿。一天，钢铁队驻在宝安龙华窖下，战士们早饭后正准备行军，突然，军事哨鸣枪报告敌情。接着，敌人的掷弹筒、炮弹落到了离部队驻地不远的操场上。原来，敌正规军两个连从观澜和上下流洞出动，乘着夜幕，分路包围窖下，并封锁了

村外的所有小路。情况紧急，连队领导命令各排抢占村后山头的制高点。玉祥即率全班战士直奔村后，抢登山顶。激烈的战斗从清晨一直持续到中午十二时多。玉祥指挥全班战士扼守住前沿山顶。他亲握机枪，居高临下，向着步步逼进的敌群猛烈扫射，接连打退了敌军多次疯狂的进攻。为了避免损耗，连队领导决定采取梯形撤退的办法，边打边向阳台山方向撤退。玉祥率全班战士殿后掩护，打得顽强，反冲锋打得勇猛，终于与兄弟班、排一起，成功地突出重围，取得了窖下防卫战的胜利，从而粉碎了敌人奔袭我队的计划。

窖下战斗后，玉祥调任二排副排长。二排战士来自清远、新会、东莞、宝安等县，并有一部分新战士。为迅速提高全排的战斗力，玉祥扎扎实实地做了大量的工作。平日，他像亲兄弟一样爱护每一个战士，行军时经常帮助年小或有病的战士背枪支、弹药和行李。对一些不适应长途行军的新战士，他更是处处关照，一到宿营地，便亲自烧热水给他们烫脚、洗澡。在他的带动下，全排互相关心，互相照顾，让每个战士都感受到革命大家庭的温暖。与此同时，玉祥还努力协助排长周胜南抓好全排的政治思想教育，他经常抓住战斗间隙，与战士们促膝谈心，教育大家要为祖国的解放而勇敢杀敌。

这年5月，敌军向东宝根据地发动了更大规模的清剿，来势汹汹。我部队在路东、路西不断往来转移，避敌之锋芒，攻敌之弱点，相机给敌人以有力的还击。7日晚上，团政委黄华、副团长林文虎率团部和钢铁队从路东转移路西。在到达长山口新围时，将近拂晓，部队在学校稍息。玉祥奉命率小鬼班到村外登上伯公坳放军事哨。拂晓，玉祥发现从塘厦开往梅长朗地区妄图合围我东莞队的徐东来部一个连来到了长山口，正在登山抢占制高点。他即向营房哨位打出了旗号，并鸣枪报警，同时指挥小鬼班李华、黄秋明、曾潭贵、刘坚精等，二人一组，分占笔架形山顶的三个制高点，以阻击登山之敌。正在登山的敌军发现我小鬼班后，一边开枪射击，一边向山顶猛扑。玉祥与战友们寸步不让，紧握钢枪，向抢登在前头的敌军打出了排头火，当即撂倒了几个敌人，吓得后面的敌人连忙趴下。玉祥趁机组织交叉火力，把妄图抢占制高点的敌人压了下去。这时，林文虎指挥部分队伍抢占了长山口新围后山和前沿尖山，与向梅长朗地区合围的三路敌人展开了激战，掩护其余部队向长安圩转移。

阻击敌人的任务已经完成，玉祥便示意几位战友撤出战斗。在他右侧山顶的李华等两位小鬼勇敢地滚下山沟，向大部队靠拢。但是中峰和左侧顶峰早已被敌军四面包围，接连受到敌人一阵紧接一阵的进攻，无法撤出战斗。玉祥面对几倍于我的强敌，面无惧色，镇定自如地顽强战斗，死守两个高地。几位勇士利用有利的地形，向疯狂进逼的敌群射出一串串仇恨的子弹。激烈的战斗持续了近五个小时，玉祥等四位勇士英勇顽强地打退了几十个敌人的多次冲锋。由于敌我力量过于悬殊，玉祥和战士黄秋明壮烈牺牲，其余两位战士也身负重伤。敌人亦死伤近二十人。这些杀人不眨眼的魔鬼攻占伯公坳三个山峰后，见玉祥身上插有信号旗，躺在血泊之中，认为他是一名"阵亡长官"，便惨无人道地在他的头部又打了几枪，还把两只眼珠挖了出来。

战后，战友们怀着万分悲愤的心情，掩埋了玉祥等烈士的遗体。在三团评选战斗英模时，许玉祥被追认为战斗英雄。

许玉祥，30 岁的青春永放光芒。

在望天湖、游松抗日的李九

在紧邻深圳的东莞市飞鹅岭以南几公里的山坡上有一片松林，林下长眠着一位抗日游击队的小战士，他就是李九。当年，这一带和宝安县一样同属惠阳地区管辖。1941 年，李九牺牲时只有 17 岁，是名符其实的小战士。他的这一生就是那么短暂，参加游击队也只有短短的半年多时间，但他参加过多次抗击日寇和与国民党顽固军队针锋相对的激烈战斗。他表现得非常勇敢，以至小小的年纪就被上级看中，让他担任了副班长，可惜的是，他牺牲得太早太早了，如同一棵还没来得及长高的树苗，过早地停止了生长，永远停留在了那个 17 岁的年龄！

笔者之所以要写李九，是因为他 17 岁年轮里最重要的成长过程是在宝安县龙华一带度过的，留下了一串又一串红色的足迹。

李九是个不幸的独生子。1924 年，他出生于宝安县葵涌镇土洋村一个贫农家庭。在 6 岁那年，他的母亲利观娇病故；8 岁那年，他的父亲李马贵与本村人出海捕鱼骤遇飓风，沉船葬身大海。可怜的李九刚刚懂事就成为孤儿，只好跟随着外祖母生活。

李九虽是个不幸的孩子，但为人正直，忠诚老实，勤奋自爱，很听外祖母的教诲！经常帮外祖母放牛、砍柴，农忙时晒谷等，做些力所能及的劳动。因此，外祖母很爱护他。李九 10 岁时，外祖母供他在本村崇德学校读书。他知道自己读书的机会不多，因此勤奋好学，成绩很好，老师对他刮目相看，也知道他的读书生涯快要结束，暗地里为他感到惋惜，愧叹自己对他这个聪明的学生爱莫能助。

那时的国内形势非常紧张，瞬息万变。1937年七七卢沟桥事变，抗日战争从此爆发，远在岭南宝安县的土洋村也掀起了抗日救亡的高潮，村里的崇德学校组织了抗日救亡宣传队，经常到附近村庄唱歌演戏，宣传抗日。李九年纪虽小，但他积极参加宣传队，跟着到葵涌圩、沙鱼涌等地进行抗日宣传活动。他还和同学们一起做纸花到沙鱼涌、葵涌甚至香港新界的坪洲等地义卖，将所得的款项捐给曾生领导的抗日游击队。

1938年冬，土洋村成立了武装自卫队，只有14岁的李九抗日救亡心切，积极报名参加。自卫队日夜轮流放哨，开展锄奸肃特、防匪防盗等工作，李九不怕辛苦，服从领导。当时规定参加夜间放哨的自卫队员要在学校楼上住宿，便于换哨和集中应付紧急发生的情况。李九因为家穷，冬季没有棉被，在学校住宿时便与他人共被，或是将宣传队演戏用的一件旧蓝长衫当被盖。他小小年纪却深明大义，做起事来不仅认真，还很有逻辑，到山头放哨时更加谨慎，一发现情况就迅速向领导报告，决不拖延一分一秒，为此，大家对他特别放心。

1941年初，日军扫荡葵沙后盘踞在葵涌圩和沙鱼涌，天天到土洋村等地掳掠烧杀，群众纷纷逃往香港新界的坪洲、吉澳等地避难，自卫队在村里难以立足，也暂避吉澳。这年四月，土洋村地下党动员青年参军，李九积极响应，和其他几位青年一起从新界吉澳坐船到大鹏下沙，夜间走山路到坪山田心，参加了东江抗日游击队。李九被编入第五大队陈力辉中队当战士，领到一支与身体齐高的七九步枪。参加训练，他不怕流汗；上政治课，他认真听讲；外出公差，他不讲路途远近，总是能顺利完成任务。他虽然入伍时间不是很长，可到前线参加过多次战斗。

据说6月17日，驻宝安南头日军约40人向我望天湖、游松进犯。我军陈力辉中队在游松设伏。18日上午，日军从梅林坳、望天湖进入伏击圈时，我军就集中火力向日军射击。战斗中，李九不顾日军猛烈炮火的威胁，英勇顽强地坚守山头阵地，和战友们一起多次打退日军冲锋。没有后援的日军心里开始发怵，心理防线早已决堤，渐渐就招架不住了，随即非常狼狈地逃回南头，再也不敢随随便便出来"挨打"了。

1941年10月中旬，游击队第三大队两个中队和第五大队联合袭击驻在广九铁路石鼓车站的国民党顽军张林大队，顽军不敌逃跑。李九和战友们跑步追击几里路，与顽军展开激烈战斗。他年小机灵，动作敏捷，迅速抢占有利地形，压住顽军就打。这次战斗，歼灭顽军一个中队，缴获轻机枪两挺、

龙华公园内李九等烈士之墓

步枪30余支，拔掉了顽军在广九铁路线上的一个据点。由于李九作战勇敢，这次战斗后被提升为副班长。

1941年底，李九随部队在东莞县飞鹅岭袭击国民党顽军。战斗中，他带着一个小组勇敢地接近顽军。在顽军火力密集射击下，他冲在前面，不幸中弹牺牲。战斗结束后，战友们把他安葬在飞鹅岭以南几公里的山坡上，班长带着全班战士在他坟前宣誓，一定要踏着烈士的血迹前进，坚决抗战到底，解放全国。

李九烈士英勇的献身精神，永远激励着他的战友们不息地战斗，最终取得了抗日战争和解放战争的胜利，迎来了一个崭新的中国，从而使人民过上了幸福的生活。

青山处处埋忠骨，何须马革裹尸还。落红不是无情物，化作春泥更护花。永远17岁的英勇战士、革命烈士李九，人民是不会忘记你的。

龙华纪念碑上的英烈黄日东和邱翔

　　作为广东人民抗日游击总队的一员，生前在宝安龙华一带为中国的抗日战争流光最后一滴鲜血的黄日东和邱翔两位烈士的故事不多，事迹材料简单，但龙华革命烈士纪念碑上已刻有他们刚劲有力的英名，供后人悼念和瞻仰。这又说明他俩是值得让人敬仰和书写的烈士之一。

　　黄日东出生于 1913 年，邱翔出生于 1916 年。这两位烈士牺牲时一个刚刚 30 岁，一个更年轻，年仅 27 岁。但他们都是革命队伍中稀缺的知识分子，当时的职位和工作性质也都很重要。

　　1943 年 7 月 24 日，天下着小雨，天地一片灰朦朦的景象。而广东人民抗日游击总队宝安（路西）交通总站长黄日东和宝安大队政训室宣传干事邱翔，由交通员何瑞荣带路，从宝安布吉杨美村出发了。他们翻山越岭，历尽艰险，终于在半夜时分辗转来到宝安沙河交通站。当时因沙河珠江头村设有游击队税站，村对面一间番薯寮则是非常重要的交通站。离那不远的地方就是南头，是日军驻守的一个据点。

　　时间已是下半夜了，雨仍在下个不停。他们本想转移的，但在崇山峻岭的泥泞小路上翻越了一天的黄日东和邱翔自然也就非常疲劳，加上邱翔又是个高度近视眼，再转移感到有些困难。因此，交通站负责人为安全起见，决定加强岗哨，请黄日东和邱翔暂不转移，先在站里住下，等到天一亮就行动。

　　不巧的是，次日拂晓，在南头当日军特务的叛徒骆忠却突然带着百多个日本兵及 10 名骑兵从南头出动，从庵前、茶岗、珠江头分三路包围了沙河税站和黄日东、邱翔临时住下的交通站。珠江头这路 20 多个日军把机枪藏在麻

龙华公园内的革命烈士芳名碑

袋里，悄悄爬上了税站侧边约300米高的珠江头山。日军居高临下，占据了有利地形。天刚亮时，日军的行踪被放哨的交通员发现了。接到报警的交通站长符铁民立即组织驻站人员分头冲出掩蔽。可正当黄日东和邱翔冲出时，日军的机枪手随即发现，罪恶的子弹立即像雨点一样落下。黄日东和邱翔来不及隐蔽，被密集的子弹扫射打中，当场牺牲。

据了解，黄日东又名黄克洲、黄维克，台山县（位于珠江三角洲西南部。现为广东省江门市代管县级市）那扶乡人。他在任远中学毕业后就到广州和上海深造。20世纪30年代初，他就先后在上海参加"反帝大同盟"、共青团和"左联"。他还写作诗歌，学世界语。后来又东渡留学日本，在东京明治大学政治经济学部读经济系本科。1936年春，黄日东在东京由林基路（在新疆牺牲的烈士）介绍加入了中国共产党，并在东京留学生党支部的培养和领导下大力开展抗日救亡运动。七七抗战后，他毅然投奔到祖国怀抱，直接前往延安，在陕北公学参加学习，毕业后又进入马列学院学习。1939年，党组织派学有所成的黄日东回到家乡，配合广东游击队开展工作，曾在粤北省委宣传部当干事。

1941年秋，黄日东同谭天度等同志从韶关调来东江抗日游击部队工作，任省委文委委员，先在《新百姓》报写日语标语传单；后到宝安位于龙华的白石龙（后深坑）文化人招待所任所长。1942年4月，黄日东在广东人民抗日游击总队宝安大队部任政治指导员。当年11月发生"黄帝田事件"后，宝安交通总站长陈耀光牺牲，上级决定由黄日东接任宝安交通总站站长一职。他是在部队交通站最困难的时期挑起了重担。他上任后全力以赴，克服战时交通工作的重重困难。因旧的交通线断了，他纵观全局，精心设计，组织强干力量很快开辟了一条新的交通线路，有力保障了总队部同各大队的交通联络，使局部抗日斗争没有因交通站特殊原因而中断。

　　黄日东是个党性坚强、立场坚定的共产主义战士，党组织分配他做什么他就做什么，从不计较个人的地位高低，只知勤勤恳恳、兢兢业业地埋头苦干，不出风头，默默奉献着自己的青春。他还是游击队知识分子同工农群众相结合的楷模；他虽然是留学日本的高级知识分子，但他穿着朴素，对人和善，一来到游击队就能同工农兵打成一片，没有丝毫架子；在他当指导员和交通总站站长期间，整天要同警卫员、勤务员、交通员、炊事员、运输员等各兵种战士打交道，成了他们的兄长和亲密朋友。他谦虚谨慎，不骄不躁，诚恳待人，对敌狠、对己和，无私无畏。他具有许多共产党员共有的优良品质和坚定的革命作风，具有高尚的共产主义精神。

　　1916年生的邱翔则是东莞人，比黄日东小三岁。邱翔是个有文化、肯学习、上进快的革命战士，是个非常难得的人才。

　　1941年，邱翔先后在"五大"及后来的"宝大"任宣传干事。他在抗日反顽斗争中写过许多标语、传单、宣传提纲、政治课提纲等，做了大量收到实效的宣传工作。他作风朴实，认真负责，待人诚恳热情。

　　邱翔生前常说："学习会使人有智慧和力量。"他对同事和部下学习有进展就感到很高兴，常勉励大家努力学习马列主义理论。是位忠诚老实能干的优秀知识分子、共产党员，值得我们学习和怀念。

　　黄日东和邱翔牺牲之后，被就近安葬在珠江头山上。

　　任何反对侵略压迫，反对帝国主义和封建主义的斗争都是正义的斗争，人民不会忘记，更不会忘记那些战斗在前线、为国捐躯的烈士。黄日东、邱翔两位烈士不愧是中华民族的英雄儿女，他们的忠魂与龙华山河同在！

"黄帝田事件"中壮烈牺牲的陈耀光

陈耀光同志是广东人民抗日游击队路西（宝安）交通站的总站长，由此可见，这一职务和工作性质非同一般，具有特别高的保密性。1942年11月，陈耀光同志在宝安白石龙发生的"黄帝田事件"中壮烈牺牲。

白石龙"黄帝田事件"

1942年4月，国民党反共顽固派挑动东江内战，向我惠东宝抗日游击根据地发动疯狂的进攻，白石龙桔坑"枪厂"（修械所）安全受到威胁，根据总队部的指示暂时撤销了"枪厂"。陈耀光奉命调任路西（宝安）交通总站长，由总队部参谋处直辖。总站领导两个分站三条线，禾沙坑（后水径。禾沙坑位于现在的龙岗区吉华街道三联村老围一带）站，负责惠（阳）宝（安）线；应人石（后黄田基围）站，东（莞）宝线；港九线。总站设在白石龙山寮。在日伪军和顽军夹击的不利条件下，交通工作面临着很多困难。陈耀光挑起重担后，立即加强了各分站的领导，并根据战争形势及时调整交通线路，保证总队部同宝安、东莞、惠阳、港九四个地方大队和一个主力大队的密切联系，及时转送人员、信件和情报，为总队部指挥各部队粉碎顽军的进攻起了应有的作用。

1942年10月下旬，猖獗的顽军开始对我游击队发动了新的进攻，在"勤剿、穷追、探索、杜绝"的反动口号下，顽军全面深入，很快就占据了我抗日根据地，仅在望天湖就驻扎了一个营的兵力，还恃强凌弱，频频出动，扑我税站、扑我交通线。使我们队伍中少数意志不坚定分子发生恐惧、动摇、逃跑，甚至还有个别人叛变投敌。

11月的一天，我队有个叫"牛精"的独立小队长叛变后，直接指引驻望天湖的顽军，连夜包围了白石龙黄帝田（连坳山下的一个丘陵上的凹地）。

当夜敌情紧张时，陈耀光率领交通总站交通员罗文枢等及住在总站的来往人员和伤病员，还有税站人员共20多人，跑上黄帝田隐蔽。

拂晓时，雾霭迷蒙，陈耀光即率所属人员转移，刚转到黄帝田边上就同一路顽军遭遇。陈耀光临危不惧，坚定沉着地指挥大家踅回头。顽军开机关枪扫射，我队一些非武装人员立即奔跑，各自找地方再次隐蔽。

天大亮后，疯狂的顽军开始从四面八方用机关枪向我方人员隐蔽的地方猛烈扫射，并将包围圈逐渐缩小；然后以班排为单位分头搜山，喊话招降。坚强的游击队战士都宁死不屈，纷纷饮弹倒下。顽军营长气急败坏，疯了一样地下令放火烧山，顿时烈焰腾空，满山遍野浓烟滚滚。陈耀光等同志冒着浓烟冲了出来，在寻机突围时被顽军机关枪打中，壮烈牺牲。

陈耀光为中华民族的独立、自由、解放而流尽了鲜血，为共产主义的瑰丽事业献出了宝贵的青春和生命。他牺牲时年仅24岁。为了纪念这次在宝安白石龙战斗中壮烈牺牲的众多游击队指战员，人们把这次战斗称为"黄帝田事件"。

在海外参加华侨抗日救亡运动

陈耀光原是马来西亚吉隆坡的华侨工人，1918年生，原籍广东中山。在陈耀光很小时，因家贫被迫到海外谋生，他到吉隆坡一家铁工厂当学徒，出师后在半山巴、古打灵"大昌铁工厂"当上了车工。

由于他为人自觉，又勤奋好学，迅速地提高了自己的文化、技术水平。他热爱祖国，关心祖国危亡，在进步的知识分子和工人的影响下，接受了民族民主革命的思想。

震惊中外的"七七"抗战爆发后，早有思想准备和报国理想的陈耀光积

极参加了当地华侨组织的抗日救亡运动，加入了"工界抗敌后援会"，从此迈上了抗日救亡道路。

1937年初，陈耀光参加了马来亚共产党后，就更加提高了阶级觉悟。他改变了学习方向，主要阅读所有进步书刊、报纸，以便做好至关重要的宣传工作；他努力发展工抗会会员，建立进步组织，积累了丰富的组织工作经验，很快成长为"吉隆坡工界抗敌后援会"的常务委员，负责半山巴一带的"工抗"工作，积极组织和领导"工抗"青年会员进行抗日救国的宣传活动。他演唱抗日救亡歌曲和扮演街头戏等水平极高，效果很好，受到各界欢迎。另外，他在当地还组织抵制日货的运动，把工作开展得有声有色。

在吉隆坡，陈耀光还不失时机地领着一批青年工人上街宣传，贴标语发传单，让抗日救亡宣传、发动工作做到了家喻户晓，路人皆知，深入人心。

陈耀光的脑瓜灵，方法新，他还组织锄奸团员到各大商店、公司检查日货，给卖日货的店铺老板发出警告；对几次警告不改的，就采取用黑油（沥青）涂抹招牌的方法，收到很好的效果。

在狱中争取政治自由

1939年9月1日，德国法西斯侵略波兰，英法对德宣战，世界大战爆发，在欧洲大战的影响下，马来亚各地百物腾贵，工人生活更加困难。为了反对帝国主义战争，反对英美酝酿出卖中国抗战的"东方慕尼黑"阴谋，为改善工人生活，"马共"雪兰莪地委决定发动工人罢工斗争。斗争的主要锋芒对着英帝国资本的煤矿和锡矿部门。10月，党组织决定派陈耀光到新街场锡矿发动工人罢工。

英帝殖民地当局对华工的罢工进行残暴镇压，"吉隆坡工界抗敌后援会"会址被包围查封，陈耀光等"工抗"骨干积极分子先后被捕，被关在暗邦口拘留所。该所对待政治犯很暴虐，生活条件非常恶劣，几天不给冲凉，不换衣服，不给足够的水喝。熬了几天押到法院过堂。法官审问，没有掌握陈耀光的真凭实据，就进行判决，把他们押到半山巴监狱坐牢。入狱后，换上印有"B"字的囚服，关进单人牢房，睡的是水泥板床，吃的是猪狗食，把臭鱼烂虾给政治犯吃；还禁止政治犯接触刑事犯。陈耀光无论在法庭上，还是在狱中斗争都很坚决。他利用放风机会，和一些同志商量决定发动绝食斗争，全楼政治犯一致同意。

一天中午，厨工把饭箩抬来开饭时，大家一致罢食，没人去拿饭。监狱长（英人）闻讯，急忙带了一名华人帮办和几名狱警前来狱楼，问大家"为什么不吃饭"？一位政治犯把臭咸鱼饭推出去。陈耀光和难友们起来愤慨抗议：狱中伙食恶劣，虐待犯人，不人道，大家宁愿饿死也不吃这些猪狗食。并提出改善生活的三个条件：一要改善伙食，不能拿腐臭不新鲜的东西来吃，要增加营养食品，每天冲凉换衣服一次；二要看书看报；三要准许家属探监和送食物、送书报。狱长见群情汹汹，怕事态闹大，终于接受了这三个条件。以后改善了伙食，每顿饭后给每人一条香蕉，也有书报看了。

通过这场斗争，难友们更加团结了，深刻认识到团结斗争的威力，更增加了斗争的信心和决心。

被驱逐回国的"枪厂"厂长

1940 年 9 月，陈耀光等十余名政治犯被判驱逐出境，随即被一群警察押上火车，送到新加坡四排坡监狱出境政治犯拘留所；9 月底，被英印警察押上轮船，关在船尾舱底，被递解出境。在香港"中央差馆"又关押一个多星期，于十月中旬被押至宝安沙鱼涌释放；又被国民党军保八团以"护侨"名义"护"到葵涌犁壁连部，被敲了一笔竹杠才获得自由。

出境途中在曾秀隆的领导下，陈耀光参加了"政治犯"的核心组，积极工作，团结和动员了一批吉隆坡难友，回国后参加八路军、新四军。因国民党顽固派发动反共逆流，北上之路不通，遂到宝安参加广东人民抗日游击队曾、王部队。这批同志都是工人，后来成了部队的骨干分子。组织上决定陈耀光和李征、黄密、严瑞仁、欧仲生、叶波涛先赴香港八路军办事处学习，然后去延安。后因皖南事变爆发不能前往，遂重回东江曾、王部队工作。

陈耀光分配到"五大特务队"当战士，积极参加训练，认真学习军事，不久即参加马栏头战斗。他在"石龙队"当过政治服务员，五、六月间随队到东莞配合"三大"作战，参加过百花洞战斗，打击日伪军。

1941 年 6 月中旬，大队部决定成立"枪厂"，调陈耀光担任厂长。在军

需处的领导下，从无到有，置办了一套修械设备、工具和钢铁材料。从东莞聘请一名枪师，从部队抽调来几名机工出身的战士，便在阳台山鸡板坑的石洞里开工，后来转移到白石龙桔坑。近一年来，修理了不少损坏的长短枪，几挺轻重机关枪，还做通条、修刺刀等等，及时维修了部队的武器，取得初步修械经验。陈耀光为"枪厂"的建设呕心沥血，每天手握钳工锤，一锤一凿，一丝不苟地艰苦劳作，对东纵早期的修械军工事业作出了贡献。

陈耀光烈士艰苦奋斗的作风，高度的爱国主义和共产主义精神，光耀千秋，永垂不朽，永远值得后人学习和怀念！

搜集烈士英名的何赋儒

历尽艰辛无所惧，搜集名单慰英灵。

何赋儒，生于 1905 年。幼时在赤岭头村祠堂读书。从小就受到革命英雄人物的影响，立志要为革命奉献毕生的精力。

何赋儒 1940 年 2 月 5 日入党。开始参加工作时做过宣传，动员青年参军，发动群众参加革命组织。曾担任地下党支部书记，及多个基层的领导职务。

曾生、王作尧两位司令员在"惠东宝"建立武装时，队伍发展迅速，部队官兵的吃饭问题成了一个大问题，为了确保部队供给，领导开展多渠道支援措施，以增加部队的经济收入，保障部队官兵最实际的"口粮"问题。

为了解决部队长期的经济困难，曾生司令员提出组建一家新兴公司，专门负责经济工作，为部队提供军需保障。起初，曾生司令员安排了刘宣、柯子和何赋儒一起开展这项工作，曾生自己有时也亲自参与。组建工作基本完成后，曾生就放手让何赋儒一个人专门负责全盘工作。

何赋儒没有辜负曾司令员的信任，他竭尽所能，发动民众，到各乡村或圩市建立税站，寻找开明乡绅和有进步思想的地主进行募捐，给他们宣传革命道理，经过他的努力，他给部队输送了大量军需物资，为官兵能在前线放心打仗提供了基本的物质保障。何赋儒的工作取得了相当不错的成绩，深得部队领导的肯定。

1942 年 2 月，王副司令员让周吉通知何赋儒，叫他将负责的经济工作移交给他的小弟何俊修和父亲一起负责，他则回部队报到，因为有更重要的工作等着他。

何赋儒到了大部队之后，王作尧副司令员安排另外三位同志和他一起去了港九大队，让他们四人负责荃湾的情报工作，同时还要搜集英军丢失在香港的武器弹药，并将搜集起来的武器转运回大陆的部队。1943年农历十二月，港九大队长蔡国梁同志通知何赋儒，说宝安大队要调你立即回去工作。何赋儒立即奉命回到宝安大队。回来后，大队长曾鸿文安排他在军需部和周远山搭档。在这个部门，何赋儒凭借多年来的实践经验，充分发挥他的聪明智慧，为部队军需部做了大量工作，取得了不俗的成绩。

何赋儒回到军需部以后，曾大队长安排邹远山秘密护送他回家养伤。为了安全，他们将何赋儒安排躲在山里治伤养病，在山里治疗了一个多月伤情才有所好转。他的伤势基本稳定后，上级又安排他去南头沙河乡敌统区的珠光村、白石村开展新区的管理筹建，他一边做群众联运工作，一边继续治疗养伤。

1943年至1944年间，上级安排何赋儒回龙华朗口村礼拜堂，由政治部主任杨康华主持召开东宝行政区宝四区政府成立会议，在会议上决定由何赋儒任四区委员，主管经济工作。之后，又在东宝行政督导处成立了东宝生产建设委员会，简尧芳任主席，何赋儒和吴胜堂任副主席，何赋儒还兼任宝安分会主席，发行生产建设公债，支援农民生产度荒。

1946年2月，由于蒋介石的背信弃义，革命形势更加严峻，许多革命党人遭到抓捕和迫害。何鼎华从香港来信，安排何赋儒和周吉立即到香港元朗广益隆会面，说有很重要的工作。何赋儒和周吉奉命前往广益隆，到达后，顾不上任何休息，何鼎华向他们面授机宜，叫他们立即返回宝安，将留下来的同志安排回家生产，待时机成熟再复出。而像何赋儒、周吉、何伯琴等这些在敌人内部有"案底"、已经上了"黑名单"的"熟面孔"，则分批去香港暂避。

何赋儒和周吉按何鼎华的叮嘱，回来做好了隐蔽安排，又分批分路线化装去到元朗。暂避香港元朗时，何赋儒在地下联络站的德祥兴任经理，同梁耀忠搭档。1948年4月6日，宝安县区委书记兼特派员李明同志亲自到元朗，安排何赋儒和周吉、张子修等一批人回宝安恢复武装斗争，活动基地设在长岭陂村。

何赋儒在活动基地组织建立了宝安县武工队。亲自担任县武工队队长，兼任区委委员抓组织工作。进行调查、了解复员在家的党员同志情况，恢复他们的党组织关系和发展新党员。

1949 年 2 月，李明指示何赋儒将组织工作移交给刘仁同志负责，又安排他去专门负责组织武装工作。

同年 4 月，全县武装工队进行整编，取消县武工队名称，各乡武工队小组转为成立各乡武工队，原小组长任武工队长兼各乡长之职。何赋儒调回宝安新二区任副区长（周吉任区长）。同年 8 月，成立县人民政府，何赋儒任军事科长兼任县大队副教导员，同时兼任党总支副书记。1950 年解放军入城后，何赋儒领导的武工队配合两广纵队炮兵团解放大铲岛。新中国成立后，何赋儒参加沙、深、宝书记祈峰同志主持召开的党代会，后调入广州华南干校学习。学习结束后调往广东省土改团参加揭阳县土改，任南森乡土改分队长。

1961 年 2 月，何赋儒又调回县畜牧局任副局长；7 月，再调华南农垦宝安县泥岗农场任场长；后来又调他去党校学习。

1965 年 3 月正式离休。1994 年 8 月 6 日的深圳特区报通讯员黄天肇以《他为先烈留英名》为题对何赋儒进行采访报道。为让读者对何赋儒有更多方面的了解，现将此文转录于此：

在"八一"建军节前夕，笔者随同原粤赣湘边纵战友联谊会的几位老战士，前往桂园路探访了我市收集革命烈士英名的第一人——何赋儒。

这位曾任宝安县商业局副局长等职的老同志，已经 89 岁高龄了，去年被确诊患了食道癌。他个子不高也很瘦，但却很精神不显苍老，得了绝症也不悲观。对于我们的到来，他很高兴，尽管咽喉不适，面对我们仍然滔滔不绝，十分健谈。

何老 1938 年 8 月参加东江纵队，从事军需经济工作。后来在边纵队时，做过武工队组织工作。宝安县人民政府 1949 年 7 月在石岩泥岗村成立时，他任军事科长兼县大队教导员和党支部书记。

谈起当年为什么要收集烈士英名，何老说，刚解放不久，宝安县政府决定在龙华建立一个革命烈士纪念碑，建碑就要刻上烈士们的名字，找谁去收集？当时的县长梁冠、县委书记黄干考虑到何赋儒最熟识这方面情况，便选中了他。

何赋儒愉快地接受了这个具有重大历史意义的工作。虽然说这是公差，却是分外和自费的工作，而且难度很大，因为要将所有在漫长的战争年代里在东江一带牺牲的烈士名字收集起来，也不是一件容易的事。何赋儒首先想到以前的中队长和支队长应该最能掌握牺牲同志的名单，

便向他们发信咨询或前去了解。但因为和这些中队长和支队长失散多年，发出去的信大多数都被退回，有些地方去了也找不到人。他只好扩大查找范围。为此，他经常要前往外县、市、省发信，有时一发就好几十封，费用全部自己出；他到龙华、西乡、广州等地找了几百个人，近的走路或骑自行车，远的自费坐车；中途饿了，自己掏钱吃饭，从未到老百姓家里吃过一顿饭，也没回单位报销过。他风里来雨里去，跋山涉水，走村过户，一发现线索，就找知情人了解，最后还要找到烈士所在部队的领导去核实。首批确定的烈士名单有200余人，先雕刻在龙华纪念碑上，后来雕刻在深圳的广场、梅林公园纪念碑的名单，都是以龙华纪念碑名单为基础转刻过来的。

何老有些遗憾地说，有些指战员是在流动作战或转移时牺牲的，只知其人，不知其名，无法查找，甚至连他们的家人都不知道他们已经牺牲了，这些人成了真正的无名英雄。对于一时未能确定名字、身份的烈士，为慎重起见，在建好的碑上给他们预留空位，待查清楚后再刻上去。烈士章云辉原是东红纵队西乡臣田税站的税收员，他牺牲10多年后，人们仍搞不清他的籍贯，有人说他是上海的，有人说他是樟木头人，为此，

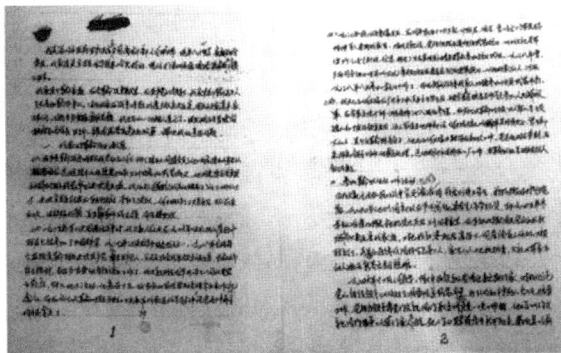

何赋儒撰写的家庭革命故事的手迹

何赋儒几次骑单车到章云辉当年战斗过和后来牺牲的地方西乡臣田、凤凰岗等农村，向村民们了解，又找章云辉的战友询问，经过两年深入调查，才确认他是上海人，这才将他的名字刻了上去。何赋儒为何如此认真？他感慨道："烈士为国捐躯，连名字都没有留下，我们可不能忘记他们，收集如有遗漏或搞错，就实在对不起他们啊！"

后来，龙华革命烈士纪念碑终于建成了。数百名东纵、边纵的老战士云集在墓碑前，原东江纵队司令员曾生等老首长亲自为墓碑揭幕。大家仔细看着碑上每一个名字，不禁回忆起当年艰苦战斗的历程，怀念与先烈难忘的战斗情谊，缅怀他们壮烈牺牲时的不朽形象，无不感慨万千。原东江纵队副司令员王作尧拍着何赋儒的肩膀，赞赏道："老何，

你能收集到这么多烈士的英名，真是不容易哟！"

是啊，何赋儒为烈士们树碑立传，凝聚着他的一片心血，给我们后人留下了永恒的怀念。

采访将近尾声，同去的联谊会员们关心地询问何老的近况，他得的食道癌属中期，靠每周一次到市中医院门诊部看门诊打吊针治疗，如果身体不舒服走不了路，就由大儿子用单车推着去。

临别时，老战友代表联谊会给他送了慰问金，向这位为收集烈士英名作出贡献的老人致以崇高的敬意。

何赋儒育有三子一女四个孩子。长子何天赐听从父亲安排照顾残疾的大弟，现在和大弟居住于赤岭头村；何赋儒另一子一女也生活在深圳。1994年8月，何赋儒带病接受完采访，离1995年农历的春节仅剩三天时间去世，享年90岁。

郑时思的诗意人生

郑时思

郑时思，1923 年 11 月 2 日出生于英属殖民地牙买加，1926 年回国。1931 年到 1937 年，郑时思在赤岭头村维新私塾求学；1943 年，入党参加地下工作；1944 年 9 月，参加东江纵队军事训练班；1945 年农历十一月二十五日，由于叛徒的出卖入狱；1949 年 9 月 23 日观澜解放后，郑时思被任命为观澜乡副乡长；从 1950 年到 1953 年，被任命为土地改革组副组长，多次受到组织嘉奖。1956 年 4 月，被安排到广州革命干校学习，同年 9 月任合作社干事，主抓合作社的工作。1957 年，任合作社委员；1958 年，任大沙乡党委副书记；1959 年，公社化后调辅城公社，同年冬下放到黄旗干部农场劳动。在干部农场劳动期间先后任过组长、小队长、大队长和总支委员。

1980 年，患了 20 多年十二指肠炎的他因手术后体力不支，提出离休申请并获批准。1984 年，于深圳人民医院病逝，享年 61 岁。

寻根少年回国，为理想终生革命

1926 年，郑时思的父亲郑水生为了让有一半外国血统的两个儿子不要忘记自己是中国人，希望他们学习中国文化，接受中国式教育，因此不远万里，忍痛割爱，委托妹夫陈伟昭先生带着 4 岁的郑时思和 6 岁的郑常励一起回到了他的故乡龙华赤岭头村，由爷爷奶奶教育抚养。

1931 年到 1936 年，郑时思在赤岭头村维新私塾（龙华小学的前身，现今的高峰学校）求学，1937 年，就读观澜振能学校，仅上了一年初中，由于日寇入侵中华大地，他和哥哥郑常励一起无奈地中止了学业。

1937 年 12 月，年纪尚小的郑时思在观澜圩亲戚家做杂工。1943 年农历一月十三日，20 岁的郑时思与上早村的妙龄少女黄惠珍结婚，从此两人相依为命，风雨同舟共同生活了 40 多年。婚后，郑时思一边照顾家庭妻儿，一边顺应时代潮流，在同村革命者的影响带动下，加入到队伍中进行地下工作。1943 年下半年，负责征收黄田市场的屠宰税，之后被派到观澜圩，表面上是受雇于观澜圩的恒生商铺做杂工，实际上是以此为掩护进行地下工作。在这个阶段，郑时思工作能力得到锻炼，表现积极，同年 8 月，郑时思在赤岭头村的党组织宣誓加入了中国共产党，从此他成了一名坚定的共产主义战士。

郑时思、黄惠珍和儿子女儿
1948 年在观澜合影。

郑时思的工作一直由何赋儒领导，并直接与何赋儒单线联系。为了避免不必要的牺牲，更为了党组织的严明纪律，即使是同一个村里十分熟悉的朋友或邻居，他们都是以代号相互联络。何赋儒和郑时思两人相互联系时，也只报联络代号"何康"和"郑南"。

1944 年 9 月，郑时思被选去参加东江纵队军事训练班，地点在东莞全桔岭、大塘、美屋等地。同年 11 月，郑时思被选为训练班班长，那时训练班由曾鸿文（东江纵队另一负责人，祖居布吉）负责。训练结束后他被派回观澜，仍然在恒生号做地下工作。

观澜民兵中队一直是独立中队，到 1945 年日寇投降时，与河东河西两个大队到宝安、南头、深圳搜缴日寇投降后留下来的军事物资。9 月，国民党军队窃取抗战胜利果实，对东江纵队留下来的战士进行无情迫害和镇压。郑时思再次回到恒生商号，以雇工身份进行地下活动。

1945 年农历十一月二十五日，由于叛徒的出卖，郑时思被观澜国民党周义森部的人抓捕，关进了观澜的临时监狱。面对国民党的刑讯逼供和严刑拷打，郑时思没有屈服，反而是抓住时机训斥国民党的审讯官兵，跟他们讲革命道理。

在审讯中，他除了自己的姓名给予了正面回答，其他问题反而成了他教训看守的机会。问他为何要当民兵时，他驳斥道："因为日本兵一来，你们国民党的部队都逃跑了。我辈青年当民兵就是维护当地市场，防止日寇抢掠百姓的财产。我们都知道国家兴亡匹夫有责，自发地承担起保护百姓的责任，你们却当逃兵！你们还有脸问我为什么要当民兵？"

他说的是当时的现状，是实情，审讯官兵无言以对。他们又问："你认识负责收屠宰税的何赋儒吗？知道他在哪里吗？"国民党一直想抓龙华两位主要的革命领导何赋儒和何伯琴，他当然不会出卖这两个坚定的革命者，假装糊涂地说："何赋儒和我同一个村，当然认识啦。收屠捐税是他委托恒生店铺代收，我在店铺打工，老板叫我干啥我就干啥，何赋儒和我非亲非故，他的来去都不会跟我讲的啊，他经常来无影去无踪，我哪知道他在哪里呢？我在这里打工，没有家人来看我，我也没有回过家里，家乡的事我也不知道。"

面对这样机智的回答，审讯官兵无计可施。他们对审讯没做一个字的记录，却要他签名。郑时思说："我回答你的问题，你一个字都没有写上去，我不签。"审讯官兵这才知道郑时思是识字的，原想乱写一气忽悠他却行不通，他们无奈照实全写上去，并让他看完，他才签字。但是审讯完并没有立即释放他，又关了几天才把他放出来。当他走出牢门，守门的人才将一直捆绑在他身上的绳子解开。

当郑时思走出牢门，看到他的堂叔郑东生站在国民党反动派在观澜的头目周义森身边，他有点意外。周义森见到郑时思说："我们查明你没什么事，对你实行宽大处理，所以放你回去。你回去后要好好做人，不要误入歧途……"他的堂叔赶紧悄悄地对他说："你要多谢中队长放你出来。"郑时思一头雾水，丈二金刚摸不着头脑，堂叔又对他说："多谢中队长查明你没事才将你放出来的。"他还是没有回答。

周义森又说："听到了吗？回去好好做人……"

堂叔郑东生赶紧替他回答道："多谢中队长。"

郑时思毕竟年轻，认识敌人的经验不足，在他还有些单纯的想象中，以为国民党是因为关了他几天，看他没有什么可交代的才将他放出，他跟着堂叔回到恒生商铺，看到爱人黄惠珍也在那里等他，他这才知道是大家用了很

多钱粮才将他救出来的，经过还相当曲折。

当郑时思被国民党反动派抓捕后，家里所有人都很担心他的生命安全，尤其是爷爷和奶奶，如果不把他救出来，所有亲人都觉得对不起他远在国外的父亲。父亲这么远把他们兄弟俩送回国，是想让他们回来学习中国文化，了解自己的出生地，寻祖归宗，长大后还希望他们回到自己的身边，而不是让他们兄弟俩回来送命的啊。父亲送他们回来的时候，根本没有想到过会发生战争，没有想到这兄弟俩从此再也回不到父母身边去了。更让人痛心的是，当年和郑时思一起回到故乡的哥哥郑常励，在前几年已经被日寇杀害了。那时哥哥刚结婚半年，为生计所迫，和同村的三人一起带货去香港新界元朗，却不想在回来的路上，经过白石洲与大冲阮屋交界处时，遭遇了日本鬼子的追杀，除了一人侥幸逃脱了敌人的枪口，郑常励和何恩生（谢阿娘的长子）两人当时就被日寇追到阮屋后面的大石旁杀害了。哥哥已经命丧日本鬼子的枪下，弟弟如果再被国民党杀害，远在牙买加的父母将是何等地伤心和痛悔啊！

因此，堂叔和爱人想尽办法要救郑时思出来，党组织也没有放弃营救他，他们也委托"白皮红心"的伪保长去观澜关押他的地方担保签字，龙华圩上许多开明人士和有威望的乡绅也都帮他去向国民党求情，国民党还是不放他出来；最后由观澜商号有名望的商人黄发荣，以当时省币 32 元一担谷，共计 250 担谷核算落实换成钱，再由堂叔代付给国民党以后，这才将郑时思放了出来。

郑时思知道了营救他的这些曲折经过，一方面觉得愧对家人，另一方面也十分感谢亲人和党组织对自己的关怀。休养几天后，他将家里的一分田卖了 3000 多元还给堂叔，不够的就用另外一分田作抵押，每年以 250 斤粮食收租折算，直到 1948 年，开展减租减息运动时，才将地契返还。

尽管因为参加革命让家里遭受了财产损失，也让自己被关进国民党监狱饱受严刑拷打和折磨，但他并没有因此而害怕，更没有胆怯地退出革命队伍。郑时思出狱不久，去香港元朗与何赋儒碰头，向何赋儒汇报了自己被捕的过程。何赋儒赞扬了他的机智表现，肯定了他作为共产党员的优秀品质。同时，何赋儒也向他讲了当前的革命形势，国共谈判的情况，中央、广州和全国各地的严峻斗争，指出目前革命工作处于低潮的必然性，也告诫他今后的工作将更加艰苦，还会有更多的困难等着大家，同时鼓励郑时思，一定要抱有共产党必胜的信心。

何赋儒的讲解打消了郑时思很多疑虑和困惑，增添了他坚持革命斗争的力量和信心。

何赋儒安排他回龙华继续工作，给他取了一个新的联络代号叫何生。1946年3月，郑时思接到新的任务，叫他到何恩友屋后的地点与联络人碰头。他按时来到联络地点，当他和联络人对上暗号以后，郑时思才发现与自己接头的正是自己的小学老师、赤岭头最有威望的革命者何伯琴同志。因此，从1946年至1949年初，他就一直和何伯琴单线联系，他的工作任务也都由何伯琴安排。郑时思继续返回敌占区内，仍然以雇工的身份做掩护，一是传送情报；二是组织当地工商界人士为以后大部队的返回做准备工作。

从1946年开始，郑时思的雇工身份已经转移到恒隆商号杂货店，一直到1948年这一时期，他发动组织过观澜一些工商户接受进步的革命思想；让他们了解中国革命的形势，让他们相信只有中国共产党才能救中国。他劝导一些工商户向国民党购买一批枪支，以备革命需要时使用；他也为一些商户做过担保，其中包括以药铺为掩护进行地下工作的何赋儒的父亲何元友；何元友的药铺时常遭到国民党的盯梢和怀疑，也时常被国民党骚扰抓捕，但作为郑时思当时并不知道何元友的药铺实际上也是一个秘密联络站，因此他还会去为他担保。这些足以说明，当时我党的地下工作纪律严格，相互之间的保密工作做得也相当严密，像钢铁一般的纪律。

1949年初，由于形势的需要，郑时思离开恒龙商号，与观澜栖坑的陈雍来合开了一家昌兴店，又在南门处改名为捷行单车修理和出租店，作为方便快捷的通讯联络处。

但是好景不长，才开了几个月的单车出租店，很快就被敌人发现并暗中跟踪。郑时思和同伴警惕性也很高，及时发现了他们的工作被跟踪了，经请示他的直接领导何伯琴，按组织安排，郑时思转移到栖坑去工作。到栖坑后他在那里发展组织，寻找了一批同志作为党的培养对象，后经组织批准这批人都加入了中国共产党；在同年的秋天，经组织同意，这批由郑时思亲自培养起来的共产党员，由地方调出将他们编入观澜武工队，郑时思为副队长，左谷元为正大队长。这支队伍迂回于观澜周围牵制敌人，1949年的秋天，这支武工队配合由何志青任连长的正规部队夜袭观澜，最终夺取了观澜，取得了观澜圩局部胜利，为最终全面解放观澜圩打下了良好基础。

1949年8月，武工队集中学习和整编，做好入城的准备。观澜解放后，郑时思被任命为观澜乡副乡长，并带领原武工队人员全部进驻观澜，同时贴

出安民告示，郑时思在这里全面开展工作。

1950年，郑时思被任命为土地改革组副组长，驻牛湖老围。那时期，郑时思在革命斗争时期就开始犯的肠胃病凸显出来，组织安排他回家休养一段时间。之后他又被安排到珠江地委党校学习，到9月学习结束后参加东莞的土地改革运动。

身经百战斗虎豹，郑公本色是诗人

郑时思自从他4岁时和哥哥郑常励回到中国后，就再也没有机会返回出生地，再也没有见过他的母亲和父亲，深深想念和怀念着他的父亲郑水生和母亲玛莉安，还有在他后面出生的三个弟弟郑国英、郑文先、郑连理。这三个弟弟是从父亲后来给他的通信中知道的，不过也仅仅是知道了他们的名字、看过他们的照片，仅此而已。因此在他的晚年，他无限地思念他们。为此，他写了一些杂感随笔，还有许多诗歌，用诗歌来寄托对亲人们的一片思念之情。

白发无情侵老境，凌云健笔意纵横。他不是诗人，但他的诗却饱含深情，因为那是他发自心灵深处对亲情的呼

郑时思书法

唤，是他对自我意识的唤醒，是他对人间真情的表达，还有他对生活的一些美好想象和希望；他的诗不仅只有个人的小情，还有对人类大众的关怀之大爱，展现出他作为一个革命党人的浪漫诗情和才华：

平生有意到桂林，甲子湖边看水情；

若是昌明多如意，何愁天下不太平。

芦山竹影几千秋，人间何曾不梦游；

万里长江抛玉带，一轮明月滚全球。

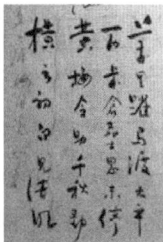

郑时思不同字体的手迹

1982年，郑时思（中）全家福。

烈士碑前念故知，混战何曾想当时；
要得天下太平日，万里长城永保持。

回顾人生事不凋，举步青云志不高。
天地有情怜我才，青山无故笑人老。
改造世界同享受，历史阐明定目标。
致力发扬同举步，恒心与众共同谋。
勉励前进唯科技，雨打雷劈不动摇。
同志永远同心德，凯歌同唱太平谣。
人类是否统全球，血液本应共同流。
分域焉是人生愿，交往犹能永长留。

然何统一全人类，马列真言占心头。
永恒天使弹前奏，同志光荣带了头。
伟业未成冥展目，遗言嘱励不能休。
伟业分秒全民夺，回师共庆太平秋。

郑时思于1984年病逝。尽管他已经去世30多年，但他的思想、他的愿望和他留存下来的一些诗歌，还有两本记录杂感的蓝色笔记本，虽然两个本子早已失去了原来的颜色，但他的妻子黄惠珍女士和他的儿子郑华昌先生一直珍藏着。

郑时思的人生可谓跌宕起伏，他有许多的人生感慨和感悟。自从出生入死参加革命工作到革命成功，全国解放以后，他开始在东莞县工作，他自认为在解放以后这29年的工作历程中，他为共产主义事业没有做出过什么特殊贡献，他开始重新思索人生的价值。

为偿父辈心愿，千里岛国寻亲

郑时思留下的珍贵遗物和他自己的身世，以及他远在加勒比海牙买加有一个大家族的亲人们的这些事，他在生前没有来得及对他的妻儿讲。直到他临终时才对儿子郑华昌说："我的父母、你的爷爷奶奶在牙买加，我还有三个弟弟在牙买加，我死后你要帮我去把这些亲人找回来。"

由于悲伤过度，听到临终遗言的郑华昌在当时并没有明白父亲的这些话。父亲去世后，他前往父亲生前所在单位东莞凤岗镇工商管理局的宿舍收拾父亲的遗物，从床下找到两本封面已经变色的蓝色日记本，还有一个外国老太太与两个小孩的合照，以及父亲的英文出生证明，还有一本只有一块七毛三分钱的存折……

父亲那时的工资已经涨到九十块一个月，为什么存折上只有一块七毛三分钱？他跑去问银行人员和单位同事。父亲平时为人热情乐善好施，以至于银行领导都认识他，银行人员告诉郑华昌，你父亲工资一发就帮助有困难的同事了，他哪还有钱存下来呀……

郑华昌拿着父亲的两本日记本和诗作，拿着仅有的一块七毛三分钱的存折，他读懂了父亲：父亲留给他的是宝贵的中华文化，和他对革命奋斗一生的理想信念，这是一笔极其宝贵的精神财富，不是用金钱可以衡量的。

郑时思在加勒比海的家人

郑华昌是郑时思的长子，也是他唯一活着的儿子。他的一生虽然平凡，但也于平凡中活出了自己的精彩。郑华昌在深圳中学高中毕业后，响应祖国"建设社会主义新农村"号召，回乡参加生产劳动，为了这个理想，他竟然放弃被推荐上华南理工大学的机会，把名额让给了他的高中同学。后来宝安县又推荐他去县水产公司冷冻厂当工人。他在这里当了三年学徒，从工人一步一个脚印做到管理职位。

郑时思和母亲玛莉安、
哥哥郑常励回中国前合影

改革开放以后，在水产公司当了 11 年工人的郑华昌，由于工作中吃苦耐劳，踏实勤奋，被深圳饮食集团公司董事长看中，将他调到集团的下属单位友谊餐厅负责。从 1982 年 9 月进入深圳市饮食集团公司，一直工作到 2004 年 9 月才退休。

退休以后的郑华昌才慢慢翻看父亲的日记，这才关注到那些发黄的老照片，一个外国黑人老太太引起了他的注意。至此，他才知道父亲是一个归国

华侨，是一个中加混血儿，而自己的身上竟然也有四分之一的外国黑人血统，他的奶奶是一个远在加勒比海牙买加名叫玛莉安的外国黑人老太。而父亲这些遗物，母亲黄惠珍也是第一次从两本日记本中了解到父亲的革命工作经历以及父亲的身世……

"文革"动乱时，父亲曾被扣上里通外国的罪名，因此他从不把有海外关系的家人这些事告诉任何人，包括妻子儿女。所有海外来信他都私自保存，动乱年代也不敢跟国外的亲人回信，以致后来，郑时思竟与海外的父母家人失去了联系。

想起父亲的临终遗言，郑华昌没有出过国，也不懂一点外语，要完成父亲的遗愿，去那么远的地方找回他们的亲人，谈何容易！

但是找回亲人毕竟是父亲的临终嘱托，他必须得完成。他让儿子郑继忠去，儿子胆怯说不懂外语如何去？最终，在广西外国语学院英语专业毕业的女儿郑莉自告奋勇去完成这个艰巨的任务。

儿子继忠和女儿郑莉的名字，都是爷爷郑时思取的。郑时思觉得自己在新中国的建设事业中，工作做得远远没有他在战争时期为革命作出的贡献大，所以他给孙子取名继忠，意思是要孙子"继承伟大领袖毛主席的革命遗志，要忠于人民忠于党，忠心耿耿地为解放全人类而奋斗"。给孙女取名郑莉，是因为母亲玛莉安，他取她名字中的一个字以示对母亲深深的想念。

2002年，孙女郑莉在爷爷去世18年以后，以她所学的英语专业知识去牙买加找到一份工作，利用打工的业余时间，通过多方查找，以爷爷留下的出生证，以及祖爷爷寄给爷爷的信件，和爷爷后面出生的几个兄弟的照片等物证，最后得以与牙买加的亲人们相认。郑莉在寻找海外亲人的过程中，与当地青年相识相爱，当国内的家人去加勒比海和亲人们团聚时，在郑华昌夫妇和海外大家庭亲人的见证与祝福中完婚。

援朝老兵何金友

何金友在 2014 年病逝于深圳，享年 81 岁。

他的故事是他的子女和弟弟何达强向笔者讲述的。在此非常感谢这些革命家庭的每个成员。他们热爱家乡，也崇敬自己的亲人，敬重先辈为革命贡献青春和热血，热爱和支持前辈们将毕生的精力奉献给了中国人民和中国革命事业。在中国共产党成立一百周年之际，这些逝去的先辈没有被人民遗忘，还能被党唤起昨日的记忆，为他们在党史上记上一笔，作为家属的他们也深感荣幸。

抗美援朝八年的何金友

何金友是何达强的二哥，是他们六个兄弟姐妹中的老二。生于 1933 年，他从小看到村里许多革命人士日夜奋斗在抗日前线，心里也萌生了参加革命的念头，为中国人民的解放斗争做一个了不起的英雄好汉。

小学五年级时的一天，何金友早上从家里去上学时表现得和平时一样，但离开家门后他并没有去学校，而是在去学校的路上偷偷跑到部队要求参军。到了晚上，他的母亲没等到他回家，找遍了村里家家户户，最后才听人说他到了部队参军。

何金友跟赤岭头村许多青年一样，当过民兵，参加过游击队、武工队，后来也加入到了赫赫有名的"三虎队"。在"三虎队"里，他担任过副班长，跟随战友们枪林弹雨出生入死参加了多场战斗。他还是赤岭头村唯一一个上过朝鲜战场的志愿军。

1950 年，他跟随部队参加抗美援朝，到了朝鲜战场，和战友们亲历过战火纷飞的杀敌前线，浴血奋战出生入死，誓死捍卫祖国尊严痛打美帝国主义。经过几年激烈的战斗之后，朝鲜战争基本结束，其他战友先后分批回国，他却自告奋勇要求留在朝鲜，说要和其他战友一起，保卫中美两国在朝鲜板门店的和平谈判。

当时全世界人民都没有想到，这个谈判一谈竟然谈了好几年。通过这一谈判，全世界人民都知道了美国鬼子不过是纸老虎：开始野心勃勃一心想打败朝鲜和中国，结果一上战场就知道低估了毛泽东的部队，中国人民志愿军原来那么勇敢顽强，他们是惹不起的，几个回合打下来，打得美国鬼子焦头烂额，打不赢了他们就提出和谈，不承想在谈判桌上他们也不是毛泽东的对手，谈来谈去也总是输。美国鬼子就采取打不赢了就谈，谈输了再打，如此这般打打停停地玩起了小孩子把戏。

毛泽东高瞻远瞩，一开始就看清了形势，料事如神地说："这场战争得边打边谈。"中国人民志愿军因为有了毛泽东同志的战略指挥，做好了打持久战的思想准备。就如同抗日战争一样，在一开始毛泽东就看清了抗日战争的形势也将是一场旷日持久的战争，因此早就为最终取得胜利做好了充分的思想准备。

虽然朝鲜战场并不像中国的抗日战争一直都在打，从 1950 年中国人民志愿军入朝开始，一直到 1958 年，抗美援朝战争同中国的抗日战争一样坚持了八年。因此何金友在朝鲜战场整整当了八年志愿军，是抗美援朝战争中待在朝鲜最久的志愿军之一，也是最后一批回国的志愿军。这是他一段光荣的人生旅程，是他人生最辉煌最绚烂的军旅岁月。

1958 年，何金友回国后被分配到洛阳步兵团继续服役，后又被送到步兵学校学习，学习结束又分配到野战部队服役，并当过排长。之后就转业到广西最偏远的也是最艰苦的山区龙胜县继续为革命作贡献。在龙胜县人民法院工作了许多年；改革开放后，同许多早年参加革命走出了赤岭头村的子弟一样，他也想念自己的故乡，因此申请调回广东来工作。回到广东后，他先后在布吉法院、宝安县法院，继续为党工作，为人民服务。

何金友育有两男一女三个子女。1985 年，何金友在深圳宝安法院离休，在深圳度过了平静的晚年，也享受到了改革开放给深圳人民带来的幸福生活。

英雄的三虎队员何鹏飞

何鹏飞，1928 年出生于深圳宝安龙华。19 岁加入游击队"三虎队"。1947 年 11 月，任惠东宝人民护乡团三虎队一排政治服务员。1949 年 1 月，任东一支独立二营二连排政治服务员。1949 年 6 月任东一支司令部警卫连副政治指导员。1950 年至 1955 年，任东江军分区独立七团二连政治指导员。1955 年，被授予上尉军衔，后晋升为大尉军衔。1955 年至 1966 年，任华南军区训练团二连政治指导员，1956 年至 1958 年，在解放军重庆北碚步兵学校学习。毕业后任汕头军分区独立营政委，后为

何鹏飞（曾用名何玉祥）

守备七团一营教导员、政治处副主任。1970 年，任肇庆市人民武装部副政委。1979 年任广东省军区肇庆干休所政委。1982 年，转业回深圳，任深圳公共汽车公司党委副书记，后为调研员。1988 年，任粤赣湘边纵队东一支队三团战友联谊会副秘书长。1996 年，该联谊会改为深圳市粤赣湘边纵队战友联谊会后，他于 2004 年任常务副会长，2007 年任会长直到 2020 年。

他是一位激情满怀、久经沙场的革命战士。他 19 岁加入游击队，是广东解放战争中活跃在第一线的"三虎队"队员之一，参加大小战斗 30 多次。他英勇善战，不顾个人安危冲锋在前，多次负伤，始终怀着一颗赤诚报国的爱民之心。中年转战特区，为特区的发展建设作出应有的贡献。晚年不顾年事已高，出任粤赣湘边纵队战友联谊会会长，热心为老战士及其后代解决各

种难题，鼓励他们撰写战争回忆录，以勉励后人。

他不仅为新中国、为深圳的解放浴血奋战，奉献自己的青春和热血，当特区成立，他又报效乡梓，以自己的赤诚、奉献向党向人民交上一份满意的答卷，谱就了一曲生命的壮丽之歌。

苦难历练出的机智通信员

何鹏飞的父亲何伯琴从小跟何鹏飞的爷爷到印尼谋生，因此他在国外就接受了良好教育。回国定居后成了相邻几个村的唯一一位私塾先生，很受人尊重。他父亲1942年加入中国共产党，负责地下党组织工作。同时担任抗日战争民主政权的宝安四区区委书记兼区长。他哥哥何玉麟早在父亲之前就加入了共产党，是村民兵队员。母亲是一位勤劳勇敢、善良贤惠的客家女人，她挑起一家人的生活重担，不仅相夫教子，播种、犁田、插秧等，田地里男人的农活也全由母亲一人包揽。

1928年11月，何鹏飞就出生在这样的革命家庭里。

何鹏飞在父亲的私塾学了四年半白话文，从而打下扎实的国学基础。后来无法在课堂正常授课学习的情况下，何鹏飞仍能坚持自学。1938年日本人在大亚湾登陆，宝安沿海一带被日本人占领，所到之处实行"抢光、烧光、杀光"的"三光"政策。10岁的何鹏飞牵着一头牛跟着家人混杂在扶老携幼逃亡的人群中，逃难队伍从布吉下来经过深圳圩最后落脚于新界上水（香港农村）。何鹏飞一家和其他难民家庭十几口人凑在一起，租住在新界村民废弃的旧屋里。定期接受英国政府发放粥水、面包的救济，过着饥不饱腹的难民生活。

童年时期的何鹏飞亲眼目睹家乡龙华圩镇经常受到日军炮火的狂轰滥炸。熟悉的街道被炸成

1962年家人合影。母亲陈春招（中）、
何玉章（后排左二）、何鹏飞（后排左五）

一片焦土，到处哭声四起。日本侵略者的凶残与嚣张，使年幼的他很早就意识到只有拿起武器才能保家卫国。1943 年，日本人占领深圳沿海地区（沦陷区），宝安其他地方由国民党占领（统战区），共产党的东江纵队地下党就在统战区与沦陷区之间开展活动，经常向孩子们讲述抗日救国的道理。在兄长的影响下，何鹏飞 15 岁就帮助地下党送情报，成为一名通信员。执行任务时他装扮成放牛娃，手里拿根牛绳，肩上挎个牛嘴笼，把情报塞在斗笠里，自如地通过日本兵关卡盘查。不管是白天和黑夜、晴天和雨夜、大路和小道、勇敢机智的何鹏飞都能一次次地化险为夷，圆满地完成任务。

英勇善战的三虎队

旷日持久的抗日战争胜利后，1946 年 6 月下旬，国民党向解放区大举进攻，发动了全面内战。内战初期，国民党蒋介石集团依仗其军事上的优势，扬言在 3 至 6 个月内消灭中共领导的武装力量。从 1946 年 11 月起，国民党军队进攻解放区的气势开始下降。为了继续保持攻势，国民党不得不从后方抽调兵力到内战前线，其中在广东的正规军几乎全部北调。

在国民党兵力相对削弱的有利时机下，中共广东区委于 1946 年 11 月做出"恢复武装斗争"的决定，并制定了"实行小搞，准备大搞，从无到有，从小到大，稳步前进"的战略方针，号召各地留粤武装人员重新拿起武器，建立武装队伍，打击地方反动势力，保护人民群众利益。

为了扩大武装力量，"惠东宝"人民护乡团刘宣同志来到龙华白石龙，在赵林同志的协助下，于 1947 年 11 月亲自组建了一支武装队伍，这支队伍由宝安龙华子弟组成，命名为"三虎队"。当时党组织在龙华已拥有 20 多名龙华青年组成的两个班，另外又从松岗文造培武工队抽调来一个班，合起来共三个班，这也是三虎队名字的由来。三虎队成立后，刘桂材任小队长，吴炳南任副小队长，吴振文任政治服务员。

年仅 19 岁的何鹏飞动员本村及邻村的青年一起加入了革命队伍，光荣地成为三虎队的战士，开始了他永生难忘的革命生涯。当时，家境贫寒的他，只带了两件换洗衣服就参加了部队。

建队初期，三虎队战友们的生活条件非常艰苦，他们在龙华白石龙、黄

田经历了好几个月的艰苦时期。龙华白石龙、黄帝田一带群山连绵,林莽苍郁,何鹏飞和几十名战友睡在山沟临时搭起的"人字形"大草棚里,地方非常狭窄,睡下去的时候两边脚对脚,中间只留有一条小通道。战士们吃的粮食与蔬菜全靠司务长去附近的村中采购,再肩挑手提地运上山。还有几次敌情紧张时,他和战友为了不暴露自己,会在天未亮前做好饭,吃好早饭后,每人用杯子装一盅饭当午餐,白天全队钻到山沟密林里掩蔽,忍受着蚊虫的叮咬。直到天黑之后,才能下山吃晚饭。恶劣的环境丝毫没有动摇何鹏飞为革命奋斗的决心。

1948年5月,他们终于等来了战斗机会,他和战友们走出大山,奔向沙头、白石洲、固戍、牛地埔等地展开对敌歼灭战;布吉清水河的伏击战;黄猄坑、鸡公山、石凹等地的突围反击战;地属惠阳地区的支援红花岭反击战、坪地反击战以及配合东一支队二团围攻淡水的战斗;5月参加了攻打平湖的战斗。何鹏飞在一次次的战斗中锻炼成了一位坚强的战士。

三虎队在扩大和整编结束后就抓住有利时机,积极向国民党统治区推进,采取先打弱敌、后打强敌的作战方针,坚决拔掉阻碍解放军发展的敌方据点。

宝安县沙头村地处深南公路的中段,东临深圳,西靠南头,南面临近香港新界元朗。从落马洲过渡即可直接通往元朗、上水、香港,是当时的交通要道,经贸活动的必经之地,也是当时东(莞)、宝(安)游击区物资供应的要道。因此,国民党海关在沙头设立了一个关卡,派驻关警、宪兵共40多人看守。敌人武器配备精良,住在一座五层楼高的炮楼内,炮楼周围筑有坚固的围墙,易守难攻。

为除掉这帮恶霸,并清扫游击区物资供应线上的障碍,部队做出决定,坚决把国民党在沙头海关的关卡拔掉。

5月9日下午,深入沙头敌人据点侦察的曾光同志回来了。他把侦察所得的敌据点地形、人数、装备及相关的一切情况,详细地向李和大队长进行了汇报。随后,大队部召开全体指挥员会议,根据侦察所得的材料做了详细分析,并研究了战斗部署,对消灭此据点已是胸有成竹。

当时部队里有一种说法,把三虎队比喻成老虎,把国民党军比喻成鸡。"老虎下山,又要吃鸡啦!"战斗即将打响的消息在驻地传开,战士们兴高采烈,纷纷议论着如何作战,如何消灭敌人,个个跃跃欲试,恨不得马上把敌人消灭光。

为了缩短进攻敌据点的距离,出击前的一天晚上,全体指战员从驻地出发，爬越莲坳山，沿着嶙峋的羊肠小道而下，经过了两小时的行军，到达下梅林村。这一夜队伍宿营在村里。即将迎来一场恶战，同志们都怀着战斗前的兴奋心情，辗转反侧，无法入眠。

第二天一早，部队足足进行了一整天的战前准备工作，首先，李和大队长召开所有人员参加的作战会议，对敌情做了进一步的分析，编好了战斗小组，明确了具体战斗任务的：突击组以曾强同志为组长，率领彭觉民、吴炳南等同志；爆破组由巫祺、梁佳同志负责；掩护组由张玉、曾光同志负责，率领罗茂生等同志；简明同志率领几位战士负责剪断南头到深圳的电话线；何鹏飞带着一个班跟李和大队长作为机动组。其他战斗人员负有警戒和保卫等任务。

紧锣密鼓的筹备工作过后，出发的命令终于下达，战士们神采奕奕，迈着坚定的步伐，浩浩荡荡地向沙头的敌人据点进发。在晚上10点钟左右，部队全部到达了指定地点。待在炮楼上的敌人对我军的行动无丝毫觉察，像平时那样醉生梦死，不时传出聚赌作乐的嘈杂声，三虎队在夜色的掩护下包围了敌据点。

李大队长发出了行动信号，突击组首先扑向敌哨，掩护组也紧跟着突击组迅速占据了接近敌炮楼的民房屋顶，监视敌人的行动。就在这一刹那，守卫炮楼的敌人哨兵突然发现了进攻中的突击组，开始疯狂扫射，妄图阻止突击组前进。掩护组的同志马上以强大的火力压制住敌人的火力，突击组同志在敌人自保而将火力转移了方向的瞬间，迅速将一个用火水罐制成的地雷放在炮楼铁门的关键部位。

伴随着"轰隆"一声巨响，铁门倒下了。突击组立即踏着弥漫的烟尘勇猛地向炮楼冲去，后续部队紧随其后，一起边冲边喊"缴枪不杀"。打得几十个宪警措手不及，个个惊慌万分，乖乖地举手投降。

这场战斗，击毙敌人一人，俘虏40余名，缴获长短枪30余支、信号枪一支，崭新的美式卡宾枪两支，电台一部和子弹1万发。此外还有布匹、纸张、皮鞋等一大堆物资，我军无一伤亡。

战斗结束之后，为扩大三虎队的政治影响，分化瓦解敌人，同时也为了减轻部队的负担，使部队能够迅速转移，就把全部的俘虏集合在炮楼门外的一个草坪上，李大队长向俘虏们说明了我军优待俘虏的政策，并警告他们不得再做与人民为敌的反动勾当。在进行一番思想教育之后，随即将他们全部释放。

1949年初，何鹏飞随部队在坪山过完元旦，全连奉命东进。经过半个多月的行军，抵达惠东安墩，整连编入东一支主力的独立二营，成为该营的二连。在安墩进行短期整训后，于1月底随支队领导机关和主力部队，从安墩出发进入陆丰，驻守于陆丰北部的河田镇。1949年3月，何鹏飞随部队1500多人又由陆丰河田出发向紫金、五华进军，先后参加了解放紫金的九和、龙窝和五华、华阳的战斗，后在华阳与九连支队的四团会师，而后返回陆丰。

英 勇 负 伤

1949年4月，何鹏飞所属的部队独立二营二连奉命由河田南下解放陆丰县城，担任攻打敌伪陆丰县政府的主攻任务。战前，何鹏飞和战友们认真地进行了作战准备。他们不仅派出精干人员多次乔装打扮进入陆丰县城，对攻击目标进行近距离侦察，了解作战地貌，还在上级的组织下进行了大沙盘作业，研究协同作战的方案。何鹏飞和战友们也多次进行模拟实际作战的实兵演练。大家都觉得准备充分，稳操胜券。

战斗在半夜时分打响，最初战况十分顺利。何鹏飞和战友们来到敌人据点对面的小河时，敌人还毫无察觉，在作战命令下达后，何鹏飞和战友们涉水过河，进入玉米地后，立即遭到炮楼上敌人密集的火力疯狂射击。暗夜中，枪声四起，到处流光闪烁，何鹏飞没有半点胆怯，抵近了大门。突然，只见火光一闪，伴随着一声巨响，院墙的大门被炸飞。何鹏飞和其他10多个突击队员一起冲进了大院，突击到潮州会馆门前。他们希望只要杀进会馆，就能达到预期的战斗效果。

不料，在攻击大门时，爆破组的同志全被炮楼上敌人猛烈的火力打伤，任凭何鹏飞和战友们怎么样万分焦急地呼唤，也没人能来炸开潮州会馆那坚固的大门。这时西侧炮楼上居高临下的敌人更加疯狂地向何鹏飞和战友们进行扫射。情况十分危急，何鹏飞和战友们未能找到突破口。会馆里的敌军为了保全自己的性命，拼命地向我方扔手榴弹。一时间，爆炸声声，弹片横飞，幸亏会馆门前的飘檐比较宽，何鹏飞和战友们躲在里面，敌人的手榴弹也扔不到身边，但横飞的弹片还是让何鹏飞两次挂了彩。何鹏飞强忍剧烈的疼痛，和战友顽强地回击炮楼上的敌人……战斗陷入了胶着状态。

将近一个小时的僵持，形势越来越严峻。天也快亮了，何鹏飞和战友们攻不进去，又将完全暴露在敌人的火力之下，后果不堪设想，在这种万分危急之时，上级只能命令他们撤退。

他和战友们趁着黎明前的黑暗，留下少数同志掩护其他人，沿着东侧围墙，悄悄撤出战场。可是时间有些太晚了，敌人很快明白了他们的意图，疯狂地对着

赤岭头村党支部 2021 年建党百周年座谈会，村里唯一健在的革命者何鹏飞与大家共忆烽火岁月。

大门进行火力封锁。机智的何鹏飞幸运地撤出了战场，但玉米地那些"青纱帐"完全遮不住炮楼上敌人的视线，还是被敌人的火力杀伤了，而留下来掩护撤退的同志，没有人安全撤退下来……

此仗遭到敌人的疯狂抵抗，虽然全连的同志都打得英勇顽强，但由于敌人处于有利地势，居高临下，又依托坚固的炮楼及高墙和厚门，加上他们的强大火力，最后导致三虎队伤亡惨重，在这次战斗中牺牲了许多战友。何鹏飞的左手被子弹打中，伤势十分严重。现在他左手手掌上仍有一道明显的大伤疤，长达 10 公分，这只手的手指基本无法全部弯曲，属于八级伤残。

战友的牺牲给何鹏飞留下了难以抹去的伤痕。晚年提起这些战死沙场的战友，何鹏飞依然泪水涟涟。他说："牺牲的同志是为了人民的解放事业，为了完成历史赋予的神圣任务而献出自己的宝贵生命，他们将永远活在深圳人民心中。"

何鹏飞中年时与妻儿合影

为了解放事业浴血奋战的革命

战士赢得了人民的尊敬。全国解放后，何鹏飞于 1955 年被授予上尉军衔，后晋升为大尉军衔。

和平年代建设特区

战火的硝烟散去之后，何鹏飞这位英雄战士从不提及自己曾经的光荣历史，过着跟普通人一样平凡朴实的生活。仍然坚持服从党的安排，全心全意为人民服务。1982 年，当改革开放的春风吹醒了深圳，在肇庆干休所任政委的何鹏飞再也按捺不住内心的激动了。他在寻思，家乡设立为经济特区，大搞经济建设，哪能缺我这家乡的儿子！于是，他强烈要求转业回深圳，参加深圳特区的建设。上级组织很快批准了他的请求，就这样，何鹏飞转业安排到深圳公共汽车公司任党委副书记。

一日行军，必日日行军，虽然现在是和平年代，祖国需要建设，广东需要建设，深圳需要建设。他要冲到建设深圳的第一线上。可是，正当他在公共汽车公司干得风生水起之时，由于班子要实行年轻化，超过 50 岁以上的同志都要求退下来。这位满怀雄心壮志准备驰骋"沙场"的老战士无奈地退居二线做调研员。1990 年 6 月，已是 62 岁的何鹏飞办理了离休手续。

幸 福 晚 年

然而，这位革命战士没有停下自己奉献的脚步。1988 年，原粤赣湘边纵队东一支队三团战友联谊会成立，何鹏飞任副秘书长。1996 年，该联谊会改为深圳市粤赣湘边纵队战友联谊会，2004 年他任常务副会长，2007 年任会长。2020 年联谊会注销。

他满腔热情，不遗余力为老战士及其后代解决各种问题，从来没有推脱过。他积极支持老同志们策划的各项工作，还发动老同志们撰写回忆录，把他们的战斗历程用文字描述出来，激励自己，勉励后辈。从 2005 年开始，何鹏飞号召边纵联谊会开展筹备纪念边纵成立六十周年纪念大会，筹划出版深圳市边纵战士回忆录《共忆峥嵘岁月》和边纵史料著作《解码边纵》。2008

年 12 月 27 日，由市委市政府举行的纪念边纵成立 60 周年，东纵成立 65 周年大会，全市东、边纵老战士近 1000 人到会庆祝，会议取得了圆满成功。

每次组织老战士们的联欢活动，都需要十几万的活动费用，同时还要考虑年岁已高的老战士们的人身安全等问题。义务奉献的何鹏飞等几位老战士的领导核心成员四处奔波，筹集了活动经费，使各项工作顺利进行，让老战士们个个喜笑颜开。

革命本色放光彩，立足特区铸辉煌。何鹏飞待人亲切，先人后己，在深圳工作的多年中，作为单位领导总是先想到下面的困难职工。80 年代，他作为深圳公交集团公司的领导，一直住着一套早期单位分配给他的旧房子。后来单位多次分配新房，他都让给单位其他同事优先入住，让给那些普通老司机，直到他离休，还住在最早分配的一套旧房子里，从没向单位伸手提过任何要求。他的一生真正做到克己奉公，先人后己，时时处处替他人着想，廉洁自律，这种高尚品德使人敬佩，是现在广大的党员干部学习的楷模。

何鹏飞平易近人，朴实正直，在他的影响下，这也成了他们这个大家庭的家风，逢年过节老老少少欢聚一堂，和睦美满。每年的清明节，这个家族一行 40 多人由何鹏飞带领，奔赴墓园为先人扫墓，拜祭祖先，他教育后辈们要铭记前辈所付出的一切代价，不要忘记人们今天的幸福生活是多么来之不易。

晚年的何鹏飞喜欢运动。深圳市所有的山都爬过，75 岁时还常常去爬大、小梧桐山，坚持夏天游泳。他的肩上依然承担着粤赣湘边纵队战友联谊会会长的重任，他的心里依然装着老战士们。

这位激情满怀、久经沙场的革命战士，一生中参加大小战斗 30 多次，多次负伤，为解放事业立下汗马功劳。战火的硝烟散去之后，87 岁高龄时还担任着边纵战士联谊会会长，为战功赫赫的离休军人服务，为祖国为人民发挥余热贡献自己的点滴力量。

2021 年，在中国共产党建党 100 周年之际，已经 93 岁高龄的老党员何鹏飞静静地生活在他的出生地龙华，幸福地安享着晚年。我们深深地祝愿他老人家健康长寿！

烈 士 梁 虎

烈士梁虎原名梁步庆。原籍梅县。1923 年出生。早年随父母和兄弟全家移居印度尼西亚，后回国在韶关乐昌华侨三中就读，后来又到香港达德学院读书。参加部队后就自行改名梁虎。梁步庆为何自行改名为梁虎？一来因革命工作需要；二是他立志革命，意为如虎勇猛，不畏邪恶。上级见他意志坚定，就把他编入武工队。因梁步庆是在部队改名的，他的家人都不知道梁虎就是他们的亲骨肉。

1948 年 8 月，梁虎从广州经香港辗转到宝安龙华游击区，参加粤赣湘边纵队东江第一支队第三团武工队，负责宣传发动群众，组织支前工作。梁虎虽是个华侨，又读过大学，一副文质彬彬的书生相，但他乐于接近群众，喜欢与小孩玩。作为武工队队员，他用梅县的客家话开展群众工作，和蔼可亲，头头是道，深受乡亲的尊重。

经历丰富，又喝过很多"墨水"的梁虎头脑灵活，为了做好宣传工作，更好地发动群众，配合打击敌人，梁虎和从珠海参军的武工队艺宣队队长唐百川一起合办了一间刻蜡纸印传单的"印刷厂"。他们剪纸、油印，配合默契，16 开纸一分钟就能印上百张，高效优质。传单印多了，他们还向友邻武工队供应一部分，颇受欢迎。

有一次，交通员送来情报，说区内白石龙一带发现敌特，有几位同志被杀害，要我们提高警惕，防避搜捕。梁虎闻讯后怒目圆睁，愤慨地说："要是抓住这帮家伙，我一定要亲手把他们枪毙！"不久，敌特被擒，上级决定处决他们。梁虎毛遂自荐，请求让他执行枪决任务。战友们都担心，他这个大

学生能行吗？后来大家叹服了，称赞道："没想到梁虎真够胆量！"

12月底的一天，游击队七八个同志开进龙华石坳村，在一间小店落脚，梁虎将传单放在桌上，正准备分发给群众时，突然传来外面群众的呼喊声："呵呵鸡（即发瘟鸡，客家人过去对国民党腐败军队的俗称）来了！"原来，有一百多个敌人已避开村口的哨兵朝小店冲来。梁虎立即收拾好传单跟着队长和几个战士往村边转移。但待他冲出店门时就没能跟上前面的战友，只好从村前的梯田突围，闪进山涧。霎时间，村头响起了阵阵激烈的枪声。

敌人在黄昏前撤退了。很快，有群众告诉返回的武工队，说有三位战士不幸遇难。武工队随即前去查看，发现倒在血泊里的三位战士中有刚刚还在发传单的梁虎，他的身边除剩下一大沓还未发出的传单外，没有给父母和兄弟留下任何遗言。顿时，战友们都悲痛欲绝。后来，他们和群众一起在村边路旁的树下挖了一个平底浅坑，再将军毯一半垫在坑底，把三位烈士遗体安放进去，另一半军毯覆盖在上面，然后铺上碎泥和松叶，以表对他们的哀悼和敬意。

掩埋好战友的遗体后天已大黑，武工队几名战士依依不舍地泣别了战友，摸着黑返回根据地向上级报告。

参军才4个月、年仅25岁的华侨学生梁虎，为了深圳的解放就这样献出了宝贵的生命。他背离家人，自行改名，毅然只身回来参加革命，充分体现了拳拳的爱国之心和远大的理想。他生前生活和战斗过的龙华游松村老一辈乡亲一提起仍然记忆犹新。原宝安县老县长周吉同志在赞叹梁虎的同时，总是无限痛惜。

后来，梁虎烈士生前的同学加战友、唯一知情人唐百川曾想方设法寻找他的亲人，想将他的事迹和死讯告诉他们，但一直没有成功，心里十分内疚。

的确，在鹏城这块红色的热土上，不知长眠着多少热血青年的忠骨，他们为国捐躯，甚至连自己的亲人都不知道，这种无私的奉献，对我们不正是最好的启迪和有力的鞭策吗！

在梅林和龙华革命烈士纪念碑上，密密麻麻地刻着一个个为这片土地的解放而献身的烈士英名。这里面，就有一个名叫梁虎的烈士，73年过去了，他的亲人至今仍不知道他已为国捐躯。

女卫生员莫福娣的故事

莫福娣 1922 年出生于广东东莞市高步镇南白村。她虽说出生在东莞，却将美丽的青春和宝贵的生命献给了龙华，长眠在龙华这片红色的土地上。莫福娣牺牲时年仅 20 岁。

1926 年，因家徒四壁，总是穷得揭不开锅，4 岁的莫福娣被送给了高步镇一个贫农抚养，勉强度日。

莫福娣

1937 年 9 月，中国共产党派人到高步开辟工作，一些进步同志来到高步教书，这一缕曙光让莫福娣和同村一些在贫困线上挣扎的妇女得到了读书机会，她的人生轨迹也从此改变了方向。那年，正值豆蔻年华的莫福娣报名参加了党在当地领导的抗日宣传组，开始从事抗日救国的宣传工作。莫福娣特别重视宣传工作，也清醒地认识到宣传工作对革命胜利的重要性，为此，她总是不失时机地积极动员村中青年男女参加抗日救亡活动，处处可看到她轻盈活泼的身影，成为宣传战线一道亮丽的风景。

很快，在党的关心和教育下，聪明的莫福娣进步很快，她曾立下誓言：为抗日不惜牺牲个人的一切！1938 年，中共地下党员罗慧贤在高步教书期间经过了解，认为她立场坚定，工作能力强，讲究原则，就主动培养她，不久后又发展她加入了中国共产党。

参加革命和入党后，莫福娣先在连队当炊事员。她不怕苦，不怕累，虽然是个女孩子，但行军时总是争着挑担炊具。后来，莫福娣又当上了给养员，

专门为部队负责米油盐菜看管和补给工作。其实莫福娣身体比较瘦弱，但她总是不辞劳苦，想尽办法为部队做好给养。后来，年小心细的莫福娣又当上了连队卫生员，为伤病同志治病疗伤。她对工作一贯积极负责，任劳任怨，直至牺牲。

莫福娣是在 1942 年一个凄风苦雨的日子里被国民党顽军杀害的。莫福娣和她的战友牺牲后，敌人宣布不准收尸。但观澜圩附近白花洞和周围几个村的群众还是冒着生命危险，悄悄地把两位烈士的遗体埋葬了。

那年初春的宝安阴云低垂，小雨淅沥，格外地寒冷。国民党顽军乘日军集中兵力侵占香港之机，大举进攻宝安县阳台山抗日根据地，先后占领龙华、乌石岩地区，妄图消灭我军主力。为避开顽军进攻的锋芒，我军主力向外转移，医务所按指示随即分散隐蔽。

4 月的一天，国民党徐东来部属黄文光大队配合张光琼的一八七师 1000 余人，从清湖出发，分三路进攻我游击队总队所在地白石龙和樟坑，其中一路经龙华、深坑到长岭陂，对我游击队进行围攻。在深坑左侧的山沟里，隐藏着由医务所女卫生员莫福娣负责掩护的一部分伤病员；深坑右侧的山沟里则隐蔽着由一位从香港回来的女卫生员负责的另一部分伤病员。

顽军黄文光带队进入深坑后，先派出尖兵排到处搜索。右侧山沟的女卫生员对危险临近却毫无觉察，在这时竟拿着药煲从山上走下来准备给伤病员煎药。她是个从香港回来、毫无战斗经验的新同志，不认得眼前穿着军装的是敌人。当她走近村前时，敌人拦住她喝问是什么人？她居然答是王作尧部队的。敌人马上把她绑起来，她才恍然大悟，后来敌人再问她时，她什么也不说了。

敌人抓到这个卫生员后，又派兵到左侧搜索。这时，正好已经把伤病员隐蔽好的莫福娣走了出来，当她在河沟边的树丛里察看敌情时，不幸也被敌人发现。

敌人很快把她从树丛里抓了出来，问她是干什么的？她说是从香港逃难到这里找饭吃的，路上见到那么多人心里害怕，就躲在树丛里。

于是，敌人把莫福娣和那个卫生员绑在一起。莫福娣不断地重复上述的口供，好让那个卫生员也改口说是从香港回来的。敌人不相信，马上给她一巴掌，随后便把莫福娣和那个卫生员绑在一起押走了。

黄文光押着莫福娣两人回到观澜圩大本营后，就交给他下属的一个连部看守。开始，敌人用软的办法劝降，屡屡没能成功。

莫福娣知道那个卫生员没有斗争经验，就利用敌人去吃饭的机会对她说："你不要怕，要和我一个口供，死也不要供出部队的秘密，我来顶住敌人。"

一天上午，一直没看到审讯出好消息的黄文光亲自前来审问莫福娣两人。他一开口就说共产党是"奸党""匪军"。莫福娣听后满腔怒火，随即公开和敌人针锋相对，义正词严地驳斥："谁配合敌伪进攻抗日部队就是奸党，谁抢劫老百姓财物就是匪军。王作尧部队是人民组织起来的抗日队伍，为群众谋利益，保家乡……"话还没有说完，敌连长就大发雷霆，拔出驳壳枪威胁她。坚贞不屈的莫福娣对此视而不见，继续痛骂敌人。

莫福娣的坚强让杀人如麻的黄文光非常尴尬，他见莫福娣如此强硬，知道得不到任何情报，怕她继续骂下去动摇军心，于是当即下令马上把莫福娣两人游街示众后就地枪决。当时赶圩的群众很多，黄文光如临大敌，担心其中有游击队，就派出一班的士兵绑押着莫福娣和她的战友在圩里游街。

一路上，莫福娣和那个年轻的卫生员非常沉着坚定，她们脸不改色，还高呼"反对内战""反对投降""团结抗日，反对分裂""抗日无罪""王作尧部队是人民抗日部队""我们是抗日战士""中国共产党万岁"的口号。敌人越不准她们叫喊，她们就越高声呼喊。口号声响彻云霄，震撼着每个赶圩群众的心。游街后，两位英勇的女战士在观澜圩旁边的晒布岭就义了。她们为龙华的解放事业献出了宝贵的青春。

望天湖的张连兴

早在抗日战争初期，深圳市龙华民治的望天湖村就是东江纵队著名的根据地。当时望天湖交通闭塞，民风纯朴，算是个比较偏远的地带，于是就成了革命斗争活跃的山区村落。1929年，一个叫张连兴的男孩在这里出生了。他这个村的群众都很同情且倾向革命，在这样的环境影响下，他从小就开始崇拜和佩服共产党，总是向往着早日参加革命。

张连兴的家和当时那个社会大多数人家一样，吃不饱，穿不暖，家里又没有田地财产，父母只能靠租人家的地来耕种谋生，因此经常会穷得没饭吃，时常揭不开锅。

广东的客家人很重视传统文化教育，那时，他父母虽然做不到"再苦不能苦孩子"，但为"再穷也不能穷教育"而尽到了最大努力，做到了问心无愧，想方设法将张连兴送入到村里的龙腾小学。9岁的张连兴非常感恩父母对自己的哺养和教育。那年头，村中的许多小伙伴是根本上不起学的。

但非常努力学习的张连兴只读了半年（一个学期）的书后，因家境贫穷不得不辍学回家。这对小小年纪的他来说，是一件十分难过的事情，但他看着父母的艰辛，自己不仅说不出半句抱怨的话，甚至还极力安慰父母，假装说读书太辛苦，自己早就不想读……母亲看着他泪水顿时流下来了；父亲则长长地叹了口气说："孩子，你不用安慰我们了，是我们没本事，供不起你上学……不过咱们无论如何还要读书识字，只有那样才能不会永远受穷！我们一定会把你重新送入学堂……"从此，小小年纪的张连兴便回到家里帮着父母下田地劳作。

一个重视教育的家庭是最有希望和前途的。果然，张连兴的父母亲含辛茹苦，拼命劳作，真的很快又把他送进了学堂，而且是先后两次：11 岁时一次；13 岁时一次。只是因为穷，每次返回学校都是上了一个学期便不得不又再次辍学……张连兴就是在这样的环境中劳作、读书，读书、劳作的循环中，用了三个半年完成了小学教育。

1938 年 11 月 22 日，日本鬼子从大鹏湾登陆了，从葵涌攻上来后很快在澳头、大鹏一带建立据点和军需补给站，紧接着又占领了县城南头和深圳墟。就在日本鬼子到处张狂时，共产党领导的游击队也来了。游击队把望天湖全村的大人孩子都组织起来，宣传抗日救国的道理，揭露日本鬼子在中国到处烧杀抢掠的暴行，激励大家的抗日热情。很快，大家全部行动起来，争先恐后地为抗日出一份自己力所能及的力量。

张连兴虽然年纪小，但那些革命同志在村里办夜校、搞演讲、唱歌跳舞、演话剧等，他都积极参加，尤其是夜校识字班，弥补了他文化知识的许多不足，让他学到的知识远比在学堂里学到的多。

在那个大环境中，听着那些年轻的革命"前辈"讲话，张连兴似乎也成熟了许多，他们那些抗日救国、解放穷人的革命道理都说到他的心里。

"我们要打败日本鬼子，必须全民族团结起来，而要令民族团结，就必须革命当前社会上那些过分不公平的制度，然后，大家在都可以接受的社会基础上团结起来。肯定可以把日本鬼子赶出中国……"

经过一段时间的宣传发动，望天湖全村的父老乡亲都非常支持游击队，那里很快就成了整个华南地区出名的抗日根据地，人称宝安的"小延安"。当年，部队的指挥机关、后勤保障部门还有战地医院也长期安置在村庄附近的山谷丛林之中。

张连兴的父母亲也深明大义，虽说家里贫困也经常帮助部队做各种工作，但以"你年纪太小，还不懂事，应该自己注意好好学习，等到将来长大了，再来为部队的同志出力"等理由拒绝张连兴参与工作。张连兴心里虽然很不服气，但也不想惹得父母伤心生气，后来部队的同志得知他家贫穷，根本没有能力继续上学，都很同情和关心他，就用另外的方式让他来学习各种知识，培养他的革命觉悟和水平。

时光飞逝，日月如梭。1945 年是世界人民反法西斯战争取得伟大胜利的一年。7 月 28 日，中国、苏联、美国、英国发表波茨坦公告，敦促日本立即无条件投降。迫于压力，8 月 15 日，一个震惊世界、振奋人心的消息在全国各地传播开来，日本天皇正式宣布无条件投降。接着，朱德总司令命令侵华日军最高司令官冈村宁次向中国解放区抗日部队投降。命令在广东的日军向曾生将军投降。

不可一世的日本侵略军终于投降了。张连兴以为抗战胜利以后就可以过上太平日子，没想到东江纵队的同志撤走以后，国民党的军队开过来了，横征暴敛，令人发指。

在抗日战争期间，望天湖是坚强的抗日堡垒，日本鬼子除了大扫荡偶尔闯进来打砸烧抢一番，连过夜都不敢。现在，日本鬼子被赶走以后，国民党的军队倒大模大样地住进了村，把学校、祠堂等地方全占了，最多的时候，居然挤住过一个营，少的时候也有一个连。弄得望天湖鸡鸣狗盗，群众苦不堪言。

国民党军的官兵中有不少坏人，他们对望天湖的父老乡亲干出不少坏事，千方百计地对参加过抗日的望天湖人进行镇压和迫害，形势非常紧张。只有十六七岁的少年张连兴和张少华虽没有引起国民党兵的注意，但内心还是非常紧张，因东纵撤走时他们接受了一个任务，把游击队无法带走的枪支隐藏保管了起来，以防备将来需要时发挥作用。他俩冒着生命危险，躲过了敌人的好几次"地毯式"搜查。后来大批国民党官兵又多次搜查望天湖，希望找到游击队留下的装备，结果一无所获。他们仍不死心，又用"填空格"的战术，清剿那里的山山水水，把游击队当初搭建在山中的野战医院、指挥所、后勤基地等设施通通放火烧光，妄图让游击队无立足之地。

"野火烧不尽，春风吹又生。"敌人的迫害并不能令望天湖的人民屈服。后来，因形势发展需要，上级党组织决定在华南各地恢复和重建人民武装，望天湖的父老乡亲很快又被组织了起来，与敌人展开了巧妙而又英勇的斗争。

当年，张才和同志是部队安排在望天湖村的地下党负责人，他们主要负责组织武装民兵，找机会打击敌人。村里的党支部书记是张忠伟。

人民武装恢复后不久，张连兴就和村里的张少华、张子祥，张周祥等等弟兄加入了武装民兵，拿起武器和敌人展开了游击战、麻雀战，不断主动地骚扰和打击敌人，他们虽然说不上战果辉煌，但令敌人疲于奔命，头疼不已。有一次，敌人上山搜捕游击队的同志，张连兴和村里的弟兄找出当初部队留下的枪支，利用有利地形，对搜山的敌人打冷枪。大约是因为隔得太远，连放了几枪，都打不中他们，只是吓得他们东张西望，爬得更快了。张连兴他们发现不对头，连忙撤退，重新把枪支隐藏好，绕路赶回村里，若无其事又

和那些家伙打交道。敌人做梦也想不到，刚刚向他们放冷枪的就是这几个不起眼的山村少年。

恢复武装斗争不久，游击队就打回来了，而驻扎在望天湖村的敌人大部分被调往内地的其他战场，剩下来的那些因为日夜遭到武工队的骚扰和部队的打击，终于受不了了，灰溜溜地撤到深圳、南头或公路沿线的据点。

望天湖解放之后，张连兴开始参加由庄彭、刘鸣周领导的武工队，活跃在香港元朗以及望天湖、白石龙的交通线上，主要是护送人员、情报、物资等，往来深港两地，极大地支持了东宝路西地区的武装斗争。

有一次，上级派出张连兴、张周祥、张子祥等望天湖的一些兄弟一起到香港元朗水门头一家叫作"德祥兴"的商号领取重要战备物资。那里是党以商号做掩护的地下情报物资转运站，负责人是梁耀宗同志。张连兴他们一早从白石龙和梅林出发，下午时分到达元朗稍作休息，黄昏时候开始担运物资或者护送人员，乘车到米埔附近下车，不事张扬，也并不躲闪地前往落马洲边境地区。

当时港英当局对他们的行动基本上是开一只眼闭只眼，采取不支持、不介入、不干涉的态度，如果与他们的边境警察遭遇了，他们也装作看不见的样子。有一次张连兴还听见一个警察告诉他的同伴说："他们是'八字脚'（指是共产党的人），不用管他们。"

张连兴他们到达边境地区后，皇岗水围的地下党同志便划着那种小小木船过来接应。那些船真的很小，坐上四五个人，再加上我们带的物资，小船就显得相当吃力了，往往船帮离水面只有几公分，稍有不慎，就有可能进水沉船，幸亏皇岗水围的这些人大多是渔民出身，个个技术高超，胆大心细，从来没有发生过什么意外。

张连兴他们从皇岗水围的码头上岸后，便和岸上接应的同志会合在一起，有时还会有一些皇岗水围的妇女加入进来，一起担运物资，经皇岗、岗厦到梅林，然后进山到白石龙、望天湖……

张连兴已经记不清在这条路上跑过多少次了。直至新中国成立，张连兴才回到家乡工作，后经历了改革开放，见证了一个伟大时代的兴起和辉煌。

"巴黎医院"的女卫生员王慕坤

龙华阳台山一带是广东宝安抗日战争和解放战争中一个非常重要也特别耀眼的地方。在这里，不仅活跃着大批为了抗日救亡和人民解放事业的革命队伍，还建有一所特别隐蔽且非常重要的山洞医院，后来人称"巴黎医院"。"巴黎医院"旧址就是现在龙华区大浪街道阳台山半山腰一大片巨石阵中的一个天然岩洞，当地群众称之为"石燕窿"。这个天然岩洞的洞口仅 0.6 米宽，但洞内面积达 80 多平方米，非常方便住人和隐蔽，因空气好，水源（山泉水）充足，特别安静，最适合隐藏伤员和治疗。后来，因时局发展需要，"巴黎医院"辗转后到了南头，也就顺理成章地成了现在深圳市南山区人民医院的前身。

有关"巴黎医院"的情况，当年从香港到龙华参加革命担任卫生员的王慕坤女士有些回忆。王慕坤在十四五岁的时候，有个媒人带着一个 50 多岁的华侨到她家，想说服她母亲把王慕坤送到南洋做这男人的小妾。王慕坤知道后又气又急又怕，极力反对后就立即跑去姨妈家哭诉这件事，表明了自己誓死不从的决心。她姨妈也很气愤，为了防止出现意外就急匆匆把她带去了香港，并安排她在姨妈开的香港理发店帮忙，做打扫卫生和洗衣服的工作。

王慕坤有一个表哥叫李赴光，他是中共香港的地下党党员（后任广州市长欧初的秘书）。1949 年 3 月的一天晚上，李赴光前来把她和表姐李瑞萍、表弟李少光三人带到了香港元朗，并安排专人送他们登上地下组织早已准备好的小船。当天晚上，他们乘坐的小船就到了水围村岸边（现为深圳市福田区的皇岗村水围一带）上岸，随即由武工队的一个队员护送他们翻山越岭，最后到达了驻守在龙华白石龙的粤赣湘边纵队一支队三团。

但政治部组织股长湛芬在接待他们时见王慕坤又瘦又小，就建议她还是先回家读书为好，等读完书后再来。王慕坤一听当即就急得哭了起来，她说"如果我有书读就不会来了"。

当时，王慕坤的确很小，并不懂什么是革命，也不知道革命的危险性，只是听表哥说带她去一个有饭吃有书读有工做的地方。湛芬见王慕坤意志坚定，根本就不想走，就把她和表姐送到团部卫生队，还将表弟安排到了基层连队。从那天起，王慕坤他们三人算是正式投身到了革命洪流中。三个月后，王慕坤的那个表弟在一次战斗中不幸英勇牺牲，年仅 13 岁。

王慕坤和表姐原来都没有接触过医疗卫生工作，而部队的医护人员除了像一般医院的同事那样熟悉业务，还需要经常冒着枪林弹雨去抢救伤员，所以，她俩到了团部卫生队之后，组织上直接安排她俩到了龙华阳台山，因那里的山上有粤赣湘边纵队一支队三团设立的宝安龙华后方医院，方便她俩学习和接受培训。

当时，龙华后方医院山上林深草密，高大的树木葱葱茏茏，半山腰上有许多巨大的石头。在那些巨石之中一块大石头的下面，隐藏着一个又大又深的山洞，洞口约有房门大小，几条粗壮的树藤垂入洞内。人们出入时必须借助树藤攀缘才行；而伤病员不能用担架抬，只能让年轻体壮的队员背着进出。山洞下面呈长方形，面积有六七十平方米。洞内两边的石块比较平，但空间狭窄，最高处只有几十公分，人坐上去，会碰到头，最低处，只够人平躺。地上铺有稻草，一边是工作人员睡，一边给伤病员睡。中间留着一条小道，小道尽头有泉水从上面流下来。那里挖有一个蓄水的小池，旁边砌着一个大灶和一个小灶。小灶是专门熬稀饭给伤病员吃的。在这两个灶台的顶上还有一条较大的石缝，这里的人经常利用这条石缝把干柴草用绳子吊上来。这里就是医院的天然厨房。

当年生活很艰苦，每天只有九两米、二钱油，医疗条件更是简陋，不仅缺医少药，而且基本上没有什么设备，很多时候对伤员的救治只能用土办法。但他们过得很快乐，一方面与伤病员不分彼此，亲如家人，尽大家最大的努力，让他们得到在当时条件下最好的救治，挽救他们的生命，恢复他们的健康；另一方面，通过对他们的救治，王慕坤在医院迅速地学会了许多战地救护和医治伤员的本领。

为了保障医院的后勤供给，医院院长曾瑞英经常要化装到当地农村买米买菜买药，回来帮补不足。

王慕坤清楚地记得，当时医院的医生是龙苑，政治服务员是张哲，她和李瑞萍、曾红娇等人是卫生员，还有一些勤杂和保卫人员。由于大家团结友爱，充满革命乐观主义，在洞内治疗的伤病员都会因为心情舒畅而忘却伤病，大多数都能很快康复，重返前线。如金虎队的连长何官德（何志青）因战斗受伤就是在那里治好的。

这所简陋的后方医院医疗水平和效果令人惊喜，因此，部队首长和伤病员就把这个山洞医院叫作"巴黎医院"。而王慕坤在"巴黎医院"学习、生活、工作了三个月左右，以"成绩良好"准予毕业了。

1949年6月，王慕坤被组织上派到三团二营四连金虎队当卫生员。四连的连长是何干德，指导员是何强，排长是黄龙。到连队后参加的第一次战斗是在梅林南面的一座小山上，就是现在革命烈士纪念碑那座小山旁的一条小路上。当时国民党派一个排士兵向梅林的农民收粮征税。金虎队接到情报后，就在敌人必经之地埋下地雷，同时在路两边埋伏。当敌人进入埋伏圈，我们立即拉响地雷，并利用有利地形向敌人发起攻击。结果我们大获全胜，敌人除一人未被打死，仓皇逃回深圳镇外，其余全部被歼灭，并缴获了一挺日本造机枪，一支掷弹筒，二十多支步枪和许多子弹。不久，金虎队受命开进沙井圩，接受驻沙井的国民党兵的投降以及他们的枪支弹药。后来，"巴黎医院"随部队整体进驻到了南头县城（当时宝安县县城所在地）

因工作需要，王慕坤紧随着部队在枪林弹雨中参加了许多次大大小小的战斗，还亲身体验、参与过解放大铲岛的战役。

那是解放前夕，王慕坤随部队乘坐几条大木船向驻守在大铲岛上的国民党顽固残余进攻。但当部队开到大铲岛北边时，胆小的敌人已如惊弓之鸟，早已撤退到了伶仃岛上，并用掷弹筒向大铲岛投掷燃烧弹，把大铲岛整座山都烧着了，导致岛上火光冲天。攻岛部队只好在大铲岛山下的海边岩石旁避火。大火过后，部队安全登上岛上山顶，就此解放了大铲岛（现位于深圳市宝安区西乡街道西海域，建有大铲湾码头）。

再后来，这所"巴黎医院"的核心队伍又成为南头医院的骨干力量，对该院的建设和发展作出了重大贡献。因时代进步和人口增长的需要，南头医院也就顺应潮流，与时俱进，迅速成长为现在的南山区人民医院，顺理成章地成为南山区人民医院的前身。

浪口村的谢阿娘

妇女会长谢冬娇

谢冬娇又名谢阿娘，1892 年出生于大船坑和浪口村（现在的龙华大浪街道办）一带的谢氏家族。后嫁给赤岭头村青年何其玉为妻。两人共同生育了三子两女五个孩子。但是丈夫于早年病故，因家境贫寒，生病的小儿子无钱医治而夭折；次子何恩养和长女何恩荣因为贫困的生活所逼，少小就离家下南洋到马来西亚谋生。因为战争烽火的阻隔，长女何恩荣远走南洋漂泊，后嫁到香港，再后来定居于美国，自此生死两茫茫，再也没有回过生养她的故乡赤岭头村。日本鬼子入侵中国时，谢冬娇的长子何恩生又无辜被日本鬼子杀害。失去了丈夫，又接连失去幼子和长子，谢冬娇深受打击，曾一度失去了生活下去的希望。

孤苦的谢冬娇渴望有一个儿子在自己身边，支撑和安慰她深受打击的心灵和情感。她曾经向她丈夫的堂兄弟何元友提出，希望将何元友的长子何赋儒过继给她做儿子。因此，在谢冬娇心里，何赋儒就像亲生儿子一样，成了她精神上和感情上的依靠，两家人的关系十分亲密。

后来，谢冬娇的次子何恩养从马来西亚回来，谢冬娇才算是得到了一丝安慰。到这时，她的五个孩子就剩下三个，但长女远隔天涯，所幸还有次子何恩养和小女儿何恩凤在身边。

一个中年丧夫的苦命女人，又接连痛失长子和幼子，深受打击的苦难母亲最终却能坚强地站起来，力量来自对中国共产党的信仰。她怀着失去亲人的切肤之痛投身革命洪流，并成了赤岭头村领导妇女参加革命的积极分子；她爱兵如子，像一个无私奉献的伟大母亲，常常冒着随时失去生命的危险在烽火不断的战场救助伤残战士。

谢冬娇早年接触过革命活动。沈明同志早期进入赤岭头村进行革命斗争活动的时候，首先就是通过何伯琴介绍到她家，将她的家作为在龙华进行革命活动的第一个落脚点。星星之火可以燎原，赤岭头村成为红色村，并在后来燃起了熊熊的革命圣火，直至成为燎原之势。

自从长子何恩生被日本鬼子所杀后，谢冬娇就坚定了她抗击日本鬼子的决心和斗志，在长期的革命实践活动中，她得到了锻炼，最终成长为一名坚定不移的共产主义战士，成了龙华一带革命活动的主要骨干之一。

谢冬娇在抗日战争和解放战争时期一直担任赤岭头村妇女会长，又是堡垒户，她参加革命工作后，积极支持部队工作和一切革命活动，为了掩护革命的各种活动，她做起了行脚商，挑起货郎担到各圩乡和敌占区给地下人员传送情报。她的家就是地下工作人员的活动场地，经常要开展各项工作，她同时还担负起护理伤病员，甚至为部队妇女接生等工作。

她有一个让人熟知的名字叫谢阿娘。在那个时期，无论在部队还是在游击队，或者是在地下党人的口中，或是各村各乡里，可以毫不夸张地说，谢阿娘是一个家喻户晓的人物；谢阿娘虽没有扛枪上战场，但人们只要一说起谢阿娘，无不交头称赞，肃然起敬。

1939年，广东省委指示东江特工委在敌占区建立抗日革命根据地，扩大地方武装斗争。东江特委在东莞抽调沈明同志以教师身份在龙华活动。1939年冬，由何伯琴引荐，沈明同志来到龙华开展工作认识了谢阿娘，她协助配合沈明和另外几个革命同志，在阳台山建立了第一个地下交通秘密联络站，从此她就加入到了抗日革命工作中，成了龙华乡第一个女交通员。

1940年初，地下组织调派雷晓峰同志到赤岭头村联络站与谢阿娘接头，他在龙华各地活动发展党员。6月，龙华乡妇女会成立，组织安排谢阿娘担任赤岭头村妇女会会长。从抗日战争到解放战争整整10年时间里，她一直坚持在革命战场第一线，成立担架组、送粮组、救护队，为各个时期的游击战士和解放军战士送钱送粮，为部队转移带路送情报，救护伤病员。

7月至8月，日军多次对我阳台山根据地实行包围和大肆地扫荡。龙华地区跟日军有三次最为激烈的战斗。第一次是游松坳伏击战；第二次是龙塘

阻击战；第三次是牛地埔反击战。这三次战斗均由第五大队和龙华区委指挥，任命谢阿娘为后勤服务队负责人，由她在妇女会组织后勤工作队。这些后勤工作人员除了为游击队煮饭和送茶送饭，只要一有空，她们还要到前线战场上救护伤员和打扫战场。

1941年7月的一个黄昏，地下交通站送来一份情报，要求谢阿娘连夜送到观澜白花洞部队驻地曾生司令员手上。接到任务后，谢阿娘丝毫不敢怠慢，更怕耽误时间影响大事，当天傍晚吃过晚饭立即动身起程，虽然天已经黑了，她壮起胆子，孤身一人由赤岭头村出发，徒步从大浪的石坳村再穿过白花洞，一个人在荒山野岭里走了几个钟头的夜路，才把情报送达目的地。当她满头大汗气喘吁吁地把情报亲手交到了曾生手上时，心头一块大石终于落了地。曾司令员看完情报后激动地对她说："阿娘，你这份情报送得太及时了，因为情报上说日本鬼子马上就要来进攻我们这里，要不是你这份情报，我们毫无准备，那将造成多大的伤亡啊！阿娘啊，太感谢你了。也真难为你一个女同志走那么远的山路，还是晚上，莫说是你，就是我的这些战士，也未必敢走啊。"听到曾生司令员的赞赏，谢阿娘莫提有多高兴了，尽管一路胆战心惊害怕到了极点，但能得到领导的肯定和表扬，一切害怕都烟消云散了。

曾生说完那番话，担心谢阿娘一个人返回路上的安全，考虑到她一个女同志在后半夜更加危险，就安排两位战士护送她返回。这次情报的传递工作十分辛苦，使她终身难忘。尽管她是连续在夜里来回地走了好几个小时的山路，却因为她的辛苦和大胆，为曾生司令的大部队赢得了转移的时机，谢阿娘的心中无比自豪和骄傲。

浪口村老建筑

1942年，开始反顽斗争时，国民党对阳台山抗日根据地进行大规模扫荡，面对每天越来越严峻的斗争形势，谢阿娘更是绷紧了每根神经，只要听到风吹草动就打起十二分精神，随时准备投入传递情报的工作中。

有一天，她听到阳台山的枪声响得十分激烈，知道阳台山上某个山头的战斗又打响了，立即跑上鸡板坑村，把在那里养病的曾娟同志马上转移到安全地方掩蔽起来，直到确信她已完全脱险真正安全了，才放心地离开。

那个时期，阳台山的战斗随时爆发，我部伤亡很大，在一次战斗中，谢洪光指导员身负重伤，有五六个战士掩护他撤退到三坑村。当他们撤离到三坑村时，大部队已不知去向。这五六个战士和谢指导员一时不知该往哪里去，只好暂时住进三坑村一个废弃的炭窑里，窑里没吃没喝，谢洪光指导员还身负重伤，随时都有生命危险。

谢阿娘通过何赋儒的母亲黄老妹知道这个情况后，立即和黄老妹从家里带上米油盐到三坑村找到他们，安排战士们赶快煮饭炒菜，不能让受伤的指导员挨饥受饿！战士们也不能没饭吃啊！万一有敌人突然袭击，他们饿着肚子怎么战斗？

谢阿娘安顿好战士们，对谢洪光指导员说："你放心，在这里好好养伤，我很快就去帮你们寻找部队，让他们来接应你们。"谢指导员十分感激她为他们所做的细心周到的安排。谢阿娘下山后，连续几天到各交通站和各山头寻找部队下落，最后终于在桥头找到了，她把所知道的情况汇报给部队领导，部队立即派人跟她到三坑村把谢指导员和战士们接了回去。

1943年的某一天，她接到一份情报，这份情报是要送到长岭陂村的部队驻地。那天，她挑着一担柴草，装作在山上砍柴。她刚刚走到长岭陂村口，发现一支日军小分队正在往她的方向走来，真是冤家路窄，还好敌人尚未发现她，她赶紧掉头往回跑，因为她知道，在这附近的大头岭坳有一个税站，如果不赶快去通知税站的三个同志隐蔽起来，他们将有生命危险。跑到税站后，谢阿娘立马对三个同志说："日本鬼子马上就要到了，你们赶快往山上跑。"

三人立即跑进山里，刚刚隐藏好，敌人的小分队就走过来了，几乎和隐藏在树丛中的他们擦身而过，他们说话的声音让躲在林子里的谢冬娇和三个人听得清清楚楚。等敌人叽叽咕咕走过去之后，大家才呼出了一口气。四个隐蔽在草丛中的人，目睹着日本鬼子将税站捣毁后扬长而去，不禁捏了一把汗，真是好险啊！如果他们三个没有及时得到消息撤离隐蔽起来，将是什么样的可怕结局？三个大难不死的税站人员对谢阿娘感激不尽，他们激动地握住谢阿娘的双手说："阿娘，好在你来得快，要不我三人今天就成了小日本的枪下鬼了！谢谢你啊阿娘，你真是一个好交通员啊。"谢阿娘对他们说："保护革命同志的生命是我们每个革命者应尽的本分，是我应该做的，说什么谢谢啊。"

谢阿娘告别三位同志，立即将情报送往长岭陂的部队驻地。这次情报的传递，虽然在半路遭遇了敌人，因她的机智果断和沉着冷静，不但挽救了自

己的生命，更是挽救了税站其他同志的生命，且仍然出色地完成了情报的送达任务。试想，如果她没有经验，稍一惊慌或略一迟疑，四条生命都将死于日本鬼子的枪口之下，而情报也将暴露于日本鬼子手中。由此可见，一个机智交通员的能量，有时堪比扛枪开炮的部队，而且是不战而胜的。

从1942年到1945年四年间，在反顽斗争中，龙华地区有不少伤病员，这些伤病员都由地方组织负责看护。赤岭头村是红色堡垒村，谢冬娇是堡垒户和妇女会长，因此她要担负起更为重要的任务——救治伤病员。因为伤病员太多，她家里实在住不下，只好将一部分伤病员安排在严东窝她家的果园里，还有一部分伤病员则安排在布狗窝的荒山野地里。让这些伤病员住在这种地方治病疗伤实属不得已，更增加了她的工作难度和工作量，她每天要给伤病员煮两餐饭，煮好后还要送到他们住的地方，同时还要为伤病员理疗和清理伤口，以及做消毒工作等等。几年间，她在不断地做这种治疗伤病员的护理，同时还要传递情报，为部队转移带路等等琐碎的工作，她从来不畏辛苦不怕困难，再苦再累自己咬紧牙关去解决和克服。在那个年代，像她这种为革命事业而默默工作的妇女，在全国各地何止千千万万！也正是这些无数的革命者战斗在看不见的战线，为中国人民的解放事业作出了不可估量的贡献。

这四年间，谢冬娇还有一项特殊的工作——为部队家属或已婚的女战士接生。这在许多革命老区，老百姓会常常遇到，因为在部队，有一些随军家属，或者有一些已婚的女战士，如果怀孕，就在当地生产。在龙华的革命队伍中也有过类似情况，谢冬娇用双手亲自把革命者的后代，把我们祖国未来的新生命迎接到这个世界上。

1948年，谢冬娇把妇女会组织起来，成立担架队、运粮队到第一线抢救伤员，送粮送饭送茶到前线，为部队保障后勤供给，保证部队不断粮。部队的小报经常报道表扬妇女会同志们的事迹，表扬她们的勇敢精神和不怕牺牲的坚强品格。

1948年的下半年，大部队的总部设在龙华窑吓村，主要是接收新兵并在那里训练，当时有六七十人，他们没有枪，还有许多伤病员。这支队伍几乎没有任何战斗力。国民党嗅觉非常灵敏，很快就知道了我军总部所在地的情况，于是调动几百兵力对窑吓村进行围剿。

这天，部队正好在擦窝禾坪集合吃午饭，国民党突然向部队发起进攻，部队马上向后山突围撤离。卫生员陈永连背着伤员麦大向莲塘陂方向突围，但刚撤到崩岗里还没来得及隐蔽，被搜山的国民党发现了，陈永连和麦大双双不幸遇害。战斗结束后，谢冬娇带着妇女会的几名同志到战场查看，发现了两位烈士的尸体，大家马上回村组织民兵将陈永连和麦大两位烈士安葬好。

1949 年，解放战争接近尾声，部队医院设在赤岭头村的山地石燕坑。医院的供给由妇女会负责，谢冬娇经常送粮食到医院，担架队也经常送伤病员到医院，谢冬娇的名字在部队无人不晓。龙苑同志是从香港参加国内抗日工作的，是当时医院唯一一个正式医生，她经常在小报上看到谢冬娇的事迹，再加上谢冬娇也经常到医院，因此她们很熟识。后来，龙苑认谢冬娇为干娘，认何伯琴为义父。

1949 年年尾，南下大军即将到来，妇女会接到上级指示，要把粮食统一收购起来以保证南下大军的粮食充足。谢冬娇和同村妇女会一道，积极配合这项工作。

谢冬娇从 1939 年开始参加抗日斗争，到解放战争有整整 10 年时间。这 10 年期间她不怕苦不怕累，不顾个人安危，冒着枪林弹雨，数百次完成党交给她的光荣任务。为了民族的尊严，为了国土的完整，为了人民的幸福，她一生忠于党，忠诚于人民，为全中国人民的解放付出了毕生的精力。

待到山花烂漫时，她在丛中笑。谢冬娇于 1974 年去世，享年 82 岁。

随夫征战的陈春招

老年时的陈春招

在何伯琴的家庭里，因为何伯琴是一位坚定的革命者，他的妻子陈春招受其影响，也逐步锻炼成长为一位坚定的革命女性。

陈春招虽然是一个普通的客家女人，没有什么文化，也不懂得讲革命的大道理，然而因为她深爱自己的丈夫，爱自己的儿子，因为丈夫和儿子都参加了革命，在丈夫的革命精神和行动直接影响下，她很自觉地就融入到了革命的队伍中，跟随丈夫和儿子一起为革命做出了很大的贡献。

陈春招生于1901年，自从跟何伯琴结婚以后，勤劳持家，相夫教子，家里所有田地都是她一个人耕种，除了忙完田地的农活，每天回到家还要照顾家人的生活，洗衣煮饭，陪伴丈夫，侍奉婆婆，养育孩子，忙里忙外，是一个过日子的好手。然而，自从她知道何伯琴在为革命进行地下工作时，她除了担惊受怕，关爱丈夫，更多的是支持鼓励，最后也跟着帮助丈夫做了大量工作，为他所在的游击队送情报，甚至帮助游击队员们从河里挑水回来，给他们烧洗澡水，因为游击队员们经常躲在山林，几天都洗不了一次澡。更多的时候，陈春招还要煮好饭菜给他们送上山去。除了做好后勤工作，更为可怕的是，国民党为了抓捕何伯琴，三番五次三天两头地来到她家，逼她交出何伯琴，常常将她抓去严刑逼供，罚钱要粮，将她辛辛苦苦劳动换来的血汗钱洗劫一空。在这个过程中，陈春招逐步地成长为一位坚定的革命者，虽

然她没有正式加入革命组织，但谁又能否认，在抗日战争和解放战争中，中国有多少像陈春招一样的普通劳动妇女和人民群众，他们所做出的贡献和牺牲不是巨大的？

陈春招是何伯琴家的顶梁柱，家里家外一把好手。为了保住何伯琴的性命，她几次被抓去坐牢，无论敌人怎么威逼利诱，始终不肯说出何伯琴的下落，甚至谎称何伯琴已死，并让家里人做一座假坟来骗过国民党兵和汉奸走狗的追查。后来她的两个儿子小小年纪也先后学着何伯琴的样参加革命，家里就剩下陈春招和最小的儿子何玉章，每当有国民党的士兵来家里搜查何伯琴的下落时，何玉章就跑到隔壁邻居家去躲避，留下陈春招一个人独自面对气势汹汹的盘问，和他们黑洞洞的枪口。在何玉章这个做儿子的眼里，陈春招在敌人的枪口面前能够做到面不改色心不跳，实在是一位了不起的女英雄。

陈春招除了帮助何伯琴做些力所以及的革命工作，一大家子人的吃饭穿衣都要靠她一力承担和操劳。那时，年轻的陈春招体力相当不错，一来是生活所逼，二来也是从小在农村劳动锻炼习惯了，为了解决全家人的生活开支，陈春招经常担着一百多斤的稻谷，从村里走过漫长的山路，经过其他许多村庄，再翻过梅林坳，去到皇岗口岸的落马洲，再到香港新界元朗的石湖圩卖掉，换回一些咸鱼、糖、布匹等生活必需品。为了逃避日本鬼子和国民党士兵的追杀，陈春招无论是去赶圩还是走亲戚，都要将小儿子何玉章放在她挑着的箩筐里。

何鹏飞回忆母亲陈春招

那时何玉章七八岁已经很沉重了，陈春招担着他肯定是辛苦异常，但她每次都会这样把儿子带着，一年三百六十天她几乎都是这样忙碌过来的。后来邓春娇嫁给何伯琴的长子何玉麟，婆媳二人一起担负着全家十多亩水田和六七亩旱地的种植，还有三个果园的管理栽种。

采得百花酿蜜后，为谁辛苦为谁甜。何伯琴家这些田产和果园，是何伯琴的母亲早年流亡南洋用生命和血汗换来的，何伯琴的父亲为此把命都丢在了异国他乡。母亲带着何伯琴逃离异乡回到故土，用他们在国外积攒下来的血汗钱还清了以前的债务，剩余一点钱就购置了这些产业；祖上靠勤劳挣来的这一点产业，在抗日战争和解放战争时期曾做出过巨大贡献：日伪顽军常

常以抓捕革命者为由，把何伯琴和家人抓去，用性命做威胁，目的却是向他家要钱要粮；山里的游击队需要的粮食、开支，主要由何伯琴家承担，而这些物资大多也出自这些产业。为了革命的需要，何伯琴家几乎奉献了一切，但他们总是无怨无悔。

陈春招一年四季除了忙着农耕，还要帮何伯琴和游击队送情报。为掩人耳目，她和儿媳邓春娇常常将情报藏在担着屎尿的桶底里，只有这样才能完成任务。那时，游击队员们不敢下山正常吃饭和生活，也没有粮食和其他日用品，陈春招和邓春娇就在家里用石磨碾米，供给游击队。游击队员们每天都得等天黑了才敢下山来吃饭和洗澡。他们一下山，陈春招和邓春娇更是忙得不可开交，她们要给游击队员们从河里挑水回来，还要烧水，那么多人，得挑多少担水，又要烧多少热水才够他们洗去白天在山里闷出的臭汗啊？有的游击队员在山里熬出病来，陈春招还得为他们采来草药熬制，用她自己的土办法给他们治病。总之，当年游击队有什么困难和需要，吃穿住行甚至看病，陈春招和邓春娇都会义不容辞地去承担解决，就是不会也要无师自通地学着去做。

一个没有文化、一个地道的农村客家女人，在革命战争年代，出于保护丈夫和儿子生命安全的本能，最终成长为一位坚定自觉的革命者，坚持同敌人做斗争，支持游击队工作，支持何伯琴的革命行动，其精神和品质难能可贵。

从女护士到团级干部的何恩凤

何恩凤

何恩凤是谢冬娇的小女儿，生于 1934 年。1949 年 5 月，年仅 15 岁的何恩凤在母亲的影响下加入革命队伍。

何恩凤一开始参加革命，就是到战地医院学习护理伤病员，在东一支三团一连当卫生员。

她的母亲谢冬娇（即大名鼎鼎的谢阿娘），最初只是为了让女儿帮助部队护理伤病员，才将她送到部队医院，让她一边看一边学习护理。后来，谢冬娇让女儿跟着当时医院里唯一的正式女医生龙苑学医，希望女儿能学到真实的本领，救助更多的伤残战士。

龙苑是从香港来到龙华支持解放斗争的女医生。在当时，她是唯一正规的执业医生，医术是最好的也是最全面的。谢冬娇一直是赤岭头村妇女会长，经常往来于各处传递情报，在部队之间广为人熟知，更因为她经常送受伤战士到医院，所以跟龙苑医生接触自然很多很密切，最后她们还以母女相称，龙苑认谢冬娇为干娘。谢冬娇将女儿交付给她培养，她怀着一颗敬佩的心情接受了谢冬娇的委托，尽心竭力将自己所懂的全部医护知识教给何恩凤。

在战火纷飞时期，战地医疗的条件，几乎谈不上有什么医疗设施，也没有几个正规的护士。对于护理伤病员，许多人是不专业的，医护工作人员相当紧张，而且随时也会有生命危险。谢冬娇当时身边只剩下一个儿子何恩养和这个最小的女儿何恩凤了，她还能够舍得将心爱的小女儿送到战火不断的

前线医院，她的大爱精神很让龙苑医生敬佩，两个女人之间的情谊不只是革命同志的情谊，彼此因为一接一送伤病员的工作接触，早已是互相敬佩和欣赏的两个伟大女性。

何恩凤聪明勤快，努力好学，龙苑医生也很喜欢这个天真纯洁的小徒弟，她非常乐意为党、为正义的革命事业培养一个好医生。

何恩凤没有辜负母亲和龙苑医生深切的期望，勤奋好学，踏实认真，刻苦钻研，让龙医生很是喜欢，更加毫无保留地教她医治病人的专业知识。何恩凤有了专业老师的指导，加上自己善于学习，肯思考，进步很快，没多久便成为一名合格的军医。何恩凤从卫生员到护士再到军医，一步一个脚印往前迈着坚定、坚实的步伐。

1950 年至 1954 年，何恩凤担任了中南军区公安军、公安十师五十团卫生队的护士；1956 年 1 月，加入中国共产党。为了提高文化知识，弥补小时因战争而耽误了的学业，1954 年到 1959 年，她在上级组织安排下，到中南军区速成中学去进修学习更系统更专业的文化知识，进一步提高医疗技术，最终成了一名医术精湛的军医。

2014 年，龙苑夫妇和村里老一辈合影（左起：何玉章、夫人陈瑞清、龙苑、龙苑丈夫、何鹏飞）。

1959 年至 1972 年，何恩凤在广东省公安总队医院工作；1973 年至 1986 年，任广州军区第三门诊部主治医生（正团级干部）。

1962 年，何恩凤被授予少尉军衔。她共育有一男一女两个孩子，后来孩子们都组建了自己幸福的家庭。何恩凤现定居于广州，2015 年 6 月，何鹏飞携小弟何玉章前往广州探访何恩凤。她当时已经是一位 81 岁高龄的老人，每天还坚持锻炼身体，唱歌跳舞非常活跃，坚持饮食清淡，所以她的身体很健康，没有老年人常得的"三高"之类的老年病，现在过着幸福的晚年生活。

何恩凤老人很少回她的故乡龙华，笔者电话约了几次要去采访她，她都婉言拒绝，非常真诚和谦虚地说，她的一生是平凡的，从少年时就参加革命工作，是理所应当是历史的必然，无论是谁处在当时的年代和形势下，都会拿起武器拼尽全力保家卫国，她不过和千千万万的热血青年一样，做了她们那一代人应该做的。

麦成在金虎队的战斗经历

　　麦成 1931 年出生于公明。1949 年 5 月 13 日上午，18 岁的麦成在地下党员曾德和梁炳一起从家乡公明长圳步行到福水岭下，参加了粤赣湘边纵队东江第一支队第三团金虎队。

　　当时，金虎队驻在岭下。麦成他们到达岭下时已是下午 4 点多钟。正当部队准备开饭时，突然接到敌情报告说，国民党军队打过来了。为了保存力量，我们不能正面跟敌人接触，只好饭也没吃就全部撤走了。他们在崎岖的山间小路一直走到了天黑，麦成也在老同志一路关心和帮助下，慢慢克服了走夜路的困难。晚上 12 点钟，终于到达黄麻布村，避开了敌人。

　　因麦成是新参加队伍的，心里多少有些紧张。他脸上的神色不太好看，连队的老兵就对他说："不要怕，跟着我走。"此后的日子里，麦成在首长和老同志们的教育帮助下，很快就顺利地走过了那段新兵生活，迅速成长为一名英勇善战的"老战士"。

　　当年，金虎队活动的区域主要是分布在龙华、观澜、乌石岩、公明等地。在那一带，年轻的麦成和金虎队一起经历过多次不大不小的战斗。他在这些战斗中学会了战斗，又用这些战斗经验与敌人进行顽强斗争。

　　有一次，驻扎观澜的国民党军队出动，想到西坑村（现龙华茜坑一带）欺压百姓，搜刮民财。金虎队得到情报后当即决定：打击这一小股敌人，灭一灭他们的邪气，让老百姓出一口恶气。

　　国民党军以为西坑就只有几个不堪一击的民兵，压根儿就没当一回事。后来，当金虎队预先埋伏的几挺轻机枪向他们"嘟嘟嘟……"一阵猛烈扫射时，

强大的火力立即让他们付出了惨痛伤亡，这才知道碰上游击队的主力，吓得不敢恋战，转身就跑，一溜烟就仓皇地跑回观澜去了。西坑的老百姓高兴地说，这金虎队真的和老虎一样，打得敌人溃不成军，抱头鼠窜。

后来，又有情报反映说，驻深圳的敌人经常派一个排左右的兵力到泥岗村抢劫，群众非常痛恨，要求游击队尽快去消灭他们，为民除害。金虎队为了保护群众利益，决心消灭这股匪军。中队长何志青、指导员何强布置摸清敌人情况，组织一支精干队伍去消灭他们。麦成也随这支队伍参加战斗。

1949年8月12日，金虎队从龙华出发，由中队长何志青、排长郑元秀、副排长郑满贵带领前往泥岗村，到达后即秘密埋设地雷，做好一切战前准备工作。

果然，埋伏好不久，那股敌人便大摇大摆，毫无顾忌地进入了泥岗村。当他们摇头晃脑地走进布雷带时，金虎队队员们及时拉响地雷，同时集中火力向敌人扫射。这群趾高气扬的匪军一见游击队个个像猛虎一样扑来，连忙丢下武器，慌忙逃命。那场战斗前后只进行了15分钟，金虎队一举击毙敌人一个，缴获机枪一挺，掷弹筒一个，三八式长枪11支，子弹一批。而逃回深圳的敌人仍然惊魂未定，不断地向泥岗方向开炮轰炸报复。然而他们的行为非常可笑，其实金虎队早已撤出战斗并转移到了安全地带。同志们都说：国民党用炮声欢送我们呢！

敌人屡屡遭到金虎队的沉重打击，很不甘心，蓄谋寻机报复。8月19日，国民党军徐东来部出动1000多人，向金虎队驻地龙华窑下奔袭而来。可那天金虎队警惕性不高，本来嘹望哨发现敌人时向联络哨打了信号，金虎队完全可以从容转移，可是联络哨却没有发觉和发出预警。结果敌人很快包围了村子，并架起轻机枪猛烈地向金虎队扫射。被打得措手不及的金虎队只能被动应战，从中午12点钟开始战斗，一直打到晚上7点钟，造成金虎队二人牺牲，一人受伤的教训。

让人万万没想到的是，这次激烈战斗停止后，敌人还没善罢甘休，不仅没有撤退，还安排了一个个班哨，封锁了所有道路，使这带固若金汤。这直接导致疲惫的金虎队无法展开突围。为保存实力，避免消耗体力，金虎队只好决定转而分散隐蔽，在等待时机的同时避免伤亡，以便迎接更大挑战。

麦成跟班长张胜隐蔽在观澜河的一条支流中。那条河宽10多米，深1米多，因为河边没有掩体，岸上又有敌人，只好把身体浸入河水里，仅能露出头部呼吸。晚上的蚊子很恶，脸部被叮得很痒，不敢用手挠；在水中的手脚又被鱼虾咬得刺痛，却又不能移动半点，非常难受。受到同样叮咬的张班长看在眼里，便不断用眼神安慰、鼓励他坚持住，只有忍住才能挨过难关。他们就这样一直在水中浸泡到了下半夜，认为敌人已困了，注意力不集中或放松警惕，就远远地仔细听岸上的动静，除了蟋蟀的"唧唧"声外，再也听不见任何动静，到此时，他们判断到敌人已经撤走了，才喘了口气，轻松地上岸了。

　　麦成在金虎队那段岁月中，经常会遇到敌人的突然袭击，很自然地掌握了很多野外生存知识和应对技巧。

女交通员曾秀和金竹园战斗

　　1947年2月的一天，布吉情报分站站长黄瑞磷和驻杨美村的情报人员因敌情紧急，便和短枪队黄辉等10多人转移到岗头村金竹园果园山寮驻营。他们住下后，很快得到情报说，这几天内，观澜陈镜辉反动武装和徐东来保安团将出动向我游击地区扫荡。当时刚被派去组建交通站总站长的曾强立即通知各单位做好应付准备。与此同时，驻在下雪竹迳村山寮交通分站的黄华福派出曾秀（30多岁，是布吉上八约大靓村人）、黄仔（14岁）二位交通员送情报到观澜白花洞。

　　那天下午两点多，曾秀和黄仔从下雪竹迳村出发，没想到当他们步行经过观澜大和村田段时，恰巧国民党驻观澜的反动乡长邱官灵刚刚带着反动武装自卫队数人从观澜圩返回大和村，为其儿子满月开宴会。

　　曾秀和黄仔的出现引起了在门前的反动自卫队员怀疑，于是大声喝令他们停下检查。曾秀和黄仔听后不敢止步，加快行走步伐。于是，反动自卫队派员尾随追捕，直到南屋斜村附近时将他俩抓捕。

　　很快，曾秀和黄仔被押送到观澜"清剿"联防大队部，受到了严刑拷打和审问。敌人折腾了半天，见曾秀宁死不屈，没说出半点有用的情报，就转而审问年仅14岁的黄仔，结果他因年幼经不起严刑拷打，被迫出卖了游击队情报站和交通分站驻地等全部实情。

　　大喜过望的反动联防大队长陈镜辉立即向反动派保安团徐东来报告，两人认定这不是游击队的全部武装队伍，可以全部消灭。决定由保安团抽调数十人配合东宝"清剿"区联防大队，约100名武装人员配上三挺机枪和数十支步枪，由观澜反动联防大队长陈镜辉亲自统一指挥，让两名被捕的交通员带路。次日凌晨3时左右，狡猾的敌人分成两路人马，一路从观澜圩出动直接向岗头村金竹园进攻，一路从观澜圩出动路经松元下樟坑迳山后背，向下雪竹迳山寮交通分站驻地进攻。

敌人浩浩荡荡直奔游击队驻岗头村金竹园情报站和驻下雪竹迳黄华福山寮交通分站而来。游击队这两个交通站驻地相隔两公里左右，但山坑金竹园和下雪竹迳山寮大小山是连在一起的，金竹园小山坡较多，路较好走；樟坑径山到下雪竹迳山寮山高路难行走。敌人的阴谋是避开村庄，避免被发现，来个山路进攻。

当敌人凌晨3时从观澜圩出动时，把两名被俘的交通员押送带路。作为老交通员的曾秀看出了敌人的诡计，不愿出卖游击队和同志，就在刚刚出了观澜圩不远，趁敌人防备不严的时候准备立即逃出去报信，结果被敌人发现，在追捕的过程中受到枪击，就那样壮烈牺牲了。

随后，敌人押着黄仔让他带路继续向金竹园偷袭。在早晨5时左右，敌人到达游击队交通站驻地附近。而游击队情报站郑木和李仔两位同志在放哨时，突然听到附近双鸦山果园内的几条狗大声叫了起来，且越叫越恶。他俩立即分析夜幕中一定来了很多人。郑木认为，一般来说朋友来访不会在三更半夜，也不会来这么多人。他说，不好了，有情况，一定是国民党反动派军队进犯。

郑木和李仔马上持枪到山林中搜查。不一会儿，果然发现反动军队的尖兵直向山上搜索，企图争夺制高点。回驻地报告已经来不及了，情况万分危急，于是郑木和李仔果断地向敌人开枪射击，并高声呼唤在屋内熟睡的同志赶快撤出隐蔽。

短枪队和情报站全体人员惊醒后迅速离开山寮屋，带枪的队员很快找到地形地物掩护向敌人还击。短枪队队员为了保护情报站的人员，向他们大喊："我们来掩护，大家撤出敌人包围圈！"并呼吁大家在战斗中宁可牺牲，也不能让敌人活捉，更不能向敌人投降。

敌人集中火力向游击队撤退人员猛烈扫射。当金竹园战斗打响时，樟坑径后背山这一路的敌人原本企图进犯下雪竹径交通分站，但由于分不开身，就集中兵力转向金竹园，把情报站包围了。这里的战斗越打越激烈。

为避免腹背受敌，曾强指挥交通分站全体人员转移到上雪竹迳后山预防。很快，敌军控制了金竹园制高点，并控制了金竹园山坑口，随后利用机枪、

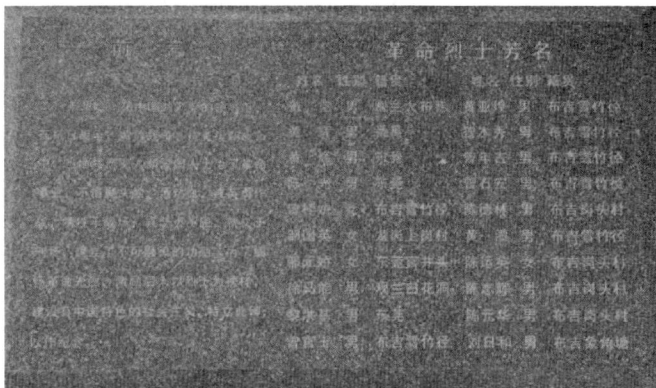

金竹园战斗英烈名单（前八位）

步枪向山下扫射。敌军知道游击队情报站枪支不多，就打打停停，枪声、喊叫声互相配合，采取恐吓威胁的方法，想要游击队情报站和短枪队全体人员投降。但那些同志经过党的教育，都具有坚定的革命信念和宁死不屈的革命意志，不仅不会投降，反而更机智、果断地向敌人还击。

敌人求胜心切，也不敢在此恋战，最后使用了放火烧山的伎俩。可这一招不灵，战斗依然僵持，不分胜负。陈镜辉气急败坏，最后下达"下山搜索"的死命令，重点搜索未烧掉的簕篷。他万万没想到他的部下在搜索过程中都被短枪队员一一射中，一个梦想立头功的排长也被短枪队击毙。敌人瞬间乱了阵脚，穷凶极恶的陈镜辉恼羞成怒，命令集中火力向掩护情报站全体人员撤退的武工队员反复扫射，导致6位武工队员牺牲。另有女情报员邹文娇掩蔽在一个树缝中，被敌人搜出押回了观澜。

当天下午2时左右，反动头目陈镜辉命令撤退，撤退时还把牺牲的6名武工队员的头颅砍下带回观澜圩，吊在圩门示众。并把被捕的女情报员邹文娇活生生放入被击毙的敌军排长棺材底下陪葬，激起了广大人民群众的愤慨。

布吉情报分站长陈和生在得知金竹园战斗的前后经过后无限悲伤，他找到突围出来的黄瑞磷、郑木等人一起马上去找到在这次战斗中牺牲的所有同志，请来村民将尸体运到附近山岗上埋葬。这些烈士是：戴堂，男，观澜大布巷村人，武工队队员；黄辉，男，东莞人，武工队队员；黄辉，男，番禺人，情报站事务员；陈光，男，东莞人，时任教官；曾桂娇，女，布吉上雪迳村人，情报交通员；邹国英，女，龙岗上岗人，情报员；邹元娇，女，东莞官井头人，情报员；徐马连，男，观澜白花洞人，武工队队员，党员。

革命烈士永垂不朽！

青年机枪手周俊修

周俊修，男，革命烈士。1926 年出生于宝安龙华弓村（现深圳市龙华区龙华街道三联社区弓村居委会）一个中农家庭。1943 年，还在学生时期的周俊修在弓村积极报名参加了抗日游击队，后被编入广东抗日总队。

在抗日战争和解放斗争期间，龙华弓村有数十位青壮年在国家面临危亡的关键时刻挺身而出，不顾个人安危，义无反顾地投身到抗日救亡战斗中，谱写了一曲又一曲可歌可泣的爱国诗篇。周俊修便是其中的一位。据弓村史馆筹建者、首任负责人周波先生回忆说，周俊修有周立祥和周家祥两位兄弟。周俊修生前是国字脸，身材高大魁梧、非常英俊，加之办事能力强，好学习，身体素质很好，受到部队领导器重，被推选为游击队的机枪手。

东江纵队副司令员兼参谋长王作尧曾回忆说，1944 年的一天，周俊修和部队一起到东莞大岭山执行任务，在战斗中不幸中弹负伤。后来在转移到罗浮山（惠州市博罗县西北部。是罗山与浮山的合体。现为国家 5A 级旅游风景区）途中牺牲。年仅 18 岁。

另有一说法是，周俊修是在黄猄坑（现东莞市境内。属惠州市罗浮山山脉）的一次与敌战斗中被敌人拘捕的，后来在宝安观澜圩（深圳市龙华区观澜街道）英勇就义。

周俊修的一生非常短暂，和天空划过的流星一样闪烁。

青山处处埋忠骨。他为抗日战争付出了宝贵的生命，他的一生永远定格在了 18 岁的青春岁月。

在抗日战争及解放战争中，英雄的弓村就先后有数十位优秀的青壮年投

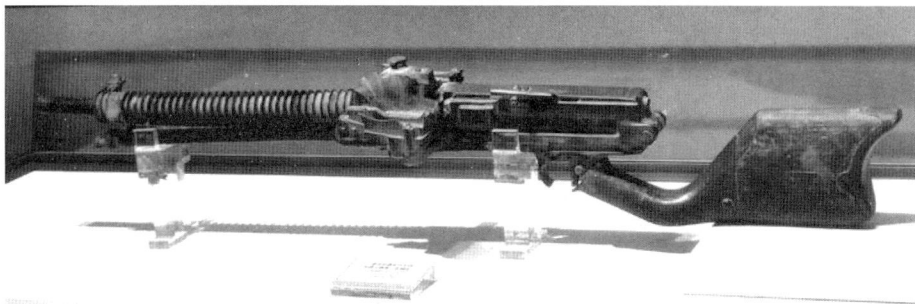

东纵战士缴获并使用的日式歪把子机枪。现存于中国文化名人大营救纪念馆

身到爱国救亡阵容中。弓村涌现出的一个个感人英雄汇集成为一个让人崇敬的英雄群体。他们是毕生奋斗的职业革命者卓凤康（革命烈士）、周振熙（革命烈士）、周吉以及在抗日战争中光荣牺牲的革命烈士周俊修、1940 年被国民党反动派杀害的进步学生周皇能，还有参加过抗日战争和解放战争的周其祥、周家祥、周立祥、周玉祥、周向荣、卓友、卓振华、卓斌、卢敬生，周富养、周伙保、卓丁明、卓辉、卓丁玉、周福；还有在解放战争时期积极入党入团的周水君、周巩民、周志仁、周官英、卓金姣、陈玉平、周水生、周桥稳、黄琼友、卢有华、卢志雄、卢美福、卢日好、卓玉云、周桃娇、周丁财、周照福等。他们都是弓村人永远的光荣和榜样。

清正廉明的好干部何玉麟

何玉麟，生于 1921 年。1940 年就参加革命，先是参加村里的自卫队，后来就加入了中国共产党。他开始以一个农村青年的身份作掩护进行地下工作。为游击队提供情报，策划如何对付国民党兵的种种恐怖活动。由于他的行动最终也被国民党察觉，敌人就千方百计地要抓捕他想置他于死地。

1948 年底，当时龙华区的国民党伪乡长吴永新在一天早晨天未亮之前，就带着几百名国民党士兵将龙华赤岭头村包围了，把全村的青年都叫到门坪（村里较为开阔的地方）后宣布："何玉麟、何志刚留下来，其他人可以回家去了。"突如其来的抓捕行动使村里所有人都没有防备，何伯琴家里人更没有想到。何玉麟和何志刚当时就被国民党带走关押起来。国民党抓捕他们两人的原因，一是因为他们是游击队员，是地下党，另一个就是要何玉麟交出何伯琴和另一位共产党人何赋儒。在敌人的严刑逼供下，何玉麟表现出了一个共产党员的坚强意志，宁死不屈，始终不承认自己是地下工作者和共产党员，更没有说出何伯琴和何赋儒的下落。何志刚一样表现得英勇不屈，拒不交代何赋儒和何伯琴的情况。他们的表现激怒了国民党头目，并向他们下了最后通牒，咆哮着说："如果不交出何伯琴和何赋儒，就枪毙你们！"

由于何玉麟的父亲何伯琴在村里和龙华圩一带享有极高的声誉，受到人们的尊敬，群众基础好，人们纷纷站出来声援呼救，当地乡绅和一些有名望

何玉麟

何玉麟（右）和弟弟何鹏飞合影

的商户老板也纷纷出面担保，并向国民党伪乡长吴永新写下保证书，说何玉麟不是共产党员，也不是地下工作者，只是一个在家耕田种地的普通农民。有了这些人的担保书，才将何玉麟从死亡线上拉了回来。

全国解放以后，何玉麟也跟何伯琴一样，积极参加土地改革运动和土地复查等一系列政治工作。他曾担任过龙华三区（龙华、石岩、观澜）及宝安县第三区的组织部长、区委书记。公社化时期，他在公明公社担任书记，后调任县里任供销社主任、商业局局长等重要职位。1960年，在极左思潮影响下，上级组织把他调到龙门县山区任农村部副部长。在龙门山区任职十多年里，他坚持深入山区贫困地区群众中，调查研究，指导农村工作，不怕苦不怕累，同农民打成一片，和他们同甘共苦，深受当地百姓爱戴。在70年代，他才得以调回宝安县工作，曾任南头公社党委书记、布吉公社党委书记。改革开放初期，宝安县升级为深圳市后，他调任宝安县民政局局长；80年代中期，曾任职西乡糖厂厂长，后又调任宝安县工业部副部长。

何鹏飞（右）回忆哥哥何玉麟的事迹

何玉麟的一生是为革命工作奋斗的一生，是兢兢业业的一生，是任劳任怨的一生，真正做到了党叫干啥就干啥，党指向哪里他就奔向哪里，是一位优秀的中国共产党党员，是一位优秀的革命干部。一生中不为名不为利，鞠躬尽瘁。在他去世前，他仍是两手空空，没有攒下一点家产留给家人子女。在他50多年的革命生涯和工作中，从没伸手向国家和党组织要求过什么，他一心一意为党和人民奉献了一生，不愧为一个清正廉明的好干部。

未上纪念碑的革命"烈士"何信恩

何信恩生于 1911 年。他于 1938 年参加工作,开始是为地下组织传递情报,同时也做抗日宣传,动员青年参军或参加民兵组织。1940 年 5 月入党,后给黄仕佳(又名黄培)当交通员。1941 年调沙河卓新中队任指导员;1943 年调邱伯寿江南大队任中队长。

1946 年,由于何信恩身染重病无法上战场,只能回家治病。由邱伯寿率队从新桥出发,进攻东莞霄边的敌伪军。邱百寿带领的活虎队夜袭霄边,部队很快攻进到围墙里面去了,本想和敌人短兵相接希望尽快结束战斗,但没想到敌人负隅顽抗,拼死抵抗我军的进攻。这场战斗打得相当艰苦,从夜晚打到天亮也没有攻下敌人的指挥中心。晚上趁着夜色的掩护,我方人员一直隐蔽作战;到了白天,部队没提前做好撤退准备,战士们全部暴露在敌人的视线中。敌人有装备精良的武器,他们的机枪如雨点般向我军扫射,我方部队越来越被动,战士们个个勇猛顽强,不肯撤离战场,战斗陷于胶着状态。

何信恩重病在家,无法得知战场情况,但他十分牵挂前线战况。部队在霄边突围不了,进退两难,战况相当危急。无奈之下,邱伯寿派几名士兵突击回龙华,找何信恩商量对策。何信恩听完情况介绍,不顾病痛的折磨,立即与几名队员来到霄边战场。

霄边是国民党军当时的主要驻地,村前有一口大鱼塘,一水之隔的地形相当复杂,村外还有一堵墙阻隔,这种复杂地形可谓易守难攻。何信恩详细观察战场地形,分析双方兵力状况,和邱伯寿商讨,做出了新的突破方案:白天我军不能进去,天黑再突击进入,眼下只能撤退,停止战斗保存实力。

部队在何信恩和邱伯寿指挥下撤出了战场，退到一个隐蔽地方休整，养精蓄锐，准备晚上激战。这一天，身患重病的何信恩没有听取邱伯寿意见回去休息，而是和战友们一起待在战场上，准备晚上一同参战。天黑以后，何信恩带领警卫和几位战士摸进村里，战士们看到有中队长何信恩在，也充满信心和斗志，因而整个部队士气高涨，充满必胜的信心。

何天赐讲述三叔何信恩为了革命立志不婚时陷入了沉思

孙子兵法有一计叫兵不厌诈。何信恩看隐蔽之处的稻田里，到处是村民们收获留下的稻草，便吩咐士兵："你们扎几个稻草人，不停地把稻草人往围墙上来回地扔。让敌人放枪，我们要消耗完他们的子弹，这样我们就不战而胜了。"战士们依言而行，敌人看到稻草人翻过围墙，果真以为是我军士兵在翻墙，就用机枪一阵猛打，这样打了一段时间，消耗了他们很多弹药，同时也让他们误以为我军战士已经被打死或打伤。敌人打了一阵之后，便停止扫射，何信恩这才叫战士们立即翻出围墙撤离，其他战士撤离时，何信恩还在往围墙根下扔稻草人。他是最后一个撤离出来的。当他跳出围墙后，发现自己的左轮手枪掉在围墙里面了，他又翻墙进去把枪找出来。这次霄边之战，我军没有浪费一颗子弹，更没有一个战士受伤，最终安全撤离了战场，保证了战士们的生命安全。

在这场霄边的战斗中，何信恩表现得相当机智勇敢。他本身是带病上战场，病情更加恶化，直到战斗结束才下战场回到龙华。但是刚回到宝安，又接到东莞水乡的紧急情报，说在水乡有我们一个大队正在和日寇激烈战斗，命令邱大队长带领部队火速前往支援战斗。军令如山，服从命令是军人的天职，尽管重病在身，何信恩仍然随部队再次返回东莞战场，他在指挥战斗中病情越来越加重，实在难以支撑继续战斗了。邱大队长下令战士们把他抬出战场，并派了一班全副武装的战士将他抬回宝安龙华治病。

返回的途中，一行人历尽艰辛，傍晚到达石岩时，天已完全黑下来，看不清前行的道路，同时战士们也累得实在走不动了，于是大家决定在石岩罗租村找一间民房先住一晚。但他们没有想到危险就在眼前。凌晨时分，不知敌人是如何知道了他们住在这里的情况，住房很快被日寇包围了，可战士们也反应迅速，借着夜色的掩护火速往外撤离，抬着何信恩边打边退，情况十分危急。幸好前来的敌人并不多，战士们好不容易突出包围甩掉了敌人，在天亮时分撤退到了阳台山。在山上，何信恩已经昏迷不醒，班长和战士们急得嘴唇干裂，跟着病人一起全身虚脱出汗。看着何队长病重成这样，他们却束手无策，几个战士看着昏迷中的指挥员，忧心如焚，大家急得团团转却无计可施。

在阳台山里，战士们顾不上休息，在确信没有敌人的追赶后，班长派出两位战士下山找医治伤员的诊所。但是两位战士由于不熟悉这一带情况，找了一整天也没有找到一家药店，两位战士只好来到赤岭头村，叫了几个民兵上山，将何信恩抬下来送回家里。

当时村里没有药物治疗，更没有医生。虽然何信恩的父亲和小弟就在龙华经营着药铺，父亲也略懂一些医治方法，但他们却远在离家几公里之外的观澜圩。平时何元友和何俊修都不会经常回家，而何信恩是突然从远在东莞的战场上抬回来的，又在山上延误了一天，错过了最佳的治疗时间，就是去叫父亲回来医治也来不及。连续多日的作战，病情的凶险无法想象，何信恩在家痛苦地煎熬了一天半，便永远地离开了与他出生入死的战友们，离开了他还没来得及好好享受生活的这个世界，离开了他的父母和兄弟。

何信恩是一个纯粹的革命战士。年轻时候，他为了革命斗争，曾对劝说他结婚的父母和亲朋发誓：为了一心参加革命，专心投入工作，他将终生不娶。坚强的战士说到做到，直到去世，他没有婚姻，自然没有子女。

初作新妇把党跟的邓春娇

邓春娇

邓春娇生于 1922 年。1942 年嫁到何伯琴家，当年才 20 岁的农村姑娘。嫁到何家的第三天，就跟她的婆婆陈春招一起被国民党士兵用枪口指着，要她们交出革命党人何伯琴。

20 岁的新媳妇，从未经历这种场面，她简直吓破了胆，出了一身的冷汗，但当她看到婆婆的镇定表现后，学着婆婆的样子，很快恢复了镇定。从此她也跟婆婆一起，融入到这个革命家庭，并走上了革命道路，跟着她的婆婆一起经历过国民党多次的搜捕和围攻。

经年累月的锻炼，她的胆量越来越大，也能够独立承担许多送情报的工作，代替婆婆帮她的家公何伯琴送情报到各个交通站，何伯琴叫她把情报送到哪里她就送到哪里，她积极支持和协助家公与丈夫的革命工作。同时，她还和婆婆陈春招一起担负着家里所有的农活，插秧、种菜、养猪、放牛、割稻、磨谷、舂米，农村家庭里的种种重体力活她样样拿得起，每天和婆婆一起忙忙碌碌地操持着家务，是何伯琴这个大家庭里里外外的一个好帮手。

除了递送情报这些日常工作，邓春娇还听从何伯琴安排，帮助游击队保管过物资。当时，何伯琴叫她把家里一间堆放柴草的房子腾出来存放游击队的军用物资，有被子衣服、毛毯胶鞋、毛巾等日用品和粮食等等，邓春娇将这些物资堆放在屋里，上面盖些柴草，门上的钥匙也由她保管，游击队有人来取她就开门发放。有一次，一个提取物资的人被国民党抓走了，因为怕他经不起严刑拷打供出这个存放军用物资的小仓库，使这批物资受到损失，组织决定转移这个小仓库。邓春娇才结束了这份保管军用物资的重要工作。

邓春娇和陈春招一起，经常把稻谷磨成米提供给游击队当粮食。那时何伯琴家是游击队经常集中的地方，家里非常热闹，陈春招和邓春娇要为大家做很多事。除了辛苦以外，全家每个成员也都成了汉奸走狗和国民党士兵的眼中钉、肉中刺，时时受到他们的盯梢和威胁。

1948年夏季的一天，邓春娇到观澜去赶圩，经过伪乡政府附近一条小巷时，刚好遇到了国民党伪乡长吴永新，因为邓春娇的娘家跟吴永新是同村的，还有点亲戚关系，因此吴永新是认识邓春娇的，知道她是游击队员何玉麟的老婆。

何玉麟、邓春娇夫妇留影

为了在国民党面前立功，吴永新一回到乡政府，就立即派伪兵去集市上抓捕邓春娇。幸好邓春娇的警惕性也很高，她知道遇到吴永新不会有好事，一路特别注意异常情况，果然让她提前发现了伪兵的出现，她麻利地将头上戴的客家凉帽和挑着的担子丢掉，披散了头发，伪装成另一副模样，躲进赶集的人群拐进一条暗巷，又跑了许多弯路，机智地甩掉了伪兵的追踪，一口气跑回了娘家。

有一年，龙华乡伪政府把陈春招抓走并牵走一头耕牛，房屋被封死，作为长嫂的她，只好带着最年幼的小叔子何玉章，摸着夜路躲避到民治沙元埔村亲戚家借住。邓春娇虽然不是一个共产党员，但她和共产党员一样有着一颗热爱革命事业的红心，更有着坚强的革命意志和顽强的斗争精神，她是何伯琴家中的得力助手，她是一个地地道道的农村妇女，但也是一个为全民族解放事业奉献了热血和青春的革命工作者！

随子弹长眠的何恩

英雄无畏丧敌胆，留下威名传四方。何恩最大的特点和最突出的优点就是作战时非常勇敢顽强，在战场上总是冲在最前面，毫不畏惧敌人的炮火，从不贪生怕死，是一个敢于冲锋陷阵的战斗英雄。这一特点即使在已93岁高龄的何鹏飞嘴里，讲起何恩的这一突出优点，他还是那么激动和感慨，并发出由衷的赞叹和欣赏。

勇敢顽强的何恩

何恩从少年时就参加了革命，是龙华加入革命队伍比较早的人之一。他不但参加过解放战争，也曾参加过抗日战争。抗日战争结束，东纵大部队北撤山东以后，他复员回村务农。解放战争开始时，他又出来参加革命，积极组建并加入了三虎队，从此一路跟随三虎队作战，直到解放全广东。在部队时，他先后当过排长、副连长，被授予中尉军衔。

在深圳解放前夕的武装斗争中，何恩和三虎队员一起参加过多次大小战斗，其中他表现最突出的一次战斗是牛地埔之战。村里老人们讲述，当时牛地埔祠堂驻有国民党的一个伪乡府，常常出来滋扰当地百姓。我军早就想把他们痛打一顿，给他们点颜色看看。牛地铺的战斗决定后，经过上级部署，秘密安排地下党郑元秀、郑满贵两人做内应，由三虎队在国民党士兵熟睡之际打他个措手不及。

郑元秀和郑满贵两人原是当地自卫队员，是由地下党安排打入到伪乡政府组织的，后来又打入到国民党内部。

战斗部署好以后，勇敢善战的何恩带领突击队攻打祠堂的正堂，其他人员被分配到房前屋后见机行事。各就各位随时投入战斗，只等何恩冲进正堂发出信号，战士们就会立即行动。

何恩冲进去之前，本以为国民党部队的官兵都已经熟睡，没有想到的是，何恩冲进正堂后，有一位国民党军的中队长并没有睡觉，正坐着在写一份什么材料。刹那间的敌我相见，更是短兵相接，正当敌军官发愣之际，何恩灵机一动，立即对他大喊一声："不许动！缴枪不杀！"话音刚落，立即就用冲锋枪将动手拔枪的国民党军官击毙。枪声一响，惊动了其他已经入睡的士兵，睡意蒙眬中的士兵们像受惊的野兽，但也反应敏捷，他们迅速起身去拿枪，何恩见势不妙，没等其他战友冲进来就果断地开枪扫射，刹那工夫，正堂的敌人全部都被何恩一个人打了个落花流水。

晚年时的何恩

这场战斗，因为何恩的机敏果敢及时抓住了战机，用短短的时间就结束了精彩的战斗，取得了决定性的胜利，真是人民军队的好战士！

何恩在部队曾任副中队长。从部队转业后，开始分配到癸涌当供销社主任。他对这项工作兴趣不大，宁愿回乡务农，因此他工作不久就退职回家当农民。因为早年他在部队服役，家里没有壮劳力，迫于生计，他的父亲和妻子为了贴补家用，早在1962年就去了香港谋生，在元朗做些小买卖维持家人生活。也正是这个原因，何恩在家务农一段时间后，也于1977年前往香港元朗生活，从此就在香港定居下来，直到晚年病逝于香港元朗。

何恩虽然前去香港定居生活，国家对他的伤残补助金一直没有停发。对此，何恩心存感恩，即使生活在一水之隔的彼岸，他对家乡仍然是念念不忘，爱国爱乡爱港是他们这一代革命者的人生信仰。

由于何恩一家人都生活在香港，他在香港病逝，即使老战友何鹏飞也不知道他具体是哪年去世，这令怀念何恩的战友们内心充满哀伤，赤子情怀和战友深情无从寄托，只能在心里默默想念曾经共同战斗过的峥嵘岁月。

撰写本稿时，出于对革命者生平事迹史料的高度负责，在取得村股份公司董事长何志威先生的支持后，由何鹏飞胞弟何玉章老人携同本文作者前往香港，专程采访了已经87岁高龄的何恩遗孀，让她补充了何恩的生卒年，至此，何恩的生平才算是基本完整。

何恩在香港的妻子和儿女

何恩是一个大无畏的战斗英雄，对党对国家一片赤胆忠心。据何恩儿女讲，母亲早年一个人带着他们在香港艰难生活，多次要求父亲过港，但他总是说先有国才有家。

何恩同何鹏飞、何仕带一样，三人都出生于1928年。何恩移居香港后，从不跟一双儿女讲他曾经的战斗岁月，直到他晚年生病住院，他的儿女发现老父亲左侧腰间有一个伤疤，细问才知道他曾经受过枪伤，因为受伤当时没取出子弹，后来又感觉受伤部位没有疼痛感，子弹就一直长在他左侧的两根肋骨之间，直到2004年他病逝，那颗罪恶的子弹也随他长眠地下。

女三虎队队员张运娇

张运娇是赤岭头村参加三虎队唯一的女战士。她本来不是赤岭头村人，是从现在的布吉岗头村嫁到赤岭头村来的一位年轻女性。她嫁来时年仅 17 岁，而她的丈夫郑志强比她还要小两三岁，当年只有十四五岁的郑志强不懂什么爱情和婚姻，在当时也没有"自由婚姻"一说，都是经过父母做主媒人说和，虽然是明媒正娶，但因为两个人都是半大孩子，不懂得如何培养感情，更不懂得如何经营婚姻，所以张运娇和郑志强的婚姻生活并不幸福，他们彼此也没有任何吸引力。

因此，张运娇毫不留恋这种家庭生活，但因为年轻，不懂得如何处理，也不便于和家里说明。她只想离开这种沉闷的婚姻，离开不谙世事的小丈夫就好。

年轻人都有一腔热血，都有一种革命的情怀和青春的理想，赤岭头村如火如荼的革命形势，将不谙世事的年轻少妇张运娇深深地吸引了，她未经夫家同意，便决定从平淡的家庭生活中脱离，独自跑到部队要求参军。而少不更事的郑志强，对于她的出走没有任何表示，不支持也不反对，因为他还不懂得什么是男女之情。

张运娇到部队后，郑志强也从来没想到过要去把自己的新娘找回来。或许，老年以后的郑志强早已经忘记自己曾有过这样的一段婚姻；而村里现在的许多年轻人，恐怕更不知道村里曾上演过这样一出啼笑姻缘。

张运娇要参军，当时部队领导考虑到她是一个新嫁娘，不同意她入伍。但张运娇决心很大，参军愿望很强烈，她说："不让我拿枪上战场，哪怕我给部队战士们煮煮饭当当炊事员也行，部队总是需要人煮饭的吧，男队员可以煮饭，女队员煮饭更没问题啊。我也可以帮战士们缝缝补补嘛。"部队领导听她说得如此诚恳，理解了她想参军的强烈愿望，最终同意了她的请求。就这样，新嫁娘张运娇就成了赤岭头村唯一参加过三虎队的女战士。

刚刚成立的三虎部队，生活条件相当困难，更由于白色恐怖的形势时刻威胁着革命的力量，战士们不敢在山下活动，只能躲进山林里。即使是在山林，白天也不敢生火煮饭，怕冒出的炊烟被敌人发现。最大的困难还在于战士们所有的吃穿用等全都得从山下运上来。那时是没有山路的，所以更谈不上有什么运输工具，一切蔬菜粮油甚至是饮用水，都得靠这个柔弱的新媳妇肩挑背扛，一点一点搬上山。她就这样辛辛苦苦地为三虎队战士服务了一年多。

1948 年，部队开始奔赴各战场，张运娇由于长年的劳累终于病倒了，令人心痛的是，当时医疗条件不好，没能将她的病及时治愈，不久她就离开了她热爱的部队和战友们。

三虎队女战士张运娇，为三虎队战友们的一日三餐提供了无私保障和帮助，她为战士们带来的不仅是日常生活的照顾，她带给战士们的，更是一种精神上的鼓励和安慰。

梅林坳税站站长陈前

陈前的母亲是美国人。他出生于 1912 年。原名健生。因祖籍为广东新会县，别号"番鬼陈"。他 1933 年毕业于篁庄的西江乡村师范学校，后到东莞任教。1937 年抗日战争爆发后，他发挥特长，积极投身抗日救亡宣传工作。9 月份加入了中国共产党。1938 年 10 月，日本侵略军在广东大亚湾登陆后，他随即参加了东宝惠边抗日游击队。1939 年春，陈前在东莞清溪苦草洞接受整训过程中因表现突出，加之枪法极准，被选为王作尧的警卫员，和部队一起转战在东宝一带。1940 年 3 月，陈前随王作尧大队突破国民党顽固派包围后，克服重重困难，东移到海陆丰；8 月，陈前所在部队

20 世纪 80 年代的梅林坳

接中央电令重返东宝抗日根据地一线。不久，他主动请缨，在大队长王作尧的授权下，先后建立了梅林坳和公明圩新税站。1941 年 5 月，陈前在公明圩与土匪激战中，为保护队员突围，腹背受敌而壮烈牺牲，时年 39 岁。

陈前在梅林坳税站当站长前是广东省抗日游击队第五大队短枪队队长。1940 年的冬季，陈前接受上级命令，前往梅林坳设立一个税收站，兼任站长一职，以增强游击队活动经费，保障后勤补给。短枪队主要负责梅林坳、布吉、乌石岩及另三个税站的征收工作。

当年的梅林坳就是现在深圳市龙华区与福田区接壤的民治街道。那时，正是游击队撤回到惠东宝敌后区不久，军需等各方面条件异常艰难，陈前所属的抗日游击队第五大队也是刚刚完成整编后组建的，其主要任务是开辟以宝安县阳台山区为中心的抗日根据地。他带领的短枪队队员都是经过严格挑选的意志坚定、作战勇猛、作风优良的优秀党员。

陈前带领的抗日游击队第五大队短枪队是一支让敌人闻风而逃的武装力量。他们在敌后工作中发现，由于当地群众在日（日军）伪（日伪军）顽（顽固势力）三种势力的长期掠夺中，生活极其贫穷悲惨，为了不再加重老百姓的生活负担，他们决定只征收进出边境商人的税款和捐助。此举得到当地人民的赞许和拥护。

陈前主要负责梅林坳税站工作。因梅林坳地处沦陷时期的山区地带，扼制着香港通往深圳北部与龙华的咽喉，是不少客商偷运货物到内地或去香港的必经之地。因此，也成为土匪活跃的地区。土匪的频繁出没和打劫弄得周围村庄的百姓鸡犬不宁，路过的商人都提心吊胆，苦不堪言。陈前的短枪队进驻梅林坳设立税站后的第一件事便是赶跑了为非作歹的土匪，使匪患得到清除，争取到了当地群众的大力支持和热烈拥戴。

陈前的短枪队在税收工作上方法独特。他们为了表明立场和态度，就在路边插上一面特别显眼的护路旗子，上面写着一行"自愿捐助抗日经费"八个大字。旗子下面摆放着一块四个角都用石头压着的包袱皮，然后就站在路边，对过往挑运粮食、火水（柴油）、盐及生猪的客商进行抗日政策的宣传，讲解共产党的抗日救国主张和方向，特别表明游击队在保护他们安全方面的坚决态度，提出让他们自愿捐助抗日经费的希望。

由于过往商家有被游击队沿途保护的经历，避免了土匪抢劫和袭扰，都能非常安全地进出梅林坳，加之被薄收乐捐的政策所感动，纷纷各尽其力，主动捐助。自此，税站工作深入人心，开展得很顺利，每天都能得到一笔可观的税款。

陈前不仅在工作上方法得当，还在税站克己奉公，尽职尽责，严于律己。他烟瘾特别大，有时连买烟草的钱也没有一分，他就巧妙地去找一些干树叶，然后搓碎代替烟叶，从不挪用或花一分钱的税款，并总是按规定及时将收到的全部税款交给小交通员丘特送交到大部队，部分地解决了游击队的给养急需。为此，日伪军气急败坏，将陈前领导的梅林坳税站视作眼中钉、肉中刺，开始密谋偷袭计划。他们经常组成化装便衣队前来突袭梅林坳税站，导致税站每天处在极端艰险的环境中，压力增大。

梅林坳税站工作人员全是陈前带领的短枪队队员，都有丰富的实战经验，而作为税站领导及短枪队队长的陈前每次在遇到敌人的袭击与骚扰时，都一马当先，带领队员们突围，退却时又总是在后面压阵，以保证不让一个队员掉队，掩护过往商人安全转移。敌人无奈地撤离后，他就迅速带领战友们回到路边税站，插上特有的护路小旗恢复工作。把"敌进我退，敌退我进"的战术运用、发挥得炉火纯青。

队伍建设是战胜敌人的法宝。充分认识到这一点的陈前经常与战士们交心谈心，使大家树立顽强和坚定的革命意志。为了保证随时参与战斗，他还时刻不忘逐个检查战士的手枪是否挑的是最好的子弹，并一再强调说："我们的手枪要一见到敌人就打得响，一打就能消灭敌人，只有这样才能做到保护同志和自己。"不仅如此，他平常对每名战士的过错也会及时发现，及时纠正，热心帮助。

1941年春夏交接时节，第五大队在宝安打开了局面，队伍不断扩大，给养也水涨船高，税站工作的重心是尽快扩大税源，增加补给。如何解决这一问题成了大队领导的头等大事。正当部队领导在讨论解决方案时，陈前找到大队长

现在的梅林坳成了深圳人户外的锻炼场地

王作尧主动请缨说："王大队长，让我带领短枪队到公明圩去开设新的税站吧。"

当年的公明圩处在沦陷区的宝太线上，但却是宝安比较富裕的地区，如果设立税站，税源将是非常可观的。但当时盘踞在公明圩的是老奸巨猾的地头蛇吴东权，此人既是土匪，又是汉奸。公明圩附近还有大大小小的多股土匪，情况异常复杂，要想在那开税站肯定是危险重重，险象环生。王作尧经过反复论证后慎重地问陈前："那边吴东权横行霸道。公明圩和黄松岗还有很多地方的地方武装与他勾结在一起，你能虎口拔牙,在他们的鼻子底下收到税吗？"

陈前胸脯一挺，满怀信心地说："怎么不行？他们的人如果来得多，我有两条腿可以跑；要是他们的人来得少，就得让他们尝尝我这支驳壳枪的厉害。"

王作尧见陈前如此胆大心细，勇于挑大梁，就说："好吧，同意你的请求。

但你要做到一不冒险，二不过于深入敌人据点。同时大队部还专门派孙孺率领一个民运组到那一带加强群众工作，协助你开辟税站。"

陈前接受任务后，随即带领十多名精悍的短枪队队员前往公明圩附近，赶走了永和、黄田一带几小股土匪，迅速建立了一个新的税站。不久，他们扩大战果，又在公明圩建立了新税站并正式收税。当地伪军对此诚惶诚恐，暗中派出吴东权手下一个土匪头到公明圩，意在阻挠陈前设立的税站。不久后的5月下旬，当陈前和三个短枪队队员在公明圩茶楼与这股土匪的枪战中，为掩护队员撤离献出了年轻的生命。

在观澜圩被杀害的女情报员钟安娇

钟安娇，又名钟锤。1912 年出生于宝安县布吉草埔下屋村一个贫农家庭。因她家非常贫穷，少年时期根本不可能上学读书，村民都说她是个苦命的人。

钟安娇虽说没上过学，目不识丁，但她却天生聪明伶俐，非常好学，平时一有空闲时间就会主动跟大人们学习知识，不久便懂得加减乘除的算法运用，同时还可认识一些汉字。这，让她显得与众不同。

1936 年，24 岁的钟安娇和本乡一位姓梁的农民成家了，次年生下大女儿梁凤英。可在她怀上第二胎时，她的丈夫不幸患上病症，这给本在贫困线上挣扎的家庭雪上加霜。为了给丈夫治病，她毅然将祖上遗留的二亩地卖掉，但最终还是未能挽救丈夫的生命。

钟安娇的丈夫去世后，她在人财两空的窘境中还得承担起一个女儿、一个姑姑和一个家婆的生活重担。她几乎是每天含着眼泪上山砍柴，以便补充家用和赶圩变卖点钱用。在第二个女儿出生后，她就做起了小商贩的生意，每天起早贪黑，忙忙碌碌，不停奔波在观澜、龙华圩、深圳墟等集市，用微薄的收入支撑起了一个家庭的日常生活。乡亲们对她这种对命运压迫不低头的精神赞不绝口，纷纷竖起大拇指予以肯定。

1938 年 10 月 12 日，日本侵略者打响了进军华南战役，约 7 万的南支派遣军分三路登陆进犯广东。日军所到之处杀人放火，奸淫掠夺，无恶不作。老百姓都家破人亡，流离失所。钟安娇在来往龙华、观澜和布吉等圩集耳闻目睹了生灵涂炭的悲惨场景，在心底义愤填膺。

1940 年，东江抗日游击队在惠东宝一带开展抗日运动，他们派出的民运

观澜老街一角

工作队深入到龙华、布吉等农村发动群众，并组织青年和妇女参加自卫队、妇女会等组织。钟安娇在民运队员的宣传教育下参加了妇女会，从此走上了抗日救亡道路。

为了将抗日工作做好，钟安娇经常利用她贩卖棉纱等商品做掩护，秘密为游击队传递重要情报，有时还会借机散发抗日传单。而她的家也成了民运队活动的场所，暗中接待或掩护游击队员。

当年，面对日本侵略军惨无人道的罪行，国民党顽固派竟然露出了消极抗日、积极反共的面目，派出本应该抗日的军队向游击队发起进攻，并到处搜捕抗日民主人士，使抗日斗争环境变得更加严酷。1943年的一天，钟安娇接受到一个重要信件的传送任务，她随即就挑起货担出发了。钟安娇顺利地经过了牛角龙、上八约和大岭围，直奔目的地观澜圩。

观澜圩驻扎着国民党顽固派黄文光的部队。当时这支顽军正在对进出圩集的百姓进行检查。钟安娇见此情形思考再三，认为不管出现什么危险，一定要将信件传送出去，于是，她毅然挑着货担夹杂在赶圩的人群中向哨卡走近。不料，正在检查的顽军看到经常出入观澜圩的钟安娇时产生了怀疑，对她的搜查非常严密，没放过蛛丝马迹。他们查完货担上所有的货物后，进而开始仔细检查钟安娇全身，连鞋子也要脱下来小心翻查，最终把隐藏的信件找了出来。当即对钟安娇进行了一番毒打，逼迫她交代更多的情报。但钟安娇视死如归，任凭敌人怎么折磨也没说出他们需要的情报。恼羞成怒的顽军无计可施，就把圩里的群众

观澜墟已受到保护

赶出来集体围观，当众对她吼叫和拷打。在打晕后再用灌水的方式让她苏醒。目的是恐吓和阻止群众参加游击队。经受反复折磨的钟安娇却依然是临危不惧，没让敌人的阴谋得逞。7 天后，国民党顽军眼看没有半点希望，就气急败坏地将钟安娇杀害了，为了解恨，还把她的头颅悬挂在观澜圩门前示众。

据说，女情报员钟安娇在观澜圩就义时还大声痛斥国民党顽固派丑恶的卖国求荣嘴脸和行径，骂他们是历史的罪人，民族的败类；同时还高呼"抗日游击队万岁"的口号，表现出了大无畏的英雄气概。

游击队的女情报员钟安娇就这样在观澜圩英勇就义了，牺牲时年仅 31 岁。其姑梁永娇主动承担起抚养她留下的两个女儿（一个 6 岁、一个 3 岁）的重任。

钟安娇这位普通农村妇女的爱国抗日精神，值得每一个中国人学习和敬仰。

在龙华遇伏牺牲的税站总站长黄国平

　　游击队税站总站长黄国平是宝安县首任县长周国伟的堂弟。老宝安人只要一提周国伟都耳熟能详，但说到黄国平，可能知道的人并不多。黄国平在雷公径遇伏牺牲的事迹鲜为人知。为了将这位在龙华流尽最后一滴鲜血的革命英雄短暂而光辉的一生厘清并记录下来，我们还是要从英雄的出生地说起。

　　1914年，黄国平出生于广东省惠阳县秋长镇黄泥坑村一个普通的贫农家庭。秋长镇也是著名爱国将领叶挺的家乡。黄国平出生后不久便被过继给了邻近坑梓镇（当年属惠阳县管辖，后为宝安县坑梓镇。现为深圳市坪山区坑梓街道办事处。）新桥围村一黄姓中农家庭作养子。这个家庭的经济比较宽裕，生活无忧，也很重视教育，黄国平七八岁时就开始在村私塾读书了。12岁时，聪明好学的黄国平就转入到坑梓的国民小学读书。

　　1928年，身材高瘦的黄国平以优异成绩考入了坑梓著名的光祖中学附小（高小）就读（光祖中学是深圳市仅有的两所百年名校之一，其前身为光祖学堂，始建于1906年，系由南洋爱国华侨捐资，是当时全国首屈一指的新型学堂，它开南粤近代教育的先河。学校首任校长是康有为嫡系弟子欧榘甲，他提出"家国之光"的办学理念，矢志兴学育才，为国争光，传承至今已届百年）。光祖中学校友杰出的代表中有时称"东江三虎将"的东江纵队领导人曾生（开国少将）、叶锋（新华社香港分社原社长）、严尚民（广东省工业厅原厅长），还有东江纵队港九独立大队大队长黄冠芳、宝安县首任县长黄国伟、深圳市原妇联主席黄冰、南山区原区委书记陈方、深圳市委宣传部原副部长黄新华、航空航天领域著名科学家曾子兴、著名书画家黄昶等等。

　　1932 年，18 岁的黄国平作为光祖中学第五届学生顺利毕业了。因在校时是篮球高手，他毕业后相继在葵涌、多祝等多所小学担任体育教员。1936 年，黄国平参加了进步青年组织的坑梓生活读书会及新桥生活会，和他们一起开办夜校识字班，引导群众阅读进步书刊，教大家学唱抗日救亡歌曲，举办时事演讲会等。还与当地一撮顽固势力展开针锋相对的斗争。

　　1938 年 1 月，身为中共地下党员的黄国伟作为香港惠阳青年会第二批回乡救亡工作团成员在坑梓开展工作。黄国伟是黄国平的堂兄，后来担任宝安县第一任县长。他的思想对黄国平的影响很大。当年夏天，黄国伟的回乡救亡工作团成绩显著，暗中做通了驻地国民党旅长何联芳的统一战线工作，使抗日救亡力量得到增强。随后，何联芳利用淡水崇雅中学放暑假的机会，派出军官到该校开展了二、四、六区青年军事训练班。黄国平也在黄国伟的帮助和支持下参加了这届训练班。同时，中共地下党也安排了一批党员参加训练。这次训练班还及时成立了由叶锋、黄国伟、黄恩组成的党支部，进一步发展了一些党员。学到军事知识，又到连队实习了半月的黄国平也加入了中国共产党，从此成为一名坚定的无产阶级先锋战士。

　　1938 年 10 月，蓄谋已久的日本侵略军集结兵力，开始从海上到大亚湾一带疯狂登陆，惠州、宝安沿海地区随即成为沦陷区，民不聊生。看到日军到处烧杀掠夺，正当壮年的黄国平热血沸腾，参加了新桥围村临时成立的党小组，并利用以前的生活会组建了自卫队，为保卫乡亲利益、保卫家乡，阻止日军进攻做好了准备。很快，他们采取行动，到靠近淡水镇的土湖村附近一把火烧毁了白门坑桥，方便随时打击胆敢到农村扫荡的日本侵略军。日军对此十分恼火。

　　1939 年 2 月，黄国平担任了东江华侨回乡服务团第一团派出的多祝队队长，带领 10 多个队员在当地开展民运工作。他们写标语、出墙报、排演话剧和办夜校等，经过半年多的努力，多祝有声有色的抗日发动工作让群众喜闻乐见，为救亡工作打下了良好基础，得到上级赞扬。

　　由于东江华侨回乡服务团受到国民党顽固派的不停打压，1940 年春，黄国平奉命回到惠宝敌后地区参加武装斗争，随后和曾生、王作尧领导的抗日游击队东移到东宝敌后区。这期间，他所在的部队分别改编为广东人民抗日游击队第三大队和第五大队，黄国平被分配到第五大队。

　　第五大队的主要活动范围是宝安阳台山与深（深圳）南（南头）公路线之间的崇山峻岭中。这一带是日伪及国民党军队的势力范围，部队生存和补

运送日军和战略物资的车辆由深圳驶向香港

养非常困难。为解决这一问题，部队首长决定设立税站。短枪队队长陈前很快于年底前在梅林坳建立了第一税站，并取得了很好业绩。不久，部队选派黄国平赴不远的布吉要道水径村设立第二个税站。同样，水径村也处于沦陷区之间。这里铁路、公路和乡村土路等交错，交通便捷，来往人员频繁，也更加容易受到日伪顽的袭击和破坏。黄国平接受任务后就带着几名武装人员来到商人过往路口，插上一支护路小旗，在山头上设哨瞭望后便开始了工作。国民党知道后不停前来骚扰。为避免群众受到牵连，黄国平灵机一动，利用国民党害怕日军和日伪的弱点，大胆将税站移到了日伪据点附近，在敌人的眼皮底下巧妙开展收税工作。如遇袭击，他便让队员保护客商先行转移，自己在后面持枪掩护撤退。

1941年冬，香港沦陷，抗日游击队与香港爱国人士、海外华侨的联系中断，失去侨汇支援，形势日趋严峻，部队给养严重不足。大队决定黄国平赶赴李朗设立税站并担任站长。李朗处于广九铁路咽喉，来往商人更多。黄国平就在李朗车站附近设立了税站，因他宣传得力，李朗税站的税收一时排在所有税站前列。紧接着，新成立的东江抗日游击总队在上下坪、沙河、乌石岩、黄田、西乡等地先后设立了税站。为了统一管理各地税站，总队部成立了税总站，任命黄国平为总站长。

1942年4月下旬，国民党顽固势力集结数千兵力重点进攻宝安。国民党六十五军一八七师师长张光琼扬言要"三个月内"消灭游击队，并实施"经济封锁"。他们"经济封锁"的主要目标是摧毁游击队建立的税站，以达到断绝游击队"粮草"的险恶用心。游击队各税站天天受到突袭，有时还迂回包抄，便衣也经常突然出现，给税站工作造成很大影响。面对敌人的频频破坏，黄国平每天奔赴各个税站了解情况，做好更加周密的思想政治工作，帮助税站工作人员总结对付敌人的斗争经验，制定新的税收方法，鼓舞士气。

由于李朗税站是整个宝安地区税收最多的，加之地理位置和交通区位显要，一时成为敌人最重要的攻击目标。为此，黄国平亲临该站，用打游击战的方法流动收税，每天不停改变收税地段，坚持收税不停歇。这一招果然很灵，

弄得想袭击的敌人不是找不到目标，就是费尽周折前来包抄时却往往扑空，结果疲于奔命不说，还让士兵笑话，怨声载道，上面的指挥官也不高兴。

一天早上8点左右，正当黄国平带领税站工作人员在禾沙坑附近铁路边收税时，突然发现10多个穿着唐装、撑着黑色洋伞的货客顺着铁路向税站靠近，形迹十分可疑。因双方人马已很接近，他当即喝令"别欲"（意即别动），检查！哪知走在前面的几人立即丢掉洋伞，露出枪支向税站冲来。黄国平见机拔枪边射击边后退。因距离太近，寡不敌众。就在情况危急之时，他急中生智，抽出一沓钞票左右各撒一把。来敌一看到飘落的钞票果然中计，下意识地忙着弯腰伸手争抢，待他们抢完后发现游击队早已消失得无影无踪。黄国平机智脱险的经历在游击队传开后，队员们都很敬佩，也得到了首长的肯定和表扬。不久，顽军开始集结围剿龙华的望天湖。

望天湖地形独特，也是一个重要的人口居住地。为了不影响百姓生活，黄国平便将望天湖税站工作人员带到梅林坳山上。他们白天坚持继续收税，晚上则回到白石龙村隐蔽。当时游击队总队被服厂也设在白石龙。

一天清晨，有群众报信说国民党军来了。黄国平立即带领税站短枪队掩护地方干部和被服厂七八名女工撤离上山。由于山路崎岖，坡陡路急，在翻越一条一人多高的崖坎时，几名从香港新界前来的女工难以攀越，眼看敌人即将临近，情况危急，黄国平果断飞步向前，趴到崖顶，伸出有力大手把她们一个个拉了上去，终于使大家都安全脱险。此后，黄国平一直带领税站队员在白石龙和望天湖活动，经常到梅林坳开展税收工作。

梅林坳以北是游击区，以南是深圳，为敌战区。以前，顽军还不敢轻易深入到山坳袭击游击队的税站，后来发现附近的日军总是坐山观虎斗，似乎是在故意消耗国共力量。顽军见此，认为日军不会对他们构成威胁，就逐渐胆子大了起来，想和游击队决一高下。

1942年秋天的一个深夜，狡猾的观澜圩顽军派出了一个连的兵力偷偷绕道靠近了梅林坳税站，在此设下埋伏。

天亮后，毫不知情的黄国平照常带领税站短枪队向梅林坳税站行进，在他们走到雷公径时，中了敌人的埋伏，霎时枪声大作。黄国平立即边举枪射击，边掩护队员撤退。最终，税站的同志们脱险了，黄国平因中弹受伤，只能趴伏在地上继续战斗，直到生命的最后一刻。

顽军头目见他伏地不动，料知已被打成重伤，于是调集一个班上前搜索。在探明黄国平已战死时才跳向前来，残酷地把黄国平的头颅割下回去请赏。

从梅林坳可远眺香港元朗

　　黄国平光荣牺牲了。他的英雄事迹更加坚定了游击队员的抗战决心。不久，游击队粉碎了顽军和日寇的"经济封锁"，逐渐壮大，直到和各地人民一道迎来了全国的解放，建立了一个崭新的中国。

身残志坚的革命者周来友

1921 年，一对夫妇抱着刚出生不久的小儿子和两岁大的女儿来到了宝安县观澜圩，他们选择在远离圩镇的白花洞村落户居住。

白花洞风凉水冷，出行非常不便，是个缺医少药且佃租昂贵的小山村。这对夫妇男的叫张潭，女的为陈氏。他们此前是住在惠州郊区的农村，那里十年就有九年受水灾，日子过得很苦。自从小儿子降生后，夫妇俩把他视为掌上明珠，爱惜如命，给他取名张亚苟。

卖作养子、身残志坚的少年郎

穷则思变。为了再不让贫困的阴影罩在小儿子身上，在没有什么办法的情况下，他们商量好远离惠州，迁居他乡。可是，那年头由于军阀连年混战，民不聊生，在封建剥削制度下的白花洞山村也一样受到影响，同样是个贫穷落后的地方。张潭一家四口迁来后，不仅生活无着，没有摆脱贫困，而且是贫病交迫，靠借债度日。

张潭一家在白花洞住不到三年，夫妇俩只好忍着剜心之痛，把年仅五岁的小女儿卖给同村的农民做童养媳；把年仅三岁的小儿子卖给同村的周汉文做养子。他们卖儿卖女所得的钱除了还债外也就所剩无几，勉强够作重返惠州老家路费。就那样，张潭夫妇俩不得不含着眼泪离开白花洞。一只无形的魔掌，在无形中轻轻地把这个四口之家拆得骨肉分离，十分凄惨。

张亚苟卖到周家后，被改名为周来友，起初周家望他承接香火，对他还是挺疼爱的。可是，好景不长，也许周来友天生就是一个苦命的孩子，他到周家不久就患上了小儿麻痹症。待他病愈后两脚却留下残疾，走起路来一瘸一拐，再也难以得到周家的宠爱。后来，周汉文又连着生下两个身体健康的儿子，这样一来，周来友在周家就成了一个包袱，处处挨白眼，时刻受到冷落。唯一幸运的是，这个周家在白花洞村还算是个有头有脸的富绅之家，还是能轻易供得起周来友念完小学的。按周家的话说：这就算是来友好命了，哼，还想读中学？没门。

1936 年，聪明的周来友 15 岁了，他没能上中学，就失学在家。但尽管他两条腿走路有困难，每天还要上山放三头大水牛。"七七"卢沟桥事变，日军全面入侵中国。他们到处杀人放火，使本来就贫穷的人民一下处于水深火热之中，国家民族处在了危难关头。

敌寇的入侵激起了周来友满腔怒火，可在落后乡村的他又苦于报国无门，惆怅满怀。

他在苦苦等待时机。

抗日救国、成功锄奸的青年崾

1938 年，由中国共产党领导的抗日救国流动工作团终于来到观澜乡活动了。周来友高兴地看到当地的书店出现了不少宣传抗日救国的书刊，而且可以看到闻一多、邹韬奋、郑振铎、茅盾等进步作家的著作，这对他启发很大，影响很深。不仅如此，他还亲自听到了抗日救国的呼声，这一下就使他从满怀惆怅中解脱出来。

1941 年春，在曾生、王作尧抗日游击队做民运工作的同志先后到白花洞村宣传抗日救国运动，发动、组织群众配合游击队进行抗日斗争。村子里很快建立了自卫队、抗日青年会等群众组织。周来友成为抗日群众组织的骨干之一，经常和抗青会员一起到村内外进行宣传，并收集情报提供给游击队，表现非常积极。当年，他就由民运队的同志介绍，光荣加入了中国共产党，成为一名坚定的共产主义战士。

1942 年，敌伪顽对我东宝游击区进行反复扫荡，并派出特务、侦探四处活动，妄图消灭游击队。为了配合游击队反扫荡，上级党组织强调各级地方党组织要认真收集敌情，做好锄奸反特工作。周来友坚决贯彻上级的指示，于七月间从村里的抗青会中挑选了十位进步青年，组成了地下锄奸团，并布置大家了解敌人的动态，注意陌生人的情况，收集可疑的言行，为部队反特部门提供情报。他们坚持在白色恐怖的环境下工作，破获多起敌伪顽派遣的特务组织。

观澜老街

　　1943 年 3 月，偏远的白花洞村竟然来了两个补箩的外地人。他们一个叫林章，一个叫林松。这二人表面上是在以补箩为职业，暗地里却干着不可告人的勾当，且每逢农历初一、初四、初七观澜圩圩日必定会很准时赶圩，行踪和举止十分可疑。周来友和大家了解到这一重大情况后，研究决定由锄奸团成员周林寿负责跟踪监视。周林寿发现这两个家伙行踪非常诡秘，每次赶圩都不从原路回来，而是绕道库坑、章阁等村，然后才回到白花洞村。周来友分析认为林章、林松两人很可能是坏人，就马上将此情况报告抗日游击队负责保卫工作的尹林枫。尹当机立断，果断派人将林章、林松两人抓捕扣押了起来，然后分别进行严格审讯。林章、林松做贼心虚，心理防线很快崩溃，老老实实供认了他们共有十一人的特务团伙；交代是以杨森仔、杨介眉为首，专门收集我抗日游击队的情报，为驻观澜的国民党顽军黄文光大队服务。此案最后由游击队保卫部门审核无误，后经上级批准，将这个潜藏的特务组织成员一举全部擒获，为首分子杨森仔、杨介眉被判处死刑，其他人也给予适当的判处；林章、林松因有戴罪立功表现，经教育后宽大释放。由于周来友的及时报告，从而挖掉了敌人暗藏在我抗日游击区的"定时炸弹"，保护了游击队和人民群众的生命安全。

身兼多职、群众工作的好领导

　　1944 年，周来友成为观澜乡党的负责人。这年 11 月，他到东宝行政督导处在燕川村举办的第一期师资学习班学习。结业后，他以观澜中心小学三

年级班主任的身份为掩护,继续坚持党的工作。他白天认真教书,晚上就到离学校三华里的大布村开办民众夜校,宣传抗日道理,帮助青年男女学习文化。由于观澜乡曾是国民党顽军盘踞的地方,统治很严,影响很深,群众思想基础比较差,加上农民的经济收入低微,办夜校时连油灯费也难以解决,来参加学习的群众很少。针对这一情况,周来友坚持深入各家各户进行发动,还帮助群众解决实际困难。为了方便多做工作,他晚上就在该村住下来,依靠群众,用广开生产门路、增加经济收入的办法解决夜校的经费问题。在他的努力下,村里上夜校的人越来越多。每次,周来友都会利用讲课便利宣传党和民主政府实行减租减息、征收公粮、拥军优属等方面的政策,还将毛泽东同志的《论联合政府》《新民主主义论》等著作的基本精神,联系东江解放区的实际,深入浅出地进行讲解。他的讲解方式深受群众欢迎,使夜校越办越活跃。同时,他在办夜校的过程中物色了一批思想比较进步的知识青年,建立了秘密的锄奸组织,交由该村青年黄官

图为观澜古寺庙

秀负责。后来,还介绍并吸收黄官秀加入中国共产党。

周来友日以继夜地为党工作,注意团结各阶层人士共同参加抗日斗争。他向观澜乡民主政府建议,及时召开全乡小学教师大会,成立了观澜乡教师联合会,并被推选为该会的负责人之一。他充分利用教师联合会这个群众组织,领导各校的教师在认真办好日校的同时,积极支持各村办好民众夜校。这样一来,很快就在各村掀起了办夜校学文化的高潮。

周来友身兼多职,不但要带领党员坚持各种活动,而且还要领导各村的抗日群众组织开展对敌斗争,并在斗争中先后吸收了一大批进步青年入党,壮大了党的组织。

英勇杀敌、视死如归的英雄汉

1945年8月15日,点燃战火的万恶日军终于宣布投降了。龙华的抗日

游击队、民兵和广大人民群众在观澜圩河沙坝举行庆祝大会，周来友的心情更是欣喜若狂，激动不已。但不久，国民党反动派竟然发动了内战，派出重兵在东宝地区展开扫荡活动，妄图一举消灭我武装力量，摧毁我民主政权。周来友根据上级的指示，结合观澜乡的实际情况，对这场反扫荡斗争做了认真准备：及时传达上级的指示，使党内外的同志都有比较充分的思想准备，把观澜乡比较暴露的同志组成武工队；在白花洞村布置挖地洞，掩蔽领导机关的文件资料，并配合领导机关在观澜圩建立秘密交通站。在做好这些准备工作时，周来友虽然行走不便，但经常奔走于观澜圩和白花洞村之间，顾不上吃饭和休息。

对这场扫荡与反扫荡斗争的残酷性与艰苦性，上级领导做了充分的准备，决定动员不适宜留在当地坚持斗争的同志到别的缓冲地区暂避锋芒。按照周来友的身体条件，他是不适宜坚持武装斗争的，宝四区区委在研究疏散名单时已经决定要他到香港新界元朗暂避一段时间，在观澜乡的准备工作基本就绪后，区委代理书记梁忠曾两次找他谈话，但他每次都坚决要求留下坚持斗争，并拿出充分的理由说服梁忠："我是观澜乡党的负责人，在面临残酷斗争、严峻考验的时候，不能离开自己的战斗岗位，死也要死在观澜乡。"梁忠看他这样坚决，只好同意他的要求，并发给他一支手枪，让他同武工队一起坚持斗争。

当年11月中旬，国民党的新一军、五十四军以及当地反动武装，用所谓"填空格"战术，向我东宝游击区反复扫荡。12月中旬，敌军连续几天，总是在天未亮就包围白花洞村的山头进行搜山，但每天都是扑空而回。一天，敌军到白花洞村，威逼周来友的父亲周汉文交出周来友，被断然拒绝。

25日早晨，敌军再次来到白花洞村搜山。周来友等人掩蔽在昂档坪山的树林里也被敌军发现。他当即同敌人展开激烈的枪战，由于寡不敌众，身中数弹，壮烈牺牲。同周来友一起牺牲的还有东江纵队东流剧团副团长肖英同志。

周来友牺牲时年仅24岁，在他短暂而光辉的一生中，以行动体现了共产党人身残志坚、威武不屈的崇高革命气节。他生前的战友们继承他的遗志，坚持斗争，后成为粤赣湘边纵东一支三团的骨干力量。

庄励在阳台山的医护经历

庄励，女。1930年3月出生。祖籍广东番禺。曾任惠东宝人民护乡团三大队三虎队卫生员，边纵一支三团卫生员。

1948年11月18日傍晚，粤赣湘边纵队一支三团第一大队的三虎队、活虎队、东宝大队的平西队、独立中队的铁鸟队四个连队共500余人，在团部的领导下，翻越崎岖的山冈和羊肠小道，到达了位于宝安县龙华阳台山下的

游击队女战士

石坳村，驻扎在该村和邻近村落的祠堂小学里，身为团卫生员的庄励跟随团部住在了村头碉楼的第三层。

石坳村在群山环抱之中，就像在一口大锅的中心点。村口两棵翠绿的大榕树，犹如两把大伞撑在村中，显得特别高大和独特。部队进村的第一天就是在这榕树下举办了军民联欢晚会。当时，战士们自编自演了小戏《送子当兵》和客家山歌对唱等节目，并慰问了烈军属和村民。村里村外，各方群众都来观看，大娘大爷笑得合不拢嘴，小孩子们欢喜地爬到台上不停大声喝彩。乡亲们高兴地奔走相告："子弟兵又回来了！"

这里原来就是游击老区，自从东纵北撤以后，只有武工队来过。这次这么多部队来到这个地方，极大地鼓舞了人民群众的斗志。但由于当时敌情复

杂严峻，按照以往的惯例，部队每到一个地方最多只住两晚就得离开，可在石坳地方党员们的要求下，为了配合减租退息，部队就计划多住了几天。

第三天上午，当庄励他们刚刚吃过早饭集中在碉楼下聚精会神地听副指导员蔡文侠同志讲"群众路线"辅导课时，村外突然"砰砰"传来一阵枪声。张玉指导员立即冲出门口对大家说："敌人包围上来了！"大队长李和同志来不及拿挂在胸前的望远镜仔细观察，仅凭枪声就判断敌人已接近村口，便果断命令道："三虎队迅速抢占高地，利用地形地物，集中火力阻击敌人，其他同志向北占领后山高地……"战士们迅速在各连排长的带领下跑步抢占制高点。

庄励飞速跑上三楼背起武器、药包正想冲出门口时，敌人的火力已经从村前正面向着出路射来。她和连部传令员郑成基等同志不顾一切，猛力冲出大门，向左跑去，准备登上后山转移。但敌人已占领了村前南面的高山。200多"疴疴鸡"像鸭仔下田一样冲了上来。待他们冲到离阵地200公尺左右时，连长一声"打"！居高临下的三虎连就以密集的火力打得敌人伏在地上，久久抬不起头来。

很快，敌人的兵力增加到300多人，在我部正面发起了第二次冲锋。步枪声、手榴弹爆炸声和战士们喊杀声响成一片，机枪班班长戴寿生、机枪手曾伯平掌握的两挺机枪发挥出巨大威力，再次打得敌人狼狈溃退。

但只过了片刻，敌人又展开了第三次冲锋，人数比前两次更多，而李和率领大家越战越勇。机枪班长戴寿生同志腰间的子弹带和衣服被敌人的子弹打穿了，仍然忘我地战斗。敌人死的死，伤的伤，逃的逃。我军坚守在村前的三虎连只有100多人，与距离几十公尺的几百敌人近战了一个多小时。左翼平西队，北面后山的铁鸟、活虎队也战斗激烈，争相杀敌。我军幸好居高临下，加上指挥得当，总能稳住阵地。

敌人见三次正面冲锋也攻不下阵地，就派一个连绕到北面后山，妄图拦腰切断我军阵地，但被机警的连长曾光发觉，他立即带领活虎连与敌人展开了激烈的战斗，很快打退打散了敌人，还缴获了一支三八枪。

紧接着，部队边打边撤。庄励跟着三虎连二排的主力抢登后山，将到山棱线的时候，敌人前山的轻、重机枪"哒哒"地响着，子弹向他们袭来。枪声未落，二排长周祥同志突然蹲下，作为团卫生员的庄励觉得不妙，急忙跑近一看，发现有子弹从他的下腹部穿过。她立即搀扶着他一步步地越过山棱线，避过敌人的火力点，蹲下来帮他敷药、止血止痛。在包扎好之后，再搀扶着他一步一步地在斜坡上挪动，滑倒几次。一位战士见她这个矮个子女同

志背着沉甸甸的药包，架扶着二排长这个高个子男同志非常吃力，就主动来帮扶她一起撤退。很快，有一位同志送来了一张用两根竹杠穿着两个旧麻包扎成的临时担架床，就那样，他们抬起伤员顺着倾斜的山路，一步步小心地往山下撤离……他们踏着崎岖的山路，穿过一条长长峡谷，发现前面不能再走了，因为这是座情况不明的高山，况且枪弹不断地袭来。于是一位同志提议："暂时隐蔽，看看动静"。正好，路旁有一片长满基滕野草的矮树林，像是一个天然屏障。他们就抬着伤员往里边猛钻，尽管荆棘划破了几个人的皮肉，露出道道血痕，他们也要给伤员找个好的掩体。真巧，里面有一畦畦种过红薯的荒地，每个小畦坑，他们正好是用来掩蔽的掩体。他们都经历过多次战斗，已有丰富的作战和隐蔽经验，都认为"不要作声，尽管敌人的子弹打来，炮火轰来，也不要动声息"。

很快，被我活虎连打得到处乱窜的残敌从远而近地走过他们面前的丛林，还用乱枪向四周密林扫射来试探和壮胆。子弹在他们身边砰砰地落下，他们都很沉稳地隐蔽着一动也不动，最终化险为夷。那些敌人怎么也没想到，眼前隔着的"青纱帐"里会隐藏着几双握拳持枪的愤怒眼睛。

很快，带着伤员躲藏在茂密山林中的庄励他们又听见了脚步及武器的碰撞声，还有人在喊"大家向前登山"！庄励他们一下听出那正是李和大队长的声音，他们真是喜出望外，立即高兴地抬着担架走出丛林跟上了自己的队伍。安全地从四面八方来到预定的石龙仔村（现在是宝安县石岩街道）集合，在一间破旧的祠堂里驻扎下来。

后来部队知道，这次敌人之所以来得如此迅猛，是由于得到了他们安插在大船坑村"鬼头仔"内奸的告密。那天凌晨，经过精心准备的敌人纠合了保八团、保十五团各一个营，以及观澜国民党联防队共1500多人，以几倍于我军的兵力，从观澜、天堂围分路合围过来，企图利用天黑雾大的掩蔽，打算偷偷绕过我军哨位进行突袭。敌人"咔嚓"的子弹上膛声被我军机灵的哨兵听到了，便火速派人报告，随后负责警戒的二排派出简明班到村外搜索时发现了敌人。情况既突然，又严重。在这次战斗中，我方最终粉碎敌人三次冲锋，敌方死伤近百人，而我军有牺牲两人，12人受伤。

当年的条件异常艰苦。是夜，每个战士只盖着一床轻便的军毯睡在用稻草垫着的地铺上。正当大家睡得正香时，突然有人"卫生员、卫生员，起床，有伤员来了"的叫喊着，作为卫生员的庄励立即从梦中惊醒，迅速投入工作。

原来，在战斗打响时，一名叫蔡文侠的同志和部队一起与敌人展开战斗，在转移时被敌人的便衣"啪"的一枪打中头部，鲜血直流。幸好传令员郑成基及时赶到开枪将那几个敌人打退，就这样把文侠同志营救了出来，但由于敌人火力的阻隔，根本无法通知卫生员。班长蔡福赶到后立即把文侠扶起便走，但文侠感到眼睛模糊，虚弱地让他们"不要管我，你们快转移吧"！

小个子班长蔡福怎能丢下他不管呢！他用尽全身力气背起身材高大的文侠穿过一条独木桥，向南走了一段长长的路后发现前边有敌人，只好把他掩蔽在一片矮树丛中，但由于流血过多，文侠不久就休克了。

当晚，大队长李和派指导员张玉带领一个班找到他

游击队在行军的路上

们，并从附近的菜园里借来一块门板，趁着黑夜走过高低起伏的山峦，终于把他抬了回来。经验丰富的庄励迅速点燃煤油灯，把一丝头发放在蔡文侠的鼻孔前，只见微弱的灯光下，头发丝在微微地晃动着。她欣喜地小声说："不用怕，还有希望！"于是，大家一起开始抢救。

大家看到文侠同志赤黑色的面孔上沾满从伤口流出的鲜血，头发全被鲜血、泥沙、草渣和树叶等凝结在一起。首长和同志们都围拢过来看着他，一双双深情的眼睛闪着晶莹的泪花。

庄励熟练而谨慎地为蔡文侠擦洗干净脸上的血迹，在剪掉了他全部头发后才找到了头部右侧颅骨被子弹打穿的两个伤口。经过止血、止痛、强心等一系列急救处理之后，直至第二天中午，蔡文侠才深深地呼出了一口气。守候在他身边的同事都高兴地欢呼了起来："得救了！得救了！"其实，庄励心里明白，蔡文侠还没有清醒过来，他还在生命的垂危之中，需要精心呵护和治疗。

第二天晚上，庄励和五个伤员一起，由何鹏飞带着几位武装战士，护送到长岭陂亚锯山烧炭的窑洞里住了一夜。次日，周祥由团部派人送往香港治疗，庄励则留下来护送重伤的文侠与另外几位轻伤同志转移到阳台山石燕笼岩洞，准备作较长时间的掩蔽护理。

石燕笼是个由天然岩石构成的石洞，宽敞高大，里边可以住上一连人，还有高矮不等的石床和不断流淌下来的山泉水，洞前有一块高达几米的石壁

矗立着，正好成为一道难以逾越的天然屏障。洞口是一处岩石斜坡，进出洞时要拉着洞外杂草丛中吊下来的山藤才能慢慢地攀上去。洞内还有以前用过的简单炊具和垫床用的稻草。当年，有很多革命志士在这里度过了无数个不平凡的日日夜夜。

而在庄励他们居住的洞顶山上还经常有敌人出现，他们就那样在敌人的眼皮底下掩蔽着，护理着伤员。这次，除了重伤的文侠外，还有轻伤的两男一女。女的叫黄兢，是做油印工作的，大腿被子弹打穿，两个伤口长长的。男伤员一个伤了肩膀，一个伤了手。

这里人吃的东西全是由小交通员和化装割芒草的女游击队员送来。他们不断地把大米、油盐、梅菜之类的食物送到岩洞。因地理环境特殊，庄励他们在那里做饭，以及用沸水消毒医疗用注射器、小铁钳、绷带之类东西都必须等到夜幕降临之后才敢生火进行，只有那样，在黑夜燃烧的炊烟才不会被敌人发觉。

当时缺乏医疗设备，也没有足够的技术，庄励就用小铁钳取出了文侠同志头颅上的几块碎骨。不久，她就看到他伤口上的新肉渐渐生长出来，伤痛也渐渐地减少了，神智渐渐恢复，面色开始有点红润……

庄励清楚地记得，文侠在转移到岩洞时还是昏迷不醒的，只能由她一口粥水、一口饭地喂才能吃。他不愿吃药、吃饭，不时还在昏迷中乱爬乱叫："冲呀！杀呀！打死'呵呵鸡'呀！……"还把口盅当成手榴弹乱抛，重演打仗的情景，不管白天或半夜醒来，都要做这些动作。

庄励想，此时的文侠同志如能得到首长和同志们的慰问勉励，或让他知道一些前方胜利的消息，对他养伤是有好处的。可是他们却与连队完全失去了联系，不可能得到慰问信。因此，未经首长和同志们的认可，庄励就在那个幽静的山洞里利用洞外透进来的微弱光线，写出了一封又一封给文侠同志的"慰问信"，并不断告诉文侠："这些是各班、排、连以及大队长，团首长写给你的慰问信！

庄励"杜撰"的信的内容大体是这样："尊敬的文侠同志，这次石场战斗，我们部队取得了很大的胜利。你在战斗中为人民光荣地负了伤，表现得很坚强，我们全体同志都要认真地向你学习和亲切地慰问，并致以崇高的敬礼！

"你必须安心治疗，要吃药、吃饭，多睡觉，听从卫生人员的嘱咐，你的伤一定很快会治愈的。"

"我们的队伍在前线，又和兄弟部队一起消灭了敌人一个连。'呵呵鸡'

的命运为期不长了，望你早日恢复，再次并肩战斗。等着我们胜利的消息吧！致革命敬礼！三虎连全体同志上。"

　　每当庄励读完这些"慰问信"之后，文侠同志总是满意地点点头，安静地闭上眼睛，甜甜地入睡。但是，庄励读了一次，第二次他又忘记了，要又给他再读，天天都读一下，引得大家都笑了。笑声增添了山洞的欢乐。后来，庄励他们每次给他读"慰问信"时就开玩笑地告诉他："今天为你'打毛泽东思想针'了"！事后他总能安祥地睡去，伤口和精神也渐渐得到好转。

　　一天，小交通员来告诉庄励他们："呵呵鸡撤退了！"

　　从此以后，庄励他们就能经常和一些已康复的轻伤同志高兴地攀着山藤，爬出洞外，观察地形，呼吸新鲜空气。很快，他们亲自目送着一个又一个康复的战友离开岩洞，重返前线。

　　不久，文侠同志的伤口终于愈合，精神状态也一天比一天好起来。后来，蔡文侠同志和周祥同志一样，在地方党和民兵的掩护下，通过敌人控制的广九铁路封锁线，到香港医院作进一步治疗，直到康复重返前线，并都担任过更重要的职务。

黄潜在观澜的革命故事

大布巷村是宝安观澜乡（现为深圳市龙华区观澜街道管辖）河西面河堤边一个山清水秀、人口并不多的村庄。是革命英烈黄潜的出生地，那年是1926年10月。

黄潜小学毕业后，在振能学校读了初一后，就因家庭贫困，再加之受到日寇侵华战争的影响而辍学。

据说1937年冬至1939年间，中共地下党员黄木芬在观澜地区进行抗日救亡宣传活动。失学在家做农活的黄潜听了几次宣传教育后，就逐步理解到"国家兴亡，匹夫有责"的伟大意义。

1938年10月12日，日军从惠阳大亚湾强行登陆，继而在10月21日侵占了广州，25日后又攻占了宝安、东莞等地，致使观澜地区以及路西一带沦为敌占区。

那时，黄潜已经是10多岁的大孩子了，他亲眼见到日军的暴行：当年观澜群众被杀死、炸死、烧死的多达200多人，仅大布巷村就有15人被杀害，烧毁房屋72间。全乡被烧民房达三四百间。其中大布巷村的吴大娘为了抢救自己被烧的房屋，竟被惨无人道的日本鬼子推进房内，然后关上门被活活烧死了。

1944年1月，观澜单坑村成立了"宝四区民主抗日政权"。3月14日又成立了"观澜乡抗日民主政权"。当时，观澜教师会会长周来友是中共观澜乡地下党的领导人。为了宣传抗战，他住进大布巷村秘密指导着观澜的抗日斗争。就在这个期间，周来友发现黄潜和黄义发做事积极可靠，就邀请他们一起住进黄义发家中，有意识给他们看了许多毛主席著作和党的书籍，以及许多进步作家的著作，把他们作为党发展的对象进行培养。

周来友同志经常引导黄潜参加抗日活动，叫他联系了 10 多个本村青年组成锄奸团小组，让他当组长。黄潜当组长后没有辜负组织厚望，经常组织秘密活动，在夜间去观澜圩老街及河东地区张贴抗日宣传标语 1000 多张，唤醒了群众的抗日思想觉悟。他还引导一班青年积极加入本村各种群众组织及自卫队活动，自觉地走上抗日斗争的道路，先后参加了"夜袭天堂围"以及"平湖破袭战"等战斗，成为革命的中坚力量。

1945 年 3 月上旬的一天晚上，在大布巷村山

观澜河边的炮楼

边一间偏僻的房子里，由周来友同志介绍，区委代书记梁忠同志担任监誓人，在党旗和毛主席像面前，黄潜举起右手庄严宣誓，成为中共正式党员。

抗日战争胜利后，观澜人民欢欣鼓舞，万众欢腾，以为从此会过上好日子，哪知国民党反动派竟撕毁"双十协定"，发动了全面内战。蒋介石派宋子文到广东配合原广东行营主任张发奎，对游击队进行了第一次和第二次的大"围剿"，还展开"大三征"（即征粮、征税、征兵）运动。为了配合这次行动，原来盘踞在东江惠州的"杀人王"张光勤和保八团团长徐东来又派周义心大队重返观澜，协助东宝剿共联防总队副总队长兼观澜联队大队长、国民党观澜地区分部书记陈镜辉，变本加厉地疯狂进行反共反人民的罪恶勾当，并伙同配合国民党新一军扫荡游击队路西根据地，三次包围了白花洞村，还在 12 月 25 日杀害了观澜地方党领导人周来友和东流剧团副团长肖英。

1946 年春，国民党新一军配合观澜国民党联防大队，包围岗头仔村的麻甲山，打死观澜地下党员徐马连及游击队员 6 名。还包围企坪和大沙河，杀死游击队税站站长容理初，捕捉了一个女同志回观澜枪杀。牛湖陈虎平、陈天养、陈安，大水坑曾桂磷、曾和、何观姐等革命人士也惨遭杀害。其中黎光村游击队员刘贵被国民党兵包围、捕捉后在观澜河沙坝枪决示众。

观澜的国民党联防大队千方百计也没抓到地下武工队领导人"三条黄"

（指黄木芬、黄潜、黄义发），于是在 1947 年冬派兵烧毁了"三条黄"家的宅屋，并将其家财抢劫一空，还出告示：悬赏五千大洋花红，要买下他们的人头。

1947 年 3 月，惠东宝人民游击队护乡团成立，并召集东纵北撤后留下来的人员重组武装，与国民党反动派展开较量。当时活动在路西根据地的第三大队（"边纵"东一支三团的前身）随即成立了情报总站和观澜情报分站，由库坑的杨亚赐任分站长；还成立路西交通总站和观澜交通分站，由黄连担任分站长。为了有力地打击敌人，情报总站成立观澜武工队和一支共 30 多人的搜索队，特意安排武工队骨干在观澜地区活动。

武工队既是战斗队，又是民运工作队。他们化整为零，三两个人组成小组，分头到各村活动，发动群众进行"抗兵抗粮抗税"活动，以不合作的办法对抗国民党"大三征"。同时，武工队还先后两次发动群众破坏了观澜至天堂围的公路桥梁，并开挖壕沟，使敌人的交通运输线处于完全瘫痪状态。而情报分站发展很快，他们发现敌联防大队长陈镜辉竟主使他老婆同大布巷的戴称娇（其兄是伪维持会长，已被我部队正法）结拜姊妹，成了密探，窃取了大量游击队的情报，危害很大；还有两个"打磨仔"也是陈镜辉的密探，这二人在望天湖村以做工为名，企图窃取游击队情报总站秘密。很快，经上级批准，这几个人由武工队长黄瑞磷带人秘密处决了，一举砍断了敌人的情报网络。

民国时期的观澜墟

为了打击敌人，游击队"三条黄"武工队和搜索队经常集中起来突袭敌人。1948 年春夏间，他们夜袭了牛湖方埔陈镜辉老家，并长途奔袭到塘头厦国民党区分部驻地开展行动，其中在大坑龙伏击战中以 30 多人战胜 100 多敌人，还打死敌营级大尉书记官一名、打伤敌兵 4 人，缴获步枪 6 支、子弹 600 多发，让敌人受到了极大的震撼。

不久，随着形势的发展，观澜地区开展了全面的斗争，革命烽火不仅在章阁、白花洞、大水坑、库坑、大布巷和圩镇点燃，还遍及樟杭径、君子布、大水田、松元厦等地，占观澜全乡 85% 以上的地区树起了观澜革命老区的红旗。

振能中学百余学生参加了革命，松元厦的陈仁、陈兰、陈发、陈桂、陈汉淮、陈官发等数十人也投身革命，其中的陈仁后来成为广西壮族自治区副区长。

那时，那些国民党反动派为了生存还成立了税警团。他们以高压政策推行征兵、征粮、征税的"大三征"方法，以达到他们压迫群众、强征暴敛的目的，这让观澜人民陷入了极其苦难的深渊。

国民党保八团周义心大队以观澜作为桥头堡，和东宝县城及深圳地区的国民党军经常围剿游击队路西根据地，并把从龙华、石岩捕捉的游击队员和无辜群众在晒布岭或河沙坝枪决。1947年3月8日，38名香港爱国青年学生到观澜寻找游击队，没想到被国民党军周义心抓住后全部杀害了。

1948年年初一的凌晨，国民党军陈镜辉指挥三个连的兵力包围了大布巷村。敌军首先用机枪向村中猛烈扫射，然后如狼似虎般地从四面八方进村，所到之处鸡飞狗跳。巷头巷尾都被敌军把守，并按开列的名单挨家挨户地搜捕了12人。这些被抓走的人都被囚禁在观澜成昌楼牢房。年初七圩期那天，陈镜辉在观澜河沙坝残杀了大布巷村的黄官福、黄运生、杨英福、黄正有、黄四发、黄发英、钟石磷、林木奎等八人。这八人除了黄官福、黄运生、钟石磷是革命者外，其余五人都是无辜百姓，就连"五家联保制"的甲长林木奎也因受托去联防大队说情，被陈镜辉说成是"内奸"而押上刑场枪杀了。

图为观澜老街

国民党的极度凶残，并没有把懂事的黄潜吓倒，反而更加激发了他的革命斗志。那时，黄潜的地下党组织关系虽然已被白色恐怖打断，但他立志一定要重新归队。考虑到在路西活动极易给敌人发现，担心株连到父母妻儿，黄潜在慎重考虑后就以打工为名，到香港寻找党组织。当年冬，黄潜终于在香港找到了游击队到惠阳入队的关系，于是单独一人化装成"教书先生"，携带介绍信（暗号）奔赴惠阳。他徒步从深圳、龙岗、淡水、白茫花、凌坑、稔山，后来又赶到海丰交界的鹅布、黄埔追寻部队，总是因部队调动频繁错过。功夫不负有心人。黄潜最终在历时20多天、行程500多华里后在惠阳找到了边纵游击队，加入了江南支队第八团卢平连队，开始和队伍一起活动在大亚湾沿海及莆田山区一带。

1949年4月以后，毛主席指挥解放大军渡江南下，国民党大势已去。驻在稔山、平海的国民党军队不敢再那么猖狂，困守不出。黄潜所在革命队伍得到迅速发展，并按上级指示回到了观澜一带。10月16日，宝安全县解放，10月17日，以万启源为乡长的观澜乡人民政府召开了全乡万人集会，热烈庆祝解放战争的伟大胜利。

刘胡兰式的女英雄朱金玉

祖籍广东省南海县的朱金玉，1922年出生于越南西贡的一个工人家庭。她8岁开始读书，聪明好学，懂法语，有着美好的前途。当她读完初中二年级的时候，正值祖国抗战爆发，广大海外华侨纷纷组团回国参加抗战，掀起了抗日救国的浪潮。

在这股浪潮的推动下，爱国的朱金玉在学校再也坐不住了，毅然放弃学业参加华侨回乡服务团。后来，她于1939年经香港回到东江，参加了曾生领导的新编游击大队，在部队从事政工工作。1940年，曾生领导的部队顺应"国共合作"要求，在上级安排下东移海陆丰，在那里，他们的生活极其艰苦，常常日行百余里，却只能风餐露宿。有时还要边行军，边打仗，边做民运工作。在那样艰苦的环境下，朱金玉一直跟着部队，从不叫苦。由于她经受了严峻考验，那年，党组织批准她加入了中国共产党。当年7月，朱金玉根据上级党组织的指示疏散到了香港，在香港三八女子商店工作，年底就回到了宝安，在王作尧领导的第五大队做民运工作，并和第五大队副大队长周伯明结婚。

1941年初的一天，宝安县龙华上水径村（现深圳市龙岗区吉华街道水径社区）来了一位香港妹，只见她中等身材，俏丽而白净的瓜子脸上长着一双明亮的眼睛，身穿蓝色粗布长旗袍，总是面带笑容，对人和蔼可亲，像个文静书生。当地群众纷纷议论她说：这样白白净净的香港妹能打游击吗？过了几天，这位香港妹主动改换了服装，跟群众下田劳动。为了适应当地农村的生活，她穿起了单鼻草鞋，开始走路都不会走，她就反复练习，很快就能像当地妇女一样穿着草鞋走路了。夏收时她不会割禾，镰刀一挥，割破了手指，

鲜血直流。群众很关心她，叫她不用割禾，专拉禾草，可她就是不肯，说："我慢慢学，总能学会的！"果然她很快学会了割禾，还经常上山帮助群众割草、打柴。群众看到她脸晒黑了，手上、脚底磨起了硬茧。老百姓都赞叹地说："看不出朱仔这么能干，下田上山一点也不比土生土长的大嫂大娘差。"这位被群众称作"朱仔"的香港妹，就是回国参加抗战的华侨青年朱金玉。

朱金玉是由上级指派到上水径村开展民运工作的。当时，她就住在抗日积极分子丘为理家。上水径村属敌占边缘区，村对面的山冈有日军炮台，日军经常出来抢劫财物，催交粮食，国民党顽军也常来骚扰。朱金玉来到上水径村后，抓紧时机宣传我党的抗日救国方针，组织姐妹会学习文化，帮助村中青年学唱抗日歌曲，上演小话剧，以此来激发群众的爱国热情。

为了减轻日伪军和国民党顽军前来骚扰时造成的损失，朱金玉组织了10多个人的自卫队，日夜站岗放哨，发现敌情时帮助群众安全转移。后来，在她的教育动员下，一些自卫队员还参加了抗日游击队。

朱金玉虚心好学，经常帮助村民劳动，不避脏不怕累，真正与群众建立了鱼水深情。有时日军突然来村，她能镇定自若、巧妙地应付过去，群众也总是想方设法掩护着她。一天，由于奸细告密，抗日积极分子丘为理在去布吉途中被日军杀害。朱金玉毫不畏惧，继续住在丘为理家，并动员丘为理的妻子加入姐妹会，参加夜校学习文化，继续为抗日斗争出力。村里的地下党员江才娇（江嫂）的文化低，担负着收集和传送情报的工作，朱金玉就经常给她讲故事、读文件，还教给她如何做好收集情报的方法，使她多次出色地完成了任务。

为了做好水径村的民运工作，朱金玉积极帮助发行游击队出版的《新百姓报》，还兼任该报的通讯员，经常为报社提供新闻材料。她还积极动员和组织群众带领自卫队和群众开展五月破路活动，将附近的广九铁路和布吉到龙华的公路破坏掉。在她和其他民运人员的努力下，上水径和下水径两村成了游击队的秘密据点，村中群众始终支持和拥护游击队的活动。

1942年春，朱金玉奉命转到宝安县洪田村做民运工作。洪田是一个有五十余户人家的小山村，是游击队新开辟的敌后据点。说是"敌后"，那里实际上距日军占领的新桥镇仅四公里，日伪军会经常进村骚扰百姓，国民党顽军也常来偷袭或搜查游击队。

在洪田村工作的日子里，朱金玉住在冼传娣家。她多次和传娣以探亲为名到驻着陈培伪军的沙井收集情报。有时则同其他妇女一起，头戴竹丝帽，手提箩格仔去沙井探"娘家",或挑着尿桶买尿,将暗中摸查到的伪军兵力及活动情报送给游击队。游击队根据她的这些情报及时调兵打击沙井伪军,取得了很大战果。

洪田村住着游击队民运人员的消息最终引到了敌人的注意。7月的一天凌晨,国民党顽军派兵闯进了洪田村。顿时,村中传出乒乒乓乓的敲门声,狗吠声、枪声、脚步声混成一片。朱金玉听到后立即披衣起床冲出门外,飞快地跑向民运队新队员陈胜华住的陈景姑家。半路上,几个狡猾的国民党士兵见她生得白白净净,不像本地人,就用枪尖捅了一下她的发髻,发现她留的是短发,不容分说就把她抓走了。

朱金玉被押送到离洪田村九公里的乌石岩圩,囚禁在乌石岩庙阶梯下的石洞里。当天晚上,敌人又将她从石洞带到太和学校(现改为石岩学校),交由国民党大队长黄文光和一名副官亲自审讯。黄文光皮笑肉不笑地对她说:"你这么年轻漂亮,何必为'土匪'卖命,我是堂堂国民党营长,你听我的,可以做官太太,享不尽荣华富贵。"

朱金玉轻蔑地说:"要我跟你们同流合污,残害老百姓别做梦啦!"黄文光把眼睛一瞪,威胁说"你当女

如今的乌石岩

共匪,知不知死活?还有谁是游击队?谁是民运队员?不说出来我枪毙你"!

朱金玉冷笑一声回答道:"你知耻不知耻?你们身为中国人,国难当头不打日本鬼子,却把枪口对准抗日游击队,你们比土匪还要坏!"黄文光见软的不行,就凶相毕露,用皮鞭抽打她。朱金玉不顾一切,抢过桌上放的一支枪,对准黄文光扣动了扳机。可惜枪里没有子弹,她随即摔掉手里的枪,又抢过一根木棒,奋力朝黄文光打去。惊慌失惜的敌人做梦也没想到这样一个文弱的女子居然有如此大的胆量?

黄文光恼羞成怒,声嘶力竭地大叫:"给我狠狠打!"几个如狼似虎的国民党士兵扑来,按住朱金玉,把一根根铁针钉入了她的手指尖。朱金玉被折磨得几次昏了过去,但始终不提游击队和其他民运队员的情况。

敌人对朱金玉软硬兼施，严刑拷打一个星期后仍然一无所获。最后，敌人无计可施，把她双手绑住吊在了太和学校门前的一棵大樟树上。从早晨到中午，皮鞭、棍棒像雨点一样落在她的身上，鲜血浸透了她那被打得支离破碎的衣服。

敌人万万没有想到这样一个弱女子竟然如此坚贞不屈，气恼又绝望地命令士兵把奄奄一息的朱金玉拖到石岩圩沙河坝（离石岩桥约15米）的簕竹头，当着众多赶圩群众的面枪杀了，妄图以此来恐吓抗日军民，但是他们的暴行激起人民对烈士的敬仰和对敌人的仇恨。敌人走后，当地一个农妇就用一束禾草把朱金玉的遗体盖起来。一些群众怀着悲痛的心情，流着眼泪自动捐钱把她埋葬在了石岩以北一公里处的石岩上排沙公坳牛湖窝。

朱金玉就义时年仅20岁。1955年，人民政府把朱金玉的名字刻在宝安县（现龙华区）龙华烈士纪念碑上，以纪念这位刘胡兰式的女英雄。

忠孝两全何恩养

何恩养1918年出生。是谢冬娇（又名谢阿娘）的次子，因为父亲何其玉早逝，看到母亲一边要从事革命工作，一边要养育五个孩子，为了减轻母亲的生活重担，他和姐姐何恩荣跟随村里人下南洋到马来西亚谋生。他在南洋漂泊几年后，禁不住对故乡的思念和对母亲的牵挂，不顾战火纷飞冒着生命危险，于1940年秋天回到故乡，回到母亲的身边，并投身抗日革命斗争队伍。那时，他的大哥何恩生已经被日本鬼子杀害，小弟也已夭折。所以他母亲身边，没有一个能给她力量的男子汉，他成了这个家庭唯一的男人和顶梁柱。他肩上的重担和责任，使他变得更加稳重和成熟。

何恩养

何恩养回到村里不久，就跟随母亲做了许多传递情报的地下工作，他在1941年由雷晓锋介绍加入中国共产党，与雷晓锋单线联系，后来转入三人小组，与何玉麟、何信恩组成三人工作组。他参加过抗日自卫队，也参加了村里组织的抗日宣传队。

他曾经要求上战场，和赤岭头村的许多热血青年一样到前线去打仗，为革命作贡献。但终因母亲的劝阻，最后并没有冲上杀敌前线。母亲谢冬娇因为已经失去了两个儿子，失子之痛让她刻骨铭心难以忘怀，无论再怎么具有坚定的革命性，但她毕竟也是一个中国的传统妇女，有着根深蒂固的传宗接

代思想，她得为丈夫、为他们何家留下延续生命的香火！她要求这唯一的儿子只做相对安全一点的地下工作，她说："只要是为革命工作，在哪里都是奉献，战场上有战场上的奉献，我们后勤工作做得好，也可以有很大的贡献，只要你是在为革命工作，在哪个岗位都一样！"

何恩养理解母亲的这点私心和苦心，他知道母亲自己就是一个不怕死的人，哪里是认为她怕死才不送自己上前线进部队呢？他知道，如果他的大哥和小弟都还活着，母亲断不会留自己在家中的。他也是一个孝顺的儿子，于是听从母亲的安排，安心留在母亲身边，一边留在村里照顾家庭，一边继续从事地下活动。

他顺从母亲的意思结婚生子，为父亲留下他这一根独苗延续香火。他一生育有四男一女五个孩子，有个儿子早年夭折，现在还有两儿两女生活在深圳，也算是为他的父亲添丁加口开枝散叶，他的母亲也应该是心满意足了。

何恩养一生汗洒革命征途，最后倾注家乡建设。1948 年和 1949 年，何恩养担任过赤岭头村农会会长。1951 年，由上级安排调到西区粮油所工作，在这个单位他一直工作了四年；1954 年大搞农村生产建设，政府号召愿意回农村建设的人都可以自愿选择。何恩养因此响应政府号召回到家乡，他先后在高峰公社任民兵营长、农业技术指导。1995 年 8 月 30 日，他应邀到北京参加中组部组织的"纪念抗日战争胜利 50 周年农村老党员座谈会"，胡锦涛总书记亲自接见了他们这批老党员，并和全体党员合影留念。何恩养感到自己的一生虽然平凡却也是无比光荣，他和母亲为了革命所做出的一切工作和牺牲都是值得的。

2008 年，90 岁高龄的何恩养无疾而终。

奔劳而逝的何贵生

何贵生于 1907 年出生。

何贵生参加工作后，在南坑尾村党的训练班学习，1939 年 5 月加入共产党后做了许多基础工作，比如发动群众参军，在村里组织自卫队（后来统一称为民兵队）并亲自担任民兵队长，带领民兵到离家三公里远的游击区在各交通路口站岗放哨，只要发现有敌人侵扰就通知并配合部队打击敌人。

1941 年 4 月，驻深圳梅林的日寇越过梅林坳经过望天湖，企图扫荡龙华革命区。此时何贵生担任龙华自卫队大队长，他闻讯后立即兴奋地说："好哇，日本鬼子送上门来了呀，好啊！我们可以好好地打一仗！狠狠地打他个落花流水！"说完，他率领队伍登上了水斗村后面的山林，面对着望天湖转入龙华的道路。何伯琴同志（时任赤岭头村党支部书记）和何信恩（时任自卫大队中队长）带着赤岭头村民兵中队也登上了龙华圩和赤岭头村右侧的山林，三路共同准备迎击来犯的日寇。

不出所料，日寇 100 多人大摇大摆地从望天湖的道路朝龙华方向走来。当日本鬼子进入埋伏圈后，赤岭头村民兵朝着敌群的中间射击，日军溃败而散，抱头向布吉方向慌忙撤退。日本鬼子就这样逃脱了。

在筹备此次战斗中，赤岭头村的妇女会长谢冬娇和黄阿娘（即黄老妹，是何赋儒、何贵生、何信恩、何俊修的母亲）动员了村中几个青年妇女投入后勤服务工作，煮好茶水、饭菜送到山上慰劳战场上的游击队员和民兵。这场战斗虽然没有正式打起来，但体现出我们龙华人民和各路武装部队团结作战、勇敢顽强的革命精神。

1942 年，为适应形势发展需要，何贵生被调回龙华乡任民兵大队长兼农会会长，领导农民减租减息，并参加锄奸小组工作。

1946 年，东纵北撤后，何元友带着小儿子何俊修避难香港，何贵生和何赋儒被悬红通缉，但是兄弟俩并没有停止战斗，仍然在秘密进行着地下工作。

那段时间，何贵生到南头沙河咀山头村刘桂财家与刘桂财联合彭国民等复员在家的同志一起，重新组织起一支武装游击小组，在国民党占领区的宝深公路等地，秘密破坏和打击敌人的车辆，扰乱敌人的军事行动。为了扩大小组成员充实武装力量，他不分昼夜到处活动，动员各乡村青年参加他的游击小组，那时是没有任何交通工具的，全靠一双脚以步当车，日夜穿梭在各乡各村，无论是崎岖的山路还是羊肠小道，甚至没有任何小路可走的荒山野岭，他这样日夜操劳，终于累出病来。但他仍然没有停止前进的步伐，坚持战斗在看不见硝烟的战场。

1947 年的一天，何贵生又一次联系到另一位复员在家待命的革命者张财和，两人一起前往民治村和龙华各村活动，动员复员军人参加他组建的新游击小组。但在他前去动员他们加入的路途中，何贵生终因积劳成疾病情突然加重，张财和赶紧送他回家治病，但为时已晚，多日高烧不退，医治无果，年纪轻轻的他就这样病逝于战争年代，离开了他热爱的工作，离开他还没有完成的伟大事业。

何贵生育有两女一子，他的儿子何伟强现居于赤岭头村，守护在父辈战斗过的古老村庄，在村里做了一辈子人民教师直到退休，现仍然为村里做些力所能及的事。

何贵生生前为革命做了许多工作，除了担负起自己的任务外，还到沙河珠光村、龙井村等地动员发动群众，让百姓们支持革命事业，贡献出自己家里的长短枪十多支给部队战士使用。

他去世前走村串乡组织起来的武装部队，最后被纳入李和同志任大队长的三虎大队。

老党员何仕来

何仕来，1931年出生于宝安县龙华赤岭头村的一户农家。自幼亲眼看到日本鬼子侵略中国，残暴地杀害中国人，以及国民党腐败无能的残酷社会现实。从那时起他就领悟到，只有共产党领导的革命队伍，才能唤醒千千万万中国人的民族意识；只有在中国共产党的领导下，中国人民才能建设一个美好的新中国。

何仕来

十五六岁时，他受到同村兄长何赋儒等人的革命思想熏陶，立志参加革命。1947年，他瞒着家人，参加了宝安县的地下工作。与许多少年革命者一样，由于年龄较小，开始只能做一名地下交通员。在做交通员时，他多次冒着生命危险传递情报。1948年，由于出色的地下工作和对革命的坚定信仰，由何志刚、何玉麟等人介绍，成为中国共产党预备党员。

随着革命工作的开展，加上东江纵队这支抗日武装力量在广东的深刻影响，何仕来在他18岁那年，毅然放弃全家一同迁香港居住的机会，继续在国内进行革命工作，在宝安县沙河乡成为武工队员，并于同年正式加入中国共产党。

何仕来加入武工队后，仍然从事危险的地下交通员工作，由于积极勤奋，表现出色，多次受到领导的肯定和嘉奖。

1950年6月至11月，何仕来被委任到宝安县委担任机要交通员；1950年12月至1951年5月，转战珠江地委广州联络站，担任机要交通员；1951

何仕来全家福

年6月至1952年9月，从地方又转到部队，在粤军分区邮局继续担任交通员。

长期的交通员工作，使他有了丰富的工作经验。1953年2月，经过层层的严格筛选，何仕来被调到广东省委机要交通局工作。在省委机要交通局工作期间，他碰到了百年一遇的抗洪斗争，在这次抗洪抢险工作中，何仕来自始至终坚守一线，后被一支竹竿插伤小腿，这次意外受伤后，他动过两次手术，却始终没有痊愈，落下了严重的风湿腿疼还不能根治的老毛病。1957年4月至1968年11月，他又被调到广东省邮电机要局工作，担任投递组长。

何仕来同志每转换一个工作岗位，都能发挥一名共产党员所起到的先锋模范作用。但在"文革"期间，因其家人早年去香港定居生活，受港澳关系的影响，1968年10月至1969年6月，何仕来被下放到英德茶场邮电的五七干校劳动；1969年7月至1980年6月，举家下放至韶关省邮电"504"厂工作，任总务股长。自始至终，他都保持一名老共产党员的本色，积极工作。几十年来，他对共产党的信仰和信念无一丝一毫的改变，无怨无悔。并时刻警醒和教育家人，没有共产党，就没有新中国。

老年时的何仕来

1980年，在邓小平同志拨乱反正的政策影响下，何仕来一家重新回到广州工作。从1980年至1991年，何仕来一直在广东省邮电工程公司担任行政管理科长职务。在长期的邮电工作中，他在各方面总是大公无私，先人后己。包括工资的多次调级，他总是先让给有困难的同志。无愧于一个无私奉献的老革命党人的光荣称号。

何仕来在中国电信集团公司广东分公司离休，享受处级待遇。在离休的支部生活中担任组长，仍然发挥着一名老共产党员的光和热。

中国第一批跳伞兵何天发

何天发出生于 1929 年。1947 年，参加三虎队，从此正式加入革命队伍。他在 1948 年的战斗中负伤并于同年入党；1949 年，他任东江军分区七团二营副排长；1950 年 1 月，在东江军分区教导队当学员，10 月，任排长；11 月，任见习干事；12 月，任东江军分区青年干校代政治辅导员；后在政治部组织科任干事；1951 年 3 月，在广东军分区航空站保卫科任政治侦察员；同年 12 月，调中南空军十九师保卫委员会任政治侦察员；

何天发

1952 年 5 月，何天发成为中南空军干校三中队学员；

1953 年 5 月，在中南空军五一一部队任保卫助理员；11 月，在空军独立五团政治处任保卫助理员；

1954 年 7 月，在空军故城场站政治处任政治助理员、保卫助理员；

1961 年 11 月，在空军故城基地保卫科任助理员。

1964 年 6 月，转业至航天部桂林一六五厂工作，历任人保科长、政工组长、革委会办公室主任、政治处副主任、政治处顾问等职务。

1983 年，退休回老家宝安定居。早在 1941 年时，何天发的父亲何长有最终还是被日本人抓去砍头示众。父亲被杀害后，何天发就成了孤儿，他唯一的姐姐由于生活所迫，被卖到南洋，改革开放后，他的姐姐在马来西亚通过香港的新华社等渠道来寻找过弟弟，那时是 70 年代，由于大陆政治环境尚

不够开放，姐弟俩相约香港见面都未能成功。这是何天发遗憾终身的事。

何天发在父亲何长有被杀害后就加入了革命队伍。

何天发首先参加了村民兵和游击队，后来加入三虎队。在三虎队时是一位英勇善战的好战士，跟随三虎队转战广东省各战场，参加了多次战斗，1948年在龙华石坳战斗中受伤；最后在解放陆丰县城攻打潮州会馆时再次受伤，与何鹏飞、何恩三人一起被鉴定为伤残军人，享受伤残军人的特殊津贴和补助。

老年时的何天发

1952年5月，被中南空军政治部提升为副连长；1955年9月25日，被授予中尉军衔；1956年12月25日，被授予上尉（正连级）军衔；1963年11月28日，被中国人民解放军北京军区空军政治部授予大尉军衔。

何天发曾调北京空军部队当过保卫干事，由于当时解放军里还没有跳伞兵，军委要求从空军部队挑选一批精兵强将抓紧训练，尽快向部队输送填充这一个新兵种。何天发所在部队战友用收缴的国民党部队的飞机进行跳伞训练，作为保卫干事的何天发，凭借过人的勇气和胆识，首先为其他战士做示范试跳成功，因此，他是中国空军第一批跳伞兵的训练员。自然也是中国第一批跳伞兵。

何天发离休后在桂林生活了几年，后来申请调回深圳异地安置。经上级有关部门批准，他在深圳宝安度过晚年生活，2013年病逝于宝安，享年84岁。

妇女队长占九妹

1929年，占九妹出生于龙华上芬村（现在龙华上塘村）。5岁时由于家庭贫穷，来到了同样贫穷的何士专家当童养媳。1948年，18岁的占九妹与何士专的长子何天养结婚。

在占九妹与何天养结婚之前的1947年，她与何玉麟的妻子邓春娇一起加入了青年团，两人私下关系非常要好，除了工作上互相帮助，还一起学习要求进步。两人在私人感情上也是互相依靠互诉衷肠，是经常在一起讲悄悄话的好朋友，用现在流行的话说，她俩是非常要好的闺密。所以邓春娇和占九妹经常形影不离，一起参加革命活动，在革命工作中共同进步和成长。

丈夫何天养由于从小家境贫寒，一直在外当童工，稍大一些也是在外到处打散工，所以他没能够在村里和其他青年一样参加革命，结婚后他把家交给妻子，自己仍然在外工作。占九妹是从小就来到这个家里生活和成长的，在这个家就跟自己娘家一样，她早已把这里当成了自己唯一的生活中心，一心一意照顾和经营着与丈夫这个共同的家。她与谢阿娘、黄老妹一起在妇女担架队做过救护伤病员的工作，她参加过游击队、民兵队，和民兵一起参加过牛地埔战斗。占九妹年轻时泼辣大胆，据老人回忆说，当时牛地埔是国民党在龙华的主要据点，在山高密林深处驻扎着国民党的主要力量，他们军事装备齐全，有严密的哨所，是国民党最顽固最难攻克的军事要地，所以攻打牛地埔的战斗也是一场重要和艰巨的战役。我方游击队和民兵想尽办法削弱他们的军事力量。一天夜里，占九妹和邓春娇商议，趁国民党士兵入睡以后去偷他们的枪。两人在漆黑的夜晚，壮着胆子，踩着高低不平的山路，摸

黑靠近了国民党驻地，弯腰潜伏在树影中前行，躲过了敌人的哨兵，神不知鬼不觉地从国民党部队里偷了两支步枪，由于步枪比较重，两个年轻的新媳妇一人只能扛动一支，她们偷到步枪以后，连跑带跳地跑回了村里。她们的机智勇敢可见一斑。

新中国成立以后，占九妹一直在村里担任村干部。1950年，她担任贫协主任；1953年到1981年，在长达近30年的时间里，她一直在生产队担任妇女队长；丈夫何天养一直在粮食局工作，长期不能回家照顾家庭，占九妹家里家外一手承担，除了照顾家人，生产队的工作同样做得非常尽责。所以在后来的历次运动中，无论是"三反""五反"运动，还是在农业合作社公社化时期，一直到反右，她都被大伙推举和拥护当生产队长。占九妹一方面要照顾家里小孩，同时管理着生产队大小事务，这不是一年两年，而是将近30年的一份漫长工作。由此可见，占九妹的处事为人和她坚定的意志力。

以前当生产队干部，是实实在在地要为老百姓服务，要做很多具体的实际工作，而且那时的农村干部是不求回报的。占九妹回忆说，她年轻时工作起来真是不要命呢，她曾经和邓春娇两人一起在晚上拿着手电筒，蹲守在路边，趁其他生产队没有人了，在半夜四五点钟走路到高峰水库，为生产队的粮田放水以保障农田有充足的水源。因为当时相邻几个村的农田都需要依靠高峰水库的水来浇灌，每个生产队用水都很紧张，水库供水有限，为了生产队粮田丰收，她们只有采取这种"不光明正大"的行动，为大伙偷水。

占九妹已是一个耄耋老人，丈夫何天养退休回村后，两人共同生活在赤岭村老屋里，儿孙绕膝，共享天伦，身体也算健康，没有什么严重大病。偶有小病就近住院医治。2016年，笔者撰写老革命事迹采访她时，她正和丈夫一起住在龙华医院，村委董事长安排副董事长和总经理何岸章等一起前往医院探望两位老人，到医院后，村委干部一行看到两位老人的精神面貌很好，大家在小小的病房里嘘寒问暖，笔者就和何天养随意聊了起来，占九妹的故事就由她的丈夫讲述，不时询问一下九妹本人，但每次问到占九妹，想跟她求证某一件过去的事情时，老人总是谦虚地说："那些都是过去的事情了，还提它干什么？我们现在生活得很好，过去的辛苦也就值得了。"

是的，这就是一个革命老人的简单心愿！

2021年，当笔者再次去村里回访时，听说两位老人都已去世。生命无常，非常遗憾没有保存当年在医院采访他们时的珍贵照片。愿老人安息！

百岁阿婆黄惠珍

聚少离多伉俪情，革命精神伴终生。1920年，黄惠珍出生于龙华下早村。1943年和郑时思喜结姻缘，风雨同舟相伴长达40多年，两人却是聚少离多，他们几乎没有厮守一起的婚姻生活，长期的分居，这是常人无法想象的煎熬，尤其是对于至今还活在人世已经101岁高龄的黄惠珍老人。

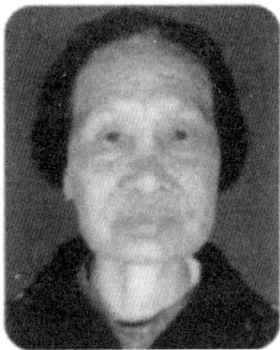

长寿之星黄惠珍

婚后的郑时思一直在外从事地下工作，几乎不能回家。即使他们最后出生的一个小儿子，在三四岁时患病他都不能回家帮助妻子一起送医救治，最后小儿子因病早逝。

黄惠珍曾经委屈地向丈夫诉苦，说村人经常问她："你丈夫到底在做什么工作？三五年都不回家一次？"

郑时思无奈地劝慰她："不要听别人说什么，不要和别人比，人比人气死人，你只要想你的丈夫是为了革命，为了中国人民的解放事业，日日夜夜工作在革命前沿。你要为你的丈夫骄傲！"

黄惠珍哪是和别人比啊，她也需要丈夫的关爱和陪伴啊。但她知道丈夫要坚定地从事他的伟大事业，尽管心里有万般委屈，也只能将苦和泪咽回肚里。她选择支持丈夫，在家里养育一双儿女，兼种地养家禽。受丈夫影响，婚后不久的她也慢慢参加到革命工作中来。

一次郑时思由于叛徒出卖被捕，关在离家十公里之外的观澜国民党临时

监狱里。由于离家较远，黄惠珍在观澜的亲戚家里做好饭菜，每天两餐给丈夫送去。一天看守不但不让她送饭进去，反而残忍地说："你丈夫快要死了，还给他送什么饭啊？"黄惠珍听闻心如刀割，但是她强忍着悲痛跟看守说："就算要死了，也要让他吃饭呀！"看守就让她先尝尝手里的饭菜和汤，他们以为她在饭菜和汤里下毒，怕犯人畏罪自杀。黄惠珍把饭菜和汤分别吃了一口，看守才接过去送到关押着丈夫的房里。

每次黄惠珍看到牢房里的丈夫愁眉不展，也不知道该如何安慰他，只能站在门旁看着他吃完，从来到走整个过程她总是一言不发，只有默默地流泪，悄悄地用衣襟擦眼睛，她不想让他看到，但他都看在了眼里，痛在心里，他也没有一句话可以对心爱的人讲，每次都只能站在窗口默默地目送她离开。

1958年到1976年长达18年的时间里，黄惠珍一直担任着龙华大队的大队干部。黄惠珍说，那时的大队干部和生产队干部是没有一分钱额外工资可拿的。但是大家工作都非常认真努力，一心一意扑在集体工作上，连家都顾不上回，长年都奔波在大队和各个生产队里，与农民一起从事生产劳动，解决生产队里发生的各种问题；有时也要处理各家各户出现的家庭纠纷。她们那个年代的干部工作条件相当艰苦，大家都很穷，家家户户缺吃少穿，干部们一样都是穿着补了又补的破烂衣服工作在田间地头，走村串户不辞辛劳，虽然没有任何报酬，但是干部们任劳任怨没有半点懈怠，个个都积极争当先进模范。

黄惠珍老人深情回忆说：毛主席时代是国家最穷的时候，但是干部们都全心全意工作，积极参加劳动；干部群众拧成一股绳全力以赴搞生产，大家生活虽然贫穷，但人们也很知足，心情也愉快；现在邓小平搞改革开放，我们的国家富裕了，人们的生活也是好上加好了，我们现在也很知足，所以日子过得更加快乐，我们生活也越来越开心。

老人的话非常朴实。她说那是中国刚刚成立的困难时期，国家底子薄，国家穷，所以全民积极搞生产建设，干部百姓都没有任何怨言和私心；大家同心协力建设祖国；如今搞改革开放，国家富裕了，人民生活水平提高。所以我们生活是越来越好。

在黄惠珍老人家的墙上，挂着一张毛主席画像，相片虽然已经发黄，但却很干净，发黄的相纸足见这张毛主席画像年代的久远；画面清晰干净，可看出老人对毛主席的无限崇敬。黄惠珍的儿子郑华昌在一旁对笔者说道，妈妈那一代人对毛主席非常崇敬也非常怀念，她80多岁时去北京旅游，导游怕

她跟不上也怕她晕倒，不让她跟着人山人海去参观毛主席纪念堂，但她一路紧跟着，非要走到纪念堂去瞻仰毛主席的遗容。

黄惠珍虽然已经是耄耋老人，可是她精神头很足，如今眼不花耳不聋，记忆力也很好，很多年代久远的往事她都还记得，思维也很敏捷。如今，在她的娘家还有一位百岁老人，是和她从小一起长大的老姐妹，每天都打电话来约她去打麻将，两位百岁老人，还能天天邀约打麻将，可见她们的思维是何等清晰。

黄惠珍家的保姆告诉笔者，老人家每天早上起来还在阳台上做甩手操呢。她没有什么一般老人得的那些常见病，每天还上下楼梯买菜，也能跟着保姆做些简单的家务。笔者非常敬佩和羡慕经历过那么多大风大浪的百岁老人，还有如此健康的身体和知足常乐的心态。

黄惠珍老人如今和儿子一起生活在赤岭头。享受着国家给她们那一代老革命每个月 1500 元的生活补助，她非常知足。她是全村里仅有的五位"五老人员"之一。村里其他获此殊荣的分别是何恩养、郑志强、邓春娇、占九妹。而五人当中已有两人去世，现在只剩下黄惠珍、郑志强和占九妹三位老人。

所谓"五老人员"是对早年那些参加过革命斗争实践活动的老革命的统称：老保垒户、老游击队员、老交通员、老苏区干部、老党员。这些曾经在枪林弹雨中抛头颅洒热血的老一代革命者，国家没有忘记他们，以各种形式在照顾着他们的晚年生活！

黄惠珍家有一本小小的笔记本，她的儿子说这本小本子恐怕将近有一百年的历史了。因为她的妈妈今年已经 97 岁了，这小小的发黄的记事本是他的父亲早年读书时买的，在那上面，做丈夫的郑时思用笔恭恭敬敬地记录着妻子的光荣简史：

1920 年，黄惠珍出生于上早村；

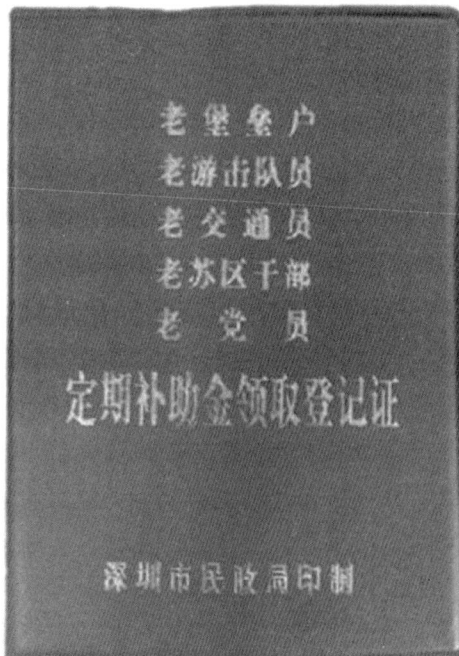

五老人员证

317

郑华昌与母亲黄惠珍

百岁老人黄惠珍

1943 年，黄惠珍参加游击队当交通员一年多；

1951 年，成立信用社，黄惠珍受奖二次；

1958 年 11 月 27 日，黄惠珍光荣入党；

1958 年，观澜公社龙华大队丰产农场当连长三次受嘉奖；并被评为先进生产者；

1959 年，深圳水库两次受奖立功；

1960 年，高峰林场受到嘉奖三次。

……

记录虽然简单，可足以见证夫妻二人的伉俪情深。丈夫一直关心着妻子的成长和进步，妻子也不甘落后，紧随夫君。

黄惠珍老人也十分珍惜丈夫留下的一切遗物，包括丈夫外国血统的母亲照片；还有那几个丈夫没有见过面的弟弟的照片；甚至一些随手写下的零散诗稿，虽然是只言片语，纸张已经发黄，甚至是已经缺损的纸片，她都小心翼翼地用塑料薄膜包着！精心地压平夹在丈夫的笔记本里。或许，在无人打扰的清晨或黄昏，她会将丈夫的遗物翻出来摩挲凝视，看着已经远离人世、在另一个世界安放灵魂的丈夫照片，她的泪或许早已流干，没有太多伤感，有的只是绵绵无绝期的想念和回忆。但每当有人问起她那已经远去的岁月，她还能清晰地回忆起和丈夫过去的点点滴滴，可见，30多年过去，她内心深处还有着亡夫不可磨灭的位置。

夫妻俩都是坚定的革命工作者。他们的儿子郑华昌记得，小时候家里有许多父亲腰间别着手枪的照片，帅气又神气。可惜"文革"时抄家全都抄走了。在这个家庭里，曾经还发生过惊心动魄的一幕：郑华昌七八个月大时，国民党突然来他家搜查，郑时思来不及掩藏别在腰间的手枪，情急之中掩藏在门口一堆杂物里，不懂事的郑华昌看到了，就好奇地往杂物堆爬，想去找出那支枪。此时国民党士兵已经来到家门口，如果让儿子爬进杂物堆找出那支枪，一家人都没命了。黄惠珍急中生智，佯装是儿子顽皮在地上乱爬，立即将儿子抱起来，一家人顺利地躲过一劫。

2020年12月，黄惠珍因病进入深圳市人民医院治疗。2021年2月28日，在她年寿101岁、丈夫离世40年时，她也永远地离开了人世。

"堡垒户"的母亲黄老妹

何元友之妻、何赋儒的母亲黄老妹（村里人又称她黄阿娘），是一个典型的"堡垒户"。

"堡垒户"是指在抗日战争时期，在斗争环境极端残酷的情况下，许多觉悟很高的人民群众不顾个人生命安全和家庭财产安全，舍身忘死地隐藏和保护共产党干部和人民子弟兵的家庭，这些家庭筑成了保护和积蓄抗战力量的坚实基地，他们是进步力量的"堡垒"，因此称之为"堡垒户"。这个寓意深刻的命名是广大干部和战士发明创造的，"堡垒户"也就意味着对共产党、对革命事业的无限忠诚和支持。

黄老妹在抗日战争和解放战争中，为了支持丈夫和儿子们的革命活动，自觉地投入到革命队伍的斗争中，支持地下人员的活动。平时，黄老妹同村里其他积极进步的妇女一样，接待来来往往于她家的革命同志，给他们提供食住，料理伤病员，以及给游击队送饭送菜送茶水等。

1942年12月的一天，国民党突然包围赤岭头村，黄老妹带着来不及隐蔽的赵学同志，急中生智，将他化装成一个村妇，让他蒙着头巾、扛着锄头，挑着一箩筐的泥粪，和她一起去田地里假装锄蕃薯地，如此这般躲过了敌人的盘查，机智果断地帮助赵学同志脱离了危险。

黄老妹平时在自家地里劳动，只要听到一点敌人方面的消息，就会提高警惕打探清楚，摸清情况后就悄悄放下锄头扛起扁担，假装上山割草，将知

道的情报报告给隐蔽在山上的队伍。如遇到队伍在附近地方同敌人战斗，只要知道战斗结束，并且敌人也已经撤走，她就会约上村里那些积极进步的妇女会同志一起假装上山砍柴，到队伍战斗过的地方打扫战场，如发现有战士受伤，她和妇女会的同志就立即帮助抢救伤病员，她用这种方式多次抢救过战场上受伤战士的生命。

1948 年 8 月，龙华窑吓村背后山上的一次战斗打得很激烈，我军与敌人的战斗结束后，敌人已经撤走，黄老妹和谢冬娇带领妇女会其他同志一道去清理战场时，发现原本因为受了重伤由卫生员陈永连背着转移的麦大，此时两位同志已经牺牲了，但他们的遗体并没有被队伍发现和转移。抛尸荒野是对革命战士极大的不敬，黄老妹和谢冬娇立即回来叫上村里的青年民兵，将两位烈士遗体收回并将之安葬。她们不单只做了这些工作，在以后的每年清明节，黄老妹和谢冬娇还会发动青年和群众去给他们扫墓，两位烈士后来都被收入龙华英雄纪念碑，供后人缅怀纪念。

1942 年，阳台山战斗中，谢洪光指导员受伤，战斗结束后部队已经转移，他和几个战士却与部队走失。黄老妹在打扫战场时发现了他们。看到他受了重伤，不能走路，必须得有人扶着才能艰难地走一小段，当时也没有担架抬他，又因为敌人刚撤离战场，走得还不是很远，就不敢将他带回村里来养伤，黄老妹安排其余几个战士随其他人找地方隐蔽，她则带了一个战士背着谢洪光，舍近求远地将谢指导员带到下皇村她的舅舅郑容家里。她编了一个故事对郑容说："这位谢同志是从香港来龙华探访何赋儒的，在白石洲听到枪声，知道是在打仗，进进退退犹豫时，被日本鬼子打伤了，因为敌人还在我们村子附近没撤离，不敢带他到村里去养伤，只好来麻烦舅舅了，请求您允许他在这里住一晚，明天我就带他回村里去。"郑容听完外甥女的讲述，也不知道他是不是真不明白真相，还是假装糊涂，反正他勉强同意让谢指导员在他家住了一晚。

黄老妹精心地安顿好谢指导员，又抽空去三坑一带寻找部队，但没有找到。次日黄老妹只好将谢指导员从郑容家带出来，将他掩蔽在三坑村一个废弃的炭窑里临时住下来。安顿好伤员后，黄老妹回到村里通知了妇女会长谢冬娇，两人一起从家里带了大米、蔬菜、油盐等生活必需品赶去三坑村，给

谢指导员和几个战士解决吃饭问题，并用盐水帮谢指导员清洗伤口。

在赤岭头村，黄老妹和谢冬娇救助伤病员的事情不胜枚举，在她们身上发生这类故事是再也平常不过的，也是她们自发、自觉、自愿地去做的事情，救助伤病员，似乎成了她们分内的工作，已经成了她们的一种自觉行为。革命的使命感已经深入到她们的内心和行为习惯中，成了她们日常生活必不可少的一项内容。她们是平凡而伟大的女性，是闪耀着母性光辉的伟大母亲，爱战士就像爱她们自己的儿子。救助受伤英雄时，她们不怕脏不怕累，甚至不顾生命危险，随时奔赴战场救死扶伤，她们靠的就是一种无私奉献精神和伟大的母爱支撑！

我们世世代代都应该将她们缅怀。永远不能忘记她们。

一生守望村庄的郑志强

郑志强老人是一个从来没有离开过村庄的革命老人。是一个把一生都奉献给故乡的守望者。

1930 年 12 月，郑志强出生在赤岭头村，他的父母一共生育了一男三女四个孩子。三个女儿都是姐姐，郑志强不仅是家中最小的，还是唯一的男丁。老话说，皇帝爱长子，百姓爱幺儿。尤其是在农村，按照老百姓的观念，他是家里唯一的男孩又是最小的，姐姐们得多宠爱他呀，父母又会是多么疼惜他啊，他应该是家里最受溺爱最容易被娇惯的孩子，

郑志强

但他偏偏从小就很懂事，知道作为男儿应该有一份担当和责任。这样的天赋秉性，使他成年后，作为一个有家庭使命和责任感的男人，能够一生固守家乡，恪守本分地守护村民。他的一生没有离开过赤岭头村，且一直在村里担任村干部，为家乡的建设，为守护乡亲们平静幸福的生活，付出了毕生的精力和才智。

郑志强自小和三个姐姐一起长大，大姐二姐先后嫁作他人妇，但都在新中国成立前过世，走完了她们短暂而平凡的一生。只有三姐和他一起沐浴了新中国成立后的阳光雨露。三姐长大后嫁在本村，不过前几年也已过世。

1938 年，郑志强 8 岁时才开始上学，在龙华下早村的黄氏祠堂读完了小学，之后考入了南头中学读初中。初中毕业后，由于战乱，民不聊生，许多家庭都送不起孩子继续读书，郑志强只好回到赤岭头，老老实实地当了一个

脸朝黄土背朝天的农民。

1946 年，郑志强已经是 16 岁的大小伙子了。当时赤岭头村的革命活动已经是如火如荼，全村稍有觉悟的人都自觉地参与到革命斗争的烽火硝烟中，郑志强一边在村里参加劳动，一边也接触到进步青年并受到影响，他也积极努力上进，要求加入到革命的运动中。后经过村党组织的领导何伯琴、何赋儒的批准，他也在村里的革命活动中先后担当起小小交通员、护理员、通讯员以及做军用物资的管理员，帮忙看管仓库等。

1949 年，赤岭头村还处在白色恐怖的阴影之下，黎明前的严酷斗争是最黑暗的，郑志强却在这年的 7 月 1 日加入了中国共产党，并加入窑吓村的党训队。党训队是当时为了培训党员学习工作的一个基层组织，新入党的成员在这里学习接受共产党的理论，为迎接南下解放大军做好准备。

当南下大军到来之时，郑志强和其他共产党员一起为大部队肩挑背扛，成为解放军的一名挑夫，帮助推大炮、运送弹药、输送军装鞋帽、扛枪等军用物资。

1949 年 10 月 1 日，毛泽东在天安门城楼宣告中华人民共和国成立，但赤岭头仍然处在一片黑暗之中，直到 1949 年 12 月才真正解放。解放后，郑志强由于一向在村里表现积极，在革命斗争的活动中踏实肯干，他被全村人推选为农会干部，参加减租减息运动，管理全村的财务工作，兼管物资等等。

1950 年，龙华乡党支部派郑志强去中山党校学习，由于刚刚解放，国际国内形势还不明朗，国防工作尤其重要，所以他和其他全国各地的共产党员一样，都需要到党校去学习了解国际国内形势。当时杨康华任中山党校校长，郑志强还听过杨校长亲自讲课。郑志强在党校不但学习和了解国际国内形势，也学习当时中国正在实行的土地改革政策。

1951 年，郑志强从中山学校学习回到宝安县，一边做土地改革工作，一边继续学习相关政策法规。先被分配到沙井土改队，后来又分配到观澜土改队。1951 年 3 月份土改工作结束后，郑志强回到龙华赤岭头村担任村会计，主要是管理村里财务工作，同时他被推选为村党小组组长，还参加了村民兵队，所以他也兼管基干民兵队，管理枪支弹药，生产劳动，调解村里老百姓各种纠纷事务，俨然成了全村的一个大管家，所有大小繁杂事务他都要操心。长期以来，他也乐于为全村人操心，并将全村大小事务管理得井井有条。

1952 年到 1953 年期间，他参加了土改复查工作，具体推行查田定产制度并落实到户。1954 年，成立互助合作小组时，郑志强又当选为互助组组长。

1955 年，成立初级合作社，继续担任初级社会计，管理村里财务。

1956 年，龙华的赤岭头村、元芬村、上早村、下早村、鹊山村和陶吓村合并为高级农业合作社，郑志强仍然担任高级社的会计工作。他在工作上从来都是清正廉明、不贪不腐、奉公守纪，性格耿直和忠诚，把群众的钱粮管理得公平合理。他在村里一直都是担任财务管理这份重要工作，管理着全村人的钱和粮，这充分说明全村老百姓对他的信任，和上级领导对他的认可和赏识。

1958 年，观澜和龙华合并成红色人民公社。1959 年，一直当着村干部的郑志强也同村里其他乡亲们一起，参加了龙华高峰水库的修筑建设，和老百姓一起吃住在工地，流汗一起流，肩挑背扛一起干，没有因为自己是村干部而讲特殊。1975 年，又分拆

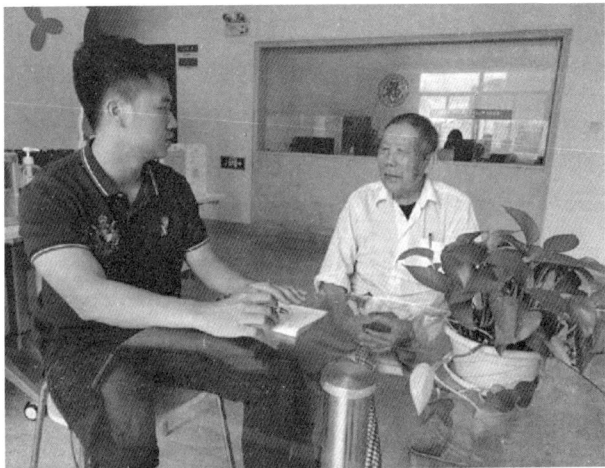

郑志强（右）

为观澜公社和龙华公社。1960 年的时候，郑志强还当过阳台山隶属于龙华陶吓村段的林场工人，但却是一分钱工资都没有的义务工，后来这个林场又自动解散了。1979 年，农村实行责任田分产到户，生产队解散，龙华公社便将郑志强调到龙华大队任大队长，同时担任龙华大队副书记，还兼任治保主任。具体参与平反工作，将那些在解放初期被评为地主富农的家庭彻底解放，把戴在他们头上多年的沉重帽子摘去，给他们应有的人身自由和尊严，过上与广大贫下中农一样轻松幸福的日子，不再为自己的家庭成分是地主或富农而过着低人一等的痛苦生活。

1980 年 1 月到 1983 年底，郑志强担任高峰大队副书记和治保会主任。1984 年 1 月份，担任龙华乡乡长，三年一届，他连续担任了三届龙华乡乡长。1988 年 1 月，继续担任龙华村委会主任至 1991 年，经宝安县政府组织部批准后退休。

郑志强一生没有离开过自己的家乡，并且一直在村里担任村干部。在十年动乱中，他所在的村没有像全国其他地方那样发生打砸抢等动乱行为，更

没有一个"地富反坏右"分子被打击批斗，那些年在全国其他各地发生的游街示众等违反人性的残酷批斗，在赤岭头村这片净土竟是一宗也没有发生，这里就像一个平静和谐的世外桃源。这个经历过腥风血雨的红色村庄，知道革命的胜利来之不易，懂得珍惜革命先辈用鲜血和生命换来的幸福生活，团结互爱，拒绝内讧甚至自相残害。这样的社会才会和谐稳定发展，历史的洪流才能随着时代的步伐健康地滚滚向前。

1951年，郑志强娶了相邻的窑吓村姑娘吴氏为妻，夫妻俩恩爱有加，相互扶持，同甘共苦，相濡以沫，他们一共生育了三男三女六个儿女。现在儿女们都各自成家立业，过着与世无争的宁静生活。老两口相亲相爱了一辈子，长相厮守，白头偕老，现在和他们的长子生活在一起，他们的儿孙现在也都生活得幸福美满。

现已95岁高龄的郑志强儿孙满堂，在赤岭头村过着幸福安康的晚年生活。他的一生是幸福圆满的一生，也是平凡充实的一生。

孤儿何志刚

　　在赤岭头村，何志刚是一个最具悲剧色彩的早期革命者。他父母因病双双早亡，他没有兄弟姐妹，好不容易从危难重重和多舛的命运中长大，也结婚成了家，妻子却未为他生下一男半女，没为他留下血脉先他而逝，他是一个名副其实的孤儿。成年后的他又因患肺痨英年早逝。虽然也结过婚，却没有留下一个子嗣，因此他的出生年份无人记得，患病去世时正是动乱年月，据村里人回忆，大概是 20 世纪 70 年代，但具体是哪一年，无人记得，问遍村里老人，也不甚明了。

　　如今整个赤岭头村没有何志刚的任何亲人，也都难以寻觅到他曾经生活、战斗过的痕迹。庆幸的是如今还健在的革命老人何鹏飞在外工作多年，离休后回到村里安享晚年，他回忆起那段烽火岁月，共同战斗过的许多战友和兄弟，记得村里曾经有过这么一位革命者，凭着大家的记忆，找出了何志刚的零碎片段拼凑成此稿。

　　何志刚是何伯琴亲自培养出来的学生。何伯琴于村里办学之初，杂务繁忙，何志刚看到老师忙不过来，主动协助分担了老师的部分工作，不光帮助老师做些杂务，还承担部分低年级学生的教学任务，协助老师动员许多家庭送孩子上学读书，讲解学习文化的重要性。他还协助老师做许多秘密地下工作。因此，他是赤岭头村一位比较有知识、有文化的革命战士。

　　何志刚是赤岭头村较早加入中国共产党的老党员。参加过村民兵团，加入过早期地下武装组织，除暴安良。在抗日战争时期，国民党为了抓捕村里两位"匪首"何伯琴和何赋儒，因最终没有抓捕到何伯琴等人，就于 1948 年

4 月就抓了何伯琴的长子何玉麟，还有一个就是地下党员何志刚。

两人被抓捕后，誓死保卫党的秘密，宁死不屈，在牢里两人受尽酷刑，国民党扬言要枪毙他们，两人丝毫没有胆怯招供。关押多日后，由龙华各界人士联合起来担保，证明他们两人不是共产党只是普通村民，才将他俩释放出来。

释放出来后，他们仍受到国民党的严密监视，两人只好由地下党组织安排到香港元朗，进了"广益隆"和"德祥兴"商铺，在商铺店员身份的掩护下，继续从事地下工作。在那白色恐怖的年代，共产党人的生命随时都有危险，只能借助各种身份掩饰他们真实的革命工作者身份。

由于没有家人的牵绊，他一直在香港协助党组织的各种秘密事务，东纵北撤时，仍被安排滞留香港，协助部分没有北撤的东纵游击队员到香港的安置，负责他们初到香港的生活，并帮助他们找到一个工作，"合法"地待在香港。

新中国成立后，何志刚被组织召唤回来，后转业到地方，担任过宝安县下属区的负责人，由于身体不好，提前退出工作岗位，并很快病故，实属英年早逝。

时光远去，像何志刚这样的革命先驱不计其数，他们的英雄事迹虽然已经无迹可寻，但我们依然应当铭记，应当尊敬。在建党一百周年之际，党组织发起回忆这些革命先烈，追思缅怀他们曾经做过的不朽功绩，为他们在历史的滚滚洪流中留下一点印迹，传承后代，是一件功德千秋之大事。

"壮丁"何德明

何德明生于 1927 年，参加过护乡团、游击队、锄奸队。他和同时代出生的赤岭村其他青年一样，做过许多早期的革命工作。举起反蒋大旗，痛打国民党，打过土豪，锄过汉奸，参加过打击伪乡长伪保长等革命活动。1947 年加入到三虎队，随队员们转战岭南各个战场，后来因为得了眼病影响视力，无法扛枪战斗在前线，被三虎队领导安排去香港医治。

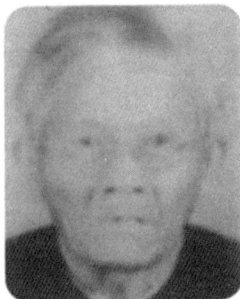

何德明

在香港元朗治疗眼病时，何德明不幸被国民党抓了壮丁，无奈之下被逼加入到了国民党军队里。但他"身在曹营心在汉"，即使是在国民党的队伍里，却在随时寻找机会，一心想着要回到共产党的游击队中。

2021 年，在建党 100 周年之际，笔者找到他的子孙，据他们描述，爷爷以前时不时会给他们讲起那段经历：在国民党队伍里，很难找到逃走的机会，怕被抓到把他当成逃兵乱枪打死；也不敢暴露自己曾经是共产党的游击队员身份，怕被人告密枪毙他；也不敢随便跟国民党的士兵们交朋友，连睡觉都时刻警醒着，怕说梦话说出了自己曾经是个革命者。

他们的爷爷说："我不是怕死，是心中想念着家乡，想念着曾经一起出生入死的游击队的战友们。我总有个感觉，我一定会有机会回到革命队伍中来的。"他甚至幻想过，三虎队的领导看到他长时间没归队，会不会派人来把他找回去呢。

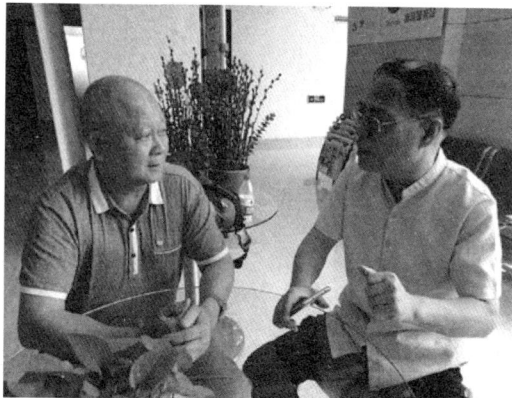

何德明之子何干华（左）向笔者讲述父亲的事迹

子女们笑他异想天开，爷爷笑着说："那时年轻，什么稀奇古怪的想法都有"。每当讲起年轻时候的这些事，爷爷总是眯着双眼，沉浸在悠长的回忆中娓娓道来。

大半年过去了，何德明始终没找到机会成功逃出，而是随国民党部队转战到了上海，在解放军攻打上海时，他察言观色，看出部队官兵情绪每天都在变化，他知道他们看清了国民党部队是在做最后的垂死挣扎，大部分军心已动摇，因此他鼓动平时关系较近的几个战友，和部队上下一致发动了起义。他们掉转枪口攻打国民党军队，他和战友们光荣"被俘"后，本来就是革命军人又有着进步思想的何德明，在共产党开明的"俘虏"政策影响下，再次回到了人民解放军队伍的温暖怀抱，再次成了一名光荣的人民解放军。

自 1949 年他再次加入解放军，到 1954 年，在部队立过二等功。他要求进步，后晋升过副班长。1954 年，何德明退伍回村当选为生产队长，带领乡亲积极进行生产建设。生产队后来成立村委会，他又被推选为村长。

1975 年，因为当时政策推行贫下中农管理学校教育，他被调到龙华中学，负责学生德育工作，教导广大师生半工半读。三年后的 1979 年，他再次回村任村长一职；一直到 1993 年退休后回家安享晚年。2001 年，何德明因病去世，享年 74 岁。

1998 年，深圳市宝安区民政局为一批革命战士雕塑铜像，三虎队员们也都获此殊荣。至今，何德明的铜像还被他的子孙摆放在家中，被儿孙们敬仰怀念。何德明复员回乡后，在担任生产队长这一繁忙的职务时，也曾抽空带着他的长子何干华去广州看望他过去部队的老团长，由此可见，他很怀念在部队当兵的那段难忘岁月。

何德明一共生育三个儿子两个女儿，有一个幸福美满的大家庭。去世前，龙华区和宝安区民政局领导经常来人探望，给予了他很多关怀和鼓励，党和领导没有忘记他这样一名普通战士，这让他满怀感恩，他是怀着幸福和满足离开的，他给平凡又略带传奇的一生画上了一个圆满的句号。

龙华革命事件

龙华解放日及石坳反击战

龙华究竟是什么时候解放的，众说纷纭，莫衷一是。其实，龙华是 1948 年 9 月 18 日解放的，那一天就成了龙华解放日。

龙华解放日的缘起

当年的 9 月 15 日，广东人民抗日游击总队总部和第五大队到坂田的杨美村集结，拉开了解放龙华的序幕。事先，不知情的老战士看到大部队集结，心中就非常明白，一场恶战即将开始。

当天，部队召开干部会议，研究了当前敌情，部署作战计划，决心打好打赢这场战斗。部队的具体部署为：

一、采取里应外合的打法。利用内线郑满贵、郑元秀值班放哨之机，由郑元秀监视敌人，郑满贵负责与突击队联络，并由他带路实施短促突击的战法。

二、在部队中挑选有丰富作战经验且不怕牺牲的指战员组成突击队，担任主攻任务。突击队配上足够的自动武器和手榴弹，以提高战斗力。

三、其余部队分别担任警戒，掩护和配合预备队。攻击时间定于 1948 年 9 月 18 日午夜 2 时。

抗战时期，龙华是东江纵队阳台山根据地的中心。广东人民抗日总队（东江纵队前身）和第五大队队部就常设在龙华石坳和白石龙等地。抗战胜利后，

东江纵队奉命北撤山东烟台。国民党为了巩固其统治地位，便在这一带组建了一些武装力量，修筑了一些工事，还特地到南头请来一个宝警中队驻扎在牛地埔后面的高山上，日夜防守着。但他们怎么也没想到的是，他们的乡政府和自卫队中有游击队的人，这便是郑满贵和郑元秀。这二人还取得了守军首领吴运新的信任，郑满贵还被提拔当了班长。

战前准备和动员工作一切就绪，部队养精蓄锐，随时可以出击。9月17日晚上12时，游击队所有参战人员开始从杨美村出发，向龙华方向隐蔽前进，于18日午夜1时到达各队预设的阵地。由突击队按原定时间和地点与内线取得了联络，并随即实施短促突击。刹那间攻入了敌人营房，集中火力扫射正在熟睡中的敌人，当场打死敌自卫队队长，打伤了乡长吴运新及手下十多名官兵，剩下的全在熟睡中当了俘虏。乡长吴运新作恶多端，非常害怕，趁游击队停火之机在黑夜的掩护下拼命逃跑了。

这场战斗仅以30分钟便以歼敌40余人而胜利结束，还缴获了大批物资和30多支长短枪。

驻守在牛地铺后面高山上的宝警中队见乡长吴运新都不知所踪，害怕被游击队围歼，第二天天刚刚放亮就如惊弓之鸟，仓惶地撤离了龙华，逃回南头后再也不敢进龙华半步。从此以后，再也没有国民党军队或武装进驻龙华。1948年9月18日便成了龙华的解放日。

石坳反击战的意义

龙华解放日之战是一场精心策划和指挥的完胜战斗，而石坳反击战则是一场真正的恶战、硬战。当时国民党部队用三倍于我军的兵力投入战斗，在战场上占有绝对优势，完全可以在石坳村全歼我军或一大部。但兵力悬殊向来不是衡量一场战斗胜败的标准，由于我军的指挥判断准确，出击果断，战术迅速，加上全体指战员在强敌面前毫无畏惧，不怕流血牺牲，最后英勇作战，终于打退了敌人的多次冲锋，赢得了时间，扭转了战局，取得了最后的胜利。

石坳村位于龙华镇北面，距龙华墟七八公里，村中有五六十户人家，人口近200人，抗战时期是东江纵队的抗日根据地，群众基础好。

担任石坳反击战的指挥是李和大队长，他是江南支队三团团部宝安大队负责人。这支部队的前身是特别能打胜仗的惠东宝人民护乡团第三大队。

　　1948 年 9 月，国民党龙华乡政府及自卫队被我军全歼后，我江南支队三团团部率宝安大队三虎连、活虎连、东宝支队平西连、铁鸟连共 500 多人，于 11 月 18 日至 20 日连续三天驻扎在石坳村，准备在该村开展减租减息试点，取得经验后，再全面推广。不料大船坑村国民党残余伪保长谢某将我军的所有情况密报给了国民党。不甘失败、正寻机报复的敌人认为机会已到，立即调集惠阳县淡水之敌徐东来部的保八团和驻铁路保十五团一个营，共 1600 多人，在观澜镇地头蛇陈镜辉的配合下，于 20 日深夜远途奔袭，直指石坳村的三大队。21 日早上 8 时，敌人抵达石坳村附近的大船坑、浪口一带后就兵分三路，中路敌一个连 150 多人主攻石坳村三大队营地，企图插入石坳村，开展巷战或肉搏战；左路一个连攻打游击队班哨，占领高地，掩护其主攻连作战；右路一个连则担任迂回包抄任务，形成三路夹击三大队的态势，妄图在石坳村内全歼游击队。

　　在这万分危急的时刻，三大队当机立断，住村前学校一带的三虎、活虎两个连，在大队长李和率领下，三虎队迅速占领村前一带高地，民房、巷口及学校围墙为阵地；活虎连迅速占领学校前面一带高地，利用两棵大榕树为阵地，形成梯形阵地，前后火力配合。这样，在村前面正面战场上变成我两倍于敌，团部率平西连、铁鸟连迅速占领石坳村后面山上高地掩护三虎连、活虎连作战消灭敌人。

　　战斗在 11 月 21 日早上 8 时打响，当天正是浓雾弥漫，能见度很低，仅在二三十米范围内目标才清楚。首先是敌主攻连 100 多人向我村前三虎连阵地发起猛烈进攻。我军第三大队占有良好阵地，射界清楚，敌人目标集中而且很大，全部暴露在阵地前不远的一片开阔地带，没有躲身的地方。三大队阵地的子弹像雨水般地射向敌群，打得他们趴在地上动弹不得，伤亡惨重。这时左右两路敌人见其主攻连屡攻受挫，不敢轻举妄动，放慢攻势。战斗一直打到 10 点多钟，敌人的攻势才稍稍减缓，枪声暂停。

　　第三大队领导李和等人见作战目的已达到，立刻决定三虎连、活虎连迅速离开阵地，撤出战场，向团部、平西连、铁鸟连靠拢，部队集合后，然后向石岩公明方向转移。敌人见战机已经丢失，屡攻失败，损失惨重，也就停止了进攻，不敢贸然追击。战斗至下午 4 时结束，敌军迫于天气已晚，没敢停留，就灰溜溜地乘着夜黑匆匆忙忙撤回原地观澜及铁路和淡水一带。

　　这一战，敌我伤亡是三比一，敌伤亡 100 余人，我军伤亡 20 多人。其中重伤员有三虎连副指导员察文侠、活虎连副连长周祥、大队长李和的警卫

员赵洪。缴获日造三八步枪一支，虽缴获很少，但意义和影响重大。

从 1947 年初到 1948 年底，我军在路西一带共作战 21 次，打死打伤及俘虏敌人 637 人，缴获轻机枪 5 挺、冲锋枪 1 支、卡宾枪 2 支、长短枪 169 支、子弹 4 万多发和一大批各类物资。经过两年的艰苦战斗，部队的活动地区不断扩大和巩固，宝安路西游击根据地初步形成，除观澜、天堂围、平湖、布吉、深圳、南头、松岗这些圩镇外，其余大片村镇和山区均在我军的控制中，总人口达 10 万之众。部队也在战斗中不断发展壮大，情报总站、税务总站、交通总站也相继建立了起来，总人数从原来的 100 多人发展到 600 多人。装备也得到极大改善，战斗力显著提高，为 1949 年宝安县部队的发展打下了坚实基础。

秘密的胜利大营救

——中国革命史上规模空前的营救文化、爱国人士和国际友人始末

引　子

　　近50年来，一个因改革而迅速崛起的国际性现代化大都市的光环一直闪耀在中国乃至世界城市发展最前沿，从而使深圳从"试管""试验田""改革开放的窗口"一跃成为中国经济改革和城市发展的典范和样板，吸引着全国乃至全世界人民的目光。但很多人却不知道，就在80年前的深圳，曾发生过一场我国历史上规模最大的营救中国文化界、爱国人士及国际友人的故事，那次秘密大营救行动以零伤亡的战绩圆满完成任务，以史诗般的光芒，对新中国的文化建设产生着重大而深远影响，也为新中国建设保留了大量红色文化基因……这些被营救回来的文化人士中有新闻界的邹韬奋和范长江、文学界的茅盾和夏衍等，还有宋庆龄（宋庆龄则是在日军轰炸启德机场前6小时乘最后一班飞机离开香港赴重庆的）以及民革创始人何香凝、柳亚子等人，其中很多后来走上

中国文化名人大营救纪念馆外景（纪念馆供图）

中国文化名人大营救纪念馆石刻

中国文化名人大营救纪念馆外景

了国家重要领导岗位，为祖国的发展和建设作出了重大贡献！可以说，营救中国文化人士是一个非常前瞻和伟大的战略决定！

一、秘密"大营救"指示

1941年12月8日天刚亮，日军飞机轰炸启德机场和中环，英军仅有的5架飞机被炸毁。（纪念馆供图）

80年前的1941年12月7日，日军突然偷袭了美国的珍珠港，太平洋战争就此爆发。8日清晨，日本南支那派遣军第三十八师团共15000余人攻入了香港新界。1941年12月25日，英国驻香港总督杨慕琦在半岛酒店向日军投降，数千英军放下武器成了俘虏。是日被外界称为"黑色圣诞日"。随即，日军宣布在香港实施戒严

和宵禁，切断了港岛与九龙之间的所有联系。还贴出限令布告，勒令爱国人士在有效时间内去"大日本指挥部"或"地方行政部"报到，否则"格杀勿论"，这一下使在日本占领区开展抗日救亡工作的大批内地文化人士和知名民主人士处境十分危险。

日本侵略者在香港的所有行径都时时刻刻被中共地下党组织所掌握，并随时被传回到了大陆。据历史资料记载，在日军进攻香港的当天，中共中央

急电周恩来、廖承志、潘汉年等，要求想方设法保护并帮助旅港文化人和民主人士撤离港九，将他们转移到东江抗日游击区等地区。正在香港执行特殊任务的八路军驻港办事处主任廖承志很快接到了周恩来转达来的秘密指示，要求他不惜一切代价、尽最大可能将所有知悉并滞

1941年12月25日，港督杨慕琦在半岛酒店向日军投降。（资料图）

留在香港的大量爱国民主人士和文化人士迅速而安全地营救回大陆，过境后第一个抵达地点就是与香港毗邻的深圳阳台山下的小村落——白石龙村。

于是，1942年初，一场看不见硝烟的战斗就此无声无息地秘密拉开序幕。整个营救过程充满神秘色彩，且险象环生，但在时任中共中央南方局书记周恩来的直接指挥下，在八路军驻香港办事处、广东人民抗日游击队领导的精密部署下，紧急营救被困香港文化界人士、爱国民主人士和国际友人安全撤退、转移、安置和经费等问题得到了迅速落实和保障。

按照党中央和南方局的指示，八路军驻香港办事处主任廖承志等与中共南方工作委员会（简称南委）、广东人民抗日游击队领导同志紧急部署营救工作。廖承志等分批会见在香港的民主党派负责人和文化界知名人士，传达征求大家对撤退方案的意见，并决定了撤退时各小组的负责人及联络地点，还分发了隐蔽和撤离时的必要经费。广东地方党组织和广东人民抗日游击队随即迅速投入营救、护送和接待工作。在日军攻占九龙时，游击队即派出两支精干的短枪队进入新界和九龙市区活动，并建立起了陆路和海路两条秘密而稳妥的交通线。

但日军攻打港九后，大批文化人士和民主人士为安全起见几易住所，各自分散隐蔽，彼此失去联系。营救人员几经周折，终于设法在规定时间内找到了所有的营救对象，并把他们安置在秘密安全的住所，以摆脱日军的搜捕和特务的监视、跟踪，然后将他们分批从港岛偷渡过海，护送到九龙佐敦道、花园街、上海街等秘密接待站，再分别安排精干力量护送，把他们转移到广东省东江游击区或其他地区。

1月9日，茅盾、叶以群、戈宝权等文化名人在香港洛克道秘密住所换

八路军驻港办事处主
任廖承志（资料图）

日军在青山道设置岗哨，搜查过往行人。（纪念馆供图）

上老百姓的便装，打扮成"难民"，由游击队的交通员引领，避开日军岗哨和检查站，几经周折，在黄昏抵达铜锣湾避风塘，顺利登上了营救人员准备好的一艘大驳船。很快，邹韬奋、胡绳、廖沫沙、于伶等人也先后由交通员带到这里会合了。次日凌晨，交通员又分别将这些文化名人带上三条披有草席篷的小艇，乘着铜锣湾出口处巡逻日军换岗之机，疾驶渡海……

1月11日，另外一批共几十名被营救的文化人士也乔装成"难民"撤离九龙市区，在游击队的武工队护送下，沿西线入青山道，经过秘密交通线，再次避开日军检查岗哨，顺利通过日军的封锁线，然后翻山穿谷，渡过深圳河，于13日顺利抵达宝安阳台山抗日根据地的白石龙村。此后的100余天里，先后有千余名滞港的抗日文化名人、爱国民主人士及家眷、国际友人，在抗日游击战士的护送下从香港神奇"蒸发"，最终无一人被捕，全部被秘密营救到大陆。

据了解，当时绝大多数的左翼文化名人和爱国民主人士，都是通过陆上交通线转移的，白石龙村是他们从香港脱险后在内地游击区停留的第一站。这些文化名人，有的在白石龙村只待了十几天，有的待了一个多月。但是，惊心动魄的大营救行动给他们留下了深刻印象。茅盾、戈宝权、柳亚子、乔冠华等人在新中国成立后还多次撰写回忆文章及诗歌作品，以纪念那次胜利大营救以及在白石龙村的日子。

后来据统计，在先后历时300多天的大营救重大胜利之中，一举营救出了邹韬奋、茅盾、何香凝、柳亚子、戈宝权、乔冠华、胡绳、张铁生、张友渔、黎澍、千家驹、沈志远、袁水拍、任白戈、胡风、宋之的、廖沫沙、叶以群、章泯、邓文钊、周钢鸣、曹聚仁、于伶、凤子、丁聪等文化进步人士和爱国民主人士800余人；另外还有英、美、印籍的国际友人100余人和1000多名港澳青年学生。后来，茅盾在回顾这次大营救时，称之为"抗战以来最伟大的抢救工作"。也被后人称为"胜利大营救"。

因这是在抗日战争香港沦陷之后最为惊险的大营救，参与这次大

现在的香港上水至九龙、元朗和深圳文锦渡一带的交通线。当年很多被营救的文化、爱国人士及国际友人就是经这一带回到白石龙的。

营救的东江纵队战士沈力、白洁、玉莲、曾强等一批抗日战士，冒着生命危险，深入虎穴，还不惜代价营救出了国民党抗日将领赵国浩，文化名人夏风、梦蝶等一大批爱国志士，体现了抗日游击队、文化名人以及爱国志士在风雨面前摈弃前嫌、同舟共济的感人气魄。整个大营救行动最终是在不伤一兵一卒的情况下创造的，也是中国共产党在南方抗日前线创造的重大奇迹，对中国抗日民族统一战线、国际反法西斯联盟的建立和新中国的文化建设，具有深远的历史意义，一直被外界誉为"中国文化名人大营救"，更确切地说，这是一场胜利大营救。

二、当时白石龙村被称为"小延安"

中国文化名人大营救纪念馆位于深圳市龙华区民治街道的白石龙社区（村）。据馆长张紫歆介绍，当年的白石龙村是一个只有200户人家的小山村。而今天，这里早已变成了一个高铁地铁密集、高楼林立、商业繁荣的重要交通枢纽。

以前，龙华和白石龙村的人如果要到深圳市和香港，必需经过梅林关，那里以前叫"梅林坳"，自古以来就是一个"一夫当关，万夫莫开"的地方。在深圳设立特区之前，梅林坳虽说只有一条曲折难行的山路，但却是村民们进出深圳墟的唯一通道。

张紫歆馆长说，当年开展文化人士大营救时，白石龙这条线是第二条，具体的设计为：从被困地香港走元朗到罗湖线，要经过青山道口、九

白石龙村当年是秘密大营救的大本营（纪念馆供图）

华径、荃湾，进入大帽山区，再经落马洲渡过深圳河，然后翻过梅林坳，到达游击队根据地宝安白石龙村（现为深圳市龙华区白石龙村）。当这些文化人士历经千辛万苦到达白石龙村时，尽管仍然有危险，但是因为已经处于游击区，所以基本上较为安全。因此，当年的白石龙村在这些文化人士的眼中就是"希望"的代名词。

白石龙村地处深圳第二峰阳台山下。那时虽然靠近日伪据点，但因地形很复杂，易守难攻，所以游击队的指挥部、中共宝安县委均设在这里。早在1940年秋，王作尧在中国共产党领导下成立的广东人民抗日游击总队第五大队抗日根据地司令部就设在白石龙村的一座小天主教堂里，后来又迁至沙梨园的一栋小楼房。在村后的密林里还建立了医院、军械修理所、粮站、电台、报社等机构。白石龙村全体村民不分男女老幼都踊跃支援抗日，主动参加自卫队、农会、妇女会和担架队，积极投身抗战。使阳台山地区成为抗日斗争的重要基地，享有"小延安"之美誉，至今在中国革命战争史上占有一席之地。

1941年12月25日，香港沦陷后，大批从香港营救回来的文化精英脱险，并隐蔽在山高林密的白石龙村，等待逐步向内地转移。张紫歆馆长介绍说：当时，白石龙村的村民们积极性很高，配合站岗放哨、搭建草寮、救治伤员、洗衣做饭。那些文化人士以草寮为家。在此停留数月中，他们经常聚在一起谈时势、讲政治，过着艰苦却自由的生活。

白石龙村当年参加过大营救的老同志合影

秘密大营救始于日本侵略军占领香港的1941年末，营救的交通线遍及10余省市。据了解，当时绝大多数

的左翼文化名人和爱国民主人士都是通过陆上交通线转移的，白石龙村是他们从香港脱险后在内地游击区停留的第一站。

"香港—九龙—白石龙"是营救文化人士最多的一条线路。著名作家茅盾在其所

"白石龍的綠水青山，留下了愛國文化人紛沓而來的遺跡。白石龍的清風明月，又伴隨著他們的笑語聲度過東江……"

——王作堯在《緊急搶救》一文中對白石龍村的描明

王作尧评价白石龙和大营救

著的《脱险杂记》中称，这是"抗战以来（简直可说是有史以来）最伟大的'抢救'工作"。

这次大营救，使大批中国文化界的精英免遭日军残害，为发展和巩固抗日民族统一战线起了不可估量的作用。

三、来电让"营救"故事重放光芒

虽说白石龙村是当年数百位文化人士居住并生活过的"小延安"，但随着光阴的流逝，那些旧建筑已经非常破败了，有的还因为水灾及年久失修而倒塌。后由于城市的开发建设，遗址险些倒在了推土机的铁铲之下，幸得有识之士的奋勇相救最终得以保全，但处境不容乐观。

2005年2月25日，《深圳商报》刊登了一篇题为"文化名人大营救接待站急需营救"的报道。这篇报道取得了很好的宣传效果，特别是引起了那次被营救的邹韬奋先生之子、国务院原副总理邹家华的注意，他在了解情况后专门给时任深圳市长的李鸿忠写了一封信，希望能够修缮和加固这个旧址。李鸿忠历来重视红色文化工作，接到来信后及时给深圳有关部门做出重要批示，要求他们组织人力详细核查旧址的文物保护等级，周密制定整体维修和保护计划，并认真做好革命旧址在社会上发挥宣传作用和爱国主义教育的工作。

有关部门人员到现场了解情况时看到，当年大营救接待站周围早已变成了一个高楼林立、工厂机器轰鸣并聚集了数万工人和市民的繁华工业区。但幸亏当地人还保留了当年数百位文化名人居住和生活的旧建筑，但已经非常破败，有的房间还因水灾而倒塌。

为抢救性保护"大营救接待站"这一重要建筑，深圳市文化局和宝安区文物管理部门根据有关部门的批示，立即对旧址进行了鉴定，划定了保护范围和建设控制地带，迅速制定了旧址维修计划。从 2005 年 8 月筹建工作正式开始，在仅仅一个月的时间里，就围绕白石龙村的天主教堂修建了 150 米长的围墙，搭建了 200 多平方米的钢铁结构展馆，烧制了长 26 米、宽 4.9 米的紫砂浮雕墙，安装了高达 6 米的主题雕塑，还依据历史旧貌设计制作了三座草寮。并组织文物专业人员到香港、惠州、广州等地开展史料调查和文物收集工作。仅仅此项工作，当时深圳市和宝安区两级政府一共投入资金 400 多万元人民币。

现在，广大干部群众只要一到白石龙，就会见到一块巨石上赫然镌刻着邹家华为纪念馆题写的"中国文化名人大营救纪念馆"12 个大字。内围便是有关"胜利大营救"的一组人物雕塑和一道气势磅礴的浮雕墙，尽显当年深圳的抗日烽火及东江纵队战斗场面……让人们感受到浓浓的爱国之情。

气势磅礴的浮雕墙

浮雕墙左侧有一座白色的老砖瓦房。当年这里是座天主教堂，教堂为三开间两进布局，土木结构，面积不到 80 平方米。抗战时期，教堂的神父和修女为安全起见转移了地方，后来被在这一带活动的游击队利用，作为被营救的文化人士暂时栖身之处。在纪念馆陈列室有声光图片及实物专题展览，展出了广东人民抗日游击总队营救文化名人用过的歪把子机枪、步枪、手枪和中共南方局、南委有关大营救的电文等文物，以及上百位文化名人的照片、题字和刊物等。作为"营救"事件的发生地，龙华区担当起了对那段历史进行抢救式挖掘和创新式展现与传播的重任，他们通过各种现代科技的尝试，生动再现了那场惊心动魄的大营救经过，弘扬了革命精神，传递了社会正能量。

因深圳特区是个典型的移民城市，纪念馆初步建成后，参观的游客并不多。为了让下一代更好、更多地了解这段珍贵的红色历史，原宝安区和现在的龙华区历届领导非常重视，指示要把"中国文化名人大营救纪念馆"建设为爱国主义教育基地，每年还组织发动广大中小学师生到纪念馆参观、学习，让他们接受爱国主义思想熏陶，提高对深圳红色革命传统的认识。

四、部分亲历"大营救"文化人士的相关文献

据了解，早在 2015 年 8 月，"重走南粤抗战路"新闻媒体采访团到深圳市福田区皇岗水围村寻访"文化名人大营救"西线陆路经停点之一的水围村，在了解水围村民支持抗战、秘密营救文化人士的英勇事迹时，东纵老兵、88岁的廖振声老人和红色交通线联络员庄福松等在座谈会上证实说，当年，"侵占香港的日军总部发布命令，限令文化界人士前往日本占领军军部'报到'，妄图将旅港的爱国人士和文化精英一网打尽"。在这一严峻形势之下，中共南方局书记周恩来接连致电八路军驻香港办事处主任廖承志，以及连贯、乔冠华等人，要他们在广东人民抗日游击队曾生的支援配合下，迅速组织这些人员撤退。"当时主要路线有四条，中线是最重要的一条线，就是走陆路，先从香港岛坐船偷渡到九龙，由武工队护送，从九龙走青山道，

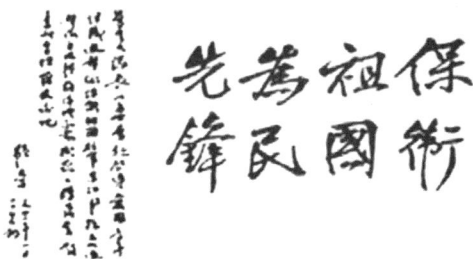

1942 年 1 月，邹韬奋亲笔题词赞扬了广东人民抗日游击总队。

翻过 900 多米高的大帽山，到达落马洲，过深圳河，经皇岗一带，最后翻越梅林坳进入广东人民抗日游击队的驻地白石龙村。"

那时的物资非常匮乏，文化人士秘密到达这里后，广东人民抗日游击队的司令员曾生和政委林平还是想方设法招待大家吃了一顿"客家香肉"（其实就是焖狗肉）表达欢迎与敬仰之情，这让众多文化人士感到很意外，他们都高兴异常。据说何香凝先生在酒酣耳热之际，还为此赋诗一首，全文为：

水尽粮空渡海丰，敢将勇气抗时穷。

时穷见节吾侪责，即死还留后世风。

柳亚子也赋诗道：

芦中亡士气犹哗，一叶扁舟逐浪花。

匝岁羁魂宋台石，连宵乡梦洞庭茶。

轰轰炮火惩倭寇，落落乾坤复汉家。

挈妇将雏宁失计，红妆季布更清华。

邹韬奋先生还特意为东江纵队司令员曾生题词："保卫祖国，为民先锋。"

茅盾先生在他的《脱险杂记》中记载道：

到了正月九日，离开香港的机会已经成熟云云。就是说，种种布置已经妥帖了。从这一天起，就开始了抗战以来（简直可说是有史以来）

最伟大的"抢救"工作：在东江游击队的保护与招待之下，几千文化人安然脱离虎口，回到内地。

戈宝权先生在《忆从香港脱险到东江的日子》里这样写道：

自从日军占领香港后，立即封锁了港九之间

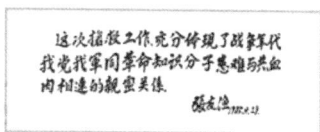

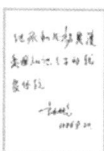

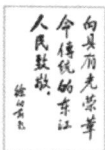

大营救纪念馆的部分文献

的交通，实行宵禁，并在全市进行搜查，强令文化人前往"大日本指挥部"或"地方行政部"报到。记得我们当时曾看到敌伪出版的报纸上，有日本特务机关借用"内山完造"（上海内山书店的老板，鲁迅生前的好友，与不少我国的文化人有交往）的名义刊登的启事，说他已来到香港，希望能同郭沫若、田汉、茅盾等诸位先生见面，并约请他们谈话。

其实在启事中提到的有许多当时并不在香港（如郭沫若、田汉等），从此也可以看出敌人的情报之不准确了。

廖沫沙先生在《东江历险长留念》中说：

这愿望的实现，近在咫尺。我们从香港偷渡到九龙，经过荃湾、元朗、青山道，总共不过三四天的时间，就进入了游击区白石龙村。

我们在那座洋楼里住了一夜，第二天被引到离楼房二三里地的山林里，那儿已新搭好一座茅草棚。带我们去的人说，因为总部所在地是敌人注目的焦点，容易受敌人的攻袭，所以让我们住到这里；茅草棚虽简陋些，却比较安全些；草棚外还给你们配了警戒哨，可以放心休息。

五、第三条营救线也圆满完成任务

经多方了解，当年参与中国文化人士大营救行动涉及广东的多个地区，白石龙是其中最主要的站点，而不是唯一。中共龙川县委党史研究室朱光进先生2015年曾撰文记载说：从1942年春节后到9月底，历时半年多，后东特委和龙川党组织毫发无损地把"居港文化精英"全部送达目的地，圆满完成了党交给的任务。这次行动在龙川等地被称作"老隆大营救"。由此可见，老隆（即现在的广东省龙川县老隆镇，广东省河源市龙川县辖镇，地处龙川县境南部，是广东省级中心镇之一）作为营救路线上的重要中转站，对大营救行动的成功发挥了重要作用。

1941年12月9日，八路军驻香港办事处负责人廖承志、连贯接到党中央的指示后，立即开展营救工作。首先是联系那些滞留在香港的著名文化人

游击队海上护航队船只

和爱国民主人士，打通营救他们出港的安全通道。12月底，廖承志、连贯会同中共南方工作委员会副书记张文彬、粤南省委书记梁广、广东军政委员会书记尹林平等人研究部署营救方案。决定趁日军在香港立足未稳之际，分水陆两路同时出港，快速转移。当时制定的具体撤退香港线路为：1. 取道五邑，从香港以西的澳门、中山、台山、江门等地撤离；2. 从九龙北上，走陆路抵港九游击区再到惠（阳）东（莞）宝（安）根据地；3. 从香港坐船出海经大鹏湾撤离到惠阳、海陆丰根据地。并决定整个撤离出港行动由广东人民抗日游击总队负责；廖承志、连贯、张文彬、乔冠华等人先行撤离出港，以便开辟内陆营救线路。

这三条线路中，第1线和第3线都是坐船从海上撤离，这对于拖儿带女的人士来说行动相对方便，但日本军的巡逻艇经常在海上游弋，并在沿途严

格盘查过往船只，加上战乱时期海盗也很猖獗，因此这两条线路并不十分安全。考虑到这些因素，从这两条线路转移的一般是国际和国内比较有影响的爱国民主人士和电影戏剧界大红大紫的人物，以及一些国民党左派元老等。他们很容易被人认出，即使被日军截获，鉴于国际影响也不会出现大的意外。如影视文化名人夏衍、范长江、蔡楚生、王莹、司徒慧敏、金仲华等；还有

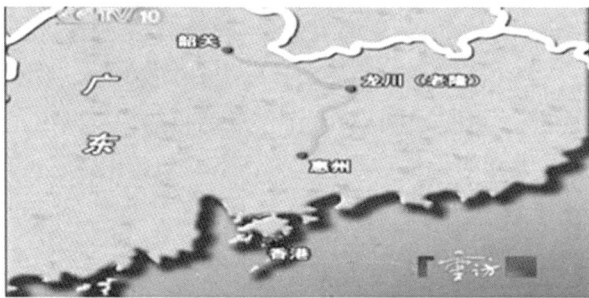

老隆方位图

国民政府驻港代表、少将陈策，国民党元老邹鲁，国民党第七战区司令官余汉谋的夫人上官德贤，国民党南京市长马超俊的夫人与其姐妹；何香凝、经普椿婆媳，以及柳亚子父女等人都是从第1、3线撤离的。第2线相对较长，路途艰辛，险阻重重，沿路虽有伪军的岗哨和日军封锁，但容易隐蔽。走这条路虽然艰苦，一路要跋山涉水，却相对安全。因此从这条路线上撤退的一般是进步的文化界精英，他们既遭日本法西斯的迫害，又为国民党所不容。茅盾、邹韬奋、廖沫沙、戈宝权、胡风、胡绳、袁水拍、张铁生、刘清扬、沈志远等人都是从这条路线撤离的，后直接被武工队护送到了游击队司令部所在地的白石龙村。

当时广州、东莞、惠州等城市已经沦陷。如何将撤离出来的文化人士安全转移到处于广东北面的大后方，再沿北江或西江直接北上湖南衡阳和广西桂林转移，显然是最方便快捷的，但西江和北江都要经珠江过广州后才能抵达，通过沦陷区非常不安全，风险很高。当时以水路交通为主，亦相对方便安全，对于有老有小的这批文化人，水路也没陆路劳顿，唯有选择东江了，但东江源头在江西省南部，那并不是要转移的目的地，那么在哪上岸再转移至大后方呢？负责营救的领导打开地图反复对比后认为，处于东江上游的老隆很重要。

老隆是广东省龙川县的重镇。龙川县位于广东省东北部，居东江和韩江的上游，北接江西，南临珠江三角洲，东面是梅州、汕头等地，西出为韶关。老隆镇位于龙川县境内的南部，处全县政治、经济、文化和交通的枢纽地位，水陆交通方便，水路可达河源、惠州、东莞、广州等地，陆路通过汽车可抵广州、韶关、梅州等地，是广东东北部的交通枢纽。而且，

老隆有良好的抗日民众基础。抗日战争爆发后，龙川年轻人组织了许多抗日的民众组织参加抗日战争，投入抗日救亡运动。1938年龙川恢复了党组织，至1939年，龙川的永和、黄石、车田、铁场、贝岭等地相继成立了龙川抗日先锋队。另外，中共东江后方特别委员会（后东特委）机关就设在老隆，在后东特委的领导下，龙川抗日救亡运动如火如荼，热情高涨。驻老隆的后东特委可以大力协助大营救。

基于老隆所具备的地理、人文以及良好的民众基础，廖承志、连贯等人决定以老隆为中转站，通过老隆转移文化人士至大后方。并做出具体部署：从惠、东、宝根据地到老隆段由前东特委负责护送；从老隆到韶关段（1线）由后东特委负责具体安排；老隆到梅州再到闽西南（2线）由潮梅特

短枪队

委负责护送；从韶关到桂林、武汉等地由粤北省委和乔冠华负责落实。连贯负责指挥老隆并统筹安排。

据记载，连贯非常重视这一重大营救行动，亲自坐镇老隆部署大营救。1942年1月初，连贯奉命沿东江逆水而上前往老隆开展营救工作，并沿路考察转移路线。抵达老隆后随即与后东特委书记梁威林以及龙川地方党组织负责人一起研究部署老隆营救事宜，如文化人士在老隆的食宿问题、江面防查和安全上岸问题以及设计老隆转移路线等等。

尽管老隆当时地处粤北山区，是国统区，又是抗日大后方，但香港沦陷后，国民党当局为预防文化界激进人士经老隆撤离，特指示龙川加强戒备。一时间，老隆水陆交通戒备森严，关卡林立，军警密布，并以所谓"防止特务混入内地"为名，设立"港九难侨登记处"，加强审查港九回来的人员。

为确保营救万无一失，连贯、后东特委以及龙川地方党组织精心策划，严密部署，开展系列营救措施。决定运用中共抗日民族统一战线，积极争取老隆的中间势力，利用"白皮红心"的老隆上层人物关系以及利用国民党当局贪婪腐败之风等战略手段，配以民间和社会一切力量，使老隆的时势尽在我方掌控之中，从而做到运筹整个大营救。

当时，老隆福建会馆旁边有一商行叫"义孚行"，沿东江边的河唇街有一商行叫"侨兴行"，两商行地处老隆繁华街道，在龙川有很高的声望和地位，

护航大队成立，开始了有特色的海上游击战争。

特别是"侨兴行"，其办事处和商号遍布粤、桂、湘等省，而且有自己的汽车往返于桂林、韶关、梅县之间。两商行的老板不仅是兴梅人，还是中共抗日民族统一战线发展的"白皮红心"的人。在后东特委和中共党员、老隆区长黄用舒的引荐下，连贯便以老乡的身份在"侨兴行"长期住下，两商行成为老隆大营救的办事处与联络点。同时，在商行不远处的旅馆里（谷行街）物色好文化名人和爱国民主人士食宿的地方，并商量好撤退的文化人士以香港逃难的股东家属的身份入住商行或旅馆。这样既可以掩人耳目，又不会让文化人士太劳累。

为进一步保障大营救安全顺利完成，连贯指示后东特委梁威林和龙川地方组织筹集资金，一是从国民党"惠龙师管区司令部"购买了数百张"难民证"，以供文化界人士路途盘查和在过关卡时使用：二是准备贿赂关卡顽军之用。同时，连贯利用中共抗日民族统一战线，积极争取国民党左派民主人士营救，还要求时任老隆区长兼电话所长的中共地下党员黄用舒利用其特殊身份，与驻地顽军和地方军警拉拢关系，疏通关卡，为抵达老隆的文化和爱国民主人士能安全出入旅馆以及转移韶关做好了充分准备工作。

六、东西两线护送文化名人的经过

万事俱备，只欠东风。老隆的一切营救工作部署好后，就待文化人前来了。

1942年春节刚过，由廖承志亲自领队的第一批文化人士抵达老隆，在后东特委和连贯的具体指导和龙川地方党组织竭力协作下，第一批从惠州转移来的文化人士顺利入住老隆事先预备好的旅馆，稍作停留后又以"香港难民"身份乘坐"侨兴行"的汽车顺利转移到了韶关。因为廖承志的身份特别，连贯找到黄用舒要求其以老隆区长名义给廖承志开具"通行证"，以方便廖承志前往韶关和在韶关开展营救工作，黄欣然同意。后来粤北省委被破坏。当年5月，廖承志在广东韶关的乐昌被捕。1946年1月，经中共中央营救出狱后一直担任中共中央要职。并于1983年6月6日在六届全国人大第一次会议上，被提名为国家副主席候选人，正当党和人民委以重任时，不幸于 1983 年 6 月 10 日因病在北京逝世。

纪念大营救的雕塑

之后，陆续有转移而来的文化名人和爱国民主人士抵隆。这些人士多数是从惠州坐船沿东江而上，也有部分是从海丰经五华、兴宁辗转而来，在老隆稍事暂住后，根据各人实际情况，在党组织的护送下乘坐"侨兴行"的汽车或是往韶关再往衡阳、桂林（西线）最后到达大后方，或是前往兴梅再往闽西南（东线）。其中著名爱国民主人士何香凝、柳亚子以及柳亚子女儿柳无垢、廖承志妻儿等人撤离香港时所乘坐的机帆船被日军卸了发动机，在海上漂了七天七夜，最后在海丰着陆。柳亚子父女和廖承志妻儿等人几经周折才抵达老隆，何香凝则由国民党中央委员罗翼群在海丰接走。柳亚子当时是国民党匪特"就地格杀"的人物，为安全起见，连贯等营救人员经柳亚子本人同意后，将他秘密护送到兴宁乡下一中共地下党员家里暂住，隐蔽一段时间后才接回老隆，后来也护送到韶关再转移到达了桂林。

4 月初，著名文化人茅盾、邹韬奋及其家眷抵达老隆，同船抵达的还有张铁生等人。因这批文化人士较多，而且邹韬奋是国民党和日军都恨之入骨的爱国文化名人。为安全起见，惠州方面专门包租了一条船，从船长到水手全部由中共地下党员和进步人士乔装，一路护送到了老隆。当国民党得知邹韬奋奔抵老隆的消息时，派出特务四处侦察，并在沿途各关卡张贴邹的相片，扬言"一经发现就地惩办"。连贯从龙川地下党组织那得到消息后，连夜找到邹韬奋，让他暂留广东隐蔽。邹韬

文艺界人士在香港浅水湾萧红墓前。前排左起：丁聪、夏衍、白杨、沈宁、叶以群、周而复、阳翰笙。后排左起：张骏祥、吴祖光、张瑞芳、曹禺。

在港九大队营救下脱险的英军上校赖特（前排中）

奋表示服从党的安排。于是邹韬奋在潮梅特委交通员郑展的护送下，从老隆秘密来到位于梅县江头村的"侨兴行"经理陈炳传的家里隐蔽，一住就是四五个月。直至9月上旬，国民党当局探知邹在梅县山村，又派特务前去搜捕，地方党组织获悉后立即组织精干力量迅速转移。9月25日，邹韬奋在胡一声、郑展等人的护送下返回老隆，之后经后东特委缜密筹划，秘密护送到韶关了，再安全撤退到了大后方。

从1942年春节后到9月底，历时半年多，后东特委和龙川党组织利用"侨兴行"的汽车，顺利通过了国民党中统特务从老隆至韶关沿途设立的4个检查站，毫发无损地把"居港文化精英"全部送达目的地，圆满完成了党交给的任务。据不完全统计，从老隆转移到韶关的文化界名人、爱国民主人士以及他们的家眷共有300多人，其中包括何香凝、茅盾、邹韬奋、夏衍、柳亚子、张友渔、胡绳、张铁生、千家驹、廖沫沙、胡风、蔡楚生、丁聪、李伯球、海军少将陈策以及第七战区司令长官余汉谋夫人上官贤德等著名文化人和知名爱国民主人士。

七、龙华与中国文化的历史渊源

宝安，深圳市建市前名为宝安县，深圳是宝安县下辖的一个建制镇，名为深圳镇。后来，为顺应改革开放需要，中央决定建立深圳市，宝安县逐步过渡为深圳市的下辖区。它地处深圳市西部，西临珠江口，东接龙岗区，南连南山区、福田区，西临伶仃洋，北靠东莞市。

据史料记载，宝安在东晋咸和六年（331年）始设县，析番禺县地，置宝安县（宝安县范围包括现深圳市、香港特别行政区、东莞市部分地区、番禺县南部、中山市等地区，这是在深圳地区设立郡、县级行政机构的开始，也是深圳城市历史的开端）。宝安因境内有一山名曰宝山，山有宝，得宝者安，故而得名。

这里城市发展历史悠久，包容性很强，广府文化、南粤文化、客家文化、工业文化、移民文化、海洋文化等多元文化在此并存，自古以来是兵家必争之地。

深圳地区自从唐朝中期起，归入东莞县管辖，毕竟距离较远，治理鞭长莫及，深圳、香港地区频受倭寇、海盗侵扰，尤其在明朝中期以后，兵灾不断，因此经南头乡绅的提议，在广东海道副使刘稳的支持与筹划下，明朝万历元年（1573 年），在宝安故地建"新安县"，即后来的宝安县和再后来的深圳市宝安区。2011 年 12 月 30 日，国务院批准深圳市宝安区的龙华镇、观澜、观湖、民治、大浪、福城规划为功能区深圳市龙华新区。2016 年 10 月，国务院批复广东省政府，同意设立深圳市龙华区。从此，深圳市龙华新区升级为行政区，即现在的深圳市龙华区。中国文化名人大营救纪念馆位于深圳市龙华区民治街道白石龙村。

原新安县县城所在地南头古镇

尾　声

红色文化是在革命战争年代，由中国共产党人、先进分子和人民群众共

大营救纪念馆获得的荣誉和牌匾（纪念馆供图）

大营救纪念馆内景（纪念馆供图）

同创造并极具中国特色的先进文化，蕴含着丰富的革命精神和厚重的历史文化内涵，红色文化激励了一代又一代中华儿女为理想和信仰拼搏奋斗，而在祖国日新月异的今天，红色文化有了新的使命和内涵，面临新的挑战和机遇。

中国文化名人大营救纪念馆在筹建和正式立项建设的过程中虽几经周折，但在各级党委和政府及社会各界人士的关心、支持和帮助下，克服了资金、场地和相关文物征集的重重困难，终于建成并获得了社会的普遍认可。馆长张紫歆介绍说，迄今为止，中国文化名人大营救纪念馆相继获得的市级以上荣誉有：2010 年 10 月，广东省统一战线基地；2011 年 5 月，深圳市红色旅游景区；2012 年 11 月，深圳市中共党史教育基地；2018 年 10 月，广东省红色革命遗址；2020 年 9 月，第三批国家级抗战纪念设施、遗址名录等。为了更好地打造红色文化爱国主义教育基地，传承与弘扬新时代红色文化这一主题，纪念馆在市区领导的重视下，正在进行扩建，将更好地为社会服务。

参 考 书 目

宝安县地方志编纂委员会编:《宝安县志》,广东人民出版社,1997年5月第1版

中共民治村支部、民治村委员会编:《民治村史》,中国档案出版社,2004年10月第1版

深圳市档案馆编:《建国卅年深圳档案文献演绎》,花城出版社,2005年6月第1版

陈秉安著:《大逃港》,广东人民出版社,2010年7月第1版

戴胜德著:《羊台山下的春天》,中国工人出版社,1992年2月第1版

钟玉新著:《古老龙华》,国际华文出版社,2005年12月第1版

深圳市宝安区羊台山文史研究会编:《红色烽烟——羊台山革命根据地斗争回忆录》,羊台山文史研究会丛书之二,国际华文出版社,2007年10月第1版

陈宏著:《1979-2000深圳重大决策和事件民间观察》,长江文艺出版社,2006年1月第1版

周肇仁著:《宝安华侨往事》,深圳市宝安区档案局、史志办编,2006年8月版

南兆旭编著:《深圳记忆 1949-2009》,深圳报业集团出版社,2009年1月第1版

宝安县青年运动志编写组编:《宝安县青年运动志》,1992年版

骆秋雄主编:《百年观澜》,中国社会教育出版社,2007年5月第1版

宝安区人大常委会观澜工委编:《观澜人大志 1949-2008》,2008年10月版

张远桥主编：《观澜百年客家山歌》，中国图书出版社，2009年1月第1版

南兆旭著：《解密深圳档案》，海天出版社，2010年8月第1版

深圳博物馆编著：《宝安三十年史》，文物出版社，2014年1月第1版

廖虹雷著：《深圳民俗寻踪》，海天出版社，2008年5月第1版

廖虹雷著：《深圳民间熟语》，深圳报业集团出版社，2013年4月第1版

中共深圳市委党史办公室编：《深圳党史资料汇编》，1985年版

深圳市史志办公室编：《深圳市十九镇简志》，海天出版社，1996年版

宝安县地方志编纂委员会编：《宝安县志》，广东人民出版社，1997年版

《龙华史志》，中国新闻出版社，2001年12月版

深圳市史志办公室编：《中国共产党深圳历史大事记（1924-1978）》，中共党史出版社，2003年版

深圳市史志办公室编：《中国共产党深圳历史》，中共党史出版社，2007年版

深圳市宝安区档案局（馆）、深圳市宝安区史志办公室编：《宝安人民抗日战争纪事》，2008年

深圳市史志办公室编：《定格红色——深圳地区革命历史图集》，中共党史出版社，2010年版

深圳市宝安区志编纂委员会编：《宝安区志（1987-2003）》，方志出版社，2012年版

深圳市史志办公室编：《中国共产党深圳历史》，中共党史出版社，2012年版

深圳市龙华区革命老区发展史中共广东省委党史研究室、深圳市史志办公室编：《广东省革命遗址通览·深圳市》，广东人民出版社、中共党史出版社，2013年版

深圳市龙华新区综合办公室编：《龙华年鉴（2013）》，羊城晚报出版社，2015年版

深圳市龙华新区羊台山文史研究会编：《羊台山：母亲山，英雄山》，朱赤主编，羊城晚报出版社，2016年版

深圳市龙华区人民政府办公室编：《龙华年鉴（2017）》，中国文史出版社，2017年版

中共深圳市龙华区委宣传部（文化体育局）编：《深圳市龙华区不可移动

文物图志》，2018 年版

朱赤著：《深圳往事——龙华史话》，羊城晚报出版社，2015 年 2 月版

《深圳市龙华区革命老区发展史》，广东人民出版社，2020 年 12 月版

蔡伟强编著：《抗日战争中的东江纵队》，广东人民出版社，2015 年 8 月版

陈小澄编著：《从东江纵队到两广纵队》，广东人民出版社，2015 年 8 月版

李建国编著：《从东江纵队到粤赣湘边纵队》，广东人民出版社，2015 年 8 月版

深圳市史志办公室、深圳市原粤赣湘边纵队战友联谊会编：《共忆峥嵘岁月》，海天出版社，2007 年 11 版

深圳市文物考古鉴定所、深圳市宝安区大浪街道办事处编：《大浪文物图志》，中国大百科全书出版社，2009 年 10 月版

中共宝安县委党史办编：《大鹏忠魂》，广东人民出版社，1989 年 10 月版

深圳市宝安区羊台山文史研究会编：《古老龙华与传说》，国际华文出版社，2007 年 9 月版

肇庆市城区东江纵队粤赣湘边纵队老战士联谊会编：《峥嵘岁月》，2003 年 10 版

《旗红大鹏湾》——大鹏革命斗争史录，海天出版社，2005 年 4 版

钟惠坡编著：《红色的足迹》，新华出版社，2019 年 9 版

深圳市龙华区革命老区发展史，编委会编：《深圳市龙华区革命老区发展史》，广东人民出版社，2020 年 12 月版

李智杰著：《再现身边的红色足迹——记女交通员曾秀及金竹园战斗》，《杨美文化》报 2021 年第 7 期（总第 139 期）第 1 版

后　　记

　　2021年，是中国共产党成立100周年，也是中国人民抗日战争暨世界反法西斯战争胜利76周年。由深圳市龙华区政协精心策划、组织编纂的《龙华革命史话》一书，在克服时间紧、任务重、史料缺乏及疫情反复、管控严格等重重困难中得以顺利编撰完成。

　　本书分"龙华革命史"和"龙华革命人物故事""龙华革命事件"三部分，以此展示和纪念英雄龙华儿女在抗日战争和解放战争中作出的重大的突出贡献，传承红色基因，赓续红色血脉。

　　《龙华革命史》自启动编纂工作以来，深圳市汉字文化传媒有限公司组织得力采编人员，深入一线采访，核对史料、史实，通过多方联系得到了50多名革命先贤和先烈后人地积极配合和支持；近百位熟知革命历史的老人地口述。此外，采编人员还实地参观和瞻仰了中国文化名人纪念馆，龙华人民英雄纪念碑、观澜人民革命纪念碑及一些红色历史遗址和文物，详细了解革命先辈的英勇事迹，深刻感受中国共产党人前赴后继、英勇顽强和不怕牺牲的斗争精神。

　　本书是从众多搜集、采访的资料中精选汇编而成，基本记载了龙华儿女和东江纵队在中国共产党英明领导下，从战火中诞生、在战斗中成长、在发展中壮大的光荣历程，体现了龙华人民的爱国情怀，讴歌了东江纵队的光荣历史。本书除了翔实记载了龙华人民、东江纵队，特别是中国文化名人大营救的丰功伟绩与珍贵的文史资料外，还收集、整理了大量鲜为人知的历史资料及许多回忆性纪实文章，增强了本书的可读性与史料价值。

在编辑本书过程中，我们得到了深圳市和龙华区委、区政府有关部门、村史馆和革命先贤、先烈后人与知情人士的大力支持配合与帮助；还有编委会全体工作人员付出艰辛的努力。在此表示衷心地感谢！

特别鸣谢深圳市党史文献研究室的大力支持！

《龙华革命史》几易其稿，终于付梓。由于时间仓促，资料有限，虽编者不敢怠慢，全力以赴，但在编纂过程中难免不足，恳请各位领导、专家学者、口述者和广大读者批评指正！在此衷心感谢！

编　者

二○二一年八月

图书在版编目（CIP）数据

龙华革命史话 / 钟荫腾主编. -- 北京 : 中国文史
出版社，2021.10
ISBN 978-7-5205-3207-5

Ⅰ．①龙… Ⅱ．①钟… Ⅲ．①革命史－史料－深圳
Ⅳ．①K296.53

中国版本图书馆CIP数据核字(2021)第198010号

责任编辑：全秋生

出版发行：中国文史出版社
地　　址：北京市海淀区西八里庄路69号　　　邮编：100142
电　　话：010－81136602　　81136603　　81136606（发行部）
传　　真：010－81136655
印　　装：北京温林源印刷有限公司
经　　销：全国新华书店
开　　本：787×1092　　1/16
印　　张：23.25　　字数：360千字
版　　次：2022年1月北京第1版
印　　次：2022年1月第1次印刷
定　　价：68.00元